心·坐标

荆其诚 傅小兰 主编

当代心理学大家（三）

北京大学出版社
PEKING UNIVERSITY PRESS

图书在版编目(CIP)数据

心·坐标:当代心理学大家.3/荆其诚,傅小兰主编.—北京:北京大学出版社,2011.9

ISBN 978-7-301-19518-5

Ⅰ.①心… Ⅱ.①荆…②傅… Ⅲ.①心理学家-生平事迹-世界-通俗读物 Ⅳ.①K815.1-49

中国版本图书馆 CIP 数据核字(2011)第 189536 号

书　　　　名：	心·坐标——当代心理学大家(三)
著作责任者：	荆其诚　傅小兰　主编
责 任 编 辑：	陈小红
封 面 设 计：	林胜利
标 准 书 号：	ISBN 978-7-301-19518-5/B·1012
出 版 发 行：	北京大学出版社
地　　　　址：	北京市海淀区成府路 205 号　100871
网　　　　址：	http://www.pup.cn
电　　　　话：	邮购部 62752015　发行部 62750672　编辑部 62752021 出版部 62754962
电 子 邮 箱：	zpup@pup.pku.edu.cn
印 　刷 　者：	北京宏伟双华印刷有限公司
经 销 者：	新华书店
	787mm×1092mm　16 开本　31.5 印张　500 千字 2011 年 9 月第 1 版　2011 年 9 月第 1 次印刷
定　　　　价：	58.00 元

未经许可,不得以任何方式复制或抄袭本书之部分或全部内容。
版权所有,侵权必究
举报电话:010-62752024　电子邮箱:fd@pup.pku.edu.cn

编　写　者

主　编　荆其诚　傅小兰
编写者　李舒蕊、鲁上（撰写"荣格"一章）
　　　　吴奇（撰写"莱士利"一章）
　　　　牛勇、邱香（撰写"罗杰斯"一章）
　　　　赵楠（撰写"洛伦兹"一章）
　　　　吴琼、吴艳红（撰写"吉布森"一章）
　　　　崔占玲、刘烨（撰写"乔姆斯基"一章）
　　　　李晓敏、韩布新（撰写"巴德雷"一章）
　　　　申寻兵（撰写"特沃斯基"一章）
　　　　李令节（撰写"潘菽"一章）
　　　　韩布新、江新、王思睿（撰写"荆其诚"一章）

前　言

本书介绍当代最具影响力的心理学大家，叙说心理学历史上一些重要人物的命运和贡献，阐述他们的主要研究发现与学术理论观点，旨在展示心理学大家的风范，反映心理学发展的历程。

时代造就人物，人物改变历史。在人类社会发展进步的历史长河中，每个时代都会产生一些才华出众的人物，他们或在政治舞台上叱咤风云，或在文学艺术上流芳百世，或在学科阵地上开拓创新，以其卓越贡献为世人书写下不朽篇章，成为后继者学习的榜样和参照的标杆。在心理学历史上也有一批这样的人物，我们称之为心理学大家。他们生活在不同的年代和国家，有着不同的经历和体验，但对心理学的发展都产生过重要的推动作用，是心理学发展历程中的闪亮坐标。一旦我们认识了这些心理学大家，也就粗略地领会了心理学发展的进程。

历史像面镜子，可兹后人借鉴。心理学大家充分发挥自己的潜能，善于抓住那些稍纵即逝的机会，勇于克服现实环境中的障碍，攀登上了科学高峰，成为心理学发展史上的传奇人物。本书试图通过述说这些心理学大家的生平，向读者展示其名家风范。书中不仅会论及他们生活的时代背景、个人经历、挫折、发明和贡献，也会论及他们与同行之间的合作与竞争，以及由此产生的恩恩怨怨，使心理学历史成为可感知体验的真实故事。这些心理学大家曾身处不同的境遇，或家境贫寒，或身体欠佳，或饱受争议，等等。阅读本书，读者或许可以从中看到自己或身边其他人成长的身影。

历史是门艺术，可供后人鉴赏。这些心理学大家为什么从事心理学研究？答案迥然各异，既可能是出于好奇心，也可能是为了在同行之间弄清问题的是与非。本书试图从这些大家的生动的人生经历、突出的人格特性、活跃的思想历程，刻画出一个个栩栩如生的人物形象、精彩的人生故事，供读者去观赏和评说。

一门科学的进步既有赖于科学实验研究的新发现,也离不开理论上的创新。17世纪,英国哲学家弗朗西斯·培根(Francis Bacon)提出"知识就是力量"、"我们惟有尊崇自然,才能驾驭自然。"培根认为,科学的最终权威是经验观察,科学研究要建立在观察和科学实验的基础之上,观察是真知的基础。20世纪,卡儿·波普尔(Karl Popper)又提出,科学家不可能没有先入为主的理论,在进行科学实验之前科学家必定有一定的想法、提出了某种假设,这样才知道要去观察什么、证明什么。区分科学理论和非科学理论的标准是"可证伪"原则,即科学理论必须是可反驳的、能够被检验的。现在看来,无论培根还是波普尔都是从不同的角度揭示了发现科学真理的路线,我们要从不同的方面去检验科学真理。科学研究就是从某一学术观点出发,进行科学实验,取得重要发现,并提出科学理论的过程。读者通过了解不同时代、不同文化背景的心理学大家的这种科学实践,能更全面地感受心理学研究的意义,领悟心理科学的真谛。

当然,我们都十分清楚,虽然这些心理学大家在心理学历史上功不可没,但与其他学科一样,心理学也是在经济的、社会的、科学的各类历史事件交融的背景下逐步发展起来的。一个时代的物质生产、科学发现、文化思潮和价值取向,都直接影响着世人对心理学的看法,影响着心理学研究者的热情,影响着心理学概念框架和方法论原则的形成,由此决定了心理学的理论形式和内容,推进或阻碍了心理学的发展。因此,本书力图联系具体的社会环境、文化背景来展示心理学家的个人发展历程。

我们相信,科学家的多面形象能给读者以真实的启迪。科学家是活生生的人,有立场和观点,有成功和失败,甚至有不轨行为的记录。科学家在政治上、科研上、生活上犯些小错误也许在所难免,但一旦出现了重大的失误,后果就很严重且难以挽回了。历史的经验教训值得我们借鉴,那些不懂历史的人很可能会重蹈前人的覆辙。本书力求客观地介绍心理学大家的事迹,避免有意拔高一些人的长处,或掩盖某些人的缺点或错误,而是留其功过由读者自己去判断。

艾宾浩斯曾经说过:"心理学有很长的过去,但只有很短的历史。"本书编者精选了一些最具影响力的心理学家,以其个人的生命历程为主线,较为详细地讲述他们的学术经历及其在心理学发展史上所起的作用。我们在本书第一和第二卷中先后介绍了18位心理学大家,在第三卷中再介绍10位心理学大家。荣格是不少国内读者所熟知的瑞士心理学家和精神分析医师,分析心理学的创立者,他提出的人格类型理论被后人演绎成为一套完善的人格测量工具。莱士利是美国著名心理学家,不仅是动物行为学和比较心理学的先驱者,也是当代生理心理学的奠基人之一,他提出的学习和记忆的观点颠覆了人们早先对大脑工作模式的看法。罗杰斯是著名的心理治疗学家,人本主义心理学的创建者之一,在二战后美国最有影响的100名心理学家中,罗杰斯名列前茅,位居第四。洛伦兹是奥地利的"雁鹅之父",他使行为研究首次步入诺贝尔奖的殿堂,所开创的习性学改变了行为研究的历史,深刻地影响了20世纪心理学发展的进程。吉布森是美国著名的实验心理学家,她坚持知觉的生态学视角,主张从知觉与环境、知觉与行动两个系统研究知觉过程,在动物心理学、学习心理学和儿童心理学领域都做出了重要贡献。乔姆斯基是当代成就超凡的语言学家、哲学家和政治评论家,被誉为"当代认知科学之父"和语言学界的"爱因斯坦",也是美国《科学》杂志评选出的20世纪全世界前10位最伟大科学家中目前唯一的在世者。巴德雷是英国著名心理学家,其研究奠定了工作记忆在认知功能中的核心地位,极大地推动了心理学家对儿童、成年人及脑损伤病人的记忆研究。特沃斯基是国际著名的认知心理学家,行为决策研究的领军人物,他以系统研究人们的非理性决策而举世闻名,其研究发现彻底动摇了传统经济学的理论基础。本书还详细介绍了两位中国著名心理学家潘菽、荆其诚的生平事迹,他们都是中国心理学发展历史上里程碑式的人物:潘菽是中国科学院学部委员(即中国科学院院士),新中国心理学工作和心理学专业队伍的主要组织者、领导者,中国现代心理学的奠基人之一和理论心理学的开拓者;荆其诚是发展中国家科学院院士,20世纪80年代以来带领和推动中国心理学改革开放、走向世界的卓越领导人和杰出的学术交流大使。

  本书是集体创作。我们编者制订出详细的写作计划,明确写作宗旨,物色各章作者,并协助作者多方收集资料,对框架结构和文字表达都严格要求。各章作者在写作过程中,与编者进行了反复沟通与交流,作者之间也相互借鉴。作者精心收集心理学大家各个方面的资料,着力描写出其独具特色的个人世界。本书的叙述力求平妥准确,不仅科学性较强,而且资料新颖有趣,文字生动流畅。每篇文章插入了专栏,供读者了解相关的内容。对于需要解释的术语、典章、地名,则统一采用了页下注方式提供注释或参考文献,帮助读者理解,也使文章内容更畅达易懂。我们力求使本书成为一本可读性高的心理学史读物,但本书编者和作者的观点难免有偏颇之处,还请读者指正。

本书的出版,我们十分感谢北京大学出版社,特别是陈小红编辑的帮助。她对每章都提出具体意见,与编者和作者磋商交流。在本书版式设计、书稿审阅、图片选择等各个方面,陈小红编辑都付出了巨大的努力,保证了本书的顺利出版。

荆其诚　傅小兰
中国科学院心理研究所
2011 年 6 月 15 日

目 录
CONTENTS

卡尔·古斯塔夫·荣格
CARL GUSTAV JUNG
/ 1

艾弗拉姆·诺姆·乔姆斯基
AVRAM NOAM CHOMSKY
/ 237

卡尔·斯宾塞·莱士利
KARL SPENCER LASHLEY
/ 59

艾伦·大卫·巴德雷
ALAN DAVID BADDELEY
/ 297

卡尔·罗杰斯
CARL R. ROGERS
/ 109

阿摩司·特沃斯基
AMOS NATHAN TVERSKY
/ 337

康拉德·洛伦兹
KONRAD LORENZ
/ 151

潘菽
PAN SHUH
/ 383

埃莉诺·杰克·吉布森
ELEANOR JACK GIBSON
/ 195

荆其诚
JING QICHENG
/ 435

后记 / 487

细 目 录

卡尔·古斯塔夫·荣格 / 1
 一、我是石头,还是石头是我 / 4
 二、兴趣与实际结合的专业——精神病学 / 9
 三、意识之外是什么 / 12
 四、婚姻和爱情生活 / 20
 五、人,生而不同 / 23
 六、炼金术与炼心术 / 29
 七、心灵中不为人知的潜意识和集体潜意识 / 38
 八、晚年的象征与梦 / 46
 九、荣格理论的应用 / 50
 十、结束语 / 56

卡尔·斯宾塞·莱士利 / 59
 一、天之骄子 / 62
 二、纯粹的科学,中立的科学家 / 66
 三、思想的角力:与心理学巨头们的论战 / 90
 四、多面复合体 / 99
 五、结束语 / 105

卡尔·罗杰斯 / 109
 一、早年生活 / 112
 二、学术生涯 / 117
 三、对人性的诠释 / 126
 四、人格理论 / 130

五、以当事人为中心的治疗 / 134

　　六、当事人为中心理论的应用和实践 / 139

　　七、结束语 / 147

康拉德·洛伦兹 / 151

　　一、多瑙河畔的自由少年 / 154

　　二、推开动物行为的秘境之门 / 162

　　三、风起云涌，载沉载浮 / 169

　　四、人性至深，幽思致远 / 172

　　五、是谁赐予那神奇的指环 / 181

　　六、习性学与心理学：一条整合的途径 / 186

　　七、结束语 / 192

埃莉诺·杰克·吉布森 / 195

　　一、生平 / 198

　　二、视崖的故事：一条艰辛的探索者之路 / 206

　　三、分化理论：一条崎岖的攀登者之路 / 213

　　四、阅读研究：一条创新的朝圣者之路 / 219

　　五、生态学方法：一条深邃的思考者之路 / 224

　　六、尾声 / 230

艾弗拉姆·诺姆·乔姆斯基 / 237

　　一、人生经历 / 240

　　二、四大偶然铸就一鸣惊人的年轻学者 / 255

　　三、两大辩驳造就心理学奠基人 / 267

　　四、三次跨越成就卓尔不凡的语言学家 / 274

　　五、"永远的异见者"政治上的勇敢斗士 / 281

　　六、结束语 / 294

艾伦·大卫·巴德雷 / 297

　　一、生平经历 / 300

　　二、学术生涯 / 308

三、致精微——研究工作记忆 / 322

　　四、窥玄奥——研究神经心理学 / 332

　　五、研而优则"仕" / 333

　　六、尾声 / 335

阿摩司·特沃斯基 / 337

　　一、生平经历 / 340

　　二、初露锋芒 / 344

　　三、开创新域 / 349

　　四、充实发展 / 358

　　五、日臻完善 / 374

　　六、结束语 / 379

潘菽 / 383

　　一、家世与成长 / 386

　　二、杏坛授业，广植桃李 / 391

　　三、艰难曲折的心理学历程 / 395

　　四、新中国心理学工作的组织者和领军人 / 402

　　五、中国理论心理学的开拓者 / 414

　　六、科学界的社会活动家 / 424

　　七、"伏枥之心，云胡不奋"
　　　　——生命的最后岁月 / 430

荆其诚 / 435

　　一、生平 / 438

　　二、中国视知觉和色度学研究的开创者 / 450

　　三、中国独生子女研究的先行者 / 457

　　四、心理学理论体系和发展方向的探索者 / 462

　　五、新中国心理学走向国际的引领者 / 469

　　六、尾声 / 482

后记 / 487

卡尔·古斯塔夫·荣格

卡尔·古斯塔夫·荣格年表图

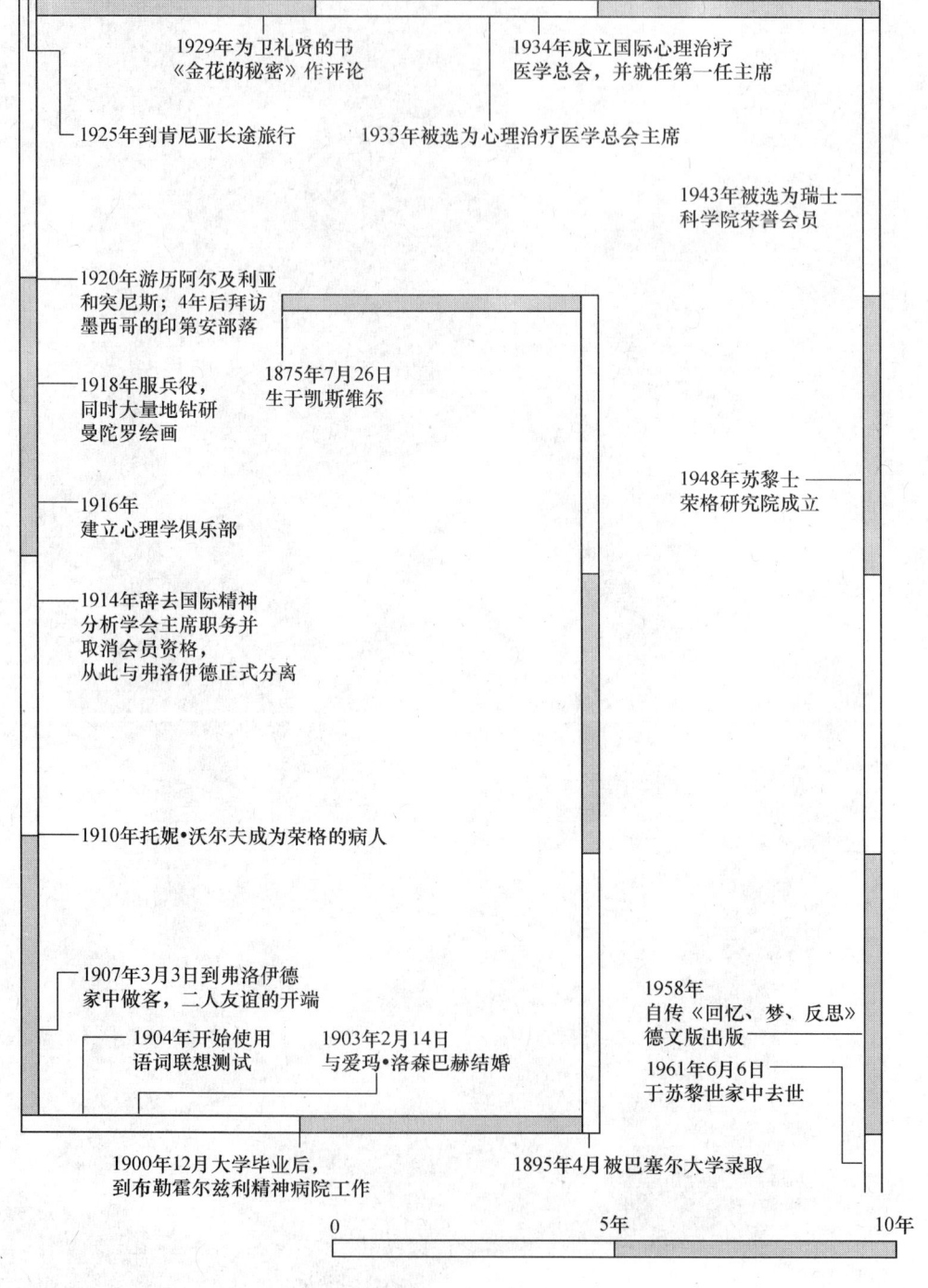

卡尔·古斯塔夫·荣格(Carl Gustay Jung,1875—1961),瑞士心理学家和精神分析医师,分析心理学的创立者,心理学史上最伟大的人物之一。荣格的存在,不仅影响了当时的整个心理学界,而且一直影响到今天以至未来。谈论荣格确实不得不提弗洛伊德,不过弗洛伊德仅仅是引领荣格走进了人类纷扰嘈杂的潜意识领域。是荣格自己突破了性本能的桎梏,提出了自性(the Self)与自性化(individuation)的概念,把个体的潜意识扩展成为集体潜意识。与弗洛伊德的精神分析学不同,荣格认为,不应该把人的心灵分解之后进行分析,而应该将其作为整体看待。在精神分析理论之外的领域,荣格也著述颇丰。他提出了自己的人格类型理论,最终被后人演绎成为一套完善的人格测量工具。荣格"读万卷书",不单从古代宗教教义中,也从东方的炼丹典籍中寻找心理学理论可以借鉴的思想。荣格也"行万里路",深入非洲和美洲的原始部落,探究人类心理的原始结构。直到生命的最后几年,荣格依然笔耕不辍。荣格带着等身的荣誉离世,留下等身的著作照耀世间。

一、我是石头，还是石头是我

1. 童年生活和神秘的母亲

1875年7月26日，荣格诞生于瑞士东北部图尔高州（Thurgau）一个名叫凯斯维尔（Keswil）的乡村中，并继承了他爷爷的名字。在荣格出生前，家里曾经有过的两个男孩在襁褓中就夭折了。因而荣格成为家里的长子，也是唯一健康成长的儿子。荣格的父亲约翰·保罗·阿基里斯·荣格（Johann Paul A. Jung）是一名牧师，从属于瑞士的改革宗派。父亲的兄弟们也大都是牧师。得益于这种家庭环境，荣格6岁起就跟随父亲学习拉丁语。他学得很好，熟练掌握了这门语言，阅读古代文献已没有任何问题。这为他成年后的研究打下了基础。

荣格4岁时，他父亲被调到一座新的教堂当牧师，因此，他们举家搬到了位于巴塞尔附近的克莱恩-欣根（Klein-Hüningen）。荣格到了上学的年龄后，便在这个地方上了小学。荣格9岁时，他的妹妹葛楚（Gertrud）出生在这里。

荣格的父亲约翰·保罗·阿基里斯·荣格
（Johann Paul A. Jung, 1842—1896）
资料来源：Wehr, G. （1985）. Carl Gustav Jung: Leben, Werk, Wirkung. München: Kösel-Verlag GmbH & Co

童年荣格
资料来源：Wehr, G. （1985）. Carl Gustav Jung: Leben, Werk, Wirkung. München: Kösel-Verlag GmbH & Co

按照精神分析学派的观点，母亲对于一个人的性格和毕生发展有着不可磨灭的影响。荣格的母亲不仅对荣格的性格产生了影响,并且为他成年后提出的理论提供了灵感。

荣格的母亲艾米莉·荣格(Emilie Preiswerk Jung),在幼年的小荣格看来,是个十分奇怪的人,其行为举止常常判若两人,就好像有着双重人格一样。小荣格觉得自己的母亲有时头脑清晰,聪明稳重得像个男人,有时她却是个不通事理的普通女人。这种奇怪的表现让荣格陷入了深深的思考之中,并且让他对这种"同一个人身上的两种人格"现象产生了极大的兴趣,他将这种兴趣一直保持到了成年。通过对其他人身上的这种现象的观察,以及自己的理论思考积淀,荣格后来提出了关于阿尼玛和阿尼姆斯(anima/animus)的理论[1]。阿尼玛指的是男性身体里的女性人格,阿尼姆斯指的是女性身体里的男性人格。在拉丁语里,阿尼玛是灵魂(the soul)的意思,而阿尼姆斯是精神(the spirit)的意思[2]。这是荣格试图建立潜意识[3]和意识之间的联系的理论。

荣格对于母亲的感觉不是只有甜蜜,而是还有痛苦。荣格的母亲经常和他的父亲吵架,父母的婚姻充满了失望和冲突。荣格的母亲还在荣格3岁时因病离开荣格去疗养了几个月。这次分离使荣格感到了深深的痛苦,使他对爱有一种不信任感。可能由于这个原因,小荣格在童年时是个孤独敏感的孩子。也许正是这种性格,使得荣格相对于外部世界,更喜欢探索自己的内心世界。

除了父母的婚姻外,另外有两个幼年的

荣格的母亲艾米莉·荣格
资料来源:Wehr, G. (1985). Carl Gustav Jung: Leben, Werk, Wirkung. München: Kösel-Verlag GmbH & Co

---

[1] 阿尼玛和阿尼姆斯(anima/animus)是连接个体和潜意识之间的桥梁,通常以投射到异性的他人身上的方式被觉察到。

[2] http://www.google.com/books?hl=zh-CN&lr=&id=Yt7FfLRi17kC&oi=fnd&pg=PA113&dq=anima+animus&ots=ulk3aBEE4R&sig=ySavA3sYgb9S5CM9wd8WB2uAQ40#v=onepage&q=anima%20animus&f=false

[3] 潜意识(unconscious),也可翻译成无意识,本章中统一翻译成潜意识。指的是一种非意识的状态,是人们平时在日常生活中无法察觉到的,需要通过梦的分析、投射等方式来进行觉察。有关潜意识的理论是荣格心理学中的重要理论,他对潜意识的定义与弗洛伊德有相同之处也有不同之处,关于潜意识的分歧最终导致了他们二人的决裂。

环境因素深深沁入了荣格的思想，并伴随他的一生。一个是他家乡优美的湖光山色，深深打动着荣格。因此不管他在学术上有多高的成就，他都未曾在生活上远离自然。在他的晚年，还生活在湖畔的塔楼里。在他的思想中，对自然的敬仰和尊重也以各种方式体现出来。另一个因素是他的父亲及叔伯一辈的牧师身份。这使得幼年荣格常常身处于葬礼和庄严的仪式中。于是荣格从小就思索着死亡、恐惧和仪式对于人生的意义，最终形成了他对于心灵中阴影[①]等黑暗因素的系统阐释。

2. 小小哲学家

荣格自幼开始便喜欢探索内心世界，不仅思考自己的梦，也思考自己与自然之间的关系。他家附近有一块大石头，他很喜欢它，经常坐在这块石头上思考一些超越同龄人思维的哲学问题。他常常想，当我坐在这块石头上的时候，石头是在我的下面。那么，这个时候，石头会不会想到"我躺在地上，而这个人正坐在我的上面"呢？如果我们两个都这么想的话，那么，"我是那个坐在石头上的我呢？还是那个上面坐着人的石头呢？"

在荣格的一生中，石头都扮演着非常重要的角色，在梦中，本我经常以石头的形象出现，并且荣格发现，与石头接触可以帮助自己与幻想、创造力相接触。并且，荣格认为，"石头是没有不确定性的，也没有想沟通的冲动，千百年过去了依然一成不变，而我只是一种会消逝的现象，爆发成各种各样的情感，就跟火焰一样，很快地亮了起来，然后便熄灭了。我不过是我的各种情感的综合，而我身上的那个'别的'却是那不受时限的、永不毁灭的石头。"[②] 石头对荣格来说象征着一种稳定的心理结构，这可能也是荣格为何对石头如此着迷的原因。石头，成为荣格自己的情结。

[①] 阴影（shadow）是指人的整个心灵中那些被压抑甚至不被承认的部分，由于与处于光明中的意识相对立，因此被称为"阴影"。阴影有两种：个人阴影和集体阴影。阴影通常以投射到同性别的他人身上的方式被觉察到。

[②] 引自：荣格.（2009）.荣格自传：回忆、梦、反思.刘国彬，杨德友译.上海：上海三联书店，31.

资料来源：申荷永. 心理分析：理解与体验. 北京：生活·读书·新知三联书店，2004

资料来源：Wehr, G. (1985). Carl Gustav Jung: Leben, Werk, Wirkung. München: Kösel-Verlag GmbH & Co

荣格晚年住处波林根（Bollingen）的石刻

荣格在十岁的时候，用尺子刻了一个小人的塑像，然后给其上色，穿上衣服，并放在铅笔盒里。之后，他在河边给这个小人塑像找到了一块黑色的长方形石头，把它也一起放在铅笔盒里，并把这个铅笔盒放在禁止人进去的阁楼里面。每当他有不开心的事情时，就到阁楼里去看看这个小人。这种行为让他有满足感。他认为，偷偷地雕刻小人塑像，并把它藏在谁也找不到的地方，是一种赋予某个秘密外在形式的方法。

在荣格三四岁的时候，曾经做过一个有关生殖器崇拜的梦。他在几十年后的自传中才叙述了这个梦，而在这之前，他从来没有向别人讲过它。荣格后来意识到这个梦当中的男性生殖器形象，并把其接受为自己的神祇。这也导致了荣格自此以后对耶稣的排斥。

<<< 专栏一

有关生殖器崇拜的梦

我们的住宅孤零零地立在洛封城堡附近，教堂司事农场的后面有一大片草地。梦中的我正站在这片草地上。突然，我发现了一个黑色的、长方形的石砌的洞,我过去从没见过这样的洞。我好奇地走过去,朝里面窥视,看见有一排石阶一直通下去。我迟疑了半天,还是胆战心惊地走了下去。洞底走不多远有一个圆形的拱门,门上挂着一块又大又沉的绿色帷幕,那幕好像是用加工过的锦缎制成的,显得十分气派。好奇心逗弄着我,很想看看幕后边是什么,于是我便掀开了它。在暗淡的光线下,我的面前出现了一个大约三十英尺长的长方形屋子,屋顶呈拱形,由加工过的石头砌成,地板上铺着大石板,中间还铺着一条红地毯,从门口一直通到一个低低的平台,平台上放置着一个金光灿烂的宝座,座上也许有一块红色的垫子,那豪华的派头简直就像童话中描写的国王的宝座一样。宝座上立着一个什么东西,最初我以为是个树桩,大概有十二到十五英尺高,一英尺半到二英尺厚,它十分高大,几乎顶到了屋顶。后来才发现,它的成分挺有意思,它不是由木头,而是由皮和肉组成的,顶上有一个圆圆的像人头那样的东西,上面没有脸,没有头发,顶端有一只眼睛,一动不动地盯着屋顶。

屋子里很亮,可是没有窗户,也没有其他光源,头顶处是一片灿烂的辉光。座上的那个东西虽然没有动,可我总觉得它随时可能会像一条虫那样向我爬过来。我害怕的全身都僵了,这时我听见从外面和顶上传来了母亲的声音:"看看它吧,那就是吃人的怪物!"母亲的喊声使我怕上加怕,我吓出了一身冷汗,醒来后还怕得要死。

(摘自:荣格。荣格自传:回忆、梦、反思。北京:国际文化出版公司,2005,5—6。)

《荣格自传:回忆·梦·思考》中文版封面
资料来源:荣格. 荣格自传:回忆、梦、反思. 刘国彬,杨德友译. 上海:上海三联书店,2009

3. 不开心的学生时代

荣格的中学时代过得并不开心。1886年,荣格离开家到巴塞尔就读高级中学①。在这里,他第一次见识到了外面世界的生活,也第一次认识到了他家庭的贫穷。他感觉自己在学校里格格不入,不仅是生活上的不适应,在学习上他也没能获得很好的成绩。他爱好自然科学,但是却完全无法理解代数;他热衷于哲学,但宗教学却让他觉得无聊之极。他在学业上的失败令他十分痛苦。

荣格12岁那年,有一次学校放学的时候,一个男孩猛推了他一下,使他的头撞到了一块石头上,他感到一阵眩晕。这次事件成为了一个契机,使得他在每次被迫要去面对他讨厌的学校时,就会晕厥。

就这样,他就有理由因为生病而离开学校,直到六个多月后的某一天他偷听到父亲与友人的交谈。荣格的父亲很担心荣格的病情,他害怕荣格以后不能够养活自己,并将这种担心告诉了友人。荣格听到了他们的谈话后,认为自己不能再这样下去了,不能再逃避学校生活,而是应该认真地面对它。自此,他的晕厥症便不治而愈了。

从此荣格便开始十分用功地学习,并且取得了很好的成绩,但是他在学校中得到的却依然是挫败感。离经叛道的荣格无法在任何一个地方寻得安慰:他独特的思维方式使得教师认为他在学业上一无是处,并且逐渐鄙视他;他特立独行的人格特征、庞杂怪异的阅读爱好使得同学们认为他是怪胎,并且刻意疏远他。荣格也放弃了讨人喜欢的尝试,重新退回到自己的内心世界中。

二、兴趣与实际结合的专业——精神病学

荣格急切地盼望着中学时代的结束,期待在毕业之后他就可以去念大学,从而逃离令人不快的中学生活。荣格的兴趣相当广泛,不仅非常喜欢哲学和科学,而且曾经希望学习考古学,但是由于家境贫穷负担不起他的学费,他不得不挑选

---

① 高级中学,即德语 Gymnasium,与德国的普通中学相区别,有点类似中国的高中,是以升入大学为目标的综合性的高中。

一门家里可以负担得起的专业。他希望选择一门科学学科,同时又需要这门学科可供他赖以为生。他灵机一动想到了医学,这也是他曾祖父的专业。

1895年4月18日,荣格被巴塞尔大学医学院录取,主攻内科。随着学习的深入,他觉得虽然医学提供给了他许多的知识,但是对于他个人心理的发展却没有太多帮助。因此他读了许多哲学方面的书,期望自己能够在精神方面不断得以提升。这种对科学和哲学的双重爱好,加上后来的一次契机,使得他走上了精神病学的道路。

这个契机多少有点半强迫的意味,因为荣格本来对精神病学并不感兴趣。精神病学和精神病人在那个时代尚未得到重视,而且人们普遍地轻视精神病人,认为他们是一群得了绝症的怪人。其实不仅是精神病人,甚至精神病学的医生在当时也受到轻视,他们同样也被视为怪人。但是,精神病学是医学专业的一门必修课,因此,即使荣格觉得无奈,也不得不学习它。他在巴塞尔大学医学院的最后一年,转机出现了,有人推荐他去看理查德·克拉夫特·埃宾(Richard von Krafft-Ebing)写的《精神病学手册》(Lehrbuch der Psychiatrie)。这本书令他醍醐灌顶,因为他发现通过精神病学这门学科,可以把他对哲学的兴趣和他现在所作的科学事业联系起来。从那时起,他就立志成为一名精神病医生。

巴塞尔城里的大学
资料来源:Wehr, G. (1985). Carl Gustav Jung: Leben, Werk, Wirkung. München: Kösel-Verlag GmbH & Co

理查德·克拉夫特·埃宾
资料来源:http://www.crimecircle.com/tag/dr-robert-von-krafft-ebing/

1898年，荣格在医学院读书的最后一年，在他家中接连发生了两件无法解释的神秘事件，进而使他产生了对超心理学的兴趣，并持续一生。他希望能以某种学术的方式，在神秘现象和心理学之间建立联系。第一件事发生的时候，荣格正在家里学习。他突然听到房间隔壁的客厅里传来一声巨响。当他冲进客厅的时候，发现家中一张有70年历史的胡桃木桌子自己裂开了，而家里没有人知道到底发生了什么事。无独有偶，两个星期后的一天，当荣格回到家中时，他的家人告诉他，他们又听到了一声巨响，但是不清楚是什么东西坏掉了。荣格在家中找来找去，最终在碗柜中发现了一把裂成四片的钢刀。同样地，还是没有人知道为什么一把好好的钢刀会自己裂开，并发出一声巨响。荣格自己也无法对这两件事情做出解释，但是这种神秘现象给他留下了深刻的印象，他甚至一直保留着那把钢刀作为神秘事件的证据。

荣格所处的时代为他对超心理学的兴趣提供了丰富的研究土壤。荣格上大学的年代，正是19世纪末20世纪初。这不仅是一个世纪交替的年代，也是一个文化动荡的年代，"那个时代的著作中反复出现的共同主题就是有关欧洲文明正在堕落和死亡，工业化已经窃走了人类的灵魂，以及疾病和死亡是人们所能盼望的生活的全部的观点"[1]。在这种文化背景下，人们普遍对现实感到失望，这就使得各种所谓的神秘事物大行其道。

那时的人们普遍相信这种所谓的神秘事件的存在，甚至将其作为一个严肃的话题进行探讨。这些神秘事件的一个代表就是降神会。

在家中的神秘事件出现几个星期后，荣格开始参加降神会的活动。荣格觉得家中的古怪事件可能与这些降神者有关，因此想要亲身参与，一探究竟。其中一个降神会是由他的堂妹，海伦·普瑞斯维克（Helene Preiswerk）主持的。海伦自称能够让鬼魂通过她讲话。她在降神会上会进入一种恍惚的状态，在这种状态中，她自称看到了幻觉。据荣格描述说，当她进入这种状态时，讲话的语言由平时的瑞士方言，变成了高地德语[2]，而这对于一个没怎么受过教育的、且只有15岁的女孩子来说是很不寻常的。

---

[1] 引自：[美]理查德·诺尔．(2006)．荣格崇拜——一种有超凡魅力的运动的起源．曾林等译．上海：上海译文出版社，22．

[2] 高地德语相当于德语中的普通话。

在主持降神会几个星期后,海伦看起来好像具有双重人格,她让人们相信她死去的祖父通过她与人们进行谈话。虽然这个所谓的"祖父"到底是鬼魂,还是海伦的特异功能,抑或是别的什么东西,荣格一直也没有搞清楚。不过通过对海伦的研究,荣格写出了他的博士学位论文《论所谓神秘现象中的心理学和病理学》(Zur Psychologie und Pathologie sogennanter occulter Phaenomene)。正是家中的神秘事件和降神会,使得荣格对心理学和心理病理学产生了兴趣,并且,通过观察降神会,荣格认为自己对于人的心灵发现了一些客观事实。海伦的这种"双重人格"给荣格留下了深刻的印象,在他的回忆中,不只一次的提到了一个人身上的双重性质,而这也为他后来提出阿尼玛和阿尼姆斯理论提供了素材。

三、意识之外是什么

1. 找寻被压抑的情感

1900年12月,在拿到医学学位之后,荣格开始在布勒霍尔兹利精神病院(Burghölzli Hospital)工作,职位是助理医师。布勒霍尔兹利精神病院是一所声誉很好的公立医院,附属于苏黎世大学。当时这所精神病院的主任医师是精神病学界的权威欧根·布留依勒[①](Eugen Bleuler,又译布鲁勒尔、布洛伊勒)。在这里工作两年后,荣格被提升为高级医师,并在苏黎世大学教授精神病学。

布留依勒对荣格的影响是深远的,荣格在许多年后仍称他为自己的老师。布留依勒和荣格一样,有着对超心理学的浓厚兴趣,他帮助荣格在布勒霍尔兹利精神病院建造了超心理学实验室,并和他一起参加降神会,鼓励他在这方面的研究。是布留依勒给了荣格人生中的第一个职务,并开启了荣格的专业生涯。

---

① 欧根·布留依勒(Paul Eugen Bleuler,1857—1939),20世纪初著名的瑞士精神病学家。他在1911年率先提出"精神分裂症"(schizophrenia)的病名,取代前人的"早发痴呆"(dementia praecox),迄今已为世界精神病学界所接受。他对精神分裂症的研究系统而深入,开创性地把精神分裂症看作是一个具有多样性的症状群,并对病症的基本特征进行了定义,还注意到病症中的联想精神活动缺陷,认识到其中的情感和动机障碍。他还吸收了冯特(Wundt)、弗洛伊德、荣格等人的理论,推动了精神病学的发展。

苏黎世布勒霍尔兹利精神病院
资料来源：http://www.pep-web.org/document.php?id=zbk.041.r0017a

欧根·布留依勒
资料来源：http://www.keremdoksat.com/2010/01/28/bilimsel-kitap-nasil-yazilmaz-egitici-bir-ozet/

在当时的精神病学界，人们认为心理疾病的原因是器质性的，荣格也花费了相当长的时间去研究大脑，但是受当时的技术所限，他对于大脑的研究没有得出什么很令人满意的结果。于是在布留依勒的建议下，荣格在1904年[①]开始尝试使用"语词联想测试"（word association）对精神病人进行研究。这是荣格首次采用心因性的方法对病人进行研究。在现在看来，当时这个令他转向精神方面探索的建议显得十分重要。

在词语联想测试的过程中，病人被鼓励说出听到某个词后浮现在他脑海中的第一个词。比如，在进行测验时，荣格念出一个词，如"学生"，病人在听到这个词后，被要求说出浮现在他们心中的第一个词，如有的病人会说："苏格拉底"，有的病人会说："爱"，等等。每次测验的时候，病人都需要对许多词进行联想。语词联想测试本来是一个用于测量智力的测验，荣格将其发展成为了测量潜意识的工具。荣格发现，在直接询问病人发病原因时，有些情况下，病人可能会碍于一些原因，而不愿提及某些事件，这就很难找出真正的病因。然而语词联想测试可以帮助精神病学家找到突破口，从而发现诱发精神病的原因。荣格根据参与实验的人说出的词来分析他们的内心和潜意识，以及找出可能导致他们病情的

---

① 一说1903年。

生活经验。

荣格发现，当他念出某些词的时候，不同的病人会有不同的反应。对一些词，某个病人可能会很慢才做出反应，或者根本不做反应。后来荣格发现，这种延迟的现象是因为这些词语与病人心理上的冲突有关。荣格认为，这种延迟就意味着在这里出现了"情结"。情结是指相关联的想法、感受、记忆和冲动的集群（clusters），这个集群中的很多东西都被压抑了，有的时候，人们甚至会拒绝承认他们拥有的情结[1]。因此，在测试时，病人往往不知道他们为什么会这样反应，当被问及原因的时候，病人往往会用不自然的方式来回答。这样，词语联想测验就可以定位病人内心中冲突和矛盾的位置。

荣格在进行语词联想测试的时候，不但记录病患的反应时间，也测量病患的心跳、呼吸，还有皮肤电反应。测量结果显示呼吸率和言辞反应有关；这种相关反过来说明了身心是共同运作的[2]。

基于对这种有趣现象的观察及一些理论知识背景，荣格创建了"情结心理学"。情结（psychological complex）这一概念，在1898年首次由德国精神医学家齐亨（Theodor Ziehen，1862—1950）提出，他认为，情结是"一些意向与观念，以一情感为中心纠缠而成"。荣格在这一概念的基础上进行了扩展，并用语词联想测试进行了大量实验来支持自己的理论。一个情结由一个核心和周围的有关部分组成，并且是不受意识所控制的。情结可通过个人经验得到，其核心可由原型[3]的内容构成。当所具有的情感很激烈时，情结可能会导致各种神经机能上的、甚至是病理上的障碍。这种情感自然是通过测验有关的词汇而表现出来的[4]。通过大量的实验，荣格发现情结存在于个人潜意识之中，而不是集体潜意识中。

---

[1] Mattoon, M. A. (2005). Jung and the Human Psyche: an understandable introduction. New York: Routledge, 62.

[2] Casement, A. (2004).荣格：分析心理学巨擘.廖世德译.台北：生命潜能文化事业有限公司，19.

[3] 原型（archetype）的概念和有关集体潜意识的概念是相互依存的，它们构成了同一个理论。荣格所说的"集体潜意识"指的就是原型。

[4] 引自：芭芭拉·汉娜.(1998).荣格的生活与工作.李亦雄译.北京：东方出版社.

2. 始于潜意识又止于潜意识的友谊

语词联想测试不仅为荣格对潜意识的研究提供了实验支持,它还间接地帮助他找到了良师益友。荣格在语词联想测验的帮助下治疗了许多精神病人,这为他日后与西格蒙德·弗洛伊德的友谊埋下了伏笔。弗洛伊德的著作《梦的解析》在 1900 年刚出版的时候,布留依勒建议荣格阅读这本书,不过当时荣格对这本书并没有什么想法。三年后,荣格又拿起这本书时,他感到与弗洛伊德有深深的共鸣:《梦的解析》中的观点与他在使用语词联想测试时的感受如出一辙。书中提到了荣格在进行语词联想测试时经常遇到的压抑性机制。荣格认为,语词联想测验证实了弗洛伊德的情感潜抑理论——这是心理分析学的支柱之一,阐明了情结运作的过程。在弗洛伊德一派的学者看来,他进行的这种测验,为弗洛伊德的学说重要的部分建立了科学基础[1]。

那个时候,弗洛伊德的理论受到心理学界的大力批判,但是荣格却坚决支持弗洛伊德的观点。1906 年 3 月,荣格给弗洛伊德写了一封信,并寄去了他自己编的《诊断的联想研究:对实验精神病学的贡献》(*Diagnostic Association Studies: Contributions to Experimental Psychopathology*),这本书收集了荣格和他在布勒霍尔兹利精神病院的同事的 6 个研究。弗洛伊德回信了,并附上了《神经症理论短篇论文集》(*Collected Short Papers on the Theory of the Neuroses*)的第一卷。荣格回信表示感谢,但同时也对弗洛伊德提出的压抑的内容根源于不同的性创伤的理论表示质疑[2]。同年,荣格写了《联想研究》一书,公开支持、证明

大名鼎鼎的弗洛伊德
资料来源:http://www.xlxcn.net/archives/253

---

[1] 引自:Casement, A. (2004).荣格:分析心理学巨擘. 廖世德译. 台北:生命潜能文化事业有限公司,22.

[2] Mattoon, M. A. (2005). Jung and the Human Psyche: an understandable introduction. New York: Routledge, 8.

弗洛伊德的理论①。

1907年3月3日，荣格应邀到弗洛伊德位于维也纳的家中做客。那天，他们一口气谈了13个小时。初次见面给两人都留下了十分好的印象。之后，他们的关系越来越亲密。弗洛伊德大荣格19岁，将他当作自己的儿子一般看待，并将其称为"精神分析界的王储"，而荣格也将弗洛伊德当作父亲般崇敬。

维也纳第九区贝格大街：弗洛伊德住所
资料来源：http://uweb.txstate.edu/~rw04/theory-web/freuds_office.htm

荣格在维也纳弗洛伊德诊所的大门前，1910年
资料来源：http://zh.wikipedia.org/zh/%E5%8D%A1%E5%B0%94%C2%B7%E8%8D%A3%E6%A0%BC

虽然荣格与弗洛伊德一直保持着亲密的友谊，但是两人之间却也一直存在着差异，而且这种差异最终导致了他们的决裂。

弗洛伊德和荣格都对潜意识有着浓厚的兴趣，尽管对于潜意识的研究并非他们所独创。从古至今，人们都对心灵中这些不属于意识世界的部分有着极大的兴趣。从远古时代对梦的重视，到近代对催眠术的狂热，人们一直在寻找着通向潜意识的道路。早期对潜意识的探索，主要是由哲学家和诗人、文学家进行的，其中也夹杂着一些物理学家和神秘主义者等。例如麦斯麦（F. A. Mesmer, 1733—1815），他是当时催眠术界的名人，对催眠术的发展很大程度上影响了后来的弗洛伊德和荣格②。

---

① 引自：卢德.(2004).荣格宗教心理学与圣三灵修.台北：光启文化事业,49.
② Mattoon, M. A. (2005). Jung and the Human Psyche: an understandable introduction. New York: Routledge, 2.

从1800年到1850年，哲学家和诗人继续对潜意识进行着探索，这时，一些受过专业医学训练的人也加入到这支队伍中。到了1850年至1880年期间，探索潜意识的人群日益庞大，各行各业都有人参与其中。这些人中大部分是德国人，因此，住在德国的弗洛伊德和住在邻国瑞士的荣格受到了很多关于探索潜意识方面的影响①。然而弗洛伊德和荣格的成长经历、工作环境以及专业氛围都不尽相同，于是两人在研究共同感兴趣的潜意识时就有着根本的分歧。

弗洛伊德和荣格都认为，潜意识是人的心灵中重要的一部分，但对潜意识概念却有各自的不同理解。弗洛伊德的病人主要是富裕的中产阶级。在对这些病人的治疗过程中，弗洛伊德发现，通过"自由联想"的方式，即要求病人说出任何浮现在他们大脑中的思想，可以追溯到病人病症的原因。这种原因在一开始往往是无法观察到，或无法被问出的。一旦这种病因被觉察，被带到意识中来，病人的病症就会消失。这种造成了病症的原因往往是病人生活中的创伤经历，因为人的意识无法承受这种痛苦的创伤，因此便选择了将它压抑到潜意识当中去。弗洛伊德认为，这种被压抑的创伤和被压抑的本能有关，而这种被压抑的本能，通常是性本能。性本能为人们提供了心理能量(psychic energy)或力比多(拉丁语中的"欲望"desire)②。但是荣格不这么认为。荣格的主要工作是在苏黎世大学附属的布勒霍尔兹利精神病院完成的，那家精神病院的病人很多都是农民阶级。并且，不同于弗洛伊德的神经症病人，荣格的病人多数患的是精神病。

这些不同之处使得荣格从一开始就不赞成弗洛伊德视为最高真理的性本能理论。荣格不同意像弗洛伊德那样以"性本能"解释一切心理上的问题。不过，荣格也使用"力比多"这个词语，但是这个词对他而言，所代表的意义更为广泛。荣格用力比多的流动方向来指代心理的关注趋势，或心理能量运作的地方。

弗洛伊德和荣格的共同之处在于，他们的理论都是来自于他们平时对病人的观察。他们的不同之处在于，弗洛伊德试图寻找一种理论，这种理论可以用于解释一切心理学现象，并且可以经得住之后所有的观察数据的检验。也就是说，

---

① Mattoon, M. A. (2005). Jung and the Human Psyche: an understandable introduction. New York: Routledge, 2.

② 引自: The Handbook of Jungian Psychology: Theory, Practice and Applications, Edited by R. K. Papadopoulos. New York: Routledge, 2006, 58.

弗洛伊德想要的理论是一个封闭的系统,严谨、精确。而荣格的观点则与弗洛伊德的观点相左,他认为,关于心理学的理论要考虑到人类心理的无穷变化,因此,他的理论是开放的,但是有时显得模糊不清。

这种分歧一直持续着,最后也成为了他们友谊破裂的原因之一。弗洛伊德对自己的理论有着绝对的信心,将其视为不可挑战的真理,并要求别人也严格地遵从这个理论,或者至少是在他的控制下发展这个理论,而这是荣格所不能接受的。荣格曾几次直接置疑弗洛伊德的理论,而弗洛伊德由于害怕失去自己的权威地位,因此不肯开诚布公地谈论自己的理论,而是选择了逃避问题,这样在他们之间便产生了裂痕。

荣格与弗洛伊德等人在克拉克大学的合影
资料来源:http://baike.aliqq.cn/doc-view-52661.html

魏玛的国际精神分析大会合影的局部
资料来源:Wehr, G. (1985). Carl Gustav Jung: Leben, Werk, Wirkung. München: Kösel-Verlag GmbH & Co

1909年发生的事件是他们决裂的开端。那时他们应邀到美国的克拉克大学讲学,在休息的时候他们谈论起在德国发现的史前"泥煤田尸体"。荣格对有关尸体的话题总是非常感兴趣,但是弗洛伊德则对这类话题充满了抗拒。当荣格兴致勃勃地谈论着史前人类的尸体时,弗洛伊德突然感到一阵不适,之后突然晕厥了过去。

尽管如此,在1911年的时候,弗洛伊德不顾其他人的反对,推荐荣格担任了国际精神分析学会的第一任主席[①]。这一方面是由于荣格自身过人的才华,另一方面,弗洛伊德的学生大多是犹太人,因此弗洛伊德希望非犹太人的荣格能够将精神分析的事业拓展开来。还有一点,

---

① 引自:卢德.(2004).荣格宗教心理学与圣三灵修.台北:光启文化事业,50.

荣格所在的精神病院是欧洲最富名望的,弗洛伊德希望能在那里有自己的代言人。

但是荣格和弗洛伊德的分裂继续加深。无独有偶,在1912年慕尼黑分析心理学大会上,他们讨论着古埃及的法老王,该法老王把他父亲的名字从其石雕上敲掉了。讨论到这里的时候,弗洛伊德又突然晕厥了过去。

荣格把弗洛伊德的这两次晕厥解释为弗洛伊德认为他有弑父动机,而弗洛伊德又把他当作自己的儿子一般,虽然荣格对当弗洛伊德的接班人并不那么感兴趣。

1912年,荣格发表了一篇重要的论文"力比多的象征"(或译"原欲的象征",*Symbole der Libido*),公开反对把力比多局限于性本能。1913年,在慕尼黑举办的国际精神分析大会上,针对这本书进行了暴风雨式的论战[①]。1913年10月,荣格辞去《年鉴》的主编职务;1914年,他又辞退了国际精神分析学会主席职务并放弃会员资格。从此他与弗洛伊德正式分离[②]。之后两人再也没有见过面。

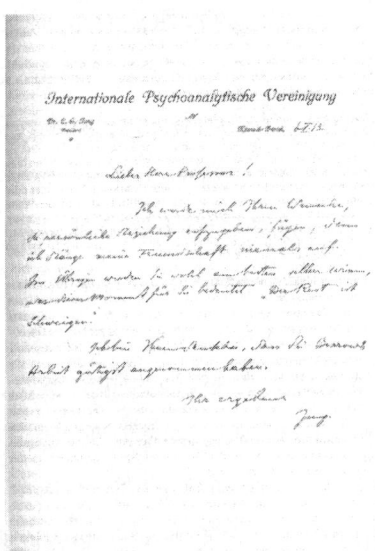

荣格给弗洛伊德的绝交信,结束了两人多年的合作关系

资料来源:Wehr, G. (1985). Carl Gustav Jung: Leben, Werk, Wirkung. München: Kösel-Verlag GmbH & Co

---

① 引自:Mattoon, M. A. (2005). Jung and the Human Psyche: an understandable introduction. New York: Routledge.
② 引自:卢德.(2004).荣格宗教心理学与圣三灵修.台北:光启文化事业,51.

四、婚姻和爱情生活

在布勒霍尔兹利精神病院期间，荣格不仅为自己的事业奠定了基础，还为自己的婚姻找到了归宿。

荣格21岁时，有一天他去拜访一位他们全家人的老朋友——弗劳·洛森巴赫。在洛森巴赫家里，他看到一位十几岁的少女亭亭立于阶上，那就是爱玛·洛森巴赫（Emma Rauschenbach）。荣格当时有一个明确的想法——那就是自己未来的妻子。荣格把这个想法告诉了同来的一位朋友，但却遭到了嘲笑。当时爱玛只有14岁，而且是出生于一个富有的家庭，而荣格只是一个刚刚步入医学界两年的穷医生。按照当时的习俗，这样的两个人是不可能结合在一起的。事实也证实了这一点，荣格的第一次求婚被无情地拒绝了，因为他实在太穷。

在布勒霍尔兹利生活的第三年，荣格再次向爱玛求婚，这次，她同意了。她和荣格在1903年2月14日情人节结婚，婚后育有四女一子。他们在库斯纳赫特（Küsnachter）建造了一幢房子，共同生活到1955年爱玛过世为止。爱玛是荣格一生中最爱的人。若说荣格生命中的其他女人都是其房屋上的装饰品，那么爱玛就是其房屋的基石。在荣格的生活与工作中，爱玛处处鼓励他，支持他，可谓是荣格的贤内助。后来，爱玛接受了荣格的心理分析，自己也成为荣格之外最早的荣格式心理分析师。1916年分析心理学俱乐部成立的时候，爱玛被选为第一任主席。

荣格的婚姻很幸福。但在婚姻之外，他也同一些女人有情人关系，这些女人或多或少地激励了他的事业以及他对理论的创新。

1904年，他在布勒霍尔兹利精神病院的第一个病人，俄籍犹太人莎宾娜·史毕雷（Sabina Spielrein）爱上了荣格，而荣格也爱上了她，这是在心理治疗中常见的移情与反移情现象。由于心理咨询师是不能与其病人相恋的，这件事情在当时造成了较大的影响。

荣格害怕这件事情传出去会造成很坏的影响，而且还想保住自己的事业和婚姻，因此想要和莎宾娜断绝关系。他写信给弗洛伊德要求帮助，弗洛伊德自然是站在荣格一边，两人共同谴责莎宾娜，要求她远离荣格。

荣格与妻子爱玛，1903年
资料来源：Wehr, G.（1985）. Carl Gustav Jung: Leben, Werk, Wirkung. München: Kösel-Verlag GmbH & Co

荣格一家，1917年
资料来源：Wehr, G.（1985）. Carl Gustav Jung: Leben, Werk, Wirkung. München: Kösel-Verlag GmbH & Co

在荣格身上出现了这种严重的医疗事故，而他的老师弗洛伊德却在袒护自己的学生。1909年6月8日，在莎宾娜将这一医疗事故告诉弗洛伊德之后，弗洛伊德写信给莎宾娜，说他认为这一事故仅是一个由于能力不足而造成的轻率的行为；她应当反省自己，克制对荣格的感情，并且要求她不要对外声张此事。

然而在莎宾娜第二次写信的时候，有关这件事的谣言开始传播，并且传到了弗洛伊德的耳中，此时弗洛伊德决定为自己辩解。他写信给荣格，要求他采取实际行动以解决这种情况。随后，荣格完全坦白。而弗洛伊德终于开始明白自己被欺瞒了很久。于是，他写信给莎宾娜表示歉意，承认他错怪了她，这件事并不仅仅是莎宾娜一人的责任。这个事件虽未对荣格和弗洛伊德产生严重的后果，但对莎宾娜却造成了很大的伤害。后来，莎宾娜迁居维也纳，继续接受精神分析训练，成为了一个弗洛伊德主义者和一个分析学家。又在日内瓦加入当地心理分析学会。1923年她返回苏联。1941年纳粹屠杀在全国围捕的犹太人，56岁的莎宾娜和她的两个女儿被杀害于丹德罗斯托一处犹太教堂。

另一个对荣格来说极其重要的女人是托妮·沃尔夫（Toni Wolff）。她是荣格的同事，也是他事业上的全力支持者，以及他长达几十年的公开情人。托妮比荣格小13岁，是他心目中完美的莎乐美形象。1910年，托妮成为了荣格的病人。在荣格探寻自己潜意识期间，他发现了自己的女性人格，当他把生活中的女性都加以分类区分时，托妮就成了"激励者"，而相比之下爱玛的形象则是妻子和母亲。

托妮与荣格的关系被爱玛知道了,最初曾经引起二人的婚姻关系紧张。但最终在荣格的力促下,托妮成为了荣格一家的朋友,每逢周日便和其一家共进午餐。而荣格也以其独特的人格魅力使得爱玛和托妮相信,他是同时需要她们两个的。托妮与荣格公开的婚外恋持续了几十年,在这期间中,她不仅给予荣格精神上的支持,也给予他事业上的支持。

托妮也是一名心理分析师,并且担任荣格俱乐部的主席多年(1928—1945),是荣格事业上不可多得的伙伴之一。在接受荣格分析后不久,托妮就成为了荣格的助手,1911年就随荣格参加了魏玛的国际精神分析大会。托妮成为了最早的荣格心理分析家之一。相比之下,荣格的分析主要处理原型层面的问题,而托妮的分析往往更接近病人的实际心理困惑。托妮的代表著作是《女性心理的结构形式》,1951年用德文出版。1953年,托妮因心脏病突发而去世,当天她仍然在工作。悲伤的荣格用中文在纪念托妮的石碑上刻下"托妮,莲花,修女,神秘"[①]。

专栏二

以利亚与莎乐美

这两个人物的组合对荣格来说是至关重要的,在他的一生中都在寻求这样一对组合的形象。以利亚是希伯来先知,是一个有智慧的老人形象。莎乐美是一个美丽的女人形象,《圣经·新约》"马太福音"里说她是希律王之女,以舞姿迷住希律,使他杀掉了施洗者约翰。

(摘自:荣格.荣格自传:回忆、梦、反思.北京:国际文化出版公司,2005,174—175。)

---

① 引自:申荷永.(2004).心理分析:理解与体验.北京:生活·读书·新知三联书店,159.

荣格自己所绘的智慧老人形象,又名"斐乐蒙"
资料来源:申荷永.心灵与境界.郑州:郑州大学出版社,2009

《莎乐美接受施洗礼者约翰的头颅》
资料来源:http://www.tucoo.com/art/renaissant_02/html/image3.htm

五、人,生而不同

1. 心灵的态度差别

和弗洛伊德决裂后,荣格一度处于沮丧、孤独的境地,内心也陷于混乱动摇。他放弃了大学的教职,因为觉得自己内心混乱,充满疑团而不能胜任。在之后的三年时间中,荣格更多地在分析自己的梦境和幻觉,并开始研究神话。经过这三年的思考和探索,荣格的思想脱离了弗洛伊德的框架,开始提出许多自己的心理学理论,首先的一个就是心理类型理论。

1921年,荣格出版了《心理类型》一书,探讨了他与弗洛伊德、阿德勒之间的性格差异[①]。在此书中,他把人的心理分成了各种不同的类型,并详细地诠释了分类的原因和各种类型的特点。这些概念后来被人们奉为经典,并大量引用。

荣格把人分为内倾型和外倾型两大类,他所提出的内倾和外倾不同于现在我们认为的内向和外向。内向和外向是指一个人是否乐于和人交往,或者是否

---

① 引自:卢德.(2004).荣格宗教心理学与圣三灵修.台北:光启文化事业,51.

中年时期的荣格
资料来源：http://www.singingtotheplants.com/blog/

更愿意关注于自己的内心世界，而荣格所提出的内倾和外倾则指的是一种思维的方式。内倾型的人关注自我①的概念，他们更注重于"自我"的恒定性，认为自我是不变的。内倾型的人不喜欢会影响自我变化的客观变化。而外倾型的人关注的是客体以及与客体的关系。荣格所谓的心理类型是一种基本的态度(general basic attitudes)，而我们平时所谓的内外向则是一种功能性的类型。

对于心理类型的划定自古便存在，如希波克拉底的体液说，等等。但是荣格认为这些学说并不能称之为"心理"类型，因为它们并没有脱离生理的局限。为了脱离这种生理上的限制，荣格从古代的人物开始，分析了许多名人的思维方法，试图从中找出一种科学的、心理学的对心理类型的分类方法。在古代，诺斯替教(Gnosticism)的哲学②提出了三种不同的类型，分别是圣灵、心灵和物质。荣格认为这三种不同的类型分别与心理学上的三种不同类型对应，它们是思维、情感和感觉。其中，圣灵对应着思维，心灵对应着情感，物质对应着感觉。

由于认为对心理类型的划分应以人的思维方式为基准，荣格在书中提到了许多的哲学思想，其中一种是唯名论与唯实论之争。唯名论认为，我们平时所见到的概念，不论是具体的事物，如动物、植物，还是抽象的概念，如善良、邪恶等，都只不过是一些名称而已。而唯实论认为，这种普遍的概念，具有先于事物存在的特性。这两种思维方式的差别取决于思维价值的不同。对于内倾型的人来

---

① 自我(ego)是整个意识的中心，它表达的是人们平时口中所说的"我"，它是意识的执行者。我们每天的活动、经历，都是由自我来发起并执行的。

② 诺斯替教为早期基督教教派之一，盛行于公元二世纪，其基本思想受到诺斯底主义影响，其中包含一种二元论的观点：在天国的国土与物质的世界有着明显的分隔。物质世界是由一位神祇所创造；而灵界则是彻底地与物质世界不同，与真神一同存在，亦是那些醒悟的人类真正的家园。

说,思维价值的重心在于概念,而不是概念所包括的那些基本心理过程。像理智、理性等一般概念,对内倾型的人来说是一种"机能",是一种基本功能,它们包括了各种各样的心理过程。然而对于外倾型的人来说,思维价值的重心是与客体的本身的关系。他们认为,像这种一般概念只是一些次要的衍生物,是最基本的心理过程的产物。

这种把人区别为内倾型和外倾型的方法,荣格将之称为态度类型(attitude types),因为这种分类方向是根据人们不同的兴趣和力比多运动的趋势来区分的。与态度类型相对应的是功能类型(function types),这种分类方法是因为不同的类型在个体对生活的适应上起了不用的作用。

对于态度类型的分类,可以基于人们对待客体的态度来区分。内倾型的人对待客体是一种抽象的态度,他们总是希望从客体中撤回力比多。而外倾型的人会把力比多向外转移,他们很依赖客体,他们相信客体是很重要的,并时刻把自己的主观态度与客体相联系,并不断地根据客体调整自己的主观态度。比如说,在追星的问题上,有些人追一个明星只是因为很多人喜欢他,所以自己也喜欢他;有些人就不认为受大众追捧的明星也值得自己追捧。荣格把这两种人区分为内外倾类型,他认为,行为观点主要受客观物体决定,而不是受主观价值所决定的这种人,就是外倾态度的典型。如果一个人长期地如此思考、感觉和行动,也就是如此生活,那么这个人就是所谓的外倾型。

观点受外界客体所左右,并不代表外倾型的人没有自己的主观价值,只是这种主观价值远不如外在客体那样具有决定性。荣格认为,外倾型的人有一种潜在的危险,即他们过分关注于外在的事物,从而忽略的自己的内心,导致完全被外在事物所束缚。

2. 心灵的功能差别

内倾型和外倾型的态度类型与功能类型相搭配,可以形成更多不同的心理类型。荣格所谓的功能(function)是指"一种原则上在各种情形下都保持同一不变的特殊心理活动形式"[①]。荣格认为,人有四种基本功能,并且,他根据理性与

---

① 引自:荣格.(2007).心理类型.吴康,丁传林,赵善华译.高雄:基础文化创意有限公司,473.

否将其分为两组：思维与情感，感觉与直觉。每个人都会有不同的心理功能共同起作用，但是每种功能所起的作用并不相同，它们在个体心理中的发展水平也各不相同。如有的人擅长进行思维，有的人更擅长运用直觉。根据这些心理功能的优势，可以把人分为思维型、情感型、感觉型和直觉型。再加上人的态度类型，荣格把人划分为了八种类型，即：外倾思维性、外倾情感型、外倾感觉型、外倾直觉型、内倾思维型、内倾情感型、内倾感觉型和内倾直觉型。

① 外倾思维型：

如果一个人在做每个决定的时候，都会基于理性的思考，或者有倾向于进行理性思考的动机，我们就可以说，这个人是思维型的人。由于外倾型的观点受外界客体所左右，因此外倾型的人的思维主要由客体和客观事件来决定。因此，外倾思维型的人会把自己的生活与理智的思考联系起来，并且这种理智思考的结论都是来源于外部世界的。外倾思维型的人在荣格看来是一种理想主义的人，由于他们平时十分理智，又会根据社会上的规则、观念构建自己的观念，因此，他们会把一种决定性的意见赋予客观现实。而非理性的观念，如情感等，都会被压抑。

② 外倾情感型：

尽管情感看起来是一种很主观的东西，但是仍然存在着外倾情感型的人。荣格认为，外倾情感型的人的情感，并不是自己主观的体验，比如说，对于一幅画，主观的情感认为它是"美的"，但是外倾情感型的人认为它是美的，并不是因为他们自己这么认为，而是因为整个社会都说这幅画很美，因此，他们也会认为这幅画很美。对这种人来说，一切与客观相符的都是好的，其他的东西，则被他们排除在这个世界之外。荣格认为，这种人的缺点就是，为了情感而情感，情感本身的意义反而不重要了。与思维型的人相对，情感型的人会压抑自己的思维，因为思维会干扰情感。

荣格把思维型和情感型都称之为理性类型，因为在这两种人的生活中，推理和判断功能都占了主导地位。

③ 外倾感觉型：

感觉相对于其他功能来说，更加的依赖于客体。荣格认为，外倾感觉型的人的生活就是积累对客观事物的实际经验，但是这种性格越突出，对于这种经验的运用就越少。他们积累这些经验并不是为了日后去运用它们,只是因为这些事物是新的。外倾感觉型的人喜欢可感知到的现实,而不喜欢反思。相对地,外倾感觉型的人的缺点是过于享受感觉的过程,从而可能会导致他们成为沉迷享乐的酒色之徒。感觉型的人会压抑直觉。

④ 外倾直觉型:

直觉是一种潜意识的功能,在意识中,它作为某种预期的态度起作用,它的最重要的功能就是对事物间的关系进行知觉。对于直觉型的人来说,感觉是其最大的阻碍,因为感觉是一种纯意识性的功能。因此,直觉型的人会压抑感觉。外倾直觉型的人也会主要依赖于客观事物,但是与外倾感觉型的人依赖的方式不同。外倾感觉型的人依赖于现在的事物,而外倾直觉型的人则对那些有远大前景的事物很敏感,即使这些事物都只是出于萌芽状态。但是一旦原来感兴趣的事物完全已知,外倾直觉型的人就会失去对它的任何兴趣,他们不仅仅像外倾感觉型的人一样寻求新的东西,他们更多地寻求的是新的可能性。因此,荣格认为,外倾直觉型的人的缺点是太多地寻求可能性,因此是播种者,但是却享受不到自己行为所带来的结果。

荣格把感觉型和直觉型都称之为非理性类型,因为在这两种人的生活中,所做的决定都不是基于理性判断的结果。在阐述这两种类型的时候,荣格引用了尼采所提出的"太阳神精神与酒神精神的对立"的思想,他指出,尼采的这种思想与感觉型和直觉型这两种心理类型相对应,荣格将这两种类型称为"审美类型"。

外倾型和内倾型的区别就在于对待客观事物的态度,内倾型的人虽然也需要客观事物,但是他们在做出判断的时候,根据的是自己心里主观的观点。同样,内倾型的人也分为四种不同的功能类型。

⑤ 内倾思维型:

同外倾思维型相对,内倾思维型的人的思维主要受主观因素所决定,虽然这种思维也需要客观物体的参与,但是在做决定的时候,主要是受主观因素的影响。并且,客观物体并不是内倾思维型进行思维的目的。荣格认为,内倾思维型的人的缺点是他们会把自己对事物的观点强加于事物之上,或者甚至有可能完全抛开事物,沉浸在自己的思维与幻想之中。外倾思维型的极端是放弃了自己,全神贯注地投入到对客体的思维中去;内倾思维型的极端是,忽略了外在客观事物,而把自己的思维局限在自身的范围内。

⑥ 内倾情感型：

荣格认为这一类型的人在外表看来,会表现得"十分冷漠而含蓄",但是他们实际上有着很丰富的情感体验,只不过这些情感都隐藏在内心,不会轻易被人看出来而已。与外倾情感型的人不同,内倾情感型的人在对待客观事物的角度上,并不是要让自己与客观事物相适应,而是要在客观事物的基础上建造自己的观念。这种人在潜意识中会希望使自己的意象成为现实。内倾情感型的人往往对外倾型的人有吸引力,因为他们可以触及外倾型人的潜意识。

同外倾理性类型一样,这两种类型是内倾的理性类型。

⑦ 内倾感觉型：

外倾感觉型是对客观事物进行感觉,内倾感觉型侧重的是感觉的主体,也就是人在感觉外在事物的时候的主观过程。因此,与外倾感觉型相对,内倾感觉型追求的是外在客观事物造成的主观感觉。荣格认为,这一类型的人不善言辞,他们最主要的特点是平静和被动。

⑧ 内倾直觉型：

内倾直觉型的人的直觉直接指向了内在客体,内在客体是相对于外在客体来说的,它们与心理的关系完全一样,唯一不同的是外在客体是物质的,而内在客体是心灵的。内在客体是人对外在客观事物的主观印象,它是构成潜意识和集体潜意识的材料。同外倾直觉型的人一样,内倾直觉型的人也是播种者,只不过对象是内在客体。荣格认为尼采是有内倾倾向的直觉类型,他认为,尼采的作品缺乏理性的逻辑与修饰,一般来说,这是直觉型的人的特点。

荣格自己是个内倾型的人,因此不难看出他在对这些类型进行描述的时候带有明显的主观色彩。他自己也说过,内倾型和外倾型是无法相互比较的,因为他们的思维形式是完全不同的。可能是由于这个原因,荣格在描述外倾型特征的时候,往往会提及这些类型的缺点,但在论及内倾型的时候,则大多数为概念的叙述。

在荣格的理论中,不同心理类型的个体会有不同的人生发展轨迹。因此在评价个体的发展水平的时候,应该把个体和同类型的其他个体相比,而不是与一个普遍的常模相比。

六、炼金术与炼心术

1. 由梦而起的对炼金术的研究

到达潜意识的通路是梦,作为精神分析学派著名人物的荣格,自然也对梦有着很大的关注。荣格认为,做梦对我们平时的生活有一种补偿作用。当我们醒着的时候,意识占主导功能,但是有一些事物可能会被意识忽略掉。而当我们在做梦时,潜意识可能会提供一些平时在意识条件下被忽略或者抑制的内容。荣格认为,心灵可以通过做梦给人们提供信息,从而让人们更加了解自己。因为持有此种观点,荣格平时对自己的梦十分关注,也时时对它们进行分析。他的一些很重要的研究就是基于自己的梦而开始进行的,比如对炼金术的研究。1926年左右,荣格做了一个关于炼金术的梦,这个梦引发了他对炼金术的研究。

<<< 专栏三

关于炼金术的梦

当时我正在南蒂罗尔,时值战时。此时我身处意大利前线,正坐在一个矮个子农民赶着的马车从前线回来。炮弹在我们周围爆炸,弹片呼啸;我知道,我们必须尽快赶路,因为此地情况十分危险。

我们必须通过一座桥,然后便得穿过一条隧道,这隧道的拱顶已部分被炸弹所摧毁。在穿过隧道到达另一头时,我们看见,在我们面前展现的,是一片阳光灿烂的美景;我认出,这是维洛纳附近的一个地区。在我们下面横卧着的就是维洛纳市,在明亮的阳光下显得光彩照人。我如释重负般地松了口气,我们继续驱车前行,进入到生机勃勃、一片葱绿的隆巴德平原。一路上经过春意盎然的可爱乡村;我们看到了不少的稻田、油橄榄树和葡萄园。然后,我看到在这条路的斜对过处,有一座富丽堂皇的大庄园,很像是某个北意大利公爵的宫殿。这是一座典型的庄园,有许多的附属建筑物和外屋。就像卢浮宫一样,这条路穿过一个大庭院,再从这座宫殿旁边经过。那个矮小的马夫和我坐着车穿过一道门而进入到庭院,在这儿,透过远处那头的第二道门,我们可以再次看见那一片春光明媚的风景。我向四周看了看:右边是这庄园的正门,左边是仆人住宅区、马厩、谷仓和其他建筑物,一直延伸了好一段路。

就在我们到达这庭院的中央处即那宫殿的大门口处时,出乎意料的某种事情发生了:只听见沉闷的砰的一声,这庭院的两道门忽地关上了。那农民从马车上跳下来喊道:"好啊,我们现在可被关在 17 世纪了。"我无可奈何地想到:"唔,确是这样!不过该怎么办呢?从现在起,我们可得被关上它个好几年。"这时候,一种安抚性的想法又涌上心头:"总有一天,从现在起再过几年,我总会再次走出去的。"

(摘自:荣格.荣格自传:回忆、梦、反思.北京:国际文化出版公司,2005,195—196.)

做了这个梦之后,荣格曾查阅大量资料,试图分析这个梦的意义。过了很长时间,他才意识到,这个梦指的是炼金术。在梦的最后,荣格被关在了 17 世纪,而炼金术正是在那时发展到了巅峰期。

荣格绘制的曼陀罗

资料来源:Wehr, G. (1985). Carl Gustav Jung: Leben, Werk, Wirkung. München: Kösel-Verlag GmbH & Co

荣格研究炼金术的另一个灵感来自于他长久以来对曼陀罗绘画的兴趣。荣格在 1918 年时,就开始尝试理解曼陀罗的绘画。当时他是英军战区战俘的监管上校,驻扎在夏托达堡。每天早上荣格都在笔记本上画一幅小小的曼陀罗,这幅曼陀罗的画与他当时的心态相对应。他认为圆是本我的象征,而圆形的曼陀罗则是人们把本我投射出来的方法。在荣格后来提出的理论中,自性(thr Self)①的发展正如曼陀罗绘画的形状一样,是弯弯曲曲的,然而这一切发展仍然有一个中心点,

---

① 自性(the Self)是整个人格的中心,它包括了意识和潜意识两个方面。

就如同曼陀罗绘画的中心一样,自性的一切发展道路都通向那个中心。

<<< 专栏四

曼 陀 罗

曼荼罗是梵文 Mandala 的音译;曼荼罗又译"曼陀罗"、"慢怛罗"、"满拏啰"、"曼达拉"等;曼荼罗意译"坛"、"坛场"、"坛城"、"轮圆具足"、"聚集"等;藏语 dkyil-vkhor (དཀྱིལ་འཁོར་),音译"吉廓",意译为"中围"。是密教传统的修持能量的中心。依照曼荼罗的各种含意,它就是各个宗教,为了描述或代表其宗教的宇宙模型,或显现其宗教所见之宇宙的真实,所做的"万象森列,圆融有序的布置",用以表达宇宙真实"万象森列,融通内摄的禅圆"。曼荼罗是梵文字的意思是"本质"+"有"或"遏制",也意为"圆圈周长"或"完成"。

曼荼罗是佛教密乘的重要名相。佛教曼荼罗在具体的密法、密乘的事相运用中,筑起一方或圆的土坛,将观修之诸天诸尊,按照一定的规则安置其中。这就是曼荼罗的基本构成。在传统的汉传密教和现在的藏传佛教的西藏,都建筑有立体的供作事相仪规的曼荼罗。佛教密宗修习有关"秘密法事",各种事相仪规,进入有关时空时,特别是进入各种中阴时空时,为防止"诸天魔众"侵入,在修法时空划一圆圈或建以土坛,有时还在曼荼罗各个接口彩绘佛、菩萨等诸天诸尊、诸明王、明妃、空行像。一般把划为圆形或方形的修法坛场称为方便曼荼罗。认为此处充满诸天诸佛与诸菩萨,所以曼荼罗法界亦称"聚集"或"轮圆具足"。

柬埔寨的吴哥窟,印尼的婆罗浮屠,以及很多藏传佛教建筑如红教的桑耶寺、白教的白居寺整体,以及黄教的布达拉宫红宫部分、大昭寺及承德避暑山庄普陀宗乘之庙等的中央建筑等,都是以曼荼罗的格局建造的。

(摘自 http://zh.wikipedia.org/zh-cn/%E6%9B%BC%E8%8D%BC%E7%BE%85)

>>>

荣格对曼陀罗的兴趣一直没有减少,他认为,这是反映人心灵形态的绘画。许多宗教都有类似花、十字架、圆形的图形,曼陀罗也是一种类型的图形。1927

年的一个梦，让他更深地理解了曼陀罗的意义。他梦见他在利物浦，发现所有的房屋都是呈放射状排列的，就好像一幅曼陀罗的图，而他与同伴在这个城市中所处的位置让他看清楚，人的位置并不是在曼陀罗的中央，而是在边上。

1928年，荣格完成了另一幅曼陀罗的图画，完成后，他发现这幅图是以金色的城堡为主的，并令人惊奇地具有中国的风格。就在这个时候，汉学家卫礼贤[①]（Richard Wilhelm）送了他一本中国炼丹术典籍《金花的秘密》（The Secret of Golden Flower）（又译为《太乙金华宗旨》）。他的问题终于有了答案：所谓的炼金术，也可以应用到"炼人"、"炼心"，这个应用的关键就是顺其自然，让内心深处的事物自发呈现，从而自我完善。这个思想正是来自于这本中国的典籍。1934年的春天，他的一个病人玛丽-路易丝·冯·弗朗兹（Marie-Louise von Franz）由于做了一个有关炼金术的梦而去找荣格咨询。但是由于付不起咨询费，这个病人替他翻译了大量的拉丁语和希腊语的文献作为咨询的报酬。顺带一提，冯·弗朗兹在接受了荣格的分析后，就成为了荣格的忠实追随者，也是荣格去世后传播荣格思想的主要发言人。她自身更是把荣格视作其命运中的男人，追随荣格而一生未嫁。

荣格所绘的"金色城堡"曼陀罗
资料来源：申荷永. 心灵与境界. 郑州：郑州大学出版社，2009

卫礼贤
资料来源：申荷永. 心理分析：理解与体验. 北京：生活·读书·新知三联书店，2004

吕洞宾
资料来源：申荷永. 心灵与境界. 郑州：郑州大学出版社，2009

[①] 理查德·威尔海姆（Richard Wilhelm，1873—1930）德国汉学家。中文名卫希圣，字礼贤。1897年来华传教。1899—1920年在青岛生活与工作。曾在北京大学任教。1924年回到德国后在法兰克福大学任中国史和中国哲学的荣誉教授。翻译了《易经》《老子》等多部中国典籍，向西方世界介绍了中国。

借着这些资料,荣格开始着手研究炼金术。在一个晚上,他突然回想起陷身于 17 世纪的那个梦,这时,他终于把握住了它的含义——炼金术。梦境的预兆与曼陀罗的线索相互印证,这坚定了他研究炼金术的决心。1944 年,荣格出版了他最重要的著作之一《心理学与炼金术》(Psychology and Alchemy),表明了他对一些缺乏科学根据的炼金术等的兴趣[①]。

《心理学与炼金术》英文版封面
资料来源:Jung, C. G. (1968). Psychology and Alchemy. Second edition. Translated by Hull, R. F. C. London: Routledge & Kegan Paul, Ltd

工作中的炼金术师
资料来源:Jung, C. G. (1968). Psychology and Alchemy. Second edition. Translated by Hull, R. F. C. London: Routledge & Kegan Paul, Ltd

2. 以炼金之法炼心

在与弗洛伊德的精神分析决裂后,荣格一直在从宗教和历史中寻找自己理论的根源。最终,中世纪炼金术给了荣格很大的启发。看似与心理学无关的炼金术之所以让荣格如此重视,是因为他认为:炼金术不仅仅是冶炼金属的过程,

---

① 引自:卢德.(2004).荣格宗教心理学与圣三灵修.台北:光启文化事业,51.

同时也是对于心灵的冶炼。通过对心灵的冶炼，可以实现一个重要的过程——自性化。

自性化的英文名词是 individuation，动词是 individuate。荣格将这个词拆开来解释，in 是不可的意思，dividu 是分割这个字的变形，ate 是"使……成为"的意思，合在一起是"使其成为不可分割"的意思。如果加上主角"人"，那么整体的意思是"使其成为不可分割之人的过程"，即成为一个完整的人。

荣格第一次提出"自性化"这个词是在 1921 年出版的《心理类型》中。自性化是一种过程，贯穿人的一生。通常的理论认为，根据人的年龄，可以将自性化过程划分为两个阶段：在人的前半生，自性化的目的是为了形成自我。在这个阶段，人们通过与外部世界的互动，认识到自己和外部世界的区别，从而形成自我[①]；在人的后半生，自我已经形成，同时，潜意识中的一些东西（如阴影、阿尼玛和阿尼姆斯等）也已经定型，此时才发生自性化。在这个阶段，自性化的目标是完整化（wholeness），也就是使人更加成为他自己。

荣格所认为的自性化过程，是通过将潜意识中的东西意识化来实现的。这个方法和炼金术有共通之处。炼金术是让人把潜意识层面的东西提升到意识层面的一种努力。通过炼金术，人们可以连接潜意识和意识。通过研究炼金术，荣格明白了他平时所积累的精神性的内容在历史观点上的意义，他对它们的典型特征的理解更加透彻了。

炼金术可谓是一种"变质"的技术：物质可以转化为精神，精神也可以转化为物质，对立的事物可以互相结合。虽然炼金术士们的目标各不相同，有人是为了炼出黄金，有人是为了制造灵丹妙药，但是有一个步骤是炼金术士们共有的，即是炼出"哲人石"来。炼金术士们相信，为了达到他们的目标，就必须先制造出哲人石来，哲人石拥有"变质"的力量，可以使他们达到自己的目标。

荣格认为，哲人石是自性（the self）的象征。借由炼金术士们对哲人石的冶炼方式，可以类比出对心灵的冶炼方式。炼金术士通过对于金属的冶炼，让各种元素不断地变化，直至得到想要的黄金。同时，这个过程也谕示着人的心灵通过冶炼，不断变化、完善，最终成为一个完整的人。这也就是自性化的过程。荣格

---

① 在荣格的理论中，其实并没有"自我"这个概念。"自我"是被一些荣格心理学家拓展出来的概念。

认为，人的心灵中有许多不一样的元素，它们不断地发生矛盾，彼此之间会互相冲突，从而造成心灵的失衡。会相互产生冲突的最主要的两部分就是意识和潜意识，尤其是集体潜意识。平时指导日常生活的是理性的意识部分，潜意识往往会被忽略，因此，人们无法从潜意识的部分得到能量，从而产生了心灵的偏颇（one-sided）[1]。而一个健康的人格应该是可以接受自身的，会在自身的发展过程中，不断地消化、吸收外界的信息，再与自身心灵中原有的元素进行整合，即借助心灵冶炼的方式，使不和谐的因素彼此变化、完善，进而达到接纳自己的目的，使人格变得更加成熟。

为了成为一个完整的人，自性化的过程就是要不断地吸收、同化外界的事物，将其进行整合。当自性化完成的时候，人格就会变得圆滑、成熟。自性化需要一个强大的自我，以及个人的主观愿望和努力。如果自我很弱的话，它就很容易被自身黑暗的部分压倒。如果自我比较强的话，它就能够吸收自身那些被压抑的黑暗部分，从而变得更强。

荣格之所以会将炼金术与心理学相比较，是因为他认为可以用炼金术士的语言和想法来解读潜意识中的原型及其象征。荣格将自性与哲人石加以比较：自性结合了对偶（opposites）和心灵中心，而哲人石是对偶结合而成，也常常说是"中心"；自性可以予以人格化，说成是内在任务，哲人石亦然；自性是智慧宝库，哲人石亦然；自性是一切心灵生活的目标，自性化过程的最后状态，而哲人石是一切炼金术的目标，一切炼金程序的最后状态[2]。

荣格不但研究了西方的炼金术，也对中国的炼金术非常感兴趣。正是那本《金花的秘密》，使得荣格创造性地把炼金术和自性化结合起来。中国道教的一些思想，荣格尤其赞许。荣格曾表示，他从《金花的秘密》中看到了"无为"，即无为而为，顺其自然，让事物自发呈现，这样才能获得自由的自性发展。这种"无为"的理念，被荣格应用到自己的积极想象治疗方法当中。中国道教"天人合一"的理念，也被荣格引申为整合意识与潜意识的观点。病人要在心理分析家的引导下，整合意识与潜意识，达成"天人合一"，才能使内在人格从情绪和意象的纠

---

[1] 引自：Jeffrey Raff. (2007). 荣格与炼金术. 廖世德译. 台北：人本自然文化, 23.
[2] 同上, 44.

缠中解脱出来,形成自身的完整。这就是全身心的自性化道路。

荣格著作《心理学与东方》(Psychology and the East)中的中国炼丹心法图之一
资料来源:Jung, C.G. (1986). Psychology and the East. London and New York: Ark Paperbacks

<<< 专栏五

心灵结构

心灵有四个层次:一、个人意识(personal consciousness),又称日常的觉察;二、个人潜意识(personal unconsciousness),其之于个别心灵而言是独特的,但无法被察觉;三、客体心灵(objective psyche),或称集体潜意识,其显然是人类心灵普遍存在的结构;四、集体意识(collective consciousness)的外在世界,有共同价值与形式的文化世界。

在心理图谱上的这些基本区块里,存在一般性和特殊性结构。一般性结构有两类：原型形象（archetypal image）和情结。心灵中属于个人部分（包括意识和潜意识在内）的特殊结构有四种：自我（ego）、人格面具（persona）、阴影（shadow）、以及阿尼姆斯（animus）/阿尼玛（anima）之融合体（syzygy）（二联对应）。客体心灵里充满原型和原型形象，我们很难精确指出其数目多寡，不过当中有个原型值得一提，即是本我（self），原型的最高核心。

（摘自：James A. Hall. 荣格解梦书. 廖婉如译. 台北：心灵工坊文化，2006，15）

>>>

在一些著作中，荣格把自己理论中的自性（the Self）与弗洛伊德理论中的自我（ego）进行了对比。在荣格理论中，自性是自我的上位概念，它既包括了意识的，也包括了潜意识的心理成分。自性是心理的整体，包括了自我，而自我仅仅是意识的中心成分，是意识的主题；自性同时还是自性化过程的目的，自性化就是为了自性的充分表达。

荣格指出，自我（the ego）是以"本我"（self）这一原型为基础发展起来的。自我分为第一自我和第二自我。每个人与生俱来都会有许多的行为，但是有些行为和特性是并不被社会或家庭所认可的，比如暴力攻击性。当父母看到小孩子出现自己所不认可的行为时，往往就会加以控制和指导，小孩子也会从与父母的互动中明白那些行为和特性是不被认可的，从而将其压抑下去。但是这种被压抑的倾向和冲动是不会消失的，它们只是退回到了潜意识当中，并且聚集起来变成"第二自我"（alter-ego），也就是"阴影"。与之相对，第一自我就是一个人的"自我"（the ego）。

之所以把第二自我称为阴影是因为，第一自我总是处于意识的光束下，而第二自我只能处在潜意识的黑暗中。阴影是在人的早期发展中被拒绝和被抛弃的那部分，并且人们对于阴影的态度常常是有罪恶感的，只要它一出现在意识之中，就会引起人们的焦虑。因此，阴影常常只能在梦中以隐喻的形象出现，人们可以借由梦境，看到自身中存在的那些不被自己所接受的部分。有时，阴影在梦中会以异性的形象出现，这就是荣格所提出的阿尼玛和阿尼姆斯原型。

对荣格而言，第二自我有很多象征物。譬如荣格小时候坐在上面想"我是我,还是石头"的那块石头,它是荣格秘密生活的一部分,它也等同于荣格童年时所梦见的生殖器,以及那尊藏在阁楼的小矮人。这个第二自我有卓越非凡的理解力,并且与梦境的生成有关[①]。

七、心灵中不为人知的潜意识和集体潜意识

荣格认为,人的心灵之中,不仅仅只有我们可以觉察、意识到的部分,还有一些部分是我们平时无法觉察到的,这个部分就是潜意识(unconscious)。

个人潜意识里有个人的生活经验,它虽然不属于自我,但是可以和自我建立联系,从而为意识提供服务。荣格认为潜意识"包括所有非意识的,亦即与自我之间不存在任何可直觉联系的心理内容或过程"[②]。随着能量的丧失,意识可以渐渐变为潜意识,这也就是我们平时所说的"遗忘"。在人们的主观努力下,意识也可以被有意地遗忘从而进入潜意识,这就是弗洛伊德所说的压抑。意识可以转化为潜意识,同样,潜意识在一定的条件下,也可以进入意识,比如,在催眠的情境下。

荣格认为,在一些心理联想中是有潜意识的成分的,比如他认为很重要的神话意象。他认为,这些意象并不是意识的对象,因此,它们肯定是从潜意识中出现的。

荣格是一个非常博学的人,在神话学、人类学、宗教学等领域都有涉猎。他惊奇地发现,在他的许多病人的梦里,都有一些相似或相同的意象出现,而这些意象,往往可以在古代的故事、传说和神话中找到。但最令他惊奇的是,这些病人往往没有接触过与这些历史有关的事物,有的人甚至连类似的事情都没有听说过。

从20世纪20年代开始,荣格在世界各地进行出访和考察,到过美洲的印第安部落、非洲原始部落和东方的印度。1925—1926年间,荣格在非洲的原始部落考察。尽管他并不熟悉非洲土著的语言,但是荣格能够通过他们的手势、举止、面部表情以及其他情绪反应来进行观察。最终他发现现代人的潜意识内容

---

① 引自:Maggie Hyde.(2001).荣格与占星学.赵婉君译.李孟浩校.台北:立绪文化事业有限公司,31.
② 引自:荣格.(2007).心理类型.吴康,丁传林,赵善华译.高雄:基础文化创意有限公司,527.

和原始部族的心理特征有许多相似之处。非洲之行使荣格对原始精神和集体潜意识有了切身体会。

专栏六

荣格在肯尼亚和乌干达的见闻节选

最明显的是,黑人都表现出他们最善判断他人的性格。他们洞察一切的办法之一在于模仿才能。他们能够模仿人们的表达方式,标志各种意图和目的的手势、步态,而且入木三分,令人叹为观止。我还发觉他们对别人情感性质的理解也十分令人惊异。我常常抽出时间和他们闲谈,他们非常喜欢谈天。就这样,我学到了很多东西。

……在艾尔贡人当中,男人们忙于喂养家畜和狩猎,女人们的工作则在香蕉园和白薯、高粱以及玉米地里。在一家人所住的圆形茅屋中,儿童、山羊和鸡也同住。她们的尊严和天性表现于她们在维持生计方面的作用;她们在经营管理中积极合作。妇女平等权利的概念是这种合作失去意义的时代的产物。原始社会是由一种潜意识的利己主义和利他主义调节的,两种态度都得到了恰当的器重。如果发生紊乱,必须通过一种意识行为来调节,那么,这种潜意识秩序也就遭到破坏。

……总之,(那里的)人们认为,造物主把一切创造得都很好,很美。他本身则超越了善和恶。他是美的,他所创造的一切也是美的。

我问:"但是那些咬死你们家畜的凶恶野兽呢?"他们说:"狮子好,美。""你们那些可怕的疾病呢?"他们说:"你躺在太阳光里,那就好。"

这种乐观主义给我的印象很深。但是,我很快发现,在下午六点钟,这种乐观主义骤然消失,从日落时起,就是一个不同的世界了,那是阿伊克的世界,即恶、危险和恐惧的世界。乐观主义哲学让位于对鬼魂的恐惧和旨在保护自己不受恶的祸害的离奇仪式。黎明时分,乐观主义复又归返,没有什么内在的矛盾。

(摘自:荣格.荣格自传:回忆、梦、反思.刘国彬,杨德友译.上海:上海三联书店,2009)

荣格分析了一系列病人的奇怪现象,提出了集体潜意识概念。经过对原始部族行为的观察,荣格进一步验证和丰富了这个概念。他将潜意识分为两类,一类是个人潜意识,它包括了在个体心理中的一切:被遗忘的、被压抑的、下意识[①]领悟的、想到的和感受到的一切。另一类就是集体潜意识。荣格认为,集体潜意识与个人的经历无关,它的内容也不是在日常生活中得到的。集体潜意识的内容来源于我们的祖先,来源于远古时期,是从那个时期开始积累的东西,它的传承依赖于大脑的遗传结构。集体潜意识是一种心理的领悟模式,它与本能相对应:本能是一种与生俱来的行为的模式,而集体潜意识是一种与生俱来的心理的模式。荣格认为,相对于个人潜意识来说,集体潜意识是更为深层次的潜意识,因为它可以让人们察觉到最为根本的知识和经验。

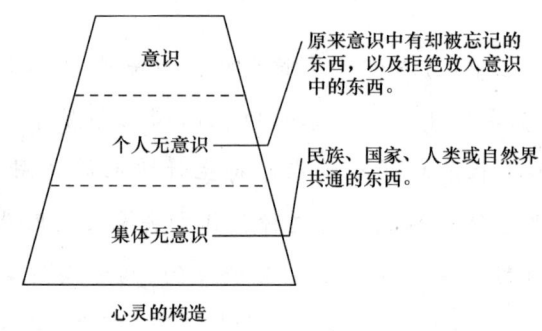

荣格理论中的心灵的结构可以用这个示意图来说明
资料来源:霍欣彤编著.完全图解荣格心理学.海口:南海出版公司,2008

荣格注意到在早期的心理分析理论中,诸如弗洛伊德和阿德勒的理论,都有一个在本能方面的先验的普遍基础(priori general base in the instincts),这种基础是不因人而异的,是遗传的、普遍的。于是荣格在自己的理论中,在集体潜意识层面也设定了人类所共有的心理的普遍结构(universal structures)。荣格最初在1912年把这个普遍结构称为"原始图像(primordial images)",这个名字是他从雅克布·布克哈特[②](Jakob Burckhardt)那里借用的。随着时间的推移,

---

[①] 荣格用"下意识(subconscious)"这个词表示临时的潜意识内容,弗洛伊德用"前意识(preconscious)"这个词来表达这个意思。

[②] 雅克布·布克哈特(Jacob Christoph Burckhardt,1818—1897)19世纪杰出的文化史、艺术史学家。生于瑞士巴塞尔,并在出生地终老,曾留学德国。他的研究重点在于欧洲艺术史与人文主义。强调"历史就是解释",擅长运用心理分析和心理解剖的方法来分析历史。

荣格发现，人类对这种心理普遍结构的加工，不仅仅发生在图像中，也发生在想法、感觉、经验和行为中。之后，在1917年，他将那个普遍结构称为集体潜意识的显性表达(dominants of the collective unconscious)。荣格第一次用"原型"这个名词，是在1919年出版的，一篇名为《本能与潜意识》(Instinct and the unconscious)的短文中。自此，在他的作品中"原型"逐渐替代了"原始图像"，虽然在很多年中他一直交替运用着这两个概念。

原型是一个类似于模具的东西，它本身没有内容，也无法直接被观察到。但是，我们会把个人的经验放入原型中，从而形成原型形象，而这些原型形象是可以被观察到的。原型就像是一种规律，我们根据这种规律加工自身的经验，就得到了原型形象。比如阿尼玛和阿尼姆斯(anima/animus)就是荣格经常提及的原型之一。人格面具①(persona)是荣格提出的另一个原型，它的作用是使人们可以更好地适应这个社会，但同时它也是个性化的障碍之一。每个人在社会中都要扮演不同的角色，父亲、母亲、丈夫、妻子、儿女、下属、上司等等。当人们扮演不同的角色的时候，就需要人格面具的参与。它使人们快速简便地找到所扮演角色的行为规范，并按此来调整自己的外在行为。人格面具涉及遵守社会规则，遵循社会价值观。这既有积极的一面，又有消极的一面。当其运用得当的时候，会对人们的生活起很大的帮助和保护作用。但是，如果其发展过度，往往会限制人们精神的发展，导致人们失去自我；如果其发展不足，人们会容易受到外界的伤害。例如，一位教师如果其职业的人格面具过于强大，则即使在业余时间，他也会以一种说教、指导的语气与人交流；而如果其职业的人格面具过于弱小，他在学校中的行为会偏离教师的行为规范。

原型是集体潜意识的一部分，荣格试图利用它来定义人类心理学的基础。荣格认为，真正的科学心理学在研究个体之前，必须从研究人类共性的方面入手。这就不可避免地引发了他与弗洛伊德之间的冲突。弗洛伊德认为，潜意识的内容是压抑的愿望和创伤记忆，因此完全是个人的、特殊的东西。但是荣格认为，人类心理还存在着一个更为普遍的、基本的层次。他的证据是从布勒霍尔兹

---

① 人格面具(persona)这个词源自于拉丁语中的"面具"一词。人格面具是连接个体和外部世界之间的桥梁，是我们所表现给别人看到的自己。但是正如戴着面具的演员所扮演的角色并非演员本身，人格面具并非就是我们真实本来的自己。

利精神病院中病人的错觉和幻觉中得来的。荣格及其同事证明,这些幻觉和错觉所包含的主旨也存在于全世界的神话、传说和童话之中。因此荣格认为,一定存在着一种心理动力学的根基,普遍潜藏于所有人类中。在这个根基上,每个人构建了他自己的生活经验,发展出独特的人格。也就是说,集体潜意识的原型(the archetypes of the collective unconscious)提供了人类生活的主题;在这个主题上,每个个体发展出了他自己的特点。原型可以看成是大众经验和个人经验、普遍知识和独特知识的混合体。虽然它对于所有人类来说是共同的,但是对于每个人来说,每个个体都用自己的经验把它加工成独一无二的。

荣格认为原型类似于本能(instincts)。他将二者建立联结,认为原型是本能的来源,原型是本能的变化形式,或者原型是本能本身的潜意识图像,是本能行为的模式。荣格后来还进一步地设想,本能和原型有可能共享一个共同的、不可描述的来源,而不是一个作为另一个的来源或变化形式。

一个人的整个原型构成了集体潜意识,原型的自主性和精神能量与一个中心内核并列。这个内核被荣格称为自性(the Self)或原型的原型(the archetype of archetypes)。荣格认为,原型并不仅仅是心灵的提取物,而是动态实体,活的有机组织,具有生产的力量。它以"中心"的角色存在于中央神经系统,并且积极地寻求自身在心灵和世界中的表达[1]。

在荣格的观点中,"自性化"(individuation)与"集体性"(collectivity)是一对反义词。自性化在某种程度上意味着追求自性化的个体必须牺牲等量的、对集体或社会有益的工作[2]。将个体的心理发展与社会对立起来,这似乎有点鼓吹个人主义的嫌疑。荣格也很清楚这一点,所以他一直强调,个体只有通过自己的主动性,为社会创造价值,弥补自己在集体中缺席给集体带来的损失,才有资格,

---

[1] "An individual's entire archetypal inheritance makes up the collective unconscious, whose authority and psyche energy is co-ordinated by a central nucleus which Jung termed 'the Self' or 'the archetype of archetype'... Jung was to conceive of the archetype as no mere mental abstraction but as a dynamic entity, a living organism, endowed with generative force, existing as a 'centre' in the central nervous system and actively seeking its own expression in the psyche and in the world." ——引自:The handbook of Jungian Psychology: Theory, Practice and Applications. Edited by R. K. Papadopoulos. New York: Routledge, 2006, pp. 79—80.

[2] 译自:Staude, J. R. (1981). The Adult Development of C. G. Jung. Boston: Routledge & Kegan Paul Ltd, 81.

也才能够在追寻自性化的道路上继续前进。否则,自性化最终就会成为不道德的,甚至毫无前途。荣格通过强调个体对于社会的责任,避免自己的理论被误解为个人主义。

要追求自性化的个体必须对抗多数人的专政,以及社会的平庸陈腐,同样还要面对集体潜意识①。反过来说,当集体潜意识爆发,社会被唯一的倾向笼罩时,个体追求自性化的道路必然会受到阻碍。这最好的例证就是纳粹统治时期的德国。荣格将当时的德国视为风暴之神沃顿(Wotan)的显现,代表集体潜意识的爆发。他批判纳粹德国"是一个显然'着魔'的人感染了整个国家,以至于任何事物都处于骚动状态,且开始走向毁灭的过程"②。由于大规模社会运动使个体在集体情境下迷失,阻碍个体自性化的道路,因此荣格并不喜欢大规模的社会运动。然而人毕竟是社会动物,历史浪潮谁也无法躲开。德国纳粹不但在兴起时,也在其覆灭后给荣格带来了不少麻烦。

在荣格眼中,纳粹统治下的德国就像"着魔"一样,处于骚动状态,迟早要走向毁灭
资料来源:http://news.xinhuanet.com/mil/2006-11/17/content_5340690.htm

荣格跟弗洛伊德决裂后,受到弗洛伊德一派学者的敌视。之后荣格提出了许多自己独创的理论,才又重新受到学术界的重视,赢得了自己的支持者,并在

---

① 译自:Staude, J. R. (1981). The Adult Development of C. G. Jung. Boston: Routledge & Kegan Paul Ltd, 82.
② 引自:Kirsch, T. B. 著. (2007). 荣格学派的历史. 古丽丹,何琴等译. 台北:心灵工坊文化事业股份有限公司, 205.

1916年建立了自己的心理学俱乐部，影响力在不断增长。1930年，荣格出任心理治疗医学总会（General Medical Society for Psychotherapy）副主席。这个组织是1926年在德国成立的，虽然是一个德国组织，却时常邀请外国人参加年会。1933年，心理治疗医学总会的大会安排在维也纳进行，预定弗洛伊德、阿德勒、荣格都要发表演讲。但是纳粹掌权后，不让召开大会，也不支付德国会员的旅费。当时的学会主席愤而辞职。由于荣格是仅次于主席的副主席，被要求接任主席一职。荣格起初并不愿意。经过谈判，荣格同意接任，同时提出了两个要求，一是更改学会的名称为国际心理治疗医学总会（International General Medical Society for Psychotherapy），二是德国的犹太人会员在学会内保留独立成员资格[1]。荣格的意图很明显，就是为了挽救德国的心理治疗，避免纳粹排外导致学术的故步自封，并且保护德国犹太人的学术发言权。

在成为新任主席后，荣格在复刊的《中央报》（Zentralblatt）上发表文章，其中有一段："真正独立而有认识的人，长久以来一直认为，不应该再忽视德国心理学与犹太心理学的差异，只有如此才对科学有益"[2]。文章接下来还讨论了北欧、中国与犹太心理学的差异。

文化、民族的差异研究是荣格多年来兴趣所在。在今日看来，民族之间的文化差异确实客观存在，而且承认这点才有利于民族间相互了解和尊重。但在当时，这样的言论无异于支持纳粹的种族方面政策。更为糟糕的是，同一期《中央报》中有知名纳粹分子马西亚斯·戈林（Matthias Göring）所写的宣扬希特勒著作《我的奋斗》的声明。于是荣格的这篇论文就被当时社会看成是为纳粹的政策摇旗呐喊，引起了轩然大波。

面对他人的批评，荣格做出了辩解：一是对刊物中出现纳粹的声明表示失望；二是表示民族差异是自己研究的一部分，阐明差异的存在并不包含任何价值的判断，他并没有对两个民族做出孰优孰劣的论断。荣格还强调，自己作为一个学会的主席，只会就学术发言，与德国社会无关。荣格在之后数年内还一再发表文章，讨论不同民族集体潜意识的差异，其实是试图用自己的理论来解释当时德

---

[1] 引自：Kirsch, T. B. 著.（2007）.荣格学派的历史.古丽丹，何琴等译.台北：心灵工坊文化事业股份有限公司，202.

[2] 引自：Casement, A.（2007）.荣格：分析心理学巨擘.廖世德译.上海：学林出版社，172.

国社会中运作的集体潜意识力量和原型根基。荣格多次声明，自己不是反犹太主义者，也不是纳粹主义者，只是公众当时没有能理解他的论述的本意。

在荣格接任学会主席的头一两年里，荣格对于纳粹的态度有些许的暧昧。一方面，荣格对于当时西方世界的精神迷失表示担忧，内心期望纳粹的兴起能够带来某种消毒的作用。荣格一开始把纳粹的兴起理解为群众运动，是集体潜意识的爆发。按照其理论，这种运动善恶兼容，能够有一些积极的作用[1]。另一方面，荣格自从与弗洛伊德决裂后，一直受弗洛伊德一派的学者的排挤和敌视。荣格希望能够借助纳粹这股新兴的政治力量，推广自己的理论，对抗他派学者的贬低[2]。

事实上，纳粹对于荣格的需要远胜于荣格对纳粹的需要。纳粹希望赢得荣格这样地位的人对他们政策的支持。纳粹在禁止了弗洛伊德和阿德勒的著作后，希望把荣格树立为纳粹在心理学界的形象代表，为他们的理论和政策摇旗呐喊。

但是随着时间推移，纳粹的本性日益暴露，加之荣格本身对于政治运动的反感，荣格对于纳粹独裁统治的批判越来越多，还将纳粹统治下的德国视为病人。在学会内，荣格也一直在控制其中的德国势力，不但鼓励许多其他国家的学者入会，还接受了英国籍的犹太人。荣格同时还反对意大利、匈牙利、日本等其他轴心国成员入会，试图维护学会内的宽松氛围。

对于荣格"不识抬举"的行为，纳粹自然非常不满。于是在1936年，纳粹另外成立了戈林研究院，这就削弱了荣格在德国心理学界的地位。纳粹还在学会内逐渐架空荣格的权力。荣格本来就对于出任主席并不情愿，对学会的内部事务也不十分热心，看到形势如此，荣格遂把大部分的精力都放在了写书和讲学上，远离了纳粹。

二战结束后，有一些言论指责荣格在战争期间的纳粹主义和反犹太主义倾向。这些言论最终都被证实为捕风捉影、缺乏证据。其中一部分指责还根源于弗洛伊德一派的学者对荣格的敌视。事实上荣格对于纳粹独裁者有很多批判，

---

[1] Casement, A. (2007). 荣格：分析心理学巨擘. 廖世德译. 上海：学林出版社.
[2] Kirsch, T. B. 著. (2007). 荣格学派的历史. 古丽丹, 何琴等译. 台北：心灵工坊文化事业股份有限公司.

在学会内曾对抗过纳粹的控制,为犹太学者维护学术空间,不曾有什么倾向纳粹主义的表现。由于与弗洛伊德的关系恶化,荣格对于犹太人很难发生好感,但是他从未发展成反犹太主义者,对犹太人的态度一直是客观中立的。或许受到瑞士中立国传统①的影响,荣格对纳粹德国的态度较同时代的人稍微中立和宽容。这可能也就是荣格受人诟病的根由。

荣格在自己的图书馆中,1946年
资料来源:Wehr, G. (1985). Carl Gustav Jung: Leben, Werk, Wirkung. München: Kösel-Verlag GmbH & Co

八、晚年的象征与梦

1923年后,荣格在苏黎世湖旁波林根(Bollingen)建造了一幢塔楼,并不断地改造、扩建它。这幢塔楼成为他晚年的家,并陪伴着他走过了人生的最后一段岁月。有意思的是,那幢塔楼里没有任何通电的设备。荣格在那里过着简单的隐居生活。简单意味着艰难,没有现代文明的力量,在那里,荣格需要自己生火取暖,从井中打水。然而荣格认为这样的生活接近自然,使人单纯。

波林根(Bollingen)的塔楼

资料来源:Wehr, G. (1985). Carl Gustav Jung: Leben, Werk, Wirkung. München: Kösel-Verlag GmbH & Co

---

① 瑞士拥有很悠久的中立国历史传统,于1815年在维也纳会议上,被定为永久中立国,之后再未被卷入战争之中。

荣格在 1944 年前后出现了一系列的健康问题,摔断了腿,心脏病发作,还多次浮现幻觉。同年,巴塞尔大学专门为他设立了一个医疗心理学的教授职位,但是很快荣格就因为健康问题辞去了这个职位。自出现这一系列的病症后,荣格辞去了大部分的教职和讲课工作,长时间地在波林根的塔楼中生活和写作。1947 年,荣格 72 岁时,他正式隐居波林根。波林根一带的美好环境,使荣格的健康有了起色,他又进入了一个新的创作高峰,完成了不少关于文化和宗教的著作。晚年

荣格在波林根自己砍柴
资料来源:Wehr, G. (1985). Carl Gustav Jung: Leben, Werk, Wirkung. München: Kösel-Verlag GmbH & Co

的荣格忙于写作、通信和电视、电影制作,同时仍然在建设自己的石塔。1953 年春,托妮·沃尔夫女士去世。1955 年 11 月 27 日,妻子爱玛·洛森巴赫·荣格去世。荣格生命中最重要的两个阿尼玛都离他而去,爱玛的去世更是使荣格几乎崩溃。荣格自此将自己幽闭于塔中,闭门不出。

1955 年的荣格夫妇
资料来源:Wehr, G. (1985). Carl Gustav Jung: Leben, Werk, Wirkung. München: Kösel-Verlag GmbH & Co

荣格家族的"全家福"
资料来源:Wehr, G. (1985). Carl Gustav Jung: Leben, Werk, Wirkung. München: Kösel-Verlag GmbH & Co

1959年,英国广播公司派约翰·弗里曼对荣格进行电视采访。这次采访相当成功,节目播出后荣格收到很多听众的来信。阿兰德斯图书公司的业务经理弗格斯(Wolfgang Foges)在观看了这次采访之后,通过弗里曼劝说荣格将他的思想写成一部通俗的书,这就是荣格生命中的最后一本书《人及其象征》。这本书是荣格和几个他信赖的心理学家一起写的。荣格在生命中的最后一年几乎将全部精力都投入到写作这本书上,在他去世之前十天,刚好写完他所负责的部分。

在这本书中,荣格回顾了他对病人的梦的分析,并对这些梦中出现的象征进行了解释。荣格认为,象征是一些术语或者名词,甚至是日常生活中常见的事物。但是象征除了显而易见的意义之外,还有特殊的含义,它意味着对我们来说是模糊、未知和遮蔽的东西[1]。当一个词语或者一个意象有着超越它本身的意义的时候,它就成了象征。我们平时会主动地制造象征,比如说十字架代表着宗教等等。同时,我们的潜意识中也会有象征,这些象征出现在我们的梦中。这就是荣格对梦的分析如此痴迷的原因,他认为,通过对这些梦中象征的分析,可以让我们更好地了解自己的潜意识。

对梦的分析起源于弗洛伊德。弗洛伊德认为,梦不像以前的人们所想的那样是无意义的,相反,梦与现实发生的事情有关,人们在现实中经历的事情在梦境中以隐喻的方式显现出来。荣格也同意弗洛伊德的观点,梦的分析在他的思想中有着很重要的位置。两人的分歧在于弗洛伊德对梦的解释是向后看的,指向过去,认为梦反映了被压抑的欲望;荣格的解释则是向前看的,指向未来,认为梦反映了个体对未来发展方向的期望。

荣格在分析梦的时候,会针对病人梦中的图像进行分析。由于梦中的图像所反映的是潜意识,因此,病人往往会避开它不谈。而荣格就是要把病人一次又一次地引到这个图像处,让病人专注于谈论自己的梦。

例如,有个病人梦见一个衣衫褴褛的粗俗女人。在梦中,这个女人看起来像他的妻子,但是在实际生活中,他的妻子并不是这样的。因此,表面看来,这个梦

---

[1] 引自:荣格等.(1988).人类及其象征.张举文,荣文库译.陆梁校.沈阳:辽宁教育出版社.

一点也不真实。并且这个病人自己也认为这个梦是不真实的①。荣格认为,这个梦中的景象是一个堕落的女人,她与做梦者有着必然的联系。但是病人在梦中认为这个女人像他的妻子,而这是明显不真实、不合理的。荣格在分析这个梦的时候使用了他所提出了阿尼玛和阿尼姆斯的概念。这个概念是说,每个男人在内心深处都有一个女性人格,而相对应地,每个女人在内心深处也都有一个男性人格。

<<< 专栏七

阿尼玛和阿尼姆斯

这个概念是荣格根据对自己母亲的观察提出的。荣格的母亲是荣格生命中出现的第一位对他重要的女性,根据对她"双重人格"的观察,荣格提出了"阿尼玛和阿尼姆斯"这个概念。"阿尼玛和阿尼姆斯"是原型的一种,当人们的自我性别认同里出现一些不和谐的因素时,这些因素会被排除在个人的自我之外,从而聚集起来,形成了阿尼玛和阿尼姆斯。阿尼玛是男性心灵中形成的充满女性魅力的形象,阿尼姆斯是女性心灵中形成的充满男性气概的形象。荣格通过对其病人的梦和幻想的分析发现了这两种形象。个人感受到阿尼玛和阿尼姆斯最通常的方法,是将其投射到某个异性身上。荣格发现在自己的心灵之中,平时占主导地位的是男性,但是在更深层次的地方,却有着一个女性的形象。近似地,他也在自己的母亲身上观察到了这种现象。他的母亲平时是一个普通的家庭妇女,但是却会时不时地令人感觉她行为处事像个男人。荣格通过对其他人的观察,发现这种现象并不罕见,因此,他提出了阿尼玛和阿尼姆斯的理论。荣格认为,由于阿尼玛和阿尼姆斯并不存在于人的意识层面,因此,它们可以作为沟通人的意识层面和潜意识层面的工具。

(整理自:荣格.荣格自传:回忆、梦、反思.北京:国际文化出版公司,2005)

---

① 引自:荣格等.(1988).人类及其象征.张举文,荣文库译.陆梁校.沈阳:辽宁教育出版社.

这个病人之所以会做这个梦,是因为他的女性人格的缘故。他梦中的女人之所以衣衫褴褛并且粗俗,是因为他的女性人格不太正派。他的梦藉此形象来向他发出警告。这种警告并不是要让这个病人更加举止得当,它的作用实际上是让这个男人保持心灵上的平衡。因为荣格认为,梦的作用是让人们形成心灵上的平静。

在完成这本《人及其象征》后,荣格病倒了。1961 年 6 月 6 日,在亲人的陪伴下,荣格在自己家中平静地离开了人世。

工作中的荣格
资料来源:Wehr, G. (1985). Carl Gustav Jung: Leben, Werk, Wirkung. München: Kösel-Verlag GmbH & Co

九、荣格理论的应用

1. 荣格式治疗

荣格的心理学理论来源非常广泛,宗教、神话、炼金术、现代人的梦境、原始部落的仪式,都是荣格理论的源泉。因此荣格的理论往往是开放的,他本人也认为人们不应该被某种方法和理论所束缚。这种开放性不但体现在他的理论和研究中,也反映在他的精神治疗活动中。他并不提倡一种绝对正确、排斥异己的方法,相反,只要能够对治疗病人有效,无论是自己开创的方法,还是弗洛伊德或阿德勒的方法,他都会采用。虽然荣格式的治疗因为结构性不强而受到一些批评,但是在这种方法灵活性和丰富性的背后,是荣格对人性多元性与多样性的重视与尊重。

虽然抱有兼容并包的思想,但是荣格也开发了一些自己的心理分析和治疗技术。荣格的理论有自己的特点,也必须要有对应的应用技术支持其理论。有 3 个技术是荣格引以为豪的:词语联想、梦的分析和积极想象。

词语联想(Word Association)是让被试按照一种简单的规则,对一些特定的刺激性词语做出自己的联想与反应。尽管荣格不是最先采用这一技术的心理学家，但是却是最先用这个技术来研究情结和反应障碍的心理学家。词语联想测验在20世纪20年代和30年代曾经风靡一时。不过自70年代后，随着对这一测验质疑的出现，词语联想测验在临床诊断和心理咨询当中起的作用已经很有限了。

梦的分析在荣格的理论中有着重要的地位。虽然弗洛伊德对梦的解释似乎更加出名，但是荣格对梦的分析有自己的特点。在弗洛伊德看来，梦是被压抑的欲望的歪曲表现，释梦就是把被意识压抑、扭曲的内容还原，回到意识之中。荣格对梦的解释要更深一层，他关注的是梦背后的集体潜意识和原型。荣格认为弗洛伊德对梦的解释是符号（sign）层面的，把梦境简单地解释为已知的事物（如生殖器、父亲或母亲）。荣格更愿意从象征（symbol）层面来分析梦境，把梦境解释得更加丰满。另外，弗洛伊德对梦的解析倾向于归结为童年的性经历或创伤，而荣格对梦的解释更多是目的性的，认为梦更多的是指向未来心理发展的方向和目的。

积极想象技术类似于"睁着眼睛做梦"，使潜意识的内容展现在意识状态之中。这种状态下的潜意识意象，比梦境中的更完整也更丰富。这样我们可以直接和潜意识的意象进行交流。在荣格的理论中，潜意识包含所有尚未上升到意识入口的幻想和已经遗忘的内容，也有人们承袭的原型。人类的文明要进展，必需发展方向明确、功能良好的意识，但是这同时伴随着抑制潜意识内容，将其从意识领域去除。这些不受欢迎的潜意识内容会想办法从梦境、口误之类的地方出现，严重的就成为了病理性症状。荣格提出，要去除意识与潜意识之间的隔阂，以一种建构性的方法来对待心灵结构。要达到这一点，就必须有进入潜意识资料的方法。这就是积极想象，促成潜藏于意识入口以下的内容浮现。积极想象都是以当时的情绪状态为起点，使当时的心境尽可能化为意识，将心中某一个意象不断观察、表达，直至意识不再控制想象和意象，让事物自发地出现。之后求诊者在治疗师的帮助下，赋予意象以现实生活的意义。这个过程中，强大的自我合作是关键。如果意识被潜意识内容占据，就可能造成精神病。

关于积极想象，还需要说明的是，这是从弗洛伊德的自由联想法发展而来的。在这个发展当中，荣格加入了自己的创造和思想。荣格吸收了中国道家的内丹功法，提出了积极想象当中"无为"的理念，强调要让事物自发呈现。在荣格看来，意识总是和心灵的发展形影不离，吹毛求疵，好为人师，从未让心灵在平静的环境中质朴地成长。积极想象的一个目的就是让心灵自发地呈现,使意识能够容纳和接受非理性甚至"不可信"的事物,形成自性的真正统一。相比之下,弗洛伊德的自由联想过程中,意识对联想内容的监控还是比较强的。

专栏八

求雨者的故事

荣格曾反复告诉他的学生,凡是他做关于"积极想象"的讲座或报告,都必然要先讲一个中国古代的故事。我们可以把这个故事称之为"求雨的人",其大致梗概是这样的:

故事发生在中国古代的农村,当地居民遇到了严重的干旱,于是派人到远处的深山请人求雨。当被请的人到来之后,他发现整个村子混乱不堪,牲畜濒临渴死,农作物枯萎,村子里的人也受到这种气氛的影响,个个浮躁不安。村民们围着他,急切地要看他如何求雨。但他说,"在村头给我一间茅屋,任何人都不要打搅我。"就这样,"求雨的人"进了他的小屋,而村民们等待着。等到第三天,天果然开始下雨;"求雨的人"从那茅屋走了出来。村民们不约而同地问他:"你是如何办到的呢?""喔,很简单。"他说:"我什么也没有做。"村民们说:"你看啊!天已经下雨了。这怎么可能呢?"于是,"求雨的人"解释道:"我来自道的故乡,那里单纯而自然;天会下雨,也会有阳光;一切都自然而和谐。当我来到你们的村子,顿时感到混乱与不安,这里的生活节奏已经失调,而我也受其影响,心神不定。这样我又能做什么呢?于是,我要有一个安静的处所来面对我的内在自我,通过沉静来调整自己。而当我恢复了自然与和谐时候,这种自然与和谐也就会影响到我所处的环境。有了这种转变和调整,有了合乎自然的心境与状态,我们失去的雨也就回来了。"

荣格告诉他的学生,若是懂了这个故事的道理,也就自然理解了积极想象的奥秘。

(摘自:申荷永. 心理分析:理解与体验. 北京:生活·读书·新知三联书店,2004,226)

除了以上具体的技术，荣格还提出了一些不同于前人的精神分析的指导思想。在荣格看来精神治疗是涉及两个人的活动，是双向（two-way）的交互，交流的双方应该是平等的。荣格强调，在治疗中不但要关注求诊者的心理状况，也要考虑到分析师的精神状况。不但要分析求诊者的潜意识和防御机制，也要分析分析师的潜意识和防御机制。治疗的双方是平等的，分析师不应该处于一种道德的高点，也不应该过分地控制求诊者。

荣格的治疗手法，有其特点和吸引人之处。然而一个流派要在历史上占据一席之地，能够在世界上广为流传，不但要有自身的特点，更要能够有效地在人群中推广，取得大众的认可。时至今日，分析心理学在心理治疗的演化当中扮演关键角色，在世界上传播其影响力，一方面是由于荣格以其著作传播其观念，另一方面，是荣格培养了一批自己理论的笃实追随者，在实践中去推广荣格的理论。

荣格在脱离弗洛伊德学派后，于1916年成立了自己的分析心理学俱乐部。实际上，早在1912年，以荣格为主导的苏黎世精神分析学派就在瑞士成立了分析心理学学会（Psychoanalytical Association，后更名为 Association for Analytical Psychology，分析心理学学会），1914年，这个学会就随着荣格与弗洛伊德的分离而与国际精神分析学协会（IPA）分离。尽管已经有了专业的学会，荣格还是成立了心理学俱乐部，其目的是为了突破一对一分析的限制，同时拓宽分析心理学的影响。因为俱乐部与学会不同，俱乐部是专业人士和业余人士都可以参加的。荣格的妻子爱玛被选为俱乐部第一任主席。荣格自己尽管是俱乐部的会员，却不愿在其中担任职务[1]。来自世界各地的荣格的仰慕者，来到苏黎世，参与俱乐部的活动，接受荣格的分析，回国之后则效仿建立了各地的分析心理学俱乐部。这样的俱乐部模式一方面聚集了当地信奉荣格理论的专业人士，另一方面通过参加俱乐部的业余人士，向大众宣传了荣格及其理论，以及一般心理学的原理。分析心理学于是在世界各地逐渐流传。

1918年，分析心理学会与分析心理学俱乐部合并，开展定期讲学。这样的讲学加实际分析，就培养出了第一代的荣格分析师。在20世纪30年代和40年

---

[1] Casement, A. (2007). 荣格：分析心理学巨擘. 廖世德译. 上海：学林出版社.

代,荣格还通过爱诺斯(Eranos)研讨会来宣传自己的思想。这是分析心理学的崇拜者奥尔加·弗罗贝-卡普泰因夫人(Olga Froebe-Kapteyn)利用自己在阿斯科纳(Ascona)的别墅,每年举办的思想论坛。荣格出席了很多次,并且很多重要思想都是在会议的讲演中提出的。参会的不但有分析心理学派的追随者,还有来自世界各地的学者,这就极大地推动了荣格思想的传播。

奥尔加·弗罗贝-卡普泰因夫人(**Olga Froebe-Kapteyn**)及其在阿斯科纳(**Ascona**)的别墅。爱诺斯(**Eranos**)会议就在这里举办。房间顶楼是荣格在会议期间的住所。

资料来源:Wehr, G. (1985). Carl Gustav Jung: Leben, Werk, Wirkung. München: Kösel-Verlag GmbH & Co

在爱诺斯会议间,荣格与学者交谈

资料来源:Wehr, G. (1985). Carl Gustav Jung: Leben, Werk, Wirkung. München: Kösel-Verlag GmbH & Co

荣格在爱诺斯会议间

资料来源:Wehr, G. (1985). Carl Gustav Jung: Leben, Werk, Wirkung. München: Kösel-Verlag GmbH & Co

到1948年，苏黎世的荣格研究院成立了。虽然荣格本人极为厌恶体制，但是分析心理学在世界上已经极具影响力，需要更多的专业分析师，另一方面荣格的身体状况逐渐恶化，需要改变培训的形式来减轻荣格的负担。成立较大规模的专业化、制度化训练机构就成为了必需。荣格最初希望隐去自己的姓名，代之以"分析心理学研究院"之类的称号，但是没有什么名称比"荣格"这个名字更有号召力的了。

荣格研究院的成立改变了人们成为荣格分析师的方式。这不再仅仅是个人与荣格的私人关系。在研究院，荣格派的分析培训只是整个教育体验的一部分，个人分析仍然是最重要的。但学生也必须达到学术标准，正式的体制开始发挥重要的作用[1]。

虽然成立了荣格研究院，但是要成为荣格分析师，最终仍然要先接受荣格的分析，再由他写推荐函认定。直到1955年国际分析心理学会成立，这样的规定才取消。

2. 心理的测量

荣格在《心理类型》中列举的不同心理类型，仅仅是基于他自己的观察和思索。然而他的著作给心理测量和临床测验学者指明了研究的方向。迈尔斯-布里格斯类型指标测验（Myers-Briggs Type Indicater，MBTI）就是基于荣格的心理类型理论提出的心理测验。

MBTI的目的是测定个体在外倾-内倾维度上的分布位置，以及个体主要表现的功能类型。与荣格的理论一致，MBTI假设人们都在解释自己的经验时有特定的倾向，而这些倾向构成了我们兴趣、需要、价值观和动机的基础。这项测验的最后积分企图表现知觉型的人和判断型的人对生活态度有何不同。例如，通过感觉与直觉进行知觉的人对生活态度是有弹性的，自然而作；以思考与情感作为判断型的人，生活有计划，按部就班，喜欢调整与控制环境因素。

MBTI的问题概括起来主要是四个：1. 心理能力的走向：外向（Extro-

---

[1] 引自：Kirsch, T. B.（汤玛士·克许）.(2007).荣格学派的历史.古丽丹，何琴等译.台北：心灵工坊文化事业股份有限公司,56.

vert)——内向(Introvert);2．认识外在世界的方法:感觉(Sensing)——直觉(Intuition);3．依赖什么方式做决定:理性(Thinking)——情感(Feeling);4．生活方式和处世态度:判断(Judging)——理解(Perceiving)。依据答卷者对各题的回答,在这几个维度上累积积分并得到答卷者在各个维度上的倾向,组合起来就可以得到16种人格类型。这样的区分相较于荣格最初的理论有所扩展。

<<< 专栏九

MBTI的项目举例

1．你几乎从不迟到	是	否
……8．你认为死板遵守既定的规则容易丧失良机	是	否
……52．你发现很难讨论自己的感情	是	否
……73．选择你喜欢的词	一丝不苟	不拘小节

>>>

　　MBTI在工业和商业上有着广泛的应用,时常被用来筛选适合特定工作岗位的人格特质。MBTI也被用来研究人格特质和其他个体属性,例如交际类型、职业选择、情绪知觉、领导力、自我效能感等属性之间的关系。甚至还有研究分析了MBTI所区分的人格类型与个体的经济成就、生活目标之间的相关。有很多的研究者不断地把MBTI用在非常新颖的领域,来考察人格特质和某些个体因素的关系。

　　心理类型仅仅是荣格著作中的一个小部分,相比而言,荣格在集体潜意识方面的论述更加为人所熟悉。然而大师毕竟是大师,随意一笔也能成为后世的典范。如果把荣格的思想理论比作花园,那么心理类型不过是万紫千红中的一朵;然而这区区的一朵,已经足以成为后人研究思路的根源,并最终将其付诸应用,结出今日的累累硕果。

十、结束语

　　荣格的一生涉猎广泛,在许多领域都有研究,特别是宗教学和神秘学。这样的性格使得荣格的理论不仅多,而且杂。荣格的主要理论有三：一个是个人潜意识和集体潜意识的区分,第二个是人格类型理论,第三个是有关情结的理论。他所提出的集体潜意识理论在心理学界引起了重大反响,在荣格之前,从来没有人能想得到所有人类拥有共同的心理元素。荣格通过对自己的病人的观察,以及跨文化的研究,甚至还多次去非洲的原始部落考察那里的风土人情,提出了这样一个对后世影响至深的理论。

荣格的人格类型理论同样在心理学界引起了一场革命。虽然在荣格之前之后都有对人格进行区分的理论,但荣格的人格类型理论影响十分深远,他将人通过两种态度类型和四种功能类型分为了八种。在今天,根据荣格的这一理论编制的人格测试,也有着很重要地位。

有关情结的理论则是荣格思想体系中非常重要的理论。他通过语词联想测试发现人有种种情结,这些情结平时可能意识不到,但是却会对人的生活造成影响。

由于荣格的理论主要依靠临床观察和解释,而不是可控的实验室研究,因此在行为主义和实验室心理学盛行的时代得不到心理学同行的重视。此外,荣格的理论常常比较含糊,充满了神秘主义和宗教感,更难以得到心理学家们的认可,甚至远比弗洛伊德的理论还要受冷遇。但实际上,荣格的理论对后世影响之大,超出许多人的想象。不单荣格式治疗和心理类型学说直接继承自荣格,60年代在美国兴起的人本心理学和超个人心理学都把荣格视为教父和先锋,并从荣格的理论中汲取灵感。与心理学领域相比,荣格的理论在宗教、历史、艺术以及文学领域的影响更大。许多历史学家、理论家、作家都表示曾从荣格的著作中获取灵感。他的理论富有开创性,同时也具有广泛的启发性,拓展了心理学的视角。他对于人类本质的描述要比弗洛伊德光明和乐观,这点受到很多理论家的赞许。时至今日,荣格提出的很多概念,例如情结、集体潜意识、心理阴影、人格面具、人格的内外倾态度等等,已经深入普通大众的日常生活当中,为人们所接受。

荣格自身是一个传奇性的心理学家。他作为普通百姓的子弟,依靠自己的勤勉与灵性投身学术,"读万卷书,行万里路",根据自己对于世界的独特观察,形成了一套包罗万象又鞭辟入里的理论体系,终成一代学术大师。在他的学术生涯中，有过危机彷徨的时刻，然而他从不放弃自己的理念，最终渡过危机，明确方向，将自己的理论发扬光大。他的种种理论都为后世所继承和发扬，在心理学界造成了很大的影响，并传递至今。荣格曾任联邦技术大学（Federal Polytechnical University）及母校巴塞尔大学的教授，获牛津大学和哈佛大学的荣誉博士学位，被选为瑞士科学院荣誉会员，荣誉满身却又心甘情愿地过着隐居生活。他是一个先知式的人物，仿佛他自己理论中的智慧老者形象，追寻知识，传播知识，自身充实而欢乐。荣格的所有理论，似乎都是其充实的生活体验在理论上的投影。

卡尔·斯宾塞·莱士利

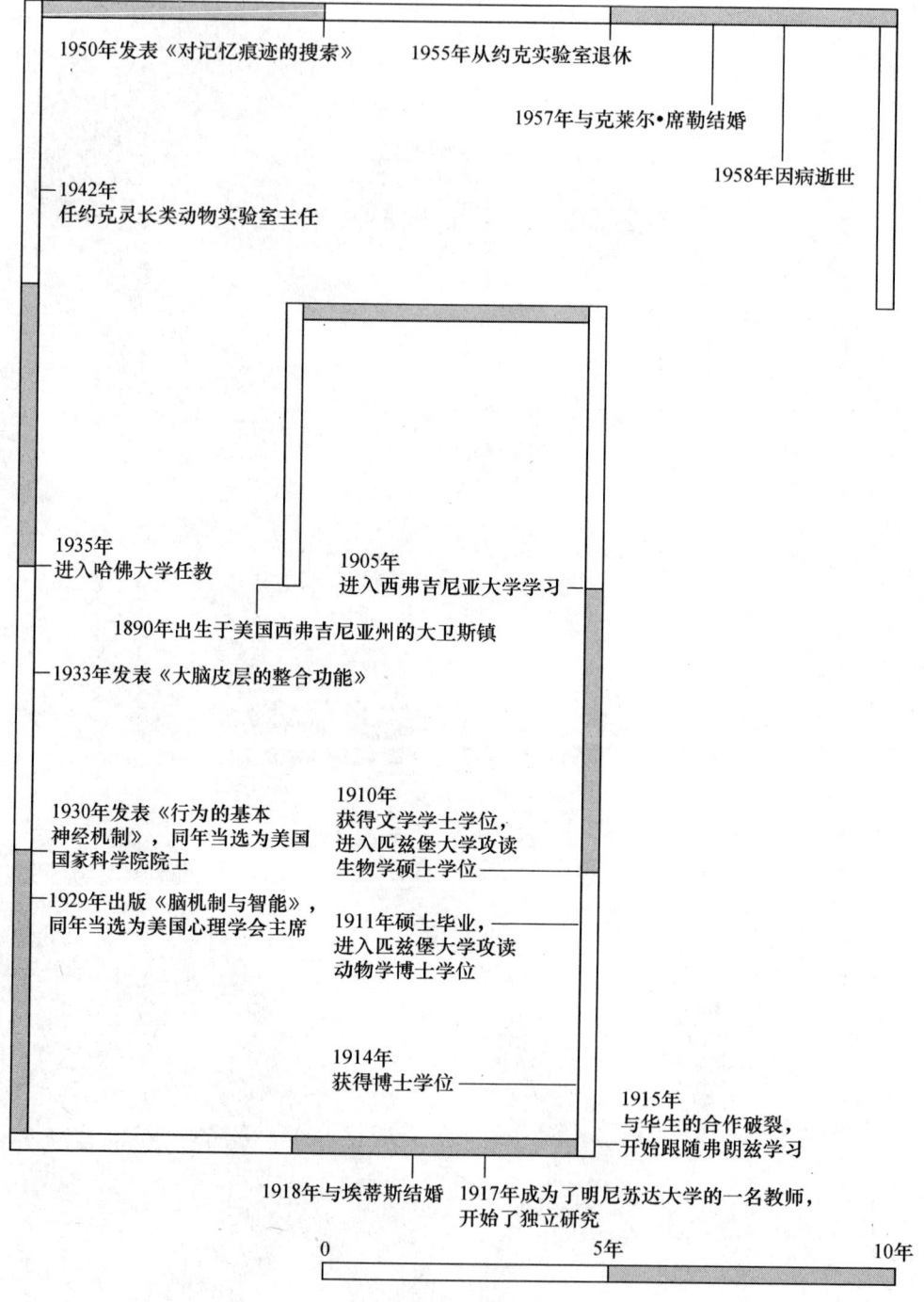

卡尔·斯宾塞·莱士利年表图

卡尔·斯宾塞·莱士利(Karl Spencer Lashley, 1890—1958)，美国著名心理学家。莱士利没有获得任何心理学学位，在攻读动物学博士学位时，他结识了著名心理学家华生。由此，莱士利转向了心理学。莱士利因对学习和记忆的研究而著名。在他所处的时代，研究者普遍认为大脑中存在"记忆的痕迹"(engram)。莱士利进行了大量的实验，但始终无法找到支持"记忆痕迹"理论的证据。据此，他创造性地提出：记忆并不是集中分布于一处，而是广泛分布于大脑皮层各处，大脑皮层各组成部分的功能是相同的而不是特异性的。这种观点颠覆了人们对大脑工作模式的看法。莱士利是动物行为学(ethology)和比较心理学(comparative psychology)研究的先驱者，也是当代生理心理学的奠基人之一。他的学术思想，更为日后认知科学和神经科学的诞生奠定了基础。

一、天之骄子

1. 幼年生活

1890年6月7日,莱士利在美国西弗吉尼亚州(West Virginia)大卫斯镇(Davis)的一个上流社会家庭出生了。他的父亲查理斯·莱士利(Charlies Lashley)是镇上的一位商人,经营着一间小银行。查理斯在当地拥有一定的政治影响力,曾多次担任过市政官员。莱士利的母亲玛格丽特·斯宾塞(Margaret Spencer)拥有很高的文化修养,在16岁时就成为一名教师,是美国著名哲学家兼教育家乔纳森·爱德华(Jonathan Edwards)的后裔。在与查理斯结合后,玛格丽特辞去了教职。虽然成为一名家庭妇女,但闲不住的玛格丽特有时也进行一些教育工作,她在家教授一些当地妇女学习文化知识。玛格丽特聪颖好学,个人拥有2000本以上的藏书。她还开办过画室,精于绘画与陶器制作技术。

玛格丽特非常重视莱士利的早期教育,这使得莱士利在4岁时就能够阅读了。莱士利在童年时就酷爱读书,母亲的私人图书馆是他经常流连忘返的地方。在他的幼年时期,莱士利在书本中游弋的时间远比他与小伙伴们在一起的时间要长。

年幼的莱士利在阅读之外的另一大爱好就是亲近自然。他最喜欢做的事情就是到树林、到田野里去接触那些动物和植物。只要可能,他总会想方设法地把他找到的动物、植物以及昆虫带回家中,以便继续观察。他饲养过蝴蝶、青蛙、松鼠、老鼠和蜗牛。除此外,他还饲养过一些稀奇古怪的宠物。有时,他甚至异想天开地将还在冬眠中的蛇也带回家中。对此,他的家人"头疼不已"。莱士利终身保持着对生物的这种热爱,在他的一生中,他总会在身边养着某种宠物。

幼年的莱士利形成了一些模糊的唯物主义观念。他的父母是自由思想者,所以莱士利从小也不信教。加上与自然长期接触,幼年时莱士利成为一名激进的无神论者。他与小伙伴外出玩耍时,曾将枪口指向天空,大声说到:"我希望这子弹能打着上帝!"[1]

或许是受父亲的影响,幼年的莱士利也拥有他实际与投机的一面。他曾尝试将他对自然的知识转化成实际可用的资源。莱士利的家里曾经有一座很大的粮仓。有一段时间,这座粮仓鼠患非常严重,把莱士利家囤积的粮食吃了不少。查理斯对此非常恼火,他发出悬赏,表示谁能杀一只仓鼠就给他5美分。莱士利把这份工作给接了下来。他第一天扑杀了36只老鼠,第二天又扑杀了27只。查理斯眼见'情势不对',发现自己有可能保得住粮仓保不住钱包,立刻单方面宣布终止与莱士利的交易。莱士利的第一笔"生意"就这样落下了帷幕。

由于莱士利从小就痴迷书籍与自然,这使得他缺乏与同伴的交流,性格渐渐变得孤僻起来。同时,由于他老是一个人呆着看书或者观察动物,莱士利的身体与其他孩子相比羸弱了不少,健康状况一直不佳。正因为如此,莱士利的父亲没有像其他的父亲一样让他干家中的体力活,而是让莱士利负责看马和放牛。莱士利每天要将这些牛马按时放出吃草,还要按时让它们回到畜舍中去。在当时,这可不是一件容易的事。莱士利家没有修筑相应的围栏,所以这些动物可以自由地在乡村里闲逛。这需要莱士利掌握很高的控制动物的技巧才能完成这项工作。这段经历使得莱士利对如何控制动物的行为产生了兴趣。日后莱士利与行为学派泰斗华生能一见如故,或许与这段经历也不无关系。

幼年的莱士利表现出了很高的机械操作能力。他曾对家中的织布机表现出了非常浓厚的兴趣,经常把玩它。他对织布机的痴迷甚至让查理斯产生了"恐惧",他害怕织布机被莱士利这样频繁地使用迟早会坏掉。为此,身为商人的父亲决定,"要用一个较小的损失来避免一个较大的损失"。于是,查理斯给莱士利购买了一套木匠工具,以此来拯救他的织布机。

对于莱士利来说,"创造新物品"是一种前所未有的新鲜经验,他迅速迷上了木匠工作。在他那小小的工作间里,诞生过无数精致而好用的玩意,这其中就包括眼镜盒和衣柜之类的东西。这种体验使得莱士利养成了动手操作的习惯,这也是日后他能够发明众多研究工具的原因之一。

---

[1] Dewsbury, D. A. (2002). Constructing Representations of Karl Spencer Lashley. Journal of History of the Behavioral Sciences, 38(2): 225—245.

在1894年到1898年间，莱士利一家曾举家搬迁过几次。他们先后在艾克戈登镇(Elk Garden)、洛杉矶(Los Angeles)和西雅图(Seattle)居住过。最终，他们一家又回到了大卫斯。

2. 早期学习和大学教育

幼年时举家不定的生活使得莱士利在10岁前一直没有接受过正统教育。他4岁时在大卫斯读过私立小学。此后，他在艾克戈登读过公立小学，然后又在西雅图的私立学校里学习过2年。1899年后，莱士利一家终于结束了搬迁的生活正式定居下来，他也因而得以开始接受正式的系统教育。在读大学前，他一直在大卫斯的公立学校念书。14岁时，莱士利高中毕业，并顺利考取了西弗吉尼亚(West Virginia)大学。由于大卫斯高中(Davis High School)当时并不被美国高校所认可，他被要求多念了一年大学预科。一年之后，他才正式成为了西弗吉尼亚大学的学生。

虽然莱士利的智力已经远远超出了同龄人的水平，但此时他毕竟只是一个15岁的孩子，大学里的远离家庭的生活让莱士利觉得很不适应。按他自己的说法，他在大学一年级时，"彻底迷失了"[1]。此时莱士利虽然对自然有着模模糊糊的兴趣，但他对未来的目标却完全没有想法。莱士利曾经有一段时间想学工程专业，但他父亲极力主张学习医学，而他的母亲却认为应该学习文学。莱士利认为母亲对自己最为了解，于是听从了母亲的建议。他最初想学拉丁文，但是学校的辅导员却认为他应该主攻英文。最终，莱士利选择了英文作为自己的主修课程。

冥冥之中自有天意。莱士利从小就对自然如此亲近，又非常擅长观察与操作，这就已经注定他不会是一名文学家。他又根本不信上帝，这说明他对幻想的世界根本毫无兴趣。年幼的莱士利或许看不清未来的道路，但他内在的冲动却已经为他做出了选择。

莱士利曾打算好好学习英文。一个偶然的机会，他参加了约翰逊[2]所教授的

---

[1] Beach, F. A. (1961). Karl Spencer Lashley, June 7, 1890-August 7, 1958. Biographical Memoirs of the National Academy of Sciences, 35, 168.

[2] 约翰·布莱克·约翰逊(John Black Johnston)，美国西弗吉尼亚大学神经学教授。

动物学课程。他立刻就被吸引住了,所有一切学习文学的计划和打算都顷刻间被抛诸脑后。听约翰逊的课程,他有一种回家的感觉,感觉像见了多年不见的老友。他仿佛又看见了儿时手中的青蛙与老鼠。约翰逊的课程深深地影响了当时16岁的莱士利,这正如莱士利日后回忆所说:"几节课之后,我就已经知道,我找到了终生为之奋斗的目标了。"①

莱士利对动物学如痴如醉。他很快就荒废了对英文的学习,这从他大学一年级的成绩单上也看得出来:"动物学:96分,军事科学:96分,拉丁文:75分,英文:23分。"②

莱士利跟随约翰逊系统学习了普通动物学(general zoology)和比较解剖学(comparative anatomy)。然而,约翰逊在学期末时离开了西弗吉尼亚大学。

约翰逊的工作很快被新来的动物学教授艾伯特·里斯(Albert M. Reese)所接替。艾伯特·里斯看重莱士利的才华,聘用他做了实验助手。

在里斯的实验室里,莱士利做了很多工作。这其中一项就是负责清理约翰逊留下的众多实验材料。一天,他在这些材料中找到了一份用高尔基染色法处理过的蛙脑标本。由于这份标本非常完美,莱士利很是兴奋,他将这份标本拿给里斯看,并提议到:"我把细胞间的联系给画出来,这样的话,我就能知道蛙脑到底是如何工作的了。"③

里斯的回答让这位年轻的思想家震惊了:"高尔基染色法不能浸染所有的细胞。"④

于是,"蛙脑到底是如何工作的"这一问题就这样在莱士利的心里扎下了根,成为了萦绕在他心头的最核心的问题。莱士利日后所有的工作也几乎都围绕这一问题而展开。他要么专注于这些联结本身,要么专注于画出这些联结的方法上。

---

① Beach, F. A. (1961). Karl Spencer Lashley, June 7, 1890-August 7, 1958. Biographical Memoirs of the National Academy of Sciences, 35, 169.
② 转引自 Weidman, N. M. (1999). Constructing Scientific Psychology: Karl Lashley's Mind-Brain Debates. Cambridge: Cambridge University Press, 20.
③ Beach, F. A. (1961). Karl Spencer Lashley, June 7, 1890-August 7, 1958. Biographical Memoirs of the National Academy of Sciences, 35, 169.
④ 同上。

大二时,莱士利学习了胚胎学、组织学、动物行为和一般实验技术等众多动物学课程。大学三年级时,他还选修了一些高阶动物学课程。由于全校只有莱士利一人选修了这些课程,而里斯又太忙,这些一对一的课程就停开了。为了锻炼莱士利,里斯选择了让他直接参与实验室工作。里斯的教学风格非常独特。他鼓励莱士利进行自学,有时甚至是强迫他独立地去学习和探索。他常常让莱士利"到地下室去找一些骨头,把骨相学好好学一下"[1],又或者是"去找一份羊脑来,找本神经学的书对照着好好读读,下学期你要做神经学实验课程的主讲。"[2]

这样的训练让莱士利获益良多,使他形成了独立思考、独立探索的学习风格。这段经历也深深地影响了他的教学理念。

二、纯粹的科学,中立的科学家

1. 学术准备期

在西弗吉尼亚大学获得文学学士学位(A. B.)后,莱士利申请到了匹兹堡大学(University of Pittsburgh)的奖学金。1910年,他开始进入匹兹堡大学攻读生物学硕士。由此,莱士利开始了他研究生阶段的训练,进入了他的学术准备期。

(1) 初出茅庐

生物学是莱士利一直以来想要学习的科目。年轻的莱士利对此甚感兴奋。可惜的是,匹兹堡大学很快让他失望了。当时,匹兹堡大学的生物学以研究微生物学为主,莱士利也因此进行了一些有关的研究。在匹兹堡,他的主要工作就是负责教授生物实验课程,除此外还要进行一些独立的研究。他曾经想研究本地水域的污染问题,但他觉得这个问题太过无聊,很快就放弃了。最终他选择了探讨发霉的鸡蛋中的微生物学问题。

在匹兹堡大学莱士利并不主攻心理学,但在此期间他结识了一位心理学家——达伦巴克(K. Dallenbach)。达伦巴克是匹兹堡大学的一名心理学教师,

---

[1] Beach, F. A. (1961). Karl Spencer Lashley, June 7, 1890-August 7, 1958. Biographical Memoirs of the National Academy of Sciences, 35, 170.

[2] 同上。

莱士利选修过他讲授的实验心理学。日后,达伦巴克对莱士利在课堂上的表现做出了如下的回忆:

> "莱士利的实验室在我的楼上。虽然他以前没有学过心理学,但是因为他也是一名教员,所以他被允许加入到我的课堂上来。虽然这门课程很短,但我们在一起做了很多实验。莱士利对心理学很着迷,是班上最出色的学生。你也许觉得他作为一名研究生,相比于他的本科生同学,表现出色是应当的。但是他的表现绝不是那种一般的研究生所能有的。在此时他就展现出了作为一名心理学大师所应具有的天赋。"[1]

尽管如此,莱士利与心理学的这次接触并没有使他下定决心投身到心理学研究中来。达伦巴克所教授的实验心理学是以冯特的实验心理学为主要内容的,而冯特的心理学以内省的方法为主,要求人对自身的思维过程进行反思,而这恰恰与莱士利的观点相矛盾。他无法接受内省这种研究方法,更无法接受没有生物学的心理学。此时,莱士利已经开始思考用生物学理论来解释意识问题了。他的这种思想最终在1920年时得以发展成形,形成了自己的体系。

1911年莱士利顺利地取得了硕士学位。此后,他去了长岛寒春海湾生物实验室(Cold Spring Harbor Biological Laboratory on Long Island)进行遗传学研究。在这里,他见到了他的博士生导师詹宁斯(H. S. Jennings)(约翰·霍普金斯大学的一名动物学教授)。

莱士利在长岛实验室时主要研究棘尾虫触毛数量的可变性问题。詹宁斯恰好也对这个问题有兴趣。于是,他们两人就此进行了合作。詹宁斯认识到自己面对的是一个前途不可限量的年轻人。他对莱士利非常欣赏,为此,他同意向莱士利提供奖学金,让他来霍普金斯大学攻读博士学位。

1911年的秋天,莱士利离开了长岛,开始在霍普金斯大学攻读动物学博士。莱士利在霍普金斯时,主要负责辅助詹宁斯进行草履虫繁殖行为以及其他一些无脊椎动物行为的研究工作。1914年,他顺利拿到了博士学位,并留校任教。在他的博士论文中,莱士利探讨了遗传在多大程度上决定水螅触角数量这一问

---

[1] Beach, F. A. (1961). Karl Spencer Lashley, June 7, 1890-August 7, 1958. Biographical Memoirs of the National Academy of Sciences, 35, 170.

题。通过观察水螅无性繁殖产生的后代,他发现,遗传并不是导致后代发生变化的因素,水螅后代触角数量的变化是由环境因素造成的。

这段学习经历深深地影响了莱士利,由此他形成了看待生物行为的一些基本观点。詹宁斯强烈地反对活力论(vitalism)。根据活力论的理论,生物除了拥有基本的生化机制外,还拥有一种难以言表、难以探明的不明的物质,称为"活力"(life force)。同时,詹宁斯也反对生物行为的外部因素决定论。这种理论认为,要控制并理解生物的行为,只要了解引发生物行为的那些外部因素就可以了。詹宁斯试图用生物的内在感觉运动或者其他的生理机制来解释生物行为,强调行为的功能性,强调进化因素对行为的影响。莱士利对詹宁斯的这些观点颇为认同,这使得他在日后的研究中始终强调遗传因素对行为的影响,强调中枢神经系统对行为的组织作用。这也从一个方面促成了他日后与华生的分道扬镳。

在霍普金斯大学,莱士利除了潜心研究动物学外,也保持着与心理学的联系。由于詹宁斯对生物行为拥有巨大的兴趣,他鼓励莱士利学习一些心理学知识。这使得莱士利结识了当时两位著名的心理学家,其中一位是精神病学教授梅耶(Adolf Meyer),另一位则是日后名声显赫的行为学派先驱——华生(John B. Watson)。

莱士利遇见华生时,华生才刚刚进入霍普金斯大学任职。当时的华生既不像日后那么享誉盛名,也还不是一名极端的行为主义者。当时的华生主攻比较心理学,充满了雄心壮志。而莱士利则精力充沛,思维敏锐,在动物学上拥有深厚的造诣。二人在知识上各有侧重,华生精于进行生物行为研究,莱士利则对生物学了如指掌。若要进行比较心理学研究,这两人的结合可谓"天作之合"。两人见面后惺惺相惜,一拍即合。很快,他们就开始了共同的研究工作。

与华生合作的四年是莱士利多产的四年。从1911年到1915年,他总共发表了14篇心理学论文,其中有9篇论文都是受华生的启发而完成的。正是由于与华生的合作,莱士利开始对动物的发展与感知觉问题,对灵长类动物学、比较心理学及学习的心理机制等产生了浓厚的兴趣。从此,莱士利的研究兴趣正式转向了心理学,成为了一名心理学家。

华生和莱士利合作进行过很多比较心理学的研究,其中1913年进行的关于鸟类归巢行为的研究在学界最为著名。1913年的春天，莱士利和华生来到了离佛罗里达州70公里以外的墨西哥海湾的一座岛屿上。他们对这座海岛上栖息的海鸥进行观察，研究这些海鸥的归巢行为。这项研究是对华生在1907年到1910年所做的鸟类归巢行为研究的延续。在前期的研究中，华生发现这些海鸥即使被放到它们不熟悉的地方也可以顺利找到回家的路。在1913年的这项研究中，莱士利负责将这些海鸥带到两个事先指定好的地点，然后将它们释放。这项工作看似简单，但实际上却并不容易。将这些海鸥完好地运到指定地方并成功释放需要实验人员具有高超的动物处理技巧。莱士利在动物学上的知识使得他很好地完成了这项工作。

这个时期，莱士利除了学习华生的思想与技术，也广泛涉猎其他领域，从中汲取精华，为己所用。这其中就包括欧洲的动物行为学。1915年，莱士利再次来到了墨西哥海湾。这次，他试图独立研究鸟类的寻巢能力[1]。他把一些海鸟从巢穴里移走，然后在海岛附近的区域把它们释放，并记录这些海鸟寻巢的过程。他采用的这种自然描述的方法与欧洲传统的动物行为学研究方法非常相似。后者正是在自然的场景中对物种的行为进行研究的。莱士利所使用的这种方法在当时的美国心理学界并不受重视。直到若干年后，美国比较心理学才慢慢开始接受并认识到动物行为学研究的价值与作用。

华生与莱士利最受人瞩目的研究是一项关于条件反射的实验研究。1915年，莱士利首次探讨了与条件反射的神经生理机制有关的问题[2]，研究了唾液分泌的条件反射的建立过程。与华生的这次合作使得他对条件反射的神经生理机制产生了浓厚的兴趣。这一问题也成为了他日后一直试图探明的一个核心问题。

根据莱士利的回忆，这项研究是这样开始的：

"大概是在1914年的秋天，华生开始注意到一些法国研究者的工作。到了1914年冬天，他开始让实验室里所有工作人员都来翻译这些法文书。

---

[1] Lashley, K. S. (1915). Notes on the nesting activities of the noddy and sooty terns, Carnegie Institution Publications, 7(211): 61—83.

[2] Lashley, K. S. (1916). Reflex secretion of the human parotid gland. Journal of Experimental Psychology, 1, 461—493.

1915年春,我开始在华生的实验室当助手,那时我和他一起设计实验设备和实验方案。当时我们做这些仅仅只是为了能重复法国人的研究。我们研究了膝跳反射和其他的一些问题。这些研究都是由华生牵头进行的,我负责主要的实验工作。为了完成这些实验,我特地设计了一种吸管装置,这种装置能够从人的腺体中抽取分泌液。利用这种装置,我设计并完成了关于唾液分泌的研究。"①

1915年,华生当选美国心理学会主席时报告了这项研究的进展情况。然而,在这份报告中,华生却并不怎么谈及唾液分泌的条件反射问题。他报告的主要内容是莱士利设计的用于提取人类唾液腺分泌物的实验设备(如下图),以及如何针对人类运动反射来建立条件反射这一问题。华生之所以做出这样的安排,是因为此时二人在学术观点上已经存在很大的分歧了。

莱士利设计的唾液腺分泌物提取设备
资料来源:Beach, F. A. (1960). Neuropsychology of Lashley-Selected Papers of K. S. Lashley. New York, Toronto, London: McGraw-Hill Book Company, 29

莱士利和华生的合作在1916年走到了尽头。双方在如何看待条件反射这一基本问题上存在着不可调和的冲突,这导致他们最终选择了分道扬镳。华生将条件反射视为行为的基本单元,并认为人类行为是由一些条件反射的链条组合形成的,通过研究条件反射,研究者最终可以达到探究人类行为本质的目的。莱士利则对此不以为然。在对人类心理的研究中,莱士利那从小就表现出来的天然的生物学倾向一直占据上风。对他来说,条件反射只是一个表象,它反映的只是特定的大脑神经机制,研究者应该探究的是神经系统如何运作从而使得条件反射得以实现的,行为的生理机制才应该是心理学的终极目标。为此,莱士利曾经做出了如下的评述:

---

① Bruce, D. (1991). Integrations of Lashley. In G. A. Kimble, M. Wertheimer, & C. L. White (Eds.), Portraits of pioneers in psychology. (p.331). Washington, DC: American Psychological Association.

"华生认为,条件反射应该成为科学的心理学的学科基础,它应当成为一块基石。他并不在意条件反射这一现象背后的规律。我则是对条件反射的生理成分产生了浓厚的兴趣,我想要知道神经系统到底是如何运作而使得条件反射成为可能的。对这一问题的兴趣成为了我日后对大脑进行研究的一个起点,它们都由此而来。"[1]

其实,他们二人的这种冲突也是预料之中的事,毕竟二人的导师在如何看待行为的基本观点上就存在着严重的分歧。华生的导师罗卜(Jacques Loeb)[2]认为,要想理解并控制行为,人们只需要了解并确定引发行为的那些外部因素就足够了。而莱士利的导师詹宁斯则强烈地反对这一观点,他强调生物内在的生理机制对行为的组织作用。从这个角度来说,莱士利与华生在条件反射问题上的冲突,也是他们导师思想冲突的延续。

虽然二人在学术上分道扬镳,但彼此对对方都还保留着一份尊重,至少他们在生活中长期保持着一份友谊,这甚至在华生因为性丑闻而被赶出了霍普金斯大学后也依然如此。

华生对莱士利的影响是深远的。44年后莱士利对华生留下了这样一段感言:"美国心理学能有今天,这要归功于生物学,归功于华生。"[3]

(2)如虎添翼

莱士利拿到博士学位后并没有离开霍普金斯大学。1915年到1916年间,他以约翰斯顿学者的身份留了下来。

从那时起,莱士利就试图对学习的内在神经机制进行研究。他研究过士的宁(strychnine)和其他神经类药物对老鼠迷宫学习能力的影响,想以此来了解学习时大脑的哪些结构发生了改变。受当时技术水平的限制,人们不可能在神经元水平或者分子水平对脑进行测量,因此,莱士利缺乏有效的研究手段来对大脑

---

[1] Bruce, D. (1991). Integrations of Lashley. In G. A. Kimble, M. Wertheimer, & C. L. White (Eds.), Portraits of pioneers in psychology. (pp. 331). Washington, DC: American Psychological Association.

[2] 贾克布·罗卜(Jacques Loeb,1859—1924),生于德国,于美国芝加哥大学任教,是一名生理学家及动物学家,曾经是华生的导师。

[3] Beach, F. A. (1961). Karl Spencer Lashley, June 7, 1890-August 7, 1958. Biographical Memoirs of the National Academy of Sciences, 35, 171.

的神经结构进行观察。最终,这些研究都以失败告终。这使得莱士利很懊恼,他觉得自己失去了目标。

命运不知为何就是偏爱莱士利。当时,在华盛顿有一家圣爱丽丝医院,主要收治各类精神病患者和脑损伤患者。这家医院里有一名叫弗朗兹(S. I. Franz)的医生。他对脑损伤造成的行为紊乱非常感兴趣。他还尝试对脑损伤患者进行训练,使他们恢复一些功能。他把这种训练称为"再教育"。此外,弗朗兹还通过进行动物实验来研究大脑的机能,以此来寻找治疗脑损伤患者的方法。他最精通的就是通过外科手术进行大脑损毁的实验技术。

1915年,在华生当选为美国心理学会主席的报告会上,莱士利碰巧听到了弗朗兹所做的关于前额叶切除术和习惯保持之间的关系的报告。他立刻被弗朗兹的工作吸引住了。他意识到弗朗兹的技术能弥补他在研究方法上的缺陷,这将赋予他向"蛙脑到底是如何工作的?"这个终极问题发起挑战的能力。

莱士利为了向弗朗兹学习外科技术,频繁地往返于匹兹堡和华盛顿之间。在华盛顿,他只能观察弗朗兹是如何给猴子进行手术的。他十分渴望从弗朗兹那里学到这种外科技术。然而,弗朗兹却决定要先考验一下莱士利,看看莱士利是否具有足够的科研素质来继承他的衣钵。于是,他交给了莱士利一项科研任务,要他去研究人类的体形变化。在这项研究中,莱士利需要给一些裸体的女人照相。

莱士利顺利地完成了任务。此后,弗朗兹就开始允许他接触医院里的病人了。

当时的莱士利还并未同华生决裂。那时华生试图以婴儿为对象研究条件反射的建立过程。而莱士利在跟随弗朗兹学习的同时,也尝试着给华生做助手。最终,莱士利放弃了对婴儿的研究。根据莱士利日后的回忆,他"从一开始就讨厌这些乳臭未干的小孩"[①]。华生不得不请了另一位助手来接替莱士利的工作。当时正好爆发了第一次世界大战,很多心理学家被迫入伍,为军队服务。幸运的是,莱士利由于视力实在太差,最终得以逃脱兵役,远离了战争的漩涡。于是,他

---

① 转引自 Weidman, N. M. (1999). Constructing Scientific Psychology: Karl Lashley's Mind-Brain Debates. Cambridge: Cambridge University Press, 21.

专心向弗朗兹学习,并进行了一系列老鼠实验。

莱士利将行为主义的研究方法和弗朗兹的外科技术进行了完美的结合,完成了两项具有重大意义的实验。这两项研究标志着莱士利对学习的神经机制的研究正式拉开了序幕。在实验中,莱士利首先对老鼠进行行为训练,即让老鼠学习。紧接着他对老鼠的大脑进行损毁,再让老鼠从创伤中恢复,并对它们的行为变化进行记录。除此外,他还对老鼠进行组织学检查,以此来确认和评估脑损伤的区域和大小。在第一项研究中,莱士利研究了前额叶损毁术对老鼠的迷宫地图记忆的影响。他先让老鼠学习一种简单迷宫(如下图),这种迷宫只有两个方向,老鼠在迷宫中如果选择了正确的方向则会在迷宫的尽头获得食物。莱士利对这些老鼠进行了不同程度的"过学习",即在老鼠学会如何走迷宫后依然让老鼠进行迷宫训练。接着,他对这些老鼠进行前额叶损毁术。结果显示,前额叶在记忆保持中的作用很小,老鼠即使被切除了前额叶,也依然能够正确地选择行进路线,成功地找到食物[①]。

在第二项研究中,莱士利除了损毁这些老鼠的前额叶外,还损毁其他脑区,同时他还改变了老鼠的学习任务,老鼠不仅要学习实验一中的简单迷宫,还需要学习一些更为复杂的迷宫。实验考察的指标也发生了改变。在这个实验里莱士利同时考察了脑损伤对老鼠的学习速度和记忆保持的影响。通过第二项研究,莱士利发现,对于简单迷宫而言,任何形式的脑损伤都对老鼠的迷宫学习和迷宫地图的记忆没有影响。但是对于复杂迷宫而言就不一样了。他发现:(1)将前额叶完全切除后,老鼠对复杂迷宫的记忆会受到损害或者完全消失,而切除其他脑区则无影响。但如果不完全切除前额叶,上述效果将不会出现。这说明脑的功能是具有特异性的,不同的脑区功能是不

莱士利所用的简单迷宫
(a为起点,e处放有食物)
资料来源:Beach, F. A. (1960). Neuropsychology of Lashley-Selected Papers of K. S. Lashley. New York, Toronto, London: McGraw-Hill Book Company, 73

[①] Franz, S. I. & Lashley, K. S. (1917). The retention of habits by the rat after destruction of the front portion of the cerebrum. Psychobiology, 1: 3—18.

同的。(2)切除位置的选择对老鼠的记忆与学习无影响。这说明前额叶的内部是无功能特异性的,在前额叶的内部,大脑机能是"等势"的,即各个组成部分功能是相同的。

通过向弗朗兹学习,莱士利最终掌握了他所需要的外科手术和组织解剖学技能。这使得莱士利拥有了探索学习的神经机制所需要的技术手段。他创造性地将行为主义的严密思路和科学方法与弗朗兹的手术技能相结合,创立了一种心理学研究的全新范式:通过系统地损毁有机体的大脑组织和测量有机体在行为上的变化来研究脑在学习或其他活动中的作用以及脑的运作方式。将这种方法与他自身雄厚的生物学基础结合起来,莱士利拥有了研究学习的神经机制的有力武器。这武器最终让他成为了美国心理学界叱咤风云的人物。从这个角度说,是弗朗兹和华生共同成就了莱士利。

2. 独立攻关

1917年,莱士利的学术训练阶段画上了句号。他离开了匹兹堡大学,作为一名独立的研究者开始了自己的科学之旅。

(1)在明尼苏达与芝加哥大学的日子

1917年,明尼苏达大学(University of Minnesota)的耶基斯(R. M. Yerkes)[①]看中了莱士利的才华,想让他来明尼苏达大学担任讲师。最初,莱士利对是否接纳这份工作犹豫不决。他听说耶基斯脾气古怪,很难相处。他将这些想法告诉了詹宁斯。詹宁斯半开玩笑半认真地对莱士利说:"你别说他,你自己也是一样。"最终,莱士利还是下定了决心,来到明尼苏达大学任教。

按计划,耶基斯应担任明尼苏达大学心理学系主任一职。但由于他同时还要负责国家研究委员会(National Research Council)的工作,便一直留在了华盛顿,忙得焦头烂额,无力分身,心理学系主任的工作也就荒废了。也正因为如此,当时明尼苏达大学心理学系士气低落,人心涣散,莱士利在这里过得很不愉快。一年后,他就以休假的名义离开了明尼苏达,转而来到了巴尔的摩港市

---

① 罗伯特·默恩斯·耶基斯(Robert M. Yerkes, 1876—1956),美国心理学家、动物行为学家、灵长类动物学家,是人类智力和灵长类动物智力研究的先驱,曾与约翰·道德森一起提出过著名的耶基斯-道德森定律。

(Baltimore)。

在巴尔的摩港市,美国国家卫生委员会(United States International Hygiene Board)向莱士利提供了一份工作:对大众进行卫生教育,宣传性病的危害。凑巧的是,他曾经的老师华生因为性丑闻事件离开了匹兹堡大学,也接下了这份工作,成为了莱士利的同事。由于两人之前早有合作,这次的合作就更显轻车熟路了。他们一起研究了利用条件反射的理论和技术以电影为媒介对大众进行性教育的问题。他们一起在马里兰州的各个地方巡游,通过电影向大众传播关于性病的知识,并收集数据来验证这种教育方法的可行性。与华生的再次合作是愉快而有趣的,它给莱士利留下了不可磨灭的记忆。晚年时,莱士利还会经常提起那段时期的一些荒唐故事:一次,华生和他在一家小镇做性病的宣传工作,他们在街上散发传单,传单中表示可以免费观赏电影,但并没有提及电影的主题。结果,这部过于前卫的电影引起了当时小镇居民的巨大愤慨(当时的美国人思想还很保守),警长和居民们纷纷对他们进行"报复"和"威胁"。最终,他们费了很大的劲才从这些"暴民"的手中逃出来。这段工作经历也使得莱士利对人类的性行为产生了兴趣。莱士利在晚年时,还经常与华生通信交流与人类性行为有关的问题。

1920年,明尼苏达大学来了位新的系主任——埃利奥特(R. M. Elliot)。埃利奥特同样很欣赏莱士利,他主动劝说莱士利,希望他能回到明尼苏达来。埃利奥特还向校方强烈推荐莱士利担任助理教授。

莱士利最终回到了明尼苏达。一年之后,莱士利受埃利奥特推举,成为副教授。1924年,莱士利成为教授,当时的他还仅仅只有34岁。

莱士利一向厌恶教学工作,但埃利奥特所看重的也正是他的研究才能。为此,埃利奥特尽全力为莱士利提供优良的研究条件,减轻他教学上的负担,让他能够全心全意地进行研究。据埃利奥特日后回忆:

"莱士利那优秀、出色、创意非凡的一份又一份的对于猴类与老鼠大脑机能的研究使得他在我们学校名声大噪,成为了众人关注的焦点。当时的我担当起了他实验室'门神'的角色,我尽可能为他免去一切不必要的教学任务和其他一切可能影响到他研究工作的活动。同时,我也尽全力为莱士利的团队提供他们需要的一切设备和材料。我们认为,莱士利在明尼苏达的这六年,是他最为多产、最有创造力的六年。"①

1926年,莱士利离开了明尼苏达大学,来到了芝加哥青少年研究中心(Juvenile Research in Chicago),成为一名研究员。同时,他还得到了行为研究基金(Behavior Research Fund)的资助。莱士利选择离开明尼苏达是因为他妻子长时间健康状况不佳,患有严重的哮喘病,需要良好的环境才能痊愈。他希望通过改变环境来改变他妻子的健康状况。另外,明尼苏达大学也无法为莱士利提供更多研究上的资助了,这也是他离开明尼苏达的另一原因。1929年,莱士利成为芝加哥大学(University of Chicago)心理学系的一名教授。1935年,莱士利离开了芝加哥大学。

莱士利一生进行过许多关于学习的大脑机能的研究,其中有13项研究在学界有重大影响。而这些研究大多数都是他在明尼苏达和芝加哥时完成的。这些研究构成了莱士利三大重要论著的基石。它们分别是:(1) 1929年出版的《脑机制与智能》(Brain Mechanism and Intelligence),这是莱士利唯一的一本专著;(2) 1929年他当选为美国心理学会主席时所做的发言报告。该报告于1930年正式公开发表;(3) 1933年发表的综述论文《大脑皮层的整合功能》(Integrative Functions of the Cerebral Cortex)。这三大论著代表了莱士利的核心思想,后世对其学术思想的表述主要也是来自它们。

莱士利在再次回到明尼苏达后即开始了关于学习与记忆的脑机制的一系列研究。1929年,莱士利出版了自己最重要的也是唯一的一本专著《脑机制与智能》。很难想象莱士利这样的研究者居然会出版一本专著,因为莱士利个人很不喜欢写书,他曾经私下表示"*写书的工作应该交给那些不会做研究的人去做*"②。在这本书中,莱士利系统地整理并总结了他在明尼苏达和芝加哥时的研究成果。书中标题之所以包含'智能'一词,是因为莱士利认为学习与智能是密不可分的。在这些研究中,莱士利首先对老鼠大脑的不同区域进行损毁,然后让老鼠进行休息和恢复。在老鼠恢复完成后,他再对这些老鼠进行一系列的测验,以考察他们

---

① 转引自 Beach, F. A. (1961). Karl Spencer Lashley, June 7, 1890-August 7, 1958. Biographical Memoirs of the National Academy of Sciences, 35, 173.

② Beach, F. A. (1961). Karl Spencer Lashley, June 7, 1890-August 7, 1958. Biographical Memoirs of the National Academy of Sciences, 35, 175.

对于不同的学习任务的学习和记忆能力发生的变化,从而推测大脑在这些过程中的作用和机制。这些学习任务包括:学会通过具有不同复杂程度的迷宫、学习在问题箱中打开箱子的拉栓、辨别不同的感觉模式,等等。最后,莱士利会处死这些动物,对动物进行解剖,对脑损伤的具体部位进行精确记录,用切片法和染色法来确认这些动物最终的脑损伤程度。

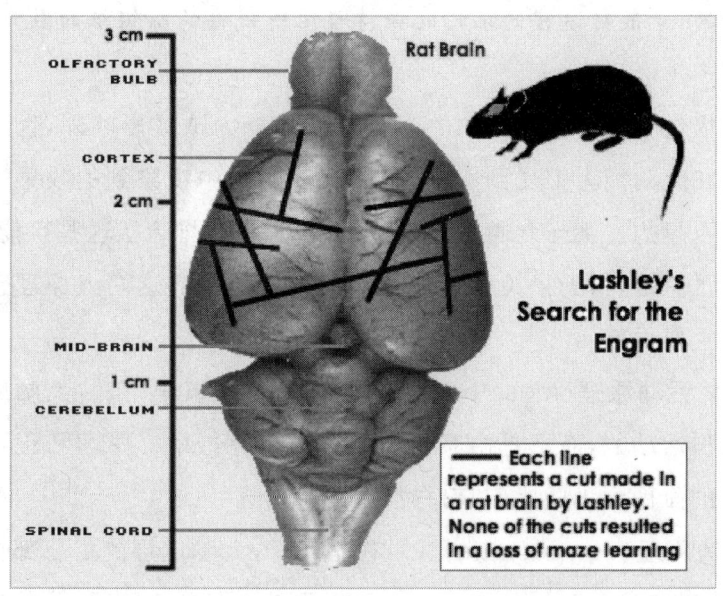

莱士利对老鼠的脑损毁主要模式图(每一条线代表一种损毁模式)
资料来源:www.psychspace.com/psy/school/061Lashley.htm

  莱士利发现,迷宫学习过程会受到脑损伤的影响,但脑损伤发生的位置不影响脑损伤的效果,是脑损伤的程度决定了迷宫学习的受损程度:损伤不同脑区对于迷宫学习虽然也有影响,但它们的造成的效果却是相同的,即都损害迷宫学习,老鼠学会走迷宫的效率均会下降;不同脑区损毁所造成的效果没有差别,造成差别的是脑损害的程度,脑损伤范围越大,老鼠进行迷宫学习的效率就越低,需要的练习次数就越多。"对于迷宫学习而言,没有哪一处脑区比另一处更重要。"①

  在对迷宫记忆的保持上,莱士利也发现了同样的效应,即老鼠的行为表现决

---

① Lashley, K. S. (1929). Brain Mechanisms and Intelligence. Chicago:The University of Chicago Press,68.

定于它受了多大程度的脑损伤,而不是脑损伤的位置。他发现,在老鼠学会走迷宫后,虽然切除老鼠的大脑皮层会损害老鼠对于迷宫的记忆,但是切除不同位置的大脑皮层造成的损害程度是相同的,即大脑各部分在记忆中所起的作用是相同的。并且,脑损伤的范围越大,记忆受损的程度就越重。简而言之,即"我们可以确定,在老鼠形成对于迷宫的记忆时,这些记忆并不是保存在大脑的某一个固定的位置上的,老鼠对迷宫的记忆的保持与他所残存的脑组织的数量有关,而与位置无关。"[1]

由于脑损伤除了可能对动物的记忆与学习能力造成影响外,也可能会使动物在感知觉和运动能力上受到影响,所以上述实验中观察到的效果也可能是因为其他原因引起的。莱士利通过仔细分析研究数据,排除了这些可能性,并对自身研究进行了总结,得到了关于大脑功能的两大原理。这两大原理也是莱士利对心理学的主要贡献:

(1) 整体活动原理(mass action):有机体在从事学习时,大脑皮层的各部分是一起参与活动的,而不是由某一特别区域来完成的。学习和记忆的效率与大脑受损坏的面积大小成比例,而与损坏的部位无关。

(2) 等势原理(equipotentiality):在学习时,大脑皮层的每一部位是同等重要的,对个体学习发生同样的作用。大脑皮层某些部位切除后,其他部位照样可以发挥该部位原有的功能。

莱士利所得到的这些结果与当时学界流行的大脑功能定位论(localization theory)是不一致的。因此,莱士利在他的学术生涯中也一直持续地反对定位论。在1929年时,莱士利对自己的这种观点还有所保留。他在《脑机制与智能》一书中反复强调结论具有局限性,只适合于特定的条件。例如,根据莱士利的研究,老鼠在迷宫学习任务中的表现不受任意位置和任意程度的脑损伤的影响。而有其他研究表明,如果用没有经受脑创伤的动物来学习明暗辨别任务,关于这种任务的记忆是存在脑区定位的。对此,莱士利提出,明暗辨别任务比迷宫学习任务要简单,它不需要大脑整体协作而只需要部分大脑进行工作就可以完

---

[1] Lashley, K. S. (1929). Brain Mechanisms and Intelligence. Chicago: The University of Chicago Press, 107.

成了。

莱士利除了反对大脑功能的定位论,也反对联结主义(connectionism)[①]。但他不是从始至终都反对联结主义的。在早期的研究工作中,莱士利是认同联结主义的。他的做法与弗朗兹的做法相似:弗朗兹用行为主义的学习理论来为自己的针对脑损伤病人的"再学习"提供支持,莱士利就将行为主义关于脑功能的概念和他自己的"均势原则"相结合。根据行为学派对学习过程的理解,学习是一个在刺激和反应之间建立联结的过程,学习时大脑会建立起一条联结感觉器官和效应器的反射弧。一旦这条通路建立成功,学习就完成了。莱士利经常用这个理论来解释自己的研究数据,例如,在1917年他与弗朗兹共同完成的研究中,莱士利写道:

> "对于记忆保持而言,额叶似乎在其中起到了重要的作用,但在额叶内部,各个部分的功能似乎是相同的。这说明在学习时建立起的反射通路并不是一条简单的神经通路,而是很多条通路的组合。"[②]

简而言之,当时的莱士利认为在学习过程中大脑建立起了很多的反射通路,这些反射通路共同动作才能使学习成为可能。而如果老鼠大脑只受到了部分的损毁,那么一部分反射通路会保留下来,所以老鼠还是能够进行学习。

1920年时,莱士利发表了他关于学习的脑机制的第一篇文章。在这篇文章中,他提出,学习中最重要的概念就是行为的反射特性,问题不在于大脑的具体功能的具体定位如何,而是"机体的每种行为都是经由反射弧来完成的,它们之间差异就在于反射弧的细胞组成数量和复杂程度的差异"[③]。在这项研究中,莱士利对老鼠大脑的感觉与运动区域均进行了损毁,结果发现,大脑皮层各部分似乎是等价的,他们所起的作用基本相同,大脑似乎是完全均势的。在实验中,老鼠接近一半的大脑被切除了,但它们学习分辨视觉特征的能力仍然没有受到损害,它们像正常的老鼠一样可以很快地学会对某一特定视觉刺激做出反应[④]。此

---

① 用学习是在刺激与反应之间建立联结的观点来解释行为,故被称为联结主义,例如:反射理论。
② Franz, S. I. & Lashley, K. S. (1917). The effects of cerebral destruction upon habit formation and retention in the albino rat. Psychobiology, 1, 133.
③ Lashley, K. S. (1920). Studies of cerebral function in learning. Psychobiology, 2, 57.
④ Lashley, K. S. (1920). Studies of cerebral function in learning. Psychobiology, 2, 111—113.

时的莱士利认为反射理论(reflex theory)是正确的,他总结道:"学习中建立起的联结可以存在于大脑的任何地方。"①

在1921年和1922年莱士利又分别进行了两项关于学习的脑机制的研究。他再次对大脑的感觉和运动区域进行损毁,以此来考察它们对动物记忆形成与保持的影响。在1921年的研究中,莱士利发现,老鼠对于不同光照强度的记忆在大脑受到损害后依然可以得到保持和形成,但若被切除的脑区位于枕叶视觉皮层,这种效应就会消失,这使得莱士利提出"学习所建立起的反射通路并不经过大脑的运动区域,大脑的运动区域在随意运动的作用并不是首要的。"②。在1922年的研究中,莱士利发现,对视觉辨别(visual discrimination)任务的记忆(在该实验中老鼠要学会选择有光的迷宫通道而避免进入昏暗的迷宫通道,如下图)是受枕叶调节的。当枕叶受损时,关于视觉辨别任务的记忆会受损,但是老鼠能再次学会如何辨别这两种视觉模式,并且这种再学习得到的记忆在大脑其他脑区受损后依然可以得到保留。结果表明,对于视觉而言,枕叶是大脑的主要视觉处理区域,但是在枕叶内部,大脑各部分的功能是相等的,是分布式的③。莱士利得到的这些结论与当时流行的大脑功能定位论相冲突,但此时的他还并未将行为主义的反射理论和定位论画上等号,相反,他还试图用反射理论来解释这些发现:"从反射理论的角度来看,关于心理的大脑功能定位学说没有任何意义,因为反射弧是广泛的分布于大脑的各个脑区的"④。显然,此时的莱士利还没有做好放弃反射理论的准备。

由于缺乏足够的证据,莱士利直至1924年时都一直支持反射理论。在1924年,莱士利又发表了一篇关于学习的脑机制的论文。莱士利在文中写道:

"对于脑功能的反射概念还只是一个理论,同时它由于过度简化,也不能很好的说明很多与脑功能有关的现象。但是该理论得到了来自神经传导方面的证据的完美支持,也能与脊椎的功能很好地进行类比。我们没有理

---

① Lashley, K. S. (1920). Studies of cerebral function in learning. Psychobiology, 2, 102.
② Lashley, K. S. (1921). Studies of Cerebral Function III: Motor Areas. Brain, 44, 275.
③ Lashley, K. S. (1922). Studies of cerebral function in learning IV: Vicarious function after destruction of the visual areas. American Journal of Physiology, 59, 65—66.
④ Lashley, K. S. (1922). Studies of cerebral function in learning IV: Vicarious function after destruction of the visual areas. American Journal of Physiology, 59, 44.

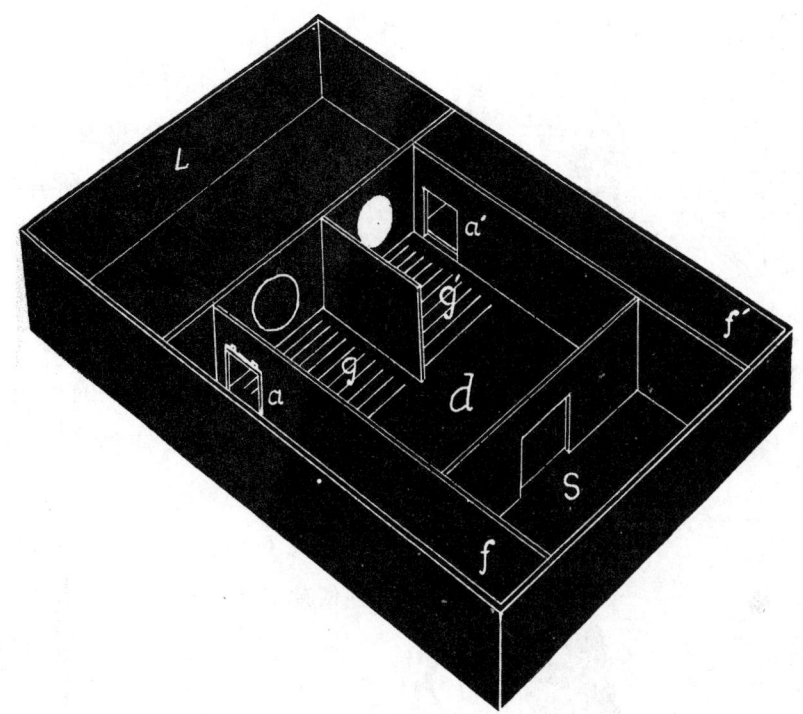

莱士利训练老鼠辨别光线明暗所采用的迷宫

（S 为起点，白斑代表光线所在，黑斑代表无光线。g/g′代表带电的电格，a/a′为可活动的门，f/f′处为食物所在）

资料来源：来自 Lashley, K. S. (1929). Brain Mechanisms and Intelligence. Chicago：The University of Chicago Press, 33

由用心理功能的定位学说来替代该理论。"①

在该研究中，莱士利首先训练猴子完成一些动作序列。在猴子完成学习任务后，他就将猴子的运动区域损毁，使猴子用来完成动作的肢体彻底瘫痪。在猴子从手术创伤中恢复后，他再测试猴子的动作序列的记忆保持情况。结果发现，猴子在手术后能够用那些未瘫痪的肢体来完成学习过的动作。据此，莱士利提出，对运动区域的损毁不会影响到动作记忆的保持。但是这一结果并没有使莱士利认识到穿越各个脑区的反射通路是不存在的，相反，他提出：学习获得的反

---

① Lashley, K. S. (1924). Studies of cerebral function in learning V: The retention of motor habits after destruction of the so-called motor areas in primates. Archives of Neurology & Psychiatry, 12, 249—276.

射通路不经由大脑的运动区域到达效应器。

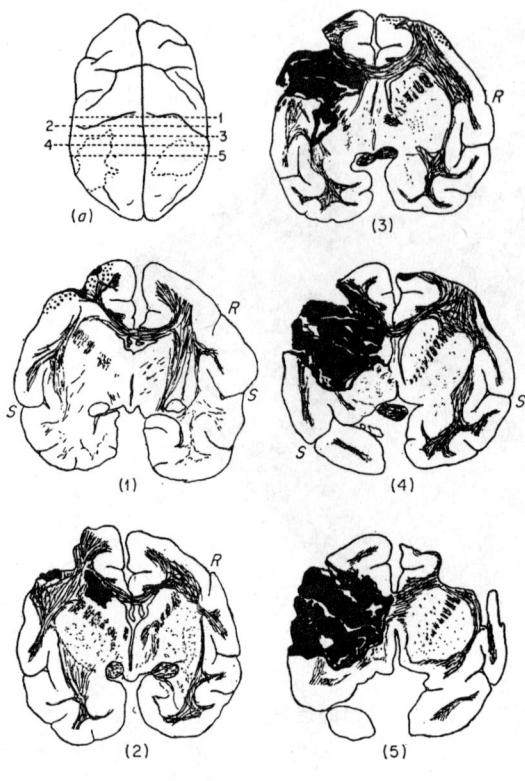

莱士利对猴子进行的脑损伤示意图
资料来源：Beach, F. A. (1960). Neuropsychology of Lashley-Selected Papers of K. S. Lashley. New York, Toronto, London：McGraw-Hill Book Company, 121

1926年时，莱士利获得了一项反对反射理论的重要证据[1]。他发现，即使剥夺了老鼠所有的感觉线索，老鼠在失去感觉输入的情况下，依然能够凭借之前学习到的迷宫知识正确地找到迷宫出口。在感觉输入彻底剥夺的情况下，联结感觉器官和效应器之间的通路是中断了的，在这种条件下老鼠依然能找到出口说明老鼠的学习是不依赖这种通路的。这使得莱士利彻底相信反射理论是错误的了。

莱士利对定位论与反射理论的批驳在1929年时达到了一个高峰。那一年，莱士利当选为美国心理学会主席，并在国际心理学会议上发表了一份反对反射理论与定位论的报告。当时会议上有两个报告特别引人注目，其中一个是由巴甫洛夫[2](I. P. Pavlov)做的关于皮层下中枢在无条件反射中的作用的报告。而另一个就是由莱士利做的名为"行为的基本神经机制"的报告。在会议中，巴甫洛夫先完成了报告，而莱士利的报告在两天之后举行。有趣的是，巴甫洛夫去听了莱士利的报告，而莱士利却没有去听巴甫洛夫的报告！并且，两人在这次会议上也没有单独会面。

---

[1] Lashely, K. S. (1926). The Survival of The Maze Habit After Cerebellar Injuries. Journal of Comparative Psychology, 6, 423—433.
[2] 巴甫洛夫(Ivan Petrovich,1849—1936)，苏联生理学家，曾获1904年诺贝尔生理学-医学奖，因发现了经典条件反射而闻名于世，强调以科学实验法和经典条件反射来解释学习。

在莱士利的报告中,他首先分析并总结了当前学界在关于脑的生理机制的解释上存在的问题。他指出,目前有两种关于脑机制的理论,其中一种就是定位论。这种理论认为大脑功能是定位的,不同部位的大脑组织拥有的是完全不同的功能。但是即便这个理论是正确的,它也不能告诉人们这些零散的功能是怎么组合起来并相互协作的。

莱士利讨论的第二种理论就是反射理论。他做出了如下的评述:

"该理论认为大脑的神经机制本质上与脊椎的反射功能是相同的:它们都是把由感受器传导来的神经冲动通过一个有限的通路传递到效应器。习惯的形成,例如学会说话或者完成某种特定的动作,依靠的是在一定的神经细胞间建立一条通路来完成的。该理论把我们的大脑比作一个电话系统。就好像两台电话只有连通了电话线才能通话一样,感觉器官与肌肉之间一定也通过一些特定神经建立起了特定的联系……反射理论的实质就是定位说,它建立在特定的神经系统拥有特定的功能这一假设之上,该理论全部的解释能力都来自于该假设。"[①]

接着,莱士利通过讨论与两种理论有关的各种研究证据来对这两种理论进行批驳。他指出,倘若这两种理论是正确的,那么大脑的特定区域或者特定神经细胞就只会拥有特定的功能。而研究表明刺激是具有等价性的,即不同的刺激可以引发有机体相同的反应。这在定位论与反射理论的框架内显然是不可能实现的。他还指出,大脑是具有可塑性(plasticity)的,大脑在受到损害后,其他部位能够执行受损部位的功能。这显然也与定位论与反射理论相冲突。莱士利在该部分对反射理论进行了猛烈的抨击,他提出反射理论妨碍了人们理解大脑的整合功能,应当被抛弃。

1929年的这场报告使莱士利在学界的影响力达到了一个巅峰,但同时也深深地刺伤了巴甫洛夫,以至于巴甫洛夫日后一直对莱士利进行抨击。在一次报告中,巴甫洛夫对莱士利的批判之猛烈使得最终主持人也无法跟上他的节奏只

---

① 转引自 Bruce, D. (1991). Integrations of Lashley. In G. A. Kimble, M. Wertheimer, & C. L. White (Eds.), Portraits of pioneers in psychology. (p. 315). Washington, DC: American Psychological Association.

好在总结时说了句:"巴甫洛夫教授说:不!"。在巴甫洛夫看来,美国心理学界应该可以很好地接受他条件反射的概念,因为它同美国的行为学派的思想完全一致。然而,一位顶尖的美国心理学家却对他的理论进行了如此彻底的批判,这毫无疑问让巴甫洛夫感到失望[1]。

1933年时,莱士利发表了一篇题为"大脑皮层的整合功能"[2]的论文,这标志着莱士利的学术研究到达了另一个巅峰。在这篇文章中,莱士利对自身以及他人的研究进行了详细而系统的总结与回顾,并利用这些研究来为他提出的整体活动原理与均势原理提供支持。他在文中总结道:证据表明大脑的各个部分之间是相互依存相互联系的,大脑的整体活动远比大脑的结构特异性来得重要;同时,证据表明,对于整个大脑或者某一特定区域而言,它各组成部分的功能是相同的,各个组成部分都能单独完成整体才能完成的功能。从此以后,莱士利将均势原则扩展到了那些被认为是高度特异化的区域,例如:视觉与运动区域。

(2) 失意哈佛

早在1927年时,哈佛大学(Harvard University)就向莱士利伸出过橄榄枝,但却被他拒绝了。1935年时,他选择离开芝加哥大学,来到了哈佛。当时,詹姆斯·柯能(James. B. Conant)是哈佛大学校长,他希望为哈佛大学找来"世界上最好的心理学家"。有人向柯能推荐了莱士利,于是柯能同意将莱士利聘为哈佛大学的心理学教授。这次哈佛大学向莱士利询问意向的时候,莱士利选择了同意。然而莱士利是一个桀骜不驯的人,在日后别人问起他为何选择哈佛时,他总是回答说这里可以进行他最喜欢的运动项目:划船!

莱士利来到哈佛后,事情却开始变得扑朔迷离起来。莱士利被赋予了很多管理工作,而这种工作却是他最讨厌的;在学术上,莱士利也受到排挤,失去了"话语权";哈佛曾向他许诺会在经济上予以支持,让他建立一个神经学和心理学的研究中心,而这些承诺也没有兑现;在学院内部,莱士利也处于非常不利的政治地位。这一切都使得莱士利在哈佛的日子非常难过,他感到特别失望。

---

[1] 转引自 Bruce, D. (1991). Integrations of Lashley. In G. A. Kimble, M. Wertheimer, & C. L. White (Eds.), Portraits of pioneers in psychology. (p. 316). Washington, DC: American Psychological Association.

[2] Lashley, K. S. (1933). Integrative functions of the cerebral cortex. Physiological Reviews, 13, 1—42.

最让莱士利无法忍受的是:哈佛居然认同精神分析(psychoanalysis)的价值! 1936 年,哈佛不顾莱士利的强烈反对,将来自精神分析学派的心理学家亨利·默里(Henry Murray)[①]聘为副教授。对此,莱士利完全无法接受。在他看来,心理学应该沿用自然科学的科学模式,而精神分析完全是与之背道而驰的。早在 1924 年,莱士利就在《心理学评论》上发表过一篇评论精神分析的文章[②]。在这篇文章中,他公开地反对精神分析,反对将精神分析纳入到心理学中来。莱士利指出,弗洛伊德所说的力比多(Libido)的概念完全没有生物学基础,力比多可以存储、压抑和释放的概念纯粹就是无稽之谈。在文中,莱士利还尝试用行为学派的反射理论来替代弗洛伊德的力比多的概念。莱士利坚信,心理学应该是建立在解剖学与生理学的知识基础之上的研究脑与行为关系的学科。只有这样,对心智的研究才是客观和严谨的。而精神分析,在他看来,完全忽视了心理的生理基础,"**完全是在编造关于人类内心执念的神奇故事**"[③],只不过是在说一种神话,既不能通过生物学的观察予以证实也不能予以证伪。在莱士利的职业生涯中,他都始终坚定不移地反对精神分析,并尝试用生物精神病学来取代它。

对于莱士利来说,容忍默里在哈佛担任副教授不仅仅意味着他要认同哈佛心理学系新增了一种研究心智的取向,还意味着他要允许一些完全非科学的东西占据心理学系的研究资源,意味着否认他为之奉献一生的学科的科学性[④]!一年以后,莱士利就主动辞职。他给柯能写了一封辛辣讽刺的信,要求柯能给予他一个"流浪"教授的职务,或者允许他辞职。哈佛大学默许了莱士利的要求,于 1937 年授予他"神经心理学研究教授"的头衔。

---

① 亨利·默里(Henry Murray),美国心理学家。1893 年生于美国纽约市,1915 年获哈佛大学历史专业学士学位。1919 年获哥伦比亚大学医学博士学位后,任内科和外科医生。后入英国剑桥大学专攻生物化学,1927 年获博士学位。因在求学期间受弗洛伊德与荣格心理学说的影响,开始转向人格心理学研究。后应哈佛大学之聘任心理学讲师、临床心理学教授。默里还与摩根合作设计了主题视觉测验。默里关于人格心理学的理论与方法,导致了其后的心理学家大量的验证研究,从而促进了人格心理学的发展。默里是"美国出生的最重要的人格测验之父"。
② Lashley, K. S. (1924). Contributions of Freudism to psychology Ⅲ: Physiologcial analysis of the libido. Psychological Review,31, 192—202.
③ 转引自 Weidman, N. M. (1999). Constructing Scientific Psychology: Karl Lashley's Mind-Brain Debates. Cambridge: Cambridge University Press, 145.
④ 同上。

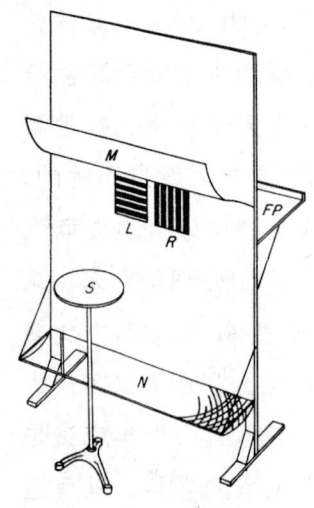

莱士利训练老鼠学习辨别视觉模式的工具

资料来源:Beach, F. A. (1960). Neuropsychology of Lashley-Selected Papers of K. S. Lashley. New York, Toronto, London: McGraw-Hill Book Company, 210

1942年,莱士利加入了约克灵长类生物学实验室(Yerkes Laboratories of Primate Biology)。从此他与哈佛大学的分裂变得更加明显了。虽然他还是哈佛大学的一员,但他仅仅保留了博士生导师与给研究生上课两项工作,其余的工作通通不理。

在哈佛的这段经历严重影响了莱士利的科研工作。在这期间,他主要发表一些综述,也进行过一些视觉与学习的脑机制的研究。例如:1938年,莱士利研究了老鼠对视觉刺激的条件反射的泛化问题[1];1939年,他进行了与老鼠视觉皮层的神经机制有关的研究,发现只需很少的神经细胞就可以执行正常的视觉功能[2];1941年时,莱士利通过研究偏头痛患者偏头痛发作时伴随的视觉模式与盲点的变化规律来推测大脑视觉区域的神经机制,提出了一个初级视觉皮层整体协作模式的假设。[3] 总而言之,莱士利在这个时期所做的研究是其早期学术观点和研究兴趣的延续,但他在研究的质量和数量上都远不如他在明尼苏达和芝加哥时的那些研究了。

3. 执掌约克

哈佛大学没能让莱士利顺心,但约克实验室却没令他失望。

约克实验室是一个研究机构,没有什么教学任务。这里与大学相比,也少了一些官僚主义与知识分子间的钩心斗角。莱士利在约克实验室担任实验室主管,多少还是要负责一些行政上的工作。但实验室的大多数具体事务都由副主管负责处理了,所以莱士利虽然身居要职但却也落了个清闲。

---

[1] Lashley, K. S. (1938). Conditional reactions in the rat. Journal of Psychology, 6, 311—324.

[2] Lashley, K. S. (1938). The mechanism of vision XVI: the functioning of small remnants of the visual cortex. Journal of Comparative Neurology, 70, 45—67.

[3] Lashley, K. S. (1941). Patterns of Cerebral Integration Indicated By the Scotomas of Migraine. Archives of Neurology & Psychiatry, 46, 331—339.

此时的莱士利早已是声名远扬,众多优秀的学子都慕名而来,纷纷要求加入约克实验室,希望能跟随他学习。莱士利的众多得意门生,都是在这个时期投入到他门下的。这其中就有日后大名鼎鼎的唐纳德·赫布(Donald Hebb)[①]和罗杰·史培利(Roger Sperry)[②]。

约克实验室研究资源非常丰富,莱士利手下又不乏聪颖的学生,这使得他在约克实验室可以自由地探索自己感兴趣的任何问题。就地理位置而言,约克实验室位于佛罗里达州北部,交通不便,与外界相隔绝。很多来约克实验室的人都对此很难适应。然而,这样的环境却正是莱士利所喜欢的,因为他正是在这样的环境中独立成长起来的。另外,佛罗里达温暖的气候也很适合他有病的妻子。一切都令莱士利十分惬意,于是,他在约克实验室一干就是15年。

然而,执掌约克的岁月却并不是莱士利叱咤风云的时光。此时莱士利已年过半百,创造力也不比当年,他自此步入了自己的学术晚期。在约克的15年里,莱士利共发表了21篇论文,其中大多都是对自身工作进行的理论反思,很少进行独立的实验研究了。这些数量不多的实证研究,也大多是既往研究的延续,在研究问题和方法上的新意很少。即便如此,这其中也有数篇论文在学界造成了较大的影响。

(1) 对比较心理学的贡献

莱士利在来到约克实验室之前,就已经在比较心理学领域有了很深的积淀。莱士利在约克实验室又进行了一系列比较心理学的研究。这其中包括一系列与本能有关的行为(包括动物的亲缘识别、繁殖行为、动物对视觉模式的辨别行为、老鼠的跳跃行为等)以及对这些行为内在的神经机制进行的探索。基于这些研究,莱士利明确提出了一个理论观点:本能行为其实就是某种特定的感觉——运动(sensory-motor)环路的激活。他指出,要想彻底地理解这些本能行为,研究者首先要弄清外界刺激与本能行为之间的对应关系,即弄清哪些刺激会引发哪

---

① 唐纳德·赫布(Donald Hebb),加拿大心理学家,提出细胞联合理论来解释知觉及在大量脑组织损伤条件下仍能保持一定智力水平的现象。他强调早期经验对智力发展的重要性,以及正常环境刺激是保持心理健康的重要因素。1960年当选为美国心理学会主席,1961年获美国心理学会颁发的杰出科学贡献奖,1979年当选为国家科学院院士。

② 罗杰·史培利(Roger Sperry),美国神经心理学家,研究了裂脑病人的心理特征,证明大脑两半球的功能具有显著差异,提出两个脑的概念。曾荣获国家科学奖,1960年当选为国家科学院院士,1971年获美国心理学会颁发的杰出科学贡献奖,1981年获诺贝尔生理学奖。

些行为。

除此外他还进行了一些对比较心理学的理论思考,这其中有两项工作特别重要。

一是莱士利于1947年发表在《心理学评论》上的"神经系统的结构变化及其与行为的关系"(Structural variation in the nervous system in relation to behavior)[1]。在这篇文章中,莱士利提出,种内的大脑结构上的个体差异与种类间的大脑结构上的差异是相似的,引起种类内大脑结构差异的原因与引起种类间大脑结构差异的原因是相同的,都是由遗传决定的。而不同个体在大脑结构上的差异,很可能是造成其心理机能与行为上差异的原因。这篇论文带有浓厚的基因决定论(genetic determinism)色彩。

二是莱士利于1949年发表在《生物学评论季刊》(The Quarterly Review of Biology)上的"心智进化过程中持续存在的问题"(Persistent problems in the evolution of mind)。莱士利在这篇文章中所陈述的观点较全面地表达了他对生物进化、对行为、对遗传的作用、对神经系统与行为关系的理解。文章的主要观点包括:

(1)心智的进化即是神经系统的进化。

(2)不管研究者对行为与心理采用何种术语,对动物行为的比较研究其实质就是对动物与人类心理的研究。

(3)以往研究夸大了本能与后天习得行为的区别。这两种行为都是由基因决定的,它们的差别只在于它们受基因的影响的程度不同,两者之间没有质的差异。

(4)对本能的研究需要研究者充分探索刺激与行为之间的关系,研究者需要对引发本能的刺激以及刺激引发出的行为进行充分而详细的描述。

(5)区分高等与低等动物的标准在于高等动物拥有更强的知觉事物之间关系的能力,高等动物在知觉组织上拥有更大的变异,而这种知觉组织是由神经系统决定的。

---

[1] Lashley, K. S. (1947). Structural variation in the nervous system in relation to behavior. Psychologcial Review, 54(6): 325—334.

上述两篇代表作系统地阐述了莱士利所秉持的学术观点,即:强调先天与遗传的作用,强调中枢神经系统对行为的组织作用,强调探索刺激与行为之间的关系。他之所以会形成上述这些观点,毫无疑问与他深受生物学与行为主义观点熏陶脱不了干系。除了上述两项重大贡献外,莱士利对比较心理学贡献还在于他为美国比较心理学界引入了一些新鲜的思想和观点。

(2) 沟通美国比较心理学与欧洲动物行为学

美国比较心理学和欧洲动物行为学之间一直存在着很深的对抗和误解。这种情形直到 20 世纪 60 年代中叶才开始缓和。莱士利的眼光一向早于他的同行们,他很早就注意到了动物行为学。他十分欣赏洛伦兹(Lorenz)[①]和廷伯根(Tingergen)[②]所做的工作,认为他们对有效刺激的分析和对刺激的行为反应模式的观察是很有价值的。

<<< 专栏一

"学习是不可能的"

学习、记忆的神经机制是莱士利一直关注的问题。在其学术晚年,莱士利除了对比较心理学和动物行为学感兴趣外,也在继续关心学习的神经机制问题。1950 年莱士利发表的"对记忆痕迹的搜索"(In search of the engram)是他对学习领域的一大贡献。在这篇论文中,莱士利对自身研究进行了总结。其中有一段话高度概括了莱士利对当时的学习和记忆研究的看法。

"这一系列的研究很好地告诉我们:哪些东西不是记忆,以及记忆不位于大脑的哪些区域(what and where the memory trace is not)。目前,研究者还没有获得任何与记忆痕迹直接有关的信息。当我回顾这些与记忆的大脑定位有关的研究时,我时不时会产生这样的想法:学习是不可能的!现在的研究者要想构筑一个能与现有证据相吻合的学习理论是很困难的。然

---

① 康拉德·洛伦兹(Konrad Lorenz, 1903—1989),奥地利动物行为学家、鸟类学家,经典比较行为研究的代表人物,现代动物行为学的创始人。洛伦兹研究以灰雁为主的动物本能行为,因发现了印刻而闻名世界,被世人评为"动物精神的爱因斯坦",获 1973 年诺贝尔生理学或医学奖。

② 尼可·延伯根 (Niko Tingergen, 1907—1988),荷兰动物行为学家与鸟类学家。在动物个体和群体行为的构成和激发方面有重大贡献,获得了 1973 年诺贝尔生理学或医学奖。

而，学习的存在，却是一个不可否认的事实。"

引自 Lashley, K. S. (1950). In search of the engram. Society of Experimental Biology Symposium, 4, 454—482

>>>

约克实验室主要研究灵长类动物，而莱士利又是约克实验室的主任，这无疑为莱士利从动物行为学"取经"提供了很多便利。在他担任约克实验室主任期间，他先后邀请过许多著名的动物行为学大家来约克访学和研究，这包括卡尔·冯·弗里希（Karl von Frisch）[①]、洛伦兹、保罗·席勒（Paul Schiller）[②]等等。

保罗·席勒在约克实验室工作的时间长达 2 年，这在所有的访问学者中是最长的。在这里，他开始翻译一些动物行为学的经典论著，以把动物行为学介绍给美国比较心理学的同行们。然而，不幸发生了，1949 年保罗因为一场车祸离开了人世。这些翻译工作最终由他的妻子克莱尔·席勒（Claire Schiller）完成并出版。莱士利还亲自为这部著作作序。

三、思想的角力：与心理学巨头们的论战

虽然莱士利的研究以严谨而著称，但并不是所有的研究者都认同他的观点。莱士利在其研究生涯里，与很多位当时的著名学者发生过论战，如巴甫洛夫、查理斯·哈瑞克（Charles Herrick）[③]、克拉克·霍尔（Clark Hull）等等。其中，莱士利与哈瑞克和霍尔的论战旷日持久，在学界引起了很大反响。

---

① 卡尔·冯·弗里希（Karl von Frisch, 1886—1982），德国动物行为学家，动物行为学创始人。他因研究蜜蜂的感知能力和蜜蜂个体间的沟通而出名，是第一位解释了"蜜蜂舞蹈"的科学家。1973 年他也因此而获得了诺贝尔生理学或医学奖。

② 保罗·席勒（Paul Schiller, 1908—1949），匈牙利心理学家，主要研究动物行为学和比较心理学，研究兴趣在于鱼类与啮齿类动物的绕路行为，同时也对应用心理学感兴趣，包括心理测量、人格类型、吸烟与饮酒行为等。

③ 查理斯·哈瑞克（Charles Herrick, 1868—1960），美国著名神经学家。因对身心关系的问题研究而著名，《人性的进化》《老鼠与人的大脑》为其代表作品。

1. 与哈瑞克的争论

莱士利在芝加哥工作期间,认识了一些后世被称之为美国学派(American School)的心理生物学家(Psychobiologist)。心理生物学的创始人之一即是哈瑞克。哈瑞克欣赏莱士利的才华,想邀请莱士利加入他们的研究,认为莱士利的加入将有助于他们"心理-神经学"项目的实施,也有助于哈瑞克实现他的学术梦想,即心理学和生物学的整合。

莱士利认同美国学派的目标,即实现神经科学和行为科学的统一,但双方在研究方法等重大问题上存在争议。于是,莱士利与美国学派,特别是和其创始人哈瑞克,展开了论战。

(1) 实验室的作用

实验室在莱士利的学术体系中具有非常重要的作用。在莱士利看来,临床研究、现场研究固然是有效的研究方法,但它们都是存在缺陷的。实验室研究产生的数据才是可靠和可信的数据。除此外,莱士利也不关心研究所产生的社会价值,对将心理学研究的成果应用于社会控制也完全没有兴趣。在他的学术体系中,实验室已取代了现实社会,处于最重要的地位。他认为,在实验室受控的环境中,他可以任意复制他所需要的社会情境[1]。莱士利承认,将实验室置于如此之高的地位是一种方法学上的冒险。但他认为,引领方法学的新潮流远比积累一些没有价值的数据要重要得多[2]。这种学术观点,对莱士利的研究产生了巨大的影响:

第一,对于莱士利来说,不能在实验室中研究的科学就不是科学,不能在实验室中研究的问题就不是科学问题。在莱士利看来,心理学研究中相当大一部分内容应当被排除或者被重塑以适应实验室的要求。

第二,由于在实验室中以人类为被试的违背道德与伦理的科学研究是不能进行的,因此,在实验室中以人类为被试进行实验就会受到很大的限制。所以,对其他动物(特别是对拥有与人类非常相似的神经系统的老鼠)进行研究,并将

---

[1] 转引自 Weidman, N. M. (1999). Constructing Scientific Psychology: Karl Lashley's Mind-Brain Debates. Cambridge: Cambridge University Press, 86.
[2] 同上, 110.

这些动物与人类进行类比，以此对人类心理进行研究的方法，也就是非常重要的了。在莱士利看来，人类与那些"低等动物"之间并不存在质的差异。

第三，由于实验室环境是可控制可标准化的，因此，实验室可以被用于控制环境引起的变异。于是，环境的作用被边缘化了。莱士利认为，当复杂的社会因素得以控制或者被排除在实验室之外时，人类先天的心理能力就会得以浮现，这样的实验结果反映的就是先天的生物因素。研究者也应该用这样的方法来考察人类心理中的生物成分，即人先天的心理能力。

实验室研究成就了莱士利的生物决定论。随着莱士利研究的推进，莱士利开始将遗传学作为他的学术根基，他的生物决定论也因此发展成了基因决定论[①]。

（2）哈瑞克的攻击

除了在生物学将是心理现象的最终解释这一点上认同莱士利的观点外，哈瑞克几乎反对莱士利的其他所有观点。

对莱士利来说，实验室研究是第一位的，社会因素不受到重视。研究者即使需要考虑社会因素，也应该在实验室的环境中对社会因素进行考察。在莱士利的心理学世界里，社会从来就不是他的考虑因素，他做的所有研究都与社会问题无关，无一例研究被付诸应用，他个人对此也引以为豪，认为这才是一个真正的科学家的表现。

对此，哈瑞克持有完全相反的观点。他认为，社会不可能被研究者带入到实验室中，研究者应当关注的是现实中的人类行为，研究者应当将实验室的研究结果积极应用到社会中去，科学研究应该聚焦社会。总而言之，研究者不能将社会"带入"实验室中，而应该将实验室"带到"社会中去。

莱士利认为，诸如道德、灵性之类的东西都是实验室无法研究的问题，因此也就是非科学的问题。而哈瑞克认为，道德与灵性恰恰是人类最为突出的特征，研究道德、灵性等问题非常重要。

莱士利认为，决定生物行为的是遗传和环境两大因素。他认为，在实验室环

---

① 转引自 Weidman, N. M. (1999). Constructing Scientific Psychology: Karl Lashley's Mind-Brain Debates. Cambridge: Cambridge University Press, 87.

境下，无论被试是动物还是人，只要对环境因素进行了控制和标准化，生物的遗传因素就会凸显出来。然而，哈瑞克却坚信，人类行为并不仅仅是由环境和遗传决定的，决定人类行为的还有第三个因素，即人类的自由意志（free will），而这是实验室环境无法捕捉的。这个实验室无法捕捉的因素，才是人类最突出的特征，是人类得以区别于动物的原因，是精神、道德、文化发展的见证。

哈瑞克还反对莱士利的基因决定论观点和还原主义（reductionism）的生物决定论观点。莱士利认为，意识不过是一种特殊的化学和电生理变化的模式，它同受荷尔蒙驱动的生物本能没有区别；本能是由进化而产生出来的，因此它受进化的影响，受进化规律的控制。而哈瑞克所持有的是前进性进化（progressive evolution）[①]的观点。他认为，莱士利以生化理论来解释意识是完全错误的，它不仅否认了意识能主动对世界进行控制，进而对物理世界造成影响的性质，它还否认了意识是在物质的基础上涌现出来的以物质为基础的心理世界的事实。对于哈瑞克来说，意识处于比物质世界更高级别的空间中，它不仅是进化过程的产物，而且还成为人类进化过程的控制者，意识使得人类能够控制自身的进化过程，人类将通过这样的过程不断向前进步；意识，或者说自由意志，赋予了人类决定自身行为的能力，是人类行为的决定因素之一；用像物理学或化学这样的自然学科中所采用的标准来评价意识是一种完全不科学的方法；无论研究者用多完备的生理学理论来解释人类的心理过程，他们也无法去除主观经验、意识、自由意志在行为中的作用，因为"人的主观体验在世界中是一个不可否认的现实"[②]。在哈瑞克看来，莱士利忽视了意识在行为中的作用，用生理学的方法来完全解释意识是不可能做到的。

哈瑞克还反对莱士利通过研究动物来研究人类心理的研究方法。在《老鼠与人的大脑》一书的最后一节里，哈瑞克清晰地表达了他的观点："老鼠不同于人，人远比老鼠高级"[③]。哈瑞克认为，对于低等的动物，学习的过程就是把已经习惯化或者本能的行为迁移至新情境的过程。这样的学习需要重复几百次才能

[①] 该观点认为生物具有一种内在的驱力，通过进化过程，生物会不断向前发展，越来越趋向完美。
[②] 转引自 Weidman, N. M. (1999). Constructing Scientific Psychology: Karl Lashley's Mind-Brain Debates. Cambridge: Cambridge University Press, 113.
[③] 同上，115.

实现。而高等动物可以通过顿悟（intuition）瞬间建立起新的行为模式，这种学习方式是与低等动物的学习完全不同的。完成这样的学习过程需要高等动物拥有与低等动物完全不同的神经系统，这种神经系统要比建立条件反射所需要的神经系统复杂得多。因此，老鼠与人的大脑存在的差异并不是像莱士利所说的那样仅是量的差异，而是存在着质的差异。哈瑞克认为，莱士利直接用老鼠与人进行类比，而这两者是完全没有可比性的，因此莱士利的方法是完全错误的。除此之外，莱士利的研究还把人类描绘成了只有本能和冲动的野兽，进而否认人类拥有改变未来、改变环境的能力，这在道德上也是危险的。

直到1935年莱士利离开芝加哥大学后，这场论战才开始降温。莱士利离开芝加哥大学后，支持莱士利的行为研究基金会便中断了所有对动物实验的资助，天平开始倾向了美国学派。

美国学派盛极一时，很多神经学家、胚胎学家、解剖学家都认同美国学派的观点。直到1940年，这个学派才开始慢慢走向没落。当时的心理学家大多对莱士利的观点持质疑态度，只有少部分比较心理学家对他的观点颇为认同。然而，在当今学界，美国学派的观点已经很少有人提及，而莱士利的观点和方法对现代的神经学和行为科学的研究者们却产生了深刻的影响。在这场论战中，毫无疑问，莱士利才是真正的胜利者。

2. 与霍尔的争论

> 莱士利会参加此次大会，我需要你的"保护"。我真诚的希望届时你能到场。请保持联系。
>
> ——克拉克·霍尔[①]

霍尔是新行为主义（neo-behaviorism）[②]的代表性人物。他认为，有机体的一切适应性行为，从根本上说都是物理的、非心理的。他认为，心理科学研究的目标在于了解简单的物质运动（例如原子、电子的运动模式）和复杂的目的性行

[①] 霍尔1947年与其弟子斯宾塞的通信。转引自 Weidman, N. M. (1999). Constructing Scientific Psychology: Karl Lashley's Mind-Brain Debates. Cambridge: Cambridge University Press, 133.

[②] 20世纪30年代以后发展起来的后期行为主义心理学理论体系，与行为主义相比新行为主义心理学家更加关注有机体内部的过程。

为的关系。他力图使心理学数量化,其学习理论在学界产生很大的影响①。霍尔认为,建立起一个新的行为反应模式需要在刺激与反应之间建立起反应联结,而外部环境的改变将导致刺激与反应之间的联结也发生改变。在这一点上,霍尔与行为主义心理学家(如华生等)的观点相同,但却与莱士利的观点有着根本的区别。虽然莱士利与霍尔都反对哈瑞克折中主义的机械论观点,但莱士利更彻底地反对行为主义的联结主义观点,他对联结主义的批判使得他俩注定无法共存。他们之间爆发了异常激烈的论战。这场论战从20世纪30年代开始,一直持续了20年。

论战开始时的莱士利与霍尔(左为莱士利,右为霍尔)
资料来源:Bruce, D. (1998). The Lashley-Hull debate revisited. History of Psychology, 1(1):70

(1) 刺激泛化以及辨别性学习

根据霍尔关于辨别性学习(discrimination learning)的观点,当动物学习对某一特定的正刺激(positive stimulus)做反应和学习对某一负刺激(negative

---

① 霍尔的学习理论包括一套复杂的公设和附律。该理论从直接观察到的先行条件(刺激变量)开始,通过中介变量,移向输出的一端(反应变量);刺激变量包括如强化的次数、诱因的剥夺、刺激的强度、奖赏的分量等;在赫尔的体系中,刺激变量需要通过3个层次的中介变量,才达到输出的一端;中介变量的第1层次有习惯强度,它是强化次数的函数;内驱力,它是驱动状态(如诱因剥夺)的函数;刺激强度动力机制,它是刺激强度的函数;以及诱因强化,它是奖赏量的函数。第2层次有反应势能,它是第1层次变量的联合函数;概括化的反应势能,它是泛化的习惯强度的函数;以及总的抑制势能,它是反应抑制和条件抑制的函数。第3层次有净余反应势能,它是振荡度和反应阈限的函数;最后,作为输出一端的反应变量包括行为反应的一些可计量的特征,比如反应潜伏期,反应幅度,达到消退所需强化的次数和反应出现的概率等。

stimulus)不做反应时,作用于感觉器官的正刺激的所有特征逐渐与该正刺激相对应的反应联结起来,而对于负刺激而言,该负刺激的所有特征与该负刺激所对应的反应的联结会逐渐减弱。于是,两种联结反应趋势的差异使得动物逐渐地学会选择正刺激。该理论的关键之处在于,动物以一种渐进的方式进行学习,而不是一种全或无的方式。

通过将上述理论进行扩展,霍尔获得了对刺激泛化(stimulus generalization)现象的解释。霍尔认为,当动物学习对某一特定刺激进行反应时,它也学会了对与该刺激类似的其他刺激进行反应,这种反应与原反应的相似程度与其他刺激与原刺激的相似程度成正比。简而言之,动物在进行学习时,不只是在原刺激和特定反应之间建立了联结,与原刺激相似的刺激也与反应建立了联结。

莱士利反对霍尔的这些观点,他不断地与霍尔进行通信,或者在期刊上发表文章,与霍尔进行论战。

在莱士利看来,刺激与反应间联结的形成是与之前的经验无关的,学习的出现是一种"全或无"的方式。他认为,动物在进行辨别学习时,只对刺激某一部分特征做出反应,例如,老鼠学会对光斑的大小而不是其形状和亮度做反应。动物具体对哪一部分特征做出反应,这取决于动物对刺激的注意,取决于其对刺激的知觉组织过程。动物只会对在它知觉组织过程中存在的刺激特征与反应之间建立联结,对那些知觉组织中不存在的刺激特征则不会建立联结。

在该理论的基础上,莱士利对霍尔的刺激泛化理论进行了彻底的批驳。他认为,因为学习不是渐进式的,所以,也就不存在刺激泛化。莱士利认为,与原刺激在某些特征上存在相似的其他刺激不会与反应之间自动地建立联结,这种情况只在有机体未能分辨出原刺激区别于其他刺激的独有特征时才能出现。若有机体事先并没有关于刺激特征的相关知识,则有机体需要一个训练过程,这需要有机体对原刺激与其他刺激进行主动的注意与比较。有机体只会对那些对其有意义的刺激特征,对那些它注意到的刺激特征进行反应,而不是对刺激的所有方面进行反应。有机体会选择注意哪些刺激特征是由有机体内在的知觉组织特征决定的,而这种内在的知觉组织特征与有机体的先天因素有很大关系。

总体而言,莱士利与霍尔在刺激泛化以及辨别性学习问题上产生分歧的原因在于:莱士利强调遗传的作用,强调生物的先天因素,而霍尔则强调环境的作用,认为有机体的行为很大程度上是由环境中存在的刺激决定的。霍尔将有机体看成是一种特殊的机器,是一种静态的系统,当外部环境向该系统施加刺激时,该系统就会以一种机械的、刻板的方式进行反应。莱士利则认为有机体不是受环境控制的被动的机器,它们具有先天的智能,会主动对刺激进行过滤和组织,有机体的大脑所具有的特定的反应模式决定了有机体对刺激过滤和组织的方式[1]。

(2) 理论构建

除了在上述问题上莱士利和霍尔存在分歧,双方还在科学理论的构建方式上存在重大分歧。

在辨别性学习和刺激泛化问题上,莱士利借用的是格式塔学派(Gestalt)的观点。格式塔学派认为,知觉包含了将图形与图形背景相比较的过程。在知觉过程中,有机体并不是分离地对刺激进行反应,而是主动地对刺激进行比较,这样的比较过程将使得一部分刺激成为知觉的焦点,而另一部分刺激成为知觉的背景。莱士利认为,这样的知觉过程是有机体学习的基础,学习就是按照知觉组织的模式来进行的,而知觉组织模式在很大程度上是受先天因素影响的。霍尔认为,莱士利的理论中的这些所谓的知觉组织或者说知觉定势(set)是非客观的,是在客观的科学理论中引入了主观的元素,是一种拟人论(anthropomorphism)[2]的观点。霍尔对莱士利的这种批判是如此强烈以至于它有时甚至会直接以一种鄙视的态度表达出来,这在霍尔与其弟子的通信中可以清楚地看到。

> "我认为一些人注定是会喜欢那些模糊和非确定性的理论的。这意味着注定会有一部分糊涂的人会倾向于选择格式塔阵营的。而那些逻辑清楚、思维敏捷的人则会选择行为主义阵营。"
>
> 克拉克·霍尔[3]

然而,莱士利对霍尔的理论构建方法也颇不以为然。在学界,霍尔公认的以

---

[1] 转引自 Weidman, N. M. (1999). Constructing Scientific Psychology: Karl Lashley's Mind-Brain Debates. Cambridge: Cambridge University Press, 135.
[2] 指把神、动物、植物、或非生物的东西赋予人的特征,比如具有个性、脾气等。
[3] 转引自 Weidman, N. M. (1999). Constructing Scientific Psychology: Karl Lashley's Mind-Brain Debates. Cambridge: Cambridge University Press, 136.

擅长理论构建而著称,他尝试把心理学数学化,他构建的关于学习的理论都是数学化的公式和语言。然而,莱士利在学界是出了名的批评家,以否定各种理论见长,也特别反对理论化。他认为,学习是非常复杂的过程,现有的理论或许有其道理,但至多只能解释某一范围的问题,而没有一个理论能解释学习过程的全貌,研究需要推倒所有理论全部重新来过,而最终的理论必然也只会是基于生物学的。霍尔的理论自然也没逃脱莱士利的攻击。在莱士利看来,霍尔的理论是千疮百孔的。

首先,莱士利认为,用数学的严谨的语言来描述心理学理论,毫无疑问是必要的,但这样的工作在当时的研究条件下完全是不成熟的无效的方法。例如,莱士利曾经向霍尔这样表示:

"我对巴甫洛夫阵营提出的量化理论一点都不感冒。我相信,学习理论最终一定会以量化的形式出现,只有这样,研究者才能处理好目前已经发现的关于练习和学习之间的数量关系。但是,目前的研究表明,对于辨别性学习而言,除了重复易化(repetitive facilitation)这一因素之外,还有很多重要的因素影响了辨别性学习过程。这其中的一个因素就是有机体对刺激的知觉组织。在目前这个阶段,这个因素是无法被量化的。在研究者能将该因素量化之前,定量的学习理论都是无效的。"[1]

除此之外,莱士利还认为霍尔提出的观点是缺乏生物学基础的,无法适用于有机体的神经系统。例如,他曾经向霍尔明确地表示:

"没有理论能描述刺激间的相似度识别的过程……无论是联结主义观点还是整体论观点目前都还要依靠刺激知觉间的线性差异这一概念。但是这样的线性差异只是个假设的中介,是无法与神经系统的运作规律相联系的虚假概念。我们对这一过程的神经机制还是一无所知的。"[2]

霍尔与莱士利就理论构建问题论战了很多年。随着时间的推进,双方在此问题上的争论越来越激烈,言语也变得越来越辛辣。不得已,在1949年时,双方

---

[1] 转引自 Bruce, D. (1998). The Lashley-Hull debate revisited. History of Psychology, 1(1): 69—84.
[2] 同上。

暂停了对此问题的争论。

1952年,霍尔离开了人世,此时,莱士利与霍尔的论战依然没有结果,双方都无法依靠雄辩和证据说服对方。最终,这场论战不了了之。霍尔与莱士利都深深地影响了今天的心理学。但从今天认知心理学成为心理学的主流这个角度来看,莱士利在当时提出的要注重注意、注重知觉过程在学习中的作用的观点,是极具前瞻性的。

四、多面复合体

1. 老师、同事和朋友

"要教的学不会,会学的就不用教。"[①]这就是莱士利著名的教学格言。他认为,其实人是不用教的,教学就是在浪费学生的时间。然而,这位著名的教学无用论者,其实是一位能够发人深省的好老师。他非常善于在小团体、非正式的场合下对学生进行启发和教育。他经常抓住点滴机会,对自己的爱徒们传经送宝。例如,他经常在实验室工作的间隙、在与学生进行私人谈话时、或与学生一起进餐时对学生进行启发,传授知识。但是,这位顽固的老师却从来不主动对学生进行教育。他坚信,学生应该自己独立行事。但如果学生能够找到这位老师的话,他还是会对学生有问必答。毫无疑问,这种教学风格与他大学时期的读书经历密不可分,因为他当时的老师里斯就经常这样把他留给了一堆书本和一些标本,让他自行学习的。莱士利的教学风格从下面这段回忆中可窥见一斑。

"我在上普通心理学课程时第一见到了卡尔(即莱士利)。当时这项课程是由多位心理学教授集体来教授的,每位教授讲授课本的一部分内容,每次上课时的学生也很多,有200人。卡尔当时给我的感觉是:高、瘦、愤世嫉俗。当时他戴着一副夹鼻眼镜,并用一条黑绳从后面系住。他高举一只青蛙,并刺激蛙腿肌肉使它抽动起来。接着他冲着我们咧嘴一笑,然后就开始

---

① Beach, F. A. (1961). Karl Spencer Lashley, June 7, 1890-August 7, 1958. Biographical Memoirs of the National Academy of Sciences, 35, 182.

用他严谨但却不正式的言语为我们上课。40分钟内,我们学习到的知识就比从以前8位教授那里加起来获得的知识还多。下课后我们一拥而上,希望知道这位杰出的老师什么时候会再给我们上课。很快我们就失望了,这位老师厌恶正式的教学,也只为少数几名研究生上课。"①

莱士利的一位同事曾回忆起跟莱士利在明尼苏达一起工作时的情景。那时,莱士利一天要工作18个小时,他瘦得像根竹竿,面色苍白,但是全身上下却充满了对研究的热情,好像永远不会疲倦似的。相比起来,他对人的态度就差得很多了。虽然他并不完全孤独,但能与他保持亲密关系的学生、同事或者朋友寥寥无几。他对人态度尊敬,完全没有不友好的意思。但周围的人都会自觉地与他拉开距离,仿佛他身边有一层防护圈,令人不想与他保持亲密。简而言之,他是一个冷淡但不冷酷的人。一位莱士利的学生曾做出过这样的评价:"莱士利从不会因为私人问题和学生与同事进行交流。我甚至怀疑过他是不是没有与人建立亲密关系的能力。"②

莱士利看起来像是一个待人冷淡的科学家。但在私下里,在他那些真正的朋友面前,他是一个非常容易相处的人。他曾非常仔细地制作了一份自己所有学生的名单,并详细记录了这些学生为他带来的荣誉。一位年轻时就认识莱士利的老友也表示:莱士利其实是一个非常敏感的人,他对他人的想法和感受非常在意,对自己的朋友、学生和同事都非常友好;虽然他对人性的观点是灰暗的,对那些在智力和学识上与他相差太大的人态度也不好,但他还是能够"有礼貌地"、"温柔地"对待他们;在他的心底里,他其实不想任何人受到任何伤害。

在私下场合里,莱士利不是一个沉默寡言的人。恰恰相反,他是一个非常有幽默感的人,非常喜欢说故事来取悦他人。有时,为了让故事更加动听,他会主动给故事添油加醋,这使得他的言辞和故事变得非常夸张,以至于他的学生都说"不要把卡尔的故事太当真了。"③

---

① Beach, F. A. (1961). Karl Spencer Lashley, June 7, 1890-August 7, 1958. Biographical Memoirs of the National Academy of Sciences, 35, 182.
② 同上,184.
③ 同上,186.

<<< 专栏二

莱士利的种族主义

莱士利在科学界的形象是中立的,是严谨而客观的,被认为是科学家中的科学家。但实际上,通过阅读莱士利与其他心理学家的私人信件,人们可以发现,其实莱士利在私下里有时言辞毒辣,是个彻头彻尾的种族主义者。

1950年,莱士利作为研究对象参与了心理学家安妮·罗伊的人格研究。他接受了罗伊的访谈,回忆了40年前在匹兹堡大学读博士做实验室助手时的生活。在这次访谈中,莱士利坦诚地表示,早在40年前,他就是一个种族主义者。

"我不喜欢其他人种。记得在我的家乡,大卫斯,就有黑鬼,那种感觉就别说了,糟透了。而在摩根敦(西弗吉尼亚大学所在地),黑鬼是不许入内的,我对此颇为满意。我在匹兹堡大学时,发现课堂上居然有'三只公黑鬼'。我没有办法,只好走出教室,在走廊里走来走去,心里非常矛盾。我很想就这样一走了之,不再回来。但是,最终我还是说服了自己,回去给学生上课去了。但我并没有对这些黑鬼不理不睬,装作没看见。相反,我安排这些黑鬼集中坐在教室的一个角落里,然后让其他人都坐得离他们远远的。没有人跟我抱怨。于是我就这么干下去了。这种种族偏见我现在也有,但那时特别突出。"(转引自 Weidman, N. M. (1999). Constructing Scientific Psychology: Karl Lashley's Mind-Brain Debates. Cambridge: Cambridge University Press, 163.)

在1955年写给免疫学家威廉·泰利菲尔(William Taliaferro)的信里,莱士利强烈的种族主义观念再次表露无遗。

"这是我第一次到黑人国家。过了边境检查站我就开始浑身不舒服,我很想私下处死这些黑鬼。这片土地是美丽的,但这里的人民不是!希特勒万岁!种族隔离万岁!"(转引自 Weidman, N. M. (1999). Constructing Scientific Psychology: Karl Lashley's Mind-Brain Debates. Cambridge: Cambridge University Press, 164.)

类似的内容在莱士利私下的交流中还有很多。在莱士利所处的时代,种族主义观念还比较普遍,对莱士利的这种偏激思想人们也还是可以理解的。

2. 婚姻家庭

莱士利一生经历过两次婚姻。1918年,莱士利28岁时,他迎来了生命中的第一次婚姻。他的妻子,埃蒂斯·安妮·贝克(Edith Anne Baker),是一名优秀的音乐家。然而,由于患有严重的哮喘,她不能够外出工作,只能够待在家中静养。这位优秀的音乐家也因此失去了她的工作。在他们刚结婚时,埃蒂斯的哮喘病就非常严重,经常需要住院治疗。为此,莱士利支付了昂贵的医疗费。这些医疗费有时甚至比莱士利赚回的薪水还要多。

1919年,小夫妻俩迎来了他们人生中最快乐的一段时光,他们的爱情有了结晶,埃蒂斯为莱士利生下了一个儿子。然而,命运却跟他们开了个玩笑,他们的孩子出生后不久就夭折了。自此以后,莱士利再无子嗣。

莱士利和埃蒂斯关系亲密,对很多问题都有着共同的理解。但在很多方面,埃蒂斯和莱士利其实是一种互补的关系。莱士利对生活中的很多事情都缺乏概念。他根本不知道银行账户上还有多少钱,也懒得知道这些事情。他有时会突发奇想地把整个月的薪水都拿去买新车,而根本不考虑生活开销问题。因此,家庭财务管理的重担就落在了埃蒂斯身上。细心的埃蒂斯拿出了女性特有的耐心对待这位孩子似的丈夫,使得他们总算没有因为欠债过多而破产。

埃蒂斯并不喜欢科学,有时候甚至还挺讨厌科学。但埃蒂斯对人有一种天然的兴趣,她喜欢接触各种各样的人,这其中就包括科学家。对人的兴趣和她天生的爱心,使得埃蒂斯能够容忍莱士利的"胡作非为"。在她的有生之年,他们的婚姻都很美满。

1948年,埃蒂斯因病去世。此后莱士利一直保持着单身。1957年,莱士利67岁时,迎来了他生命中的第二段婚姻。这次,他爱上了一位寡妇。这位寡妇就是匈牙利心理学家保罗·席勒的妻子,克莱尔·席勒。保罗死后,她便一直守寡。

莱士利的第二段婚姻是幸福的。婚后,他和妻子举行了蜜月旅行。他们的足迹踏遍了美国各地,还再次造访了莱士利幼年搬家时曾住过的地方。最后,他们还去了法国旅行。

然而,就在法国旅行途中,莱士利因病离开了人世。这段幸福的婚姻就这样落下了帷幕。

3. 兼职工作

莱士利担任过多家著名科学期刊杂志的审稿人,这包括:《遗传心理学杂志》(Journal of Genetic Psychology)、《比较心理学杂志》(Journal of Comparative Psychology)、《动物行为杂志》(Journal of Animal Behavior)、《生物学评论季刊》(Quarterly Review of Biology),以及《科学哲学杂志》(Journal of the Philosophy of Science)等。

除此之外,莱士利还在政府和私人机构任职。他任职时间最长的一份工作是担任美国国家科学院性行为研究理事会(National Academy of Science-National Research Council's Committee for Research on Problem of Sex)的委员会成员。莱士利所以接受这份工作,一是因为他本身对性行为研究有兴趣,二是在这里他可以遇到许多当年的老友,比如著名的阿道夫·梅耶。莱士利还曾担任科学研究和发展办公室的顾问(Civilian Advisor to the Office of Scientific Research and Development)。在其学术生涯早期,他还是聋哑援助服务研究和发展研究室(Research and Development Division of the Prosthetic and Sensory Aids Service)的一名成员。

兼职工作虽好,但这始终不是莱士利兴趣所在。他最终还是选择了辞去了所有这些工作,因为他发现自己对它们都不满意,他最喜欢的还是研究。

"我发现我几乎对所有的东西都在说'不'。"[1]莱士利日后这样评论道。

4. 业余爱好

虽然莱士利对他的研究工作非常投入,但是他却依然保持了一份对生活的

---

[1] Beach, F. A. (1961). Karl Spencer Lashley, June 7, 1890-August 7, 1958. Biographical Memoirs of the National Academy of Sciences, 35, 189.

热爱。他最大的爱好就是划船与音乐。另外,他还很热衷于做木工手艺,也很喜欢下国际象棋。只要他愿意,他还可以变成一位非常优秀的厨师。

莱士利从小就喜欢音乐。他在 11 岁时学过钢琴。18 岁时,莱士利接触到了小提琴,并为之深深的着迷。20 岁成年时,莱士利接触到了古典音乐。在霍普金斯大学时,莱士利学会了拉大提琴。在到达明尼阿波利斯市的第一年,莱士利受他第一任妻子的影响,喜欢上了室内乐。此后,室内乐就成了伴随莱士利终生的爱好之一。由于莱士利的交际圈子中有很多专业的音乐家,于是,从 1920 年起,他每星期至少有一个晚上会同这些音乐家朋友一起演奏。在离开哈佛大学后,他开始和杰克逊维尔管弦乐团共同演奏室内乐。有时,他还邀请一些音乐家到家中和他一起共同演奏。莱士利除了喜欢室内乐,还很喜欢听器乐曲。他收集了很多器乐曲的唱片,只要有机会,就会拿出来播放。莱士利还爱屋及乌,希望自己能为培养音乐家作贡献。为此,他曾捐助过杰克逊维尔音乐大学。

莱士利、大提琴与大脑
资料来源:Orbach, J. (1998). The Neuropsycholgcial Theories of Lashley and Hebb. Lanham, New York, Oxford: University Press of America, 44

莱士利对划船的兴趣起源于他的幼年时代。幼年时莱士利不喜欢运动,但不知为何就是对划船情有独钟。他经常用木头制作简易的木筏,在他家附近的河中划水。这给莱士利带来了巨大的快乐。后来,莱士利举家搬迁至西雅图。在西雅图时,他家的邻居碰巧是一位造船工程师,这使得莱士利彻底迷上了划船。在日后的异常繁忙的科研生涯中,即使每天要工作 16 小时之久,他依然要抽出时间来陪伴他的那些小船。事实上,参加这种运动莱士利是要冒生命危险的,因为他根本不会游泳!直到 67 岁时,他才勉强学会了这一救命的技艺。

莱士利在幼年时学会了做木匠工艺。自从学会这项技艺后,他就一直不停地做一些小工艺品。他把这些自己做的东西通通都放进了他心爱的船里。在他第二次结婚时，他还亲自动手修缮房子，并亲自打造了一批新的家具来装饰他的新房。

莱士利最令人头疼的爱好在于他喜欢飙车！他的车永远都是闪亮摩登的敞篷跑车。为了车，他甚至会花光自身的所有积蓄。乘坐莱士利开的车，绝对是一种让人毛骨悚然的体验。莱士利只开手动挡的车，因为他认为自动挡的车性能有限，速度太慢！自然，这位飙车高手对交通管制也是鄙视有加的。

<<< 专栏三

最后的作品

莱士利退休后总共在期刊上发表了 3 篇论文。其中，"大脑组织和行为"（Cerebral Organization and Behavior）是莱士利发表的最后一篇论文。这篇论文旁征博引，力图阐明心理的神经机制。在这篇文章中，莱士利的一段话精辟地总结了他一生的研究目标和研究取向。

"心理是一个非常复杂的系统。它是由无数过程的交互形成的。它最突出的特点就在于它的组织特性。心理现象，只有用完全的、彻底的生理学的方法进行分析，研究者才能对这种现象进行彻底的解释。要想明白大脑与心理之间的关系，则研究者就必须弄清大脑运作的规律以及心理现象背后的神经机制。同时，无论是从逻辑上来说，还是从目前的研究来看，要想弄明白心理和脑各自的性质，研究者也必须要弄清大脑与心理之间的关系。"

引自 Lashley, K. S. (1958). Cerebral organization and behavior. Research publications-Association for Research in Nervous and Mental Disease, 36, 1—18

>>>

五、结束语

莱士利从始至终都是一位富有野心的科学家。他那宏伟的科学构想始终驱使着他不断前进。这份野心也许是太过强烈了，莱士利为此忘我地工作着。

随着莱士利年纪的增长，他原本就孱弱的身体变得更加孱弱了。1954年时，莱士利已经64岁，他再无力负担这样高强度的脑力劳动。终于，他晕倒在了哈佛的讲堂上，不得不住进了医院。医生表示，他需要接受脾脏切除手术或进行药物治疗。莱士利对医生没有什么好印象，他只想尽快离开医院。他于是选择了药物治疗。数月后，药物产生了严重的副作用反应，莱士利的椎骨被软化，导致椎骨脱臼。他只好再次住进了医院，并于1955年11月接受了脾脏切除手术。同年，莱士利于约克实验室退休。

脾脏切除手术的效果很好，莱士利似乎又恢复了健康。这段时间是他人生中快乐的一段时光。退休后的莱士利写作、讲学，有时也会到实验室去跟进最新的研究工作。另外，他还有很多富余时间划船和拉大提琴。在他67岁时，也就是1957年，莱士利遇到了他人生中的第二段爱情。幸福的莱士利带着他的妻子四处旅行，走遍了美国各处。

然而，快乐的时间却总是如此短暂。

1958年8月，莱士利和他的妻子去法国旅行。不想，莱士利在旅途中旧疾复发，于1958年8月7日离开了人世。当时的莱士利还只有68岁。此时，他还有众多科学构想未能实现。在他去世前一段时间，他还在思考着如何同语言学家合作，通过研究语言来研究大脑机能。

回顾莱士利的一生，我们会发现莱士利是一个恃才傲物、独立、富有创意、充满个性魅力的一个人。他是一位好丈夫、好朋友、好老师。但他首先是一位科学家，科学就是他的生活，他也生活在科学之中。而莱士利的科学，就如同他的人格一样，从来不属于主流，但绝对让人侧目。在莱士利所处的时代，行为主义的研究范式是心理学研究的主流。虽然莱士利深受行为主义影响，继承了行为主义的思想，但大脑的神经机制才是他真正关心的问题。不但如此，他还始终反对行为主义赖以生存的联结理论。他的研究较多地受比较心理学家还有一些神经学家的关注。在当时主流的心理学家眼中，莱士利是一个另类，是一个离经叛道的研究者。然而，莱士利当时在学界拥有的地位却是崇高的。1937年时，为表彰莱士利对心理学的杰出贡献，实验心理学家联合会为莱士利颁发了霍华德·克罗斯比·沃伦(Howard Crosby Warren)奖。1943年时，美国国家科学院为表彰莱士利对动物学的贡献，为他颁发了丹尼尔·吉拉德·埃利奥特(Daniel Girard Elliot)奖。1953年时,医师皇家学院(Royal College of Physicians)为表彰莱士利对生理学的贡献,为他颁发了威廉·巴里(William Baly)奖。他被认为是美国20世纪50年代以前杰出的心理学家、神经学家、动物学家,是生理心理学的奠基人之一。他对动物行为的研究使得他成为了动物行为学和比较心理学的先驱者。他创立的关于大脑功能的整体活动定律与等势定律是他对科学的最大贡献,它们改变了人们对大脑功能的看法。莱士利所采取的实验方法,也被当时的实验心理学家奉为经典,被视为客观的代名词。当时的学界将莱士利的研究取向称之为"神经心理学"(neuropsychology),意即是神经学与心理学的结合,将莱士利和他的弟子们都称之为神经心理学家(neuropsychologist)[1]。与莱士利同时代的心理学家们对他的研究工作都给予了非常高的评价,认为他"**对科学有巨大贡献,远不如他的人也得了诺贝尔奖**"、"**是当代研究动物行为的生理基础的领军人物**"、"**是世界级神经心理学家**"[2]。

  莱士利生前在学界的地位就如此之高。在他死后,随着研究工具的进步,后续的研究者发现莱士利的脑切除方法并不精准,存在偏差。但这丝毫没有影响他在学界的地位,相反,他的影响力有增无减。后续的研究者认为他探究脑、心理与行为关系问题的视角是独特的、先驱性的、和革命性的。莱士利反对行为主义简单地将人类行为看成是刺激-反应联结的观点,注重刺激与反应间的中间过程,强调注意、知觉、记忆等的作用,被认为是美国行为主义的掘墓人之一。他的这种观点使得后续研究者开始关注人的内在的心理过程,而不仅仅是人类外显的行为。莱士利"为从认知视角研究行为与思维奠定了基础"[3],被追认为是认知科学的先驱者。

  除此外,神经科学的研究者们也给予了莱士利非常高的评价。他们认为,是莱士利使得后续的研究者认识到生理心理学理论能够解释思维、感觉、记忆等复杂的现象;是莱士利使得"与意识体验有关的神经机制"成为了一个值得研究的

---

  ① 与今天的神经心理学不同,今天的神经心理学主要通过研究脑损伤患者的认知功能损害来了解脑与心理之间的关系。
  ② 上述评论均引自Beach, F. A. (1961). Karl Spencer Lashley, June 7, 1890-August 7, 1958. Biographical Memoirs of the National Academy of Sciences, 35, 191.
  ③ Gardner, H. (1985). The Mind's New Science: A History of the Cognitive Revolution. New York: Basic Books, 264.

科学问题;莱士利提出的以生物学的方法来研究复杂的心理过程的方法是创造性的,他促成了神经生理学、神经解剖学、以及神经化学的结合,是神经科学的创始人之一。埃利奥特·斯太勒(Eliot Stellar)[1]对莱士利的评价,准确地描述了他的科学地位:"莱士利早在车辆开动之前,就站在了心理学与神经学交叉的十字路口,并且,他还让人觉得那个点就是人应该站的地方。"[2]。

莱士利曾经表示,在他生命的最后一刻,他希望能够在世界的某一个角落突然就这样离去,然后世人能就此将他遗忘。

这愿望的前半部分算是得以实现了。这愿望的后半部分,却永远也无法成为现实了。

莱士利生前还留下了许多其他愿望。这其中就包括破解"蛙脑的工作原理"之谜。这样的愿望,在不久的将来,却是一定能够实现的。

至此,莱士利再次举起了他手中的青蛙,冲我们咧嘴一笑。这笑容中包含着知识、智慧与激情,以及他招牌式的愤世嫉俗与嘲讽。

---

[1] 埃利奥特·斯太勒(Eliot Stellar),美国生理心理学家,因研究动物和人类的行为与动机而著名,他的研究有利于人们了解那些影响人类行为的大脑的生理过程。

[2] 转引自 Weidman, N. M. (1999). Constructing Scientific Psychology: Karl Lashley's Mind-Brain Debates. Cambridge: Cambridge University Press, 4.

Carl R. Rogers

卡尔·罗杰斯

卡尔·罗杰斯年表图

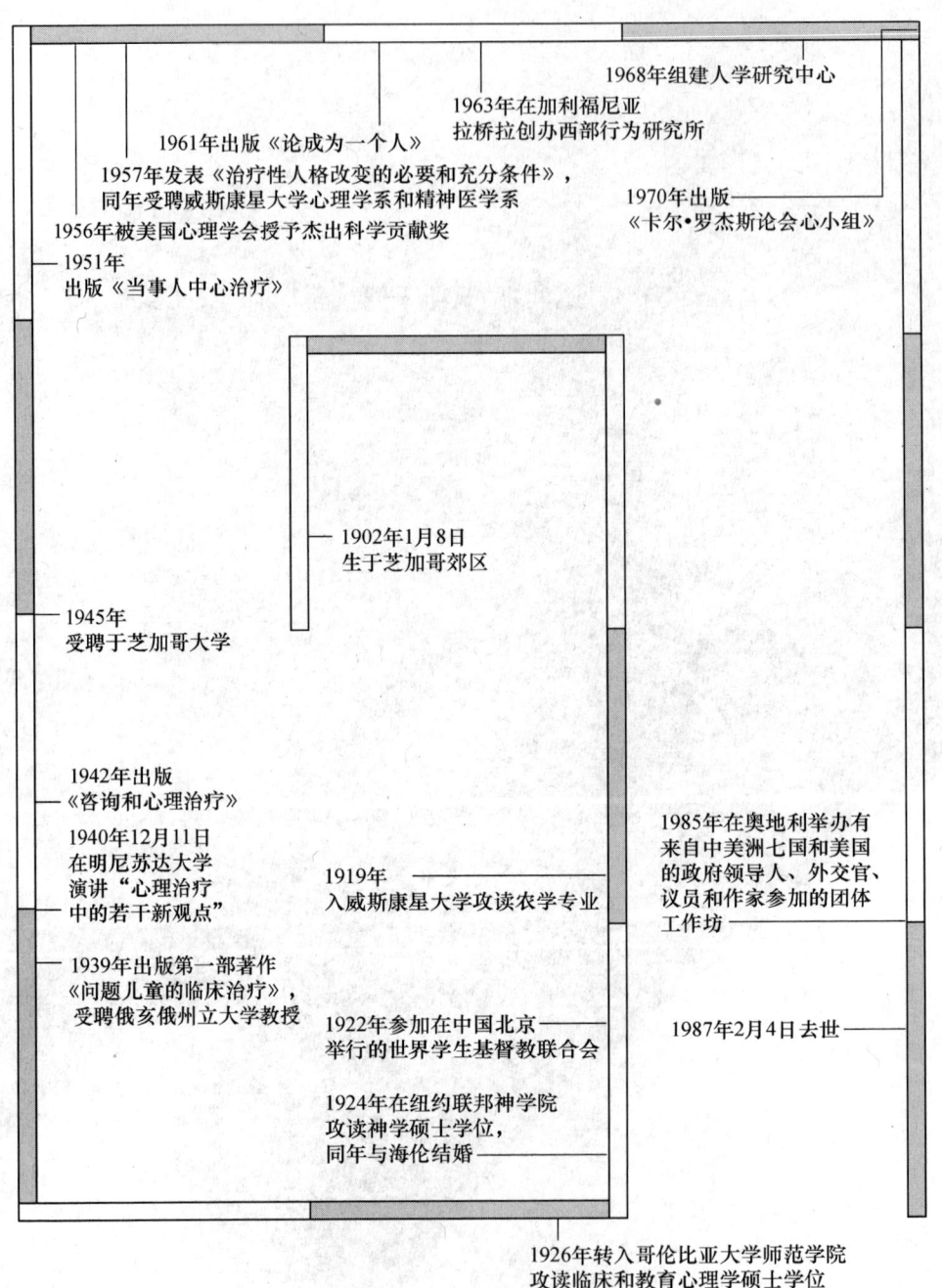

卡尔·罗杰斯(Carl R. Rogers,1902—1987)是著名的心理治疗学家,人本主义心理学的创建者之一,马斯洛去世之后人本主义心理学的主要代言人。罗杰斯一生所获荣誉众多:是美国应用心理学会的创始人之一,并担任该学会1944—1945年度主席;担任过临床和变态心理学会主席(1949—1950)和美国心理学会第55任主席(1946—1947);1956年获得第一届美国心理学会杰出科学贡献奖,1972年获得美国心理学会杰出专业贡献奖,成为美国心理学会历史上第一个获得过这两项大奖的心理学家。在二战后美国最有影响的100名心理学家中,罗杰斯名列前茅,位居第4,仅排在斯金纳(B. F. Skinner,1904—1990)、班杜拉(Albert Bandura,1925—)、费斯汀格(Leon Festinger,1919—1989)之后。他还因积极参与国际和平工作获得1987年诺贝尔和平奖提名。

罗杰斯最大的贡献是创立了当事人为中心疗法,极大地推动了心理治疗和心理咨询的发展。该疗法强调治疗关系的重要作用,认为治疗者需要真诚、无条件积极关注和设身处地的理解患者。罗杰斯进而又将它扩展为以人为中心的理论,并将其推广到教育、家庭等社会领域。罗杰斯终其一生都践行以人为中心的理念。阅读他的作品,我们能够感受到他对人性的关怀,以及在他身上处处散发出的人性之美。

一、早年生活

1. 孤独的童年

1902年1月8日,卡尔·罗杰斯出生于美国伊利诺伊州芝加哥近郊的橡树公园(Oak Park)。家中共有6个孩子,其中5个是男孩,罗杰斯排行老四。罗杰斯的父亲沃尔特(Walter Ransom Rogers)是一名成功的土木工程师和承包商,母亲是家庭主妇。因为父母都是虔诚的基督徒,所以家中宗教气氛很浓厚。父母虽然给予孩子无微不至的关怀,但这种关怀是有分寸、合理教的,并有很多规矩和限制,例如,不允许随意地表达感情,不允许与周围的人有任何过于亲密的交往,也不允许喝酒(甚至汽水)、跳舞、打牌、去剧院。罗杰斯的父母认为,自己一家与周围的人不同,周围人的行为举止不合他们的口味。在罗杰斯的眼里,他的家庭具有这样的特点:家中的成员彼此关系密切,但有着严格而不容违抗的宗教伦理气氛,崇尚勤苦劳作的美德。①

童年的罗杰斯体质瘦弱,常常闹病,显得有些敏感内向,再加上家庭的严格管教,所以他总是孤独一个人,生活在自己的幻想世界里。他最大的爱好就是读书,四岁时就在妈妈、哥哥和姐姐的指导下进行阅读。任何能够搜罗到的书籍他都读,包括百科全书和字典,其中读的最多的一本书是《圣经》,翻来覆去读过好多遍。因此到上学的时候,他读过的东西已远远超过了同年龄的孩子。所以在上学的第一天,经过测试后,老师发现他能流利地阅读四年级的课文,就直接让他进入二年级了。

2. 在农庄的科学实践

在罗杰斯12岁时,他的父亲在芝加哥以西30英里处的郊区买了一个大农庄,说是为了享受悠闲恬淡的农庄生活。但罗杰斯认为,更重要的是父母想让他们这些成长中的孩子远离都市生活的"诱惑"。在这样的情况下,罗杰斯很难有

---

① 卡尔·罗杰斯著,霍华德·基尔申鲍姆、瓦莱丽·亨德森主编.(2006).罗杰斯著作精粹.刘毅,钟华译.北京:中国人民大学出版社,11.

与同伴交往的机会,甚至在整个高中阶段他一共才有两次与女孩子的约会,而这在学校里是很没面子的事情。这种情况一直持续到高中毕业,但这段寂寞的生活却使罗杰斯后来对心理学产生了兴趣。罗杰斯曾为此而感慨:"回首往事,我认识到,自己对交谈和治疗的兴趣的确部分来自我早期的孤独。"①

在农庄生活期间,罗杰斯发展了对科学的爱好。首先,他初尝科学观察的滋味,"我开始对夜间活动的大飞蛾着了迷,……,我不辞劳苦地圈养蛾子,饲养幼虫,在漫长的冬季里看护笼子,大致体会到科学家在试图观察自然时的酸甜苦辣"②。其次,他开始学习并使用科学方法。罗杰斯的父亲沃尔特决定采用科学的方法来经营自己的农场,因而买了许多关于科学农业的书籍,鼓励男孩子们自己独立经营。于是,有的男孩子得到了一群鸡,还有的得到一些羊羔或者小猪、牛犊什么的。14岁的罗杰斯在这个过程中竟然啃下了莫瑞森(Morison)的《饲料与饲养》,这是一套多卷本巨著。为了确定某一食物对动物肉产量或奶产量的影响,罗杰斯使用这本书学会了如何做实验,比如如何匹配控制组和实验组,如何通过随机抽样使条件保持一致。当时罗杰斯完全是凭兴趣做这些事情。直到多年以后,罗杰斯才意识到:"在做这些事情的过程中我成为一名从事农业科学的学生,……从中获得了对科学的基本认识。……知道了验证一个假设是多么困难,我在实践中获得了科学方法的知识并形成了对科学方法的尊重。"(李绍昆,2006)

罗杰斯家的农场
资料来源:mms://64.41.121.56/saybrook.edu/format.wmv

罗杰斯和兄弟们的农场生活照
资料来源:mms://64.41.121.56/saybrook.edu/format.wmv

---

① 熊哲宏主编(2005).西方心理学大师的故事.桂林:广西师范大学出版社,224.
② 卡尔·罗杰斯著,霍华德·基尔申鲍姆、瓦莱丽·亨德森主编.(2006).罗杰斯著作精粹.刘毅,钟华译.北京:中国人民大学出版社,11.

3. 从农学到历史学的大学生活

1919年,17岁的罗杰斯考入了威斯康星大学。开始时他选读的是农业,这是中学兴趣的延续。在入学的头一年,一位名叫乔治·汉弗雷(George Humphrey)的农学教授对罗杰斯的影响最大。这位教授并不采用传统的灌输式教学方式,他强烈地反对仅仅为了掌握知识而掌握知识,按他的比喻就是学生不要做一个军火运输车,而要做一支步枪。在教学中,汉弗雷采用小组方式进行教学,大家被分成不同的小组,每个小组自己设定课程、组织社交和教学活动,这让罗杰斯感到很新鲜。在这里罗杰斯和其他的同龄人发展出密切的个人关系,并第一次感受到自由思考和自主体验的乐趣,从此罗杰斯开始走上自己的发展道路。

在最初的两年大学生活里,受到一些学生宗教协会的影响[①],罗杰斯的职业目标发生了变化,他从最初想做一名农业科学家转为想成为一名牧师。因此他放弃了农学专业,开始主修历史,因为他认为历史学科是从事牧师事业的基础。

4. 中国之行

罗杰斯的中国之行
资料来源：mms://64.41.121.56/saybrook.edu/format.wmv

1922年,罗杰斯上大学三年级的时候,他和其他11名学生被选中代表美国参加世界学生基督教联合会。这次大会是在中国北京召开,会议地点在清华大学。这趟北京之行历时六个多月,途径夏威夷、香港、日本和菲律宾。罗杰斯在中国期间还顺便参观游览了汉口、广东、山东、南京、上海、福建等地。在这次会议上,罗杰斯结识了许多有不同文化和宗教背景的青年。他不仅看到了彼此仇恨的法国人和德国人,也遇到了信仰截然不同宗教的人,但他发现

---

① 编者注：也不排除早年的圣经阅读和家庭的宗教氛围对他的潜意识有着深远的影响.

作为个体他们却同样的真挚诚实，讨人喜欢。这让他第一次对父母的宗教思想产生怀疑，他写道，"正是那时而不是其他时候，我成为一个独立的人。……在那段日子里，我的观点态度也充满了反抗和叛逆，但是就在去东方旅行的那六个月里，我的思想有了最重要的转变，从那时起想要摆脱家庭影响"[①]。罗杰斯将自己的思想变化诚实地写信汇报给父母，他的这种变化使父母感到惊恐和痛苦，但是由于邮路太长（从美国到中国大概需要两个月），等他们的回信到罗杰斯的手上时，罗杰斯已经完成了向真正独立的蜕变。罗杰斯自认为，这次中国之行是他头一次真正实现了思想和性格上的独立自主。（李绍昆，2006）

另外，罗杰斯在去中国之前，爱上了相识多年、两小无猜的女孩海伦（Helen Elliot）。在中国之行中，除了和父母通信外，他还和海伦有许多书信往来。他们的感情在不断往来的书信中逐渐加深，这很可能是因为罗杰斯在异性面前比较腼腆内向，他更擅长用文字而不是当面表达来传递情感。在罗杰斯从中国回到美国之后，他俩就沉浸在甜蜜的爱情之中，不久就订婚了。

罗杰斯和他的妻子
资料来源：http://www.mindgardenmedia.com/cr_ipnos.pdf

5. 从神学到心理学的研究生生活

1924年大学毕业后，罗杰斯考入以自由著称的纽约联邦神学院读研究生，准备从事宗教工作。在联邦神学院的日子里，罗杰斯参加了由学生自行组织的一个研讨会。这个研讨会没有指导老师，由学生自己提出问题，自己来探索答案，完全听任自主探索来指导自己。研讨会对罗杰斯产生了巨大的影响，澄清了

[①] Rogers, C. R (1961). On becoming a person: A therapist's view of psychotherapy, Boston: Houghton Mifflin, 4—27.

他内心中的许多困惑,形成了他自己的生活哲学。

在参加研讨会的过程中,罗杰斯渐渐发现自己更关注生活的意义、个人生活获得建设性提高的可能性等问题,而不喜欢宗教的思想灌输。在这期间,罗杰斯还在一所小教堂实习牧师事务,但他发现自己很难完成超过20分钟的布道,他不仅觉得这种把自己的观点加诸他人的工作不合意愿,更觉得告诉别人可做什么不可做什么的说教乏味至极。

莉塔·霍林沃丝
资料来源:http://www.indiana.edu/~intell/lhollingworth.shtml

同时,罗杰斯在与联邦神学院一街之隔的哥伦比亚大学教育学院开始选修很多课程,其中有威廉·基尔帕特里克(William H. Kilpatrick)的教育哲学。基尔帕特里克是杜威的门生,他讲授的杜威的进步教育思想令罗杰斯觉得耳目一新。罗杰斯还在莉塔·霍林沃丝(Leta Hollingworth)[①]的指导下学习临床心理学。霍林沃丝教授敏锐实干,还具有温和的人情味,在她的人格魅力的吸引下,罗杰斯开始从事对有心理问题儿童的指导和矫治。有一天,他终于决定彻底转入哥伦比亚大学的教育学院,而且他的申请很快被批准。对此,罗杰斯的自我描述是:"这一步我走得较轻松,相对而言没有太多理智清醒的选择,更多的是跟随自己的兴趣"[②]。

转到教育学院后不久,罗杰斯得到了儿童指导研究所的实习职位。这个机构由联邦基金赞助,刚成立不久,其氛围与教育学院的氛围完全不同:教育学院的教授们强调严格的科学程序和客观的统计方法,而研究所里的心理学家主要依据弗洛伊德的理论和方法对儿童进行辅导和治疗。罗杰斯感到自己学习和工

[①] 编者注:莉塔·霍林沃丝,美国教育心理学家,她是第一个研究超智力天才儿童的心理学家,她还是画人测验的首创者弗洛伦斯·古迪纳夫(Florence L. Goodenough)的导师。其被翻译成中文的著作有《天才儿童》。

[②] Rogers, C. R (1961). On becoming a person: A therapist's view of psychotherapy, Boston: Houghton Mifflin, 1961, 10.

作在两个截然不同的世界中,而彼此间似乎永远不会交汇。但他却对此仍能适应良好,比如他编制的儿童人格适应性测验不仅满足了教育学院的科学性和客观性,而且也成了研究所的一个临床诊断工具。他事后回忆,觉得那段时间中最有价值的学习经历就是自己认识到必须解决自己所面临的这种冲突。

1928年春天,罗杰斯在纽约州西北部的罗切斯特儿童预防虐待协会的儿童研究部谋得了一个职位,年薪是2900美元。尽管这份新工作的薪水不高,并且有可能会导致罗杰斯的职业生涯步入死胡同,因为在这里他会失去与大学同行进行学术交流的机会,但罗杰斯却依然感觉如释重负和精神振奋。罗杰斯当时已经是两个孩子的父亲,生活负担日益沉重,亟须有足够的收入来养家糊口,而这份工作来得真是及时。此外,它也是罗杰斯自己喜欢从事的工作。按照罗杰斯自己的话来说就是:"如果有机会做自己最想做的事,那么其他任何事都会顺其自然"[1]。虽然还未完成博士学位论文,罗杰斯还是立即启程去了罗切斯特。从此,他的求学生涯基本结束,开始了长达六十年的学术生涯。

二、学术生涯

1. 在罗切斯特践行

正是在罗切斯特的岁月,奠定了罗杰斯未来成功的起点。罗杰斯在罗切斯特儿童预防虐待协会下属的儿童研究部工作,这里没有学术研究的氛围,与当时正统的心理学界基本处于隔离状态。但当时的罗杰斯并没有想这么多,他每天接待来自不同街区的违法少年和贫困家庭的不良儿童,每天要做的是为这些问题儿童制订治疗方案和进行面谈。在这里,罗杰斯将哥伦比亚大学所学的理论和方法付诸于实践,并检验其正确性。每一个案例的失败或成功,都激励他做进一步的探索和思考。但更多的时候,他从自己的实践经验中学习,从一点一滴的日常心得体会中总结。这样的工作一干就是12年,罗杰斯一直都做得非常投入。这是罗杰斯修行积累的日子,正如罗杰斯评价自己"在罗切斯特的12年极

---

[1] 卡尔·罗杰斯著,霍华德·基尔申鲍姆、瓦莱丽·亨德森主编.(2006).罗杰斯著作精粹.刘毅,钟华译.北京:中国人民大学出版社,14.

其宝贵"。正是在罗切斯特的实践中,"以人为中心"疗法的一些基本理念开始在罗杰斯的心中萌发。

年轻时候的罗杰斯

资料来源：mms://64.41.121.56/saybrook.edu/format.wmv

在19世纪20年代的心理治疗领域,占支配地位的是弗洛伊德心理分析体系。弗洛伊德理论体系主要是通过指导患者去探索自己的无意识冲动,它属于"指导性"治疗,治疗师以权威身份出现,许多治疗师模仿医院中"名医"的样子,扮演无所不知、无所不能的救世主角色。他们时常显示出自己的智慧,让患者感到他们对自己的生活知之甚少,甚至全然无知[1]。总的来说,是由治疗者对当事人进行"治疗"。罗杰斯在前期接受的也是弗洛伊德体系的训练,但在长期的治疗实践中,他对这一套体系开始产生了怀疑,其中有三个案例对他的影响最大。按照罗杰斯的说法是,"它们使我的幻想破灭,令我深受打击。"

第一件案例是,罗杰斯曾经接待过一个有纵火癖的少年,他有一种无法理喻的纵火冲动。罗杰斯在学校曾经阅读过威廉·希利(William Healy)博士的著作,非常着迷希利博士对少年违规行为的心理分析性解释。希利认为,犯罪的根源常常在于性方面的冲动,如果对被试揭示出这种冲动,那么犯罪就会停止。罗杰斯在管教所里与这个孩子进行了一次又一次的谈话,终于帮助这个孩子找到他与手淫有关的性冲动。当这个孩子知道这个原因后,他的问题行为似乎消失了。但当他被释放后却又开始了纵火行为,这令罗杰斯十分震惊。

第二个案例是另外一种情况。罗杰斯到罗切斯特后发现了一篇公开发表的逐字记录的治疗会谈记录,在阅读后他觉得治疗师非常睿智,很快就能使会谈进入问题核心。几年以后,罗杰斯遇到一个相似的案例,他马上想起这份记录,把

---

[1] 江光荣著(2000).人性的迷失与复归——罗杰斯的人本心理学.武汉:湖北教育出版社,14—19.

它找来重新阅读,这时候他却发现会谈像是法官审问罪犯一样,逼迫犯人承认自己的无意识动机和罪过。根据自己的实践经验,罗杰斯认为这种会谈只能取得一些表面的效果,并不会对当事人有任何实质性帮助。

第三个案例发生在罗杰斯在罗切斯特工作几年之后,他已经熟练地掌握了心理分析的解释技巧,在解释事件的方式上更加友好和耐心,在时间选择上更加恰当,从而使得当事人更容易接受这些解释。就在这个时候,罗杰斯接待了一位看起来很聪明的母亲,她的儿子表现出种种捣蛋的行为。按照心理分析的解释,这个孩子的行为是由于母亲在早年对他的拒绝态度造成的。为了让这位母亲认识到这一点,罗杰斯费尽心思耐心地解释,但就是无法让她领悟,最后罗杰斯不得不放弃努力,并承认失败。

> 最后我服输了。我告诉她,看来我们都尽了力,但我们失败了,所以我们最好放弃我们的合作。她同意了。于是我们结束会谈、握手。她向办公室门口走去。这当口她又转过身来问:"你们这里也为成年人咨询吗?"当我做了肯定的回答后,她说:"那好,我希望得到一些帮助。"她回到刚才坐的那张椅子上,开始倾吐她对婚姻的绝望,与丈夫关系上的麻烦,失败和心乱如麻的感受。所有这些与她先前所讲的那干巴巴的"病历"是如此不同。于是真正的治疗开始了,而且最后非常成功。[1]

罗杰斯在罗切斯特的这些实践经验,特别是上面三个案例让他渐渐地感觉到,在治疗中当事人比治疗师知道得更多,因此,最好由当事人来决定治疗的发展方向。他的这种初步想法在儿童研究部的社会工作者那里得到了一些支持。其中有两位是奥托·兰克(Otto Rank)的学生,而罗杰斯进一步从兰克的学生那接触到了兰克关于心理治疗的思想。兰克认为,患者自身具备个人能力,治疗者只是一个积极的协助者,营造出一种情境,使得患者唤起他的积极意志,由此成长。兰克的学术思想给了罗杰斯鼓励和支持,使他对自己的想法有了充分的信心。1936年期间,罗杰斯还邀请兰克到罗切斯特做过三天的演讲。可以说,兰克对罗杰斯的影响是非常大的,对此罗杰斯甚至说过:"当事人为中心疗法的起

---

[1] Rogers, C. R (1961). On becoming a person: A therapist's view of psychotherapy, Boston: Houghton Mifflin, 11.

源是兰克的治疗以及把兰克的观点整合到治疗中的费城小组。"①

在罗切斯特的最后一年,也就是1939年,罗杰斯根据他在儿童研究部的工作经验完成了他的处女作《问题儿童的临床治疗》。这本书是他利用繁忙的临床工作间隙完成的。这本书的最初定位是一本概论性著作,不过写着写着罗杰斯就放进了大量属于他个人的专业实践体会。《问题儿童的临床治疗》不仅为他以后的各项理论发展奠定了基础,还切切实实地改变了罗杰斯当时的生活。因为这本书的出版,俄亥俄州立大学发出了礼聘他为该校正教授的邀请,这令罗杰斯又惊又喜。

"让我惊讶的是,学校给我提供一份全职教授的职位,我衷心地赞赏在此水平上开始学术生涯。我时常庆幸自己从来没有被迫在大学里经历常常是降格使用、竞争激烈、一步步提升的过程。在这种情况下,个体通常学到的唯一教训是,小心翼翼,不惹麻烦。"②

于是在1939年的12月的一个风雪弥漫的日子,罗杰斯辞去儿童研究部主任一职,带着妻儿到俄亥俄州立大学走马上任。

<<< 专栏一

奥托·兰克

奥托·兰克(Otto Rank,1884.4.22—1939.10.31),奥地利心理学家,精神分析学派最早和最有影响的信徒之一。他出生于奥地利维也纳的一个贫穷家庭,是家中次子。由于家境贫困,兰克的哥哥进入大学学习法律,兰克则进入技校,其间他曾受风湿热之苦。1904年,在遭遇自杀抑郁的困扰之后,他获得精神重生。兰克20岁时读到S.弗洛伊德的《梦的解析》一书而受到启发,写成论艺术创造力的论文《艺术家》(The Artist),这篇论文给弗洛伊德留下很深的印象。直到1926年,他都和弗洛伊德保持着亲如父子的关系。在弗洛伊德的鼓励和协

---

① Rogers, C. R (1986). A client-centered/person-centered approach to therapy. In I., kutash, and A. Wolf (Eds.), Pshchotherapist's casebook. Jossey-Bass,197.

② Rogers, C. R (1961). On Becoming a Person. Boston: Houghton Mifflin, 9.

助下,他进入维也纳大学,1912 年以一篇关于心理分析的论文获哲学博士学位,他是第一个没有医学学位的心理分析学者。

1912 至 1924 年,兰克是欧洲最先研究精神分析学的两家杂志《肖像》(*Imago*)和《国际精神分析学报》的编辑。1919 年他和弗洛伊德等人创立了国际精神分析学出版社,1924 年以前一直任社长。兰克 1924 年出版的《出生创伤》,因为阐释的原理与弗洛伊德的观点不一致导致兰克被开除出精神分析圈子。1924 年,兰克离开维也纳,在巴黎和纽约继续他的临床实践和写作,同时还从事教学工作。1936 年定居纽约。在这段时间,他一方面修正从维也纳那种传统的社会条件之下发展出来的弗洛伊德学说,使之适应于当代美国这样一个工业社会的需要,另一方面创立他的"自我结构的精神分析"

奥托·兰克
资料来源:http://www.isppm.de/rank.gif

学说,并用英语写成《意志疗法》和《真理与现实》。在发表这些论述治疗方法和人格理论的学术著作后,他又写了 4 部书,其中,一部以灵魂概念为主题;一部是关于社会心理学的,在他去世以后才出版;还有一部是对他第一篇论文的修订,涉及有关艺术创造力的更为成熟的论述。他因肾脏感染逝于 1939 年 10 月 31 日,即弗洛伊德去世后的第五个星期。

资料来源于 http://www.whpsy.com/person/r/Rank.O.htm

>>>

2. 在俄亥俄州立大学渐露头角

俄亥俄州立大学给罗杰斯提供了一个大显身手的舞台,他在这里首创了咨询和心理治疗课程,这在当时的大学教育中是一项创举。罗杰斯在俄亥俄州立大学受到很多学生的支持和拥戴,这要归功于他独特的教学风格。他尊重学生,对学生一视同仁,相信学生具有自我负责的精神,常常让学生自己给自己评分。这种氛围让学生感到自信,并愿意为自己的行为负责。

1940年12月11日,罗杰斯在明尼苏达大学发表过一场演讲,题目就是"心理治疗中的若干新观点"。这次演讲的反响十分强烈,虽然得到了很多人的热烈赞扬和欢迎,但也受到许多人的严厉批评。种种批评令罗杰斯感到些许不安和疑虑,但他仍然坚信自己为心理治疗和咨询做出了一些贡献,并决定把他认为有效的治疗观点都写出来发表,这本著作就是《咨询和心理治疗》。罗杰斯日后把这一次演讲举行的日子追认为"当事人中心疗法"的诞生之日。

《咨询和心理治疗》算得上是罗杰斯最有名气的著作。他在书中第一次使用"来访者"的称呼,并提出了"来访者中心"治疗的核心概念,同时第一次展示了对心理治疗过程的完整文字记录。尽管当时人们对这本书的评价褒贬不一,但是这本书的确对心理治疗的发展有着重要的影响,甚至有人评价"没有任何一部著作对美国心理咨询和心理治疗所产生的影响能超过这部书"[1]。也正是这本书奠定了罗杰斯的学术地位。这部作品的出版还有一个小插曲,出版商最初对这本书的出版很犹豫,说书的内容很新颖,但不知道有什么课程会使用到它,担心它卖不出2000本。罗杰斯回答说,只知道有两所学校会用它——自己的学校和另外一所。这件事僵持了很长一段时间,直到最后罗杰斯说要把书拿到另一个出版社的时候,出版商才决定试一试。令人惊叹的是,这本书最后竟然销到了七万册!

3. 在芝加哥大学大显身手

1945年,罗杰斯辞去俄亥俄州立大学的职务,应邀去芝加哥大学组建一个心理咨询中心并担任主任。罗杰斯在芝加哥大学的日子也过得顺风顺水,他的周围有一群生气勃勃、富有创新精神的同事和研究生。罗杰斯的管理非常民主,他相信他的团体有能力自我领导,也拒绝把任何人的意志强加于团体,大家可以

---

[1] Kirschenbaum, H. & Henderson, V. L (1989). The Carl Rogers Reader. Boston: Houghton Mifflin Company. 61.

真正地分享权力，每个人都可以充分表达自己的意见和感受，当然有时也会出现争吵。这样的结果让大家都意识到他们在为一项共同的事业努力，谁都有义务对这项事业负责，每个人的声音都不会被忽视。因此咨询中心显得既充满活力，又富有效率。在这样的环境下，1951年，罗杰斯出版了他的第三部著作《当事人中心治疗》。这本书中的绝大部分内容来自于芝加哥大学咨询中心工作人员的心理治疗工作和研究，但书中的主要思想依然是罗杰斯的。这本书对以当事人为中心观点所做的工作进行了一次系统化的整理，而且与上一本《咨询和心理治疗》相比，观点也有了进一步的深化，涉及的领域也得以拓展，还加入了游戏疗法、团体治疗、组织管理和领导及"以学生为中心的教育"。

这本书的出版同样取得很大成功，在读者中反响热烈。心理学界开始的反应比较冷淡，但不久就开始关注罗杰斯的思想，并对罗杰斯的理论假设进行实验检验。1954年，罗杰斯与戴蒙德（Rosalind Dymond）合作编辑出版了研究报告专辑《心理治疗和人格改变》（Psychotherapy and Personality），大多数研究结果支持"以当事人为中心"的假设。这一段时间里，专业心理学刊物开始对"当事人为中心"的治疗有积极的反应，罗杰斯在治疗中的一个基本主题——治疗关系逐渐成为研究者关注的中心。罗杰斯也逐渐在心理咨询和治疗领域为人们所知悉，其名声最后扩展到整个心理学界。1956年，罗杰斯与斯彭斯（Kenneth Wartenbe Spence）和柯勒（Wolfgang Kohler）一起被美国心理学会（APA）授予第一届杰出科学贡献奖，达到了他辉煌的顶点。APA在颁奖中声称，罗杰斯"发展出一种方法，使得对心理治疗过程的描述和分析具有客观性，对心理治疗及其对人格和行为的影响作用提出了一个可检验的理论……"①这次获奖对罗杰斯内心有着重要的影响，他自己写道："当我被叫到获奖的时候，我的喉咙哽咽了，眼泪流了下来。"②因为在这以前，他以为同行的心理学家认为他的工作是不科学的。这也表明美国心理学界从忽视他的工作到开始承认并给予赞赏。1957年，罗杰斯紧接着又发表了他最具启发性的重要文章之一"治疗中人格改变的必要充分条件"，明确地把治疗关系放在治疗中最重要的位置。

---

① Kirschenbaum, H (1979). On becoming Carl Rogers. New York: Delacorte. 22.
② 叶浩生主编（2006）. 心理学通史. 北京：北京师范大学出版社，364.

4. 在威斯康星大学受挫

罗杰斯和他的部分著作封面
资料来源：http://www.strengthsacademy.com/wp-content/uploads/2008/09/image61.png

1957年，罗杰斯辞去了芝加哥大学的职务来到他的母校威斯康星大学工作。在这里他在医学系和心理学系同时任职，十分希望能够把两种专业背景的研究生联合起来从事研究。但事与愿违，这里的研究生们整天忙于考试，无暇顾及研究。他领导的一项大规模研究包括众多的研究小组，但是这里没有芝加哥大学的那种亲密无间和开诚布公的气氛，更多的是吵吵嚷嚷，矛盾重重，研究的结果也不理想。而且罗杰斯和同事，尤其心理学系的同事，相处不睦，矛盾越来越大，最后他不得不辞去心理学系的职务。他的这次工作变动被证明是不明智的。英国一位研究者索恩（Thorne，1992）曾非常惋惜地评价，假如罗杰斯一直待在芝加哥大学，他本人和当事人中心疗法的发展都会顺利得多[1]。

在此期间，虽然研究工作不尽如人意，但他还是出版了《论成为一个人》(On Becoming a Person，1961)，而且这本书在美国社会产生了轰动效应。书中的内容并不局限于心理治疗，还包括人的生存目标、健全的个人生活、人与人的关系、人的科学、教育、家庭生活等人类生活的许多方面。罗杰斯有着很高超的文字表达能力，他写作的这本书非常富有感染力。书发行之后，包括教育工作者、治疗家、哲学家、艺术家、科学家和普通人都被吸引住了，罗杰斯一下子成为公众舆论的中心人物。

---

[1] Thorne，B (1992). Carl Rogers. London：SAGE publications.

5. 在西部率性而为

1963年,61岁的罗杰斯辞去威斯康星大学的职务,接受自己从前的学生法森(Richard Farson)的邀请,到西部一个名叫拉桥拉(La Jolla)的滨海小镇共同创立一个独立的研究机构——西部行为科学研究所(简称BSI)。这是一个非盈利的机构,主要以人本主义取向来研究人类关系。1968年,他的学生法森离开BSI另谋高就去了。新的主管在管理政策上作了重大调整,罗杰斯对这些调整很不以为然,于是和一些志同道合者分离出来组建了"人学研究中心"(Center for Studies of the Person)。新成立的机构很有些像芝加哥大学,大家志趣相投,彼此信任,对不同意见也能坦诚相见,互相批评。但在管理上,更加自由,大家完全可以根据自己的兴趣从事相关研究工作。

在人学研究中心,罗杰斯的兴趣越来越广泛,他十分投入地参加了当时在全美兴起的会心小组,并成为其中的领军人物。他还拍摄以人为中心治疗的电影,接受邀请在美国甚至其他国家的一些会议和工作坊上做治疗性示范。

在这一段时期,他的两部著作影响甚大,一部是1969年出版的《自由学习》,另一部是1970年出版的《罗杰斯论会心小组》。前者卖了30万册,后者卖了25万册。他的写作主题除了心理治疗之外,还包括教育、会心小组、婚姻、家庭、商业、组织管理、生存哲学、人学的方法论,甚至包括国际冲突的解决。

罗杰斯和他的工作坊成员

资料来源:mms://64.41.121.56/saybrook.edu/global.wmv

罗杰斯在这里受到爱戴和尊重，他既享受到完全的个人自由和专业自由，又有一个情感上亲密无间的集体所提供的归属感。他在美丽宁静的海滨小镇上买了一所面朝大海的房子，并拥有一个美满如意的家庭。人生到此还会有什么奢求呢？这位"驻所专家"除了旅行外从此再也没有离开过这里。

晚年的罗杰斯对世界和平比较关注，他甚至为20世纪80年代中期的中美洲、北爱尔兰和南非三大"热点地区"相互敌对和冲突的人们举办致力于解决民族和地区冲突的工作坊。令人惊奇的是竟然取得明显的效果，为此他还获得1987年的诺贝尔和平奖的提名。

三、对人性的诠释

治疗师的治疗取向总是建立在个人的人性观基础上，不同的只是对其来说是有意识还是无意识的。罗杰斯认为，心理治疗师的价值取向和人性观应该是开放和外显的，这样才有益于从事这一职业者。对于罗杰斯的人性观，人们常常简单地认为罗杰斯相信人性是善良的，仅此而已。但是实际上，罗杰斯的人性观要更为复杂。

1. 人性的基本特征

罗杰斯在谈论人性时，与传统的学者不太一样，他主要谈人性到底是怎么样，而不是去谈论所谓人性的善与恶，因为那样的话就很容易陷入主观的争论之中。对于人性的基本特征，他自己有一段描述：

我发现人的基本特征不是有敌意的、反社会的、破坏性的、邪恶的。

我发现人是有本性的，而不是一块可以被随意图画的白板，也不是可以被捏成任何形状的胶泥。

在自己的经验中，我发现人拥有其物种天生的一些特征，比如积极、向前、建设性、现实、值得信赖。

人不是白板，不是胶泥，人是天生就有某些心理趋向的。这种趋向被罗杰斯称为"实现趋向"。任何一种生物，作为花草的植物也罢、作为猫狼的动物也罢，抑或是人,只要他(它)被赋予了生命,就会表现出一种明显的求生存、求生长、求强大、求茂盛、求完满的趋势。罗杰斯1977年曾用一段非常充满诗意的文字描述这种"实现趋向":

> 我记得小时候,家里把冬天吃的土豆贮存在地下室的一个箱子里,距离地下室那个小小的窗户有好几英尺。生长条件相当差,可是那些土豆竟然发芽了,很苍白的芽,比起春天播种在土壤里,长出的健壮的绿芽,它们是那么的不同。这些病弱的芽,居然长到两三英尺长,尽可能的伸向透进阳光的方向。它们这种古怪的、徒劳的生长活动,正是我所描述的那种趋向的拼死的表现。也许它们永远也无法长大成株,无法实现它们固有的潜能,但是即使是在如此恶劣的生长条件下,它们也要拼死去成长。生命不知道屈服和放弃,即使它们得不到滋养。
>
> 在与那些生命被严重扭曲的当事人打交道的经历中,我常常想起那些土豆芽。这些人的成长条件是那样恶劣,以至于他们的生命看起来常常是异常的,扭曲的,缺少人性的。但是他们身上那种有方向的趋向仍然值得信赖。他们在以一种唯一可行的方式奋斗,趋向成长,趋向成人。对我们来说,他们的努力古怪而又徒劳,但是对于他们,那是生命为实现自己而拼死的挣扎。[①]

罗杰斯在另外一个谈论人类基本动机的场合回答伊万斯(Evans)的提问时,也曾以一种学术口吻明确了他对实现趋向的界定:"……每一个有机体都有一种保持自己,如有可能的话增强自己,最终要再生自己的趋向,对我来说,这一趋向成长、趋向保持和增强有机体的基本趋向,是所有动机的核心。"[②]

虽然动物和人都有这种实现趋向,但不同的动物和不同的人还有其各自特有的属性,比如狮子有"狮性",羊有"羊性",我们不可能将老鼠训练得像一头狮子,对于这些动物的基本特性,我们最好接受它。同时我们也不会因为狮子的"狮性"完全释放出来而指责狮子,而且动物的各种需求和欲望在内部形成了一

[①] Rogers, C. R (1977). The politics of helping professions, In Carl Rogers on personal power. New York: Delacorte press, 3—28.

[②] Evans, R. I (1981). Dialogue with Carl Rogers, New York: Praeger publishes, 5.

种持续变化的平衡，它们的基本倾向是朝着发展、分化、独立、自我负责、合作和成熟的方向成长，即动物本性的表现有助于它自身及其物种的延续和提高。而在人类身上，实现趋向最典型的表现是朝"充分发挥机能（full functioning）"的方向前进。充分发挥机能的含义就是有机体要求本身所具备的潜在机能发挥作用，使之由潜在形态向现实形态转变。也就是说画家便会要求画画，诗人就要做诗，音乐家就需要演奏音乐……

罗杰斯进一步描述了充分发挥机能的人具有的一些共同特点：

第一，对经验越来越开放的态度，即对机体和环境的刺激能够通过神经系统自由地传播，个体变得更能倾听、体验自己内部所发生的一切，相反防御性则是对一些威胁自我的一些经验进行扭曲或否认，使得个体无法准确看清自身拥有的经验、感受和反应。

第二，更富存在感的生活，即每一刻都生活得充实。

第三，越来越信任自己的机体。

2. 人是否有充分的自由

这是一个古老的命题，这个问题令罗杰斯在很长一段时间里对心理治疗中的自由意志和决定论感到困惑。罗杰斯作为一名治疗师，在治疗中希望得到最有意义的结果之一就是当事人能感觉到自身内部自由选择的力量；但作为一名科学研究者，要以科学的研究角度看待心理治疗。科学是遵循决定论的，即当事人的思想、感受和行为都是由先前发生的事情所决定的，不存在类似自由的东西。这真是一个两难的问题，罗杰斯通过比较充分发挥机能的人和防御性的人来回答这一问题：充分发挥机能的人的意志和选择遵循对所有内外信息最为经济合理的行为决策，这些决策和行为也是最令他满意的，从决定论者的角度看，这样的行为决策也许是由现存情境中的所有因素决定；但防御性的人在进行行为决策和选择的时候则会受到他的防御机制以及对内外信息的歪曲和否认所影响，所以他在做决策时是不自由的，他的行为也不是让他感到最满意的。罗杰斯似乎是从主观性的角度回答问题，即充分发挥机能的人在主观上感受到选择的自由。罗杰斯也意识到这一点，他说："我并没有幼稚地认为这完全解决了主观与客观、自由与必然之间的难题。尽管如此，我还是有所领悟，一个人越是生活在美好生活当中,他越能体验到选择的自由,他的选择也越能有效地实现他的行为。"①

3. 对弗洛伊德人性观的评述

罗杰斯的人性观的形成深受弗洛伊德的影响,因为早期的罗杰斯也是采用心理分析的治疗方法,但是,实践中的罗杰斯秉持的人性观却与弗洛伊德的观点相距越来越远。沃尔克(Walker)曾发表文章对罗杰斯和弗洛伊德的人性观进行了对比:"弗洛伊德继承了奥古斯丁(Augustine)的思想,认为人在本质上怀有敌意、反社会和堕落的,而罗杰斯则是继承了卢梭(Jean-Jacques Rousseau)的衣钵,相信每个人都出自于造物主——一个完美的存在——之手,卢梭说:"人性原始的光芒是被一个有缺陷的社会玷污的。"②罗杰斯并不完全认可这种所谓"继承"的看法,他更愿意用"相似"这种说法,他不认为自己的观点是继承卢梭的,因为不管是年轻的时候还是后来,卢梭的作品对他基本上都没有什么太多的影响。对人性的认识,他认为自己更多的是在心理治疗的经验中形成的,而不是基于某种学术的或哲学的基础。

1957年,罗杰斯针对沃尔克的文章发表了自己对人性的看法,题目就是"对人性的一种注释"③。在文中,罗杰斯对弗洛伊德人性观进行了评述。弗洛伊德认为,人性最深层次中有一个无法控制、具有破坏性的本我;而罗杰斯认为人的行为非常理性,敏锐又有序地朝着机体要达到的目标努力。两个人都是从治疗经验中总结得来的人性观,为什么有如此大的差异? 对此罗杰斯从两个方面给出了答案。

第一,弗洛伊德因为发现人们在正统和"一本正经"的外表下有着各种野心和性的感受和冲动而极其兴奋,却忽视了一旦这些"邪恶"的情感被个体认识、理解和接纳,个体就可以成为一个能够进行自我控制、社会化的人。由于仅仅前一发现就足够惊世骇俗,引人注目,所以弗洛伊德就没有做进一步的探索。

---

① Rogers, C. R (1961). On Becoming a Person. Boston: Houghton Mifflin, 163.
② Walker, D. E (1956). Carl Rogers and the nature of man. Journal of counseling psychology. 3, 89—92.
③ Rogers, C. R (1957). A note on "the nature of man", Journal of counseling psychology. 4, 199—203.

第二,在治疗的更深层意义上,人们这种被压抑的情感需要治疗师在充满关怀的关系中给予温暖的接受,这种接受就是认为它们是对当事人自身有意义、具建设性和可接纳的部分,而不是一些不可接受的冲动和需要控制的敌人,这种接纳需要治疗师的帮助。罗杰斯认为,弗洛伊德及其追随者都没有能够真正做到这一点。

四、人格理论

当人刚刚呱呱坠地时,完全依靠自己的机体感受进行评价;但随着年岁的增长,一道裂缝在内心逐渐出现,为了获得别人的赞赏和认可,我们学会按照外部世界的评判标准来确定我们的行为,并且将这些评判标准"内化";直到我们中的许多人再也不能分辨出内外之间的差别,不知道真正的自我,我们就走上了一条自我异化的道路。罗杰斯终其一生都在观察和研究人类的自我或者人格的发展,并对此进行过很多描述。

1. 婴儿的人格特点

罗杰斯对婴儿的人格有一种特别的偏爱和推崇,因为他认为婴儿采用的就是机体的自我评价,婴儿根据机体的经验来选择维持、促进和实现机体的行为,还没有受到外界价值观的污染。罗杰斯指出:"他知道自己喜欢什么,讨厌什么,并且这些价值选择的根源严格的存在于他自己内部。他就是价值评判过程的中心,他自己的感觉为选择提供了依据"[1]。既然婴儿有这样高效而健全的自我价值评判方式,为何到了成人反而变得更加僵化、教条了呢?罗杰斯提到了几个重要的因素,包括自我经验的符号化、积极关注的需要、自我关注的需要和有条件价值的形成。

自我经验的符号化(symbolization)[2]。罗杰斯认为,人类在实现趋向的过

---

[1] 卡尔·罗杰斯著,霍华德·基尔申鲍姆,瓦莱丽·亨德森主编.(2006).罗杰斯著作精粹.刘毅,钟华译.北京:中国人民大学出版社,152.
[2] 编者注:符号化就是指大脑借助语词、符号、声音、图像等来表征经验,罗杰斯认为符号化是区分意识到的经验和未被意识到的经验的标志。

程中,同时也有分化趋向的发展①。经验的分化必须在意识层面进行,通过符号化完成。个体的部分经验会分化出来并被符号化。在罗杰斯看来,人们在符号化的过程中,一部分经验可以准确地符号化,另一部分经验则因为对自我概念形成威胁而不能被准确地意识化。

积极关注的需要。罗杰斯认为,符号化不准确的主要原因是积极关注的需要导致的。积极关注的需要就是需要别人对自己的肯定、看重、认可和喜爱。这一需要是由罗杰斯的学生斯坦多(S. Standal)提出的。罗杰斯认为这种需要是人类最普遍的需要,无处不在并历时持久。满足积极关注的需要必须具备几个条件:第一,这种需要的满足必须依赖他人,比如父母或者老师;第二,积极关注的需要与个体的许多经验有关联;第三,它是互惠的,当一个人意识到自己在满足另一个人的积极关注的需要时,他自己也必然体会到自己的积极关注的需要的满足;第四,这种需要非常强大,个体对社会中重要他人的积极关注的需要大于通过机体评价获得的积极经验。

自我关注的需要。罗杰斯认为,伴随着积极关注的需要,个体又发展出自我关注的需要。自我关注就是个体不需要通过社会他人的积极关注,自己就可以体验到与自我经验或自我经验群相关的积极关注的满足或受挫。这种需要是一种习得的需要,它与个体的自我经验和积极关注需要的满足与否有关系。"重要他人"的关注可以内化为自我关注。自我关注更像是对自我经验的评价,但与"重要社会他人"的判别标准一致。

有条件价值的形成。罗杰斯认为,儿童在成长的过程中某些行为获得"重要他人"的积极关注,某些行为被忽视,某些行为则被惩罚,这会让个体感觉到某些行为是好的,某些行为是不好的,好与不好是"重要他人"评价的标准,这也导致个体为了得到"重要他人"的积极关注追求某种自我经验或回避忽略某种自我经验,这样个体就习得了某种有条件的价值感。这种有条件的价值形成对个人来说是具有里程碑性质的。当有条件的价值感形成后,个体将不再会完全像儿童一样,以机体评价机制来决定自己的行为。罗杰斯认为,倘若儿童在成长过程中

---

① Rogers, C. R(1959). A theory of therapy, personality, and interpersonal relationships, as developed in the client-centered framework. In S. Koch (Ed.), Psychology: a study of a science: formulations of the person and the social context. New York: McGraw-hill, 226.

受到的是无条件积极关注,就不会形成有条件的价值感,自我关注也是无条件的,积极关注与自我关注也不会与机体的评价不一致。那么个体的成长一直处于协调状态,当然这只是一种理想状态,任何人或多或少都会形成某种有条件的价值感。

2. 异化人格的形成

有条件价值的形成会让个体产生双重歪曲,一个是对自己机体体验的歪曲,一个是对重要他人体验的符号化过程的歪曲。罗杰斯举过一个例子:一个认为自己是可爱的、值得爱的孩子由于身体的紧张攻击弟弟后,在机体上他体验的是满足,但父母的言语和行为告诉他,"你是坏的,这行为是坏的,你这样行事的话你就是不可爱的,不会得到爱的"。这时候,个体就会产生巨大的矛盾,正确的符号化是:"我感觉我的父母对这种行为的体验是不满的"。但为了与自己可爱并被父母爱的自我相一致,个体就会对符号化进行歪曲来避免对自我概念的威胁,例如"我感觉到这种行为让我不满。"罗杰斯似乎有些惊讶地发现,"重要他人"的态度和评价就像是个体依据自己的感觉获得的一样。罗杰斯指出:"在我们看来,这是发生在个人身上的一种基本的异化。他不是真实地面对自己,面对自己自然而然产生的对经验的机体评价,而是为了维持他人对自己的积极关注,曲解自己经验的价值,仅仅依据对于他人的意义来知觉自己的经验。当然,这不是自觉的选择,而是儿童身上一种自然的——然而也是悲剧性的——发展"[①]。

正因为人们不会完全获得无条件积极关注,而是获得有条件的关注,所以个体就会形成有条件的价值,并根据有条件的价值来选择性地感知自己的经验。与价值条件一致的经验就在意识中被准确地符号化,而与价值条件不一致的经验就会被选择性地和歪曲地知觉,或者被意识所否认。这时自我与经验就形成不一致,随之将会出现心理失调。

同样,能够维持、实现和提高自我概念的行为可以在意识中被准确地符号化,反之则要么被否认,要么被歪曲地或有选择性地感知。

[①] Rogers, C. R(1959). A theory of therapy, personality, and interpersonal relationships, as developed in the client-centered framework. In S. Koch (Ed.), Psychology: a study of a science: formulations of the person and the social context. New York: McGraw-hill, 226—227.

罗杰斯在谈论异化人格时,也常常提到"威胁"、"焦虑"、"防御"这几个概念,当个体的经验与自我结构不一致时会下意识地感受到威胁,这时在情绪上就会出现一种焦虑状态,为了保持经验认知和自我结构的一致性,个体就会发生防御性的反应,如同上面所述采用否认、歪曲、有选择性地感知,防御过程的结果就是产生认知僵化。

3. 人格的解体

人格解体是异化人格的最严重状况,罗杰斯阐述了人格解体的过程:"当经验与自我之间的不一致非常严重,或者某个明显与自我不一致的经验突然出现时,机体的防御过程就不起作用了,这时经验就能够在意识中被准确地符号化,并且自我结构的格式塔被意识中的不一致所打破,结果出现了解体状态。个体在解体状态下,机体有时以与经验相一致的方式来活动,有时以与自我相一致的方式来活动。"[1]人格解体是一种非常混乱的状态,人格不再以一种稳定的形式出现。

4. 人格重整过程

人格的重整就是心理治疗的过程。要想使人格重整,要从异化人格形成的过程反向进行。罗杰斯认为重要的是减少防御性,这样才能使个体的真实经验在意识中被准确地符号化,并接纳到自我结构中,要实现这一过程,首先需要减少自我中有条件的价值,其次必须增加无条件的自我关注。要想使个体发生这一改变,就要帮助个体获得重要他人的无条件积极关注。

罗杰斯在治疗中发现,自我与经验的背离是心理失调的主要表现,心理治疗的目的是帮助当事人重整人格,重建自我,使得当事人的自我和经验能更好地整合、极大地减少其内部冲突。要达到这些目的,需要当事人人格结构在表面和深层水平发生改变[2]。在一篇具有划时代意义的文章"治疗中人格改变的必要充分

---

[1] Rogers, C. R(1959). A theory of therapy, personality, and interpersonal relationships, as developed in the client-centered framework. In S. Koch (Ed.), Psychology: a study of a science: formulations of the person and the social context. New York: McGraw-hill, 228—229.

[2] 卡尔·罗杰斯著,霍华德·基尔申鲍姆,瓦莱丽·亨德森主编.(2006).罗杰斯著作精粹.刘毅,钟华译.北京:中国人民大学出版社,191.

条件"中，罗杰斯用大胆而不可置疑的语言说明了人格改变的六个基本条件[①]：

1. 治疗师与当事人处于心理接触中。

2. 当事人处于一种失调状态中，情绪不稳定或焦虑。

3. 在治疗关系中治疗师是和谐或整合的。

4. 治疗师对当事人是无条件积极关注的。

5. 治疗师对当事人的内在参考系有着同感体验，并力图把这种体验传递给当事人。

6. 治疗者对当事人的同感理解和无条件积极关注至少在一定程度上被当事人感受到。

除此之外，其他的条件不是必要的。如果这六项条件存在，并持续一段时间，这就足够了，人格的建设性改变随后就会出现。

五、以当事人为中心的治疗

罗杰斯一生中的最大贡献就是创立了"当事人为中心疗法"。该疗法是罗杰斯在长期的治疗实践中逐渐形成的，他在1942年出版的《咨询和心理治疗》中最早把它称为"非指导性治疗"[②]，自1951年出版《当事人中心治疗》后称之为"当事人中心治疗"(client-centered therapy)，约从20世纪70年代起则称之为"以人为中心的治疗"(person-centered therapy)[③]。罗杰斯对于最后这个宽泛的名称似乎更满意，这也表明了他自己的雄心。罗杰斯在1986年的一篇文章"当事人中心/以人为中心疗法"(client-centered/person-centered approach)中对这一疗法进行了总结[④]。

[①] Rogers, C. R(1989). The necessary and sufficient conditions of therapeutic personaligy change. In Kirschenbaum, H. & Henderson, V. L (Eds.). The Carl Rogers Reader. Boston: Houghton Mifflin Company. 61 121.

[②] Rogers, C. R (1942). Counseling and psychotherapy. Boston:Houghton Mifflin, 11.

[③] 编者注：在罗杰斯晚年，他和他的同事也不总是用"以人为中心的治疗"，有时仍会用以前的名称来称呼其治疗方法。

[④] Rogers, C. R (1986). A client-centered/person-centered approach to therapy. In I. Kutash, and A. Wolf (Eds.), Psychotherapist's casebook. Jossey-Bass.

1. 核心假设

"个体在其自身内部有着广阔的潜力可以用于理解自我，改变自我概念、态度和自我导向的行为，只要向其提供具有促进作用的一种可界定的氛围，那么这种潜力就能被开发出来。"(Rogers, 1986)

这一假设一直指导着罗杰斯的治疗实践。

2. 治疗关系

治疗关系是罗杰斯最早提出的，是"非指导性"的治疗方法。不久以后，他就觉得非指导性方法过分强调特殊的咨询技术，而没有足够重视咨询师对当事人的态度，以及当事人如何看待这种关系。他逐渐认识到，不是治疗师使用的技术而是关系的质量在治疗性转变中起着更为重要的作用。因而治疗关系成为当事人为中心疗法的核心。在罗杰斯以前，没有一个人像他这样重视治疗关系。认识到治疗关系的重要性，以及发现制约关系的这些"要素"，是罗杰斯对于现代心理治疗的主要贡献之一。治疗关系中有哪些重要的要素呢？罗杰斯指出有以下四个要素：

1) 真诚(Genuineness)；
2) 无条件关注(Unconditional positive regarding)；
3) 同感(Empathy)；
4) 信任(Trust)。

晚年的罗杰斯还发现，处于最佳状态的治疗师有一种超验现象。他是这样描述的："我发现当自己最接近内在的、直觉的自我时，……，无论我做什么似乎都有很好的治疗效果。仅仅呈现我自己就起到放松和有益的作用。我无法迫使这种经验产生，但是当我能放松自己并接近自我的超验核心时，……，在这些时刻，我的内在精神似乎已经延伸并触及了对方的内在精神。我们的关系超越了它本身，成为了某种更大事物的一部分。产生了极大的成长、治疗效果和能量。"[①]

[①] 卡尔·罗杰斯著，霍华德·基尔申鲍姆，瓦莱丽·亨德森主编．(2006)．罗杰斯著作精粹．刘毅，钟华译．北京：中国人民大学出版社，123．

渐入最佳状态的罗杰斯对治疗关系的把握纯熟，应用自如，他甚至可以在成百上千人参加的工作坊上进行示范性的治疗。他曾提到的一个例子就是他在南非约翰内斯堡所做的一个历时半小时的公开性晤谈，晤谈效果出乎人们意料的好。他归纳了这一晤谈的几个特点：

1. 不带评价地接纳当事人在自己的经验中所发现的各种情感、想法、改变和意义。

2. 深入地理解当事人在自己的经验中所发现的情感和意义，尽可能地去体验当事人的感受。

3. 陪伴当事人探索自我。

4. 相信当事人的"机体智慧"会引导走向问题的核心。

5. 帮助当事人完全体验自己的情感。

3. 治疗过程和结果

对于治疗过程，罗杰斯侧重于从治疗师与当事人双方的内心历程及其发展演变的规律性特点来考察，这从方法论上是现象学的，更重视主观过程的价值。

1956年，罗杰斯获得美国心理学会的"杰出科学贡献奖"。但这个奖项有个附加条件，要求获奖者一年后向学会提交一份研究报告。而在这一时期，罗杰斯特别想搞清楚人格改变的过程，特别是当事人在治疗过程中心理活动的规律性特点。于是，借着提交报告的机会，在随后一年时间里，他把大部分精力都花在思索和考察这个问题上，罗杰斯把自己的所思所想写成一篇文章，在1957年的美国心理学会的学术年会上以节缩的方式进行了报告。罗杰斯就当事人在治疗过程中的人格改变的规律主要发表了如下观点：

1）改变过程的特点

总结罗杰斯在不同论文著作中对人格改变过程的描述，可以归纳出以下七个特点：第一，人格改变是一个连续的过程，而非跳跃的过程；第二，人格改变是整体性改变，而非一部分、一簇行为的改变；第三，当事人能够更准确地将感受符号化；第四，当事人能够意识到自己经验和自我概念的不一致，意识到这种不一致造成的威胁感；第五，他的自我概念发生变化或重组，从而可以吸收以前被拒绝和歪曲的经验；第六，他越来越多的体验到积极的自我关注；第七，他越来越多的感到自己是评价的立足点,而不再总是按照外在的标准来评价经验[①]。

2) 改变过程的七个阶段

在心理治疗条件下,当事人人格改变过程可以用以下七个阶段来描述:

第一阶段:当事人表现出僵化且疏远个人感受的阶段,具体表现为以下特征:不愿意表达自己,沟通中只限于谈些表面的、身外的事情;要么不能识别出来各种感受及其对个人的意义,要么认为那不属于自己;自我结构非常僵化;把亲近、交往密切的关系视为危险的;不觉得有任何问题;没有改变的愿望;自己内部的自我和经验很难有沟通。[②]

第二阶段:开始"有所动"的阶段,具体表现为:开始能谈论一些不涉及自己的话题;能觉出有什么不对头,但要么以为问题与己无关,要么觉得自己对毛病没有责任;描述感受时就像谈的不是自己的感受,或者就像谈一件过去的事情似的;体验的方式还是受以前习以为常的羁束;感受及其个人意义很笼统模糊,显得简单;矛盾也可能会有所表露,但难得意识到它的矛盾性。

第三阶段:比第二阶段又进一步,具体表现为:可以把自己当作一个对象,可以谈论自己而不感到别扭;还是像谈一件客观事物一样地谈论与己有关的经验;还可以像对着镜子一样边看边谈论自己,往往把周围人当镜子;大谈特谈过去的感受和经验或对自己的意义,最突出的是谈论过去;对自己的感受很排斥,觉得大部分感受都显得很可耻、低贱,无法接受;感受会得到表露,有时在表露出来后也能识别出它们是感受;容易把经验知觉变成过去的,再不然就变成与己无关的;自我结构仍然僵化,但有可能明白那是个人的观念性的东西,不再把它们当成事实;对感受和意识都能够认识得清楚一些,惊喜一些,不再像上两个阶段那么含混笼统;对经验中的矛盾之处有所认识;常认为个人所作的抉择是无效的。这个阶段最突出的特点是就是把自己当成一个客体来看待。

罗杰斯觉得,大多数初次来寻求治疗帮助的当事人就处在这个阶段,而且这个阶段在整个治疗过程中占的时间比较长。

第四阶段:这一阶段是在第三阶段的基础上继续推进,具体表现为:当事人

[①] 江光荣著(2000). 人性的迷失与复归——罗杰斯的人本心理学. 武汉:湖北教育出版社,122—123.

[②] 编者注:第一阶段到第七阶段中的引文均出自 Rogers, C. R (1961). On Becoming a Person: A Therapist's View of Psychotherapy, Boston: Houghton Mifflin. 132—155. 后面不再反复标注.

描述的感受更强烈、生动,但要么仍谈的是过去的感受,要么把现在的感受当成一种客体来谈;偶尔有此时此地的感受表露出来,有时像是在违逆当事人本意的情况下冲出来的;似乎想要体会当下的感受,但又怕真的会体验到当下的感受,就像小孩放爆竹,又想又怕;对感受还不太能开放的接纳,然而还是会露出一点接纳的征兆;体验活动受过去形成的"套子"的限制变少一些;理解、解释经验的方式开始不那么僵化,开始对自己用来理解经验的自我结构有所认识,并对它们是否正确合理产生质疑;伴随着想要更准确地使经验符号化,对感受、自我结构以及个人赋予事物的意义这些东西的认识更为明晰清楚;对经验与自我之间的矛盾和不一致之处有所认识;对问题有自己负有责任的感觉,虽然这种感觉常常动摇;对密切的个人关系会视为危险,但愿意冒点险,尝试在较浅的程度上与人交往。

第四阶段在整个治疗过程中也是持续较长时间的阶段,它和第三个阶段一起,构成了治疗过程的主要部分。

第五阶段:尽管还不是那么自然,但开始对感受松绑,具体表现为:可以自由地表达当下感受;对感受接近于能够完全地体验到。尽管对完整地体会感受还带着害怕和不信任,那些感受会冒出来或渗出来;对那些冒出来的感受,通常会感到惊惶,而不太会觉得高兴;对自己的感受体验慢慢有了认同感,认可那是自己的感受,而且愿意和希望这样,愿意做"真实的我";体验被松绑了,也不再遥不可及,但常在意识到体验之前有点迟疑;理解加工经验的方式也大大松绑了,发现更多的个人自我建构,且对这些建构的合理性、正确性有更多的质疑;出现一种强烈明白的倾向,想要清楚地区分各种感受和意义;对自身体验中的矛盾和不一致之处,越来越能清醒地面对,不回避;对所面对的问题越来越能意识到自己的责任,想要弄明白自己怎样造成这些问题的,内在的沟通越来越没有障碍。

第六阶段:感受变得越来越自由,具体表现为:那些原先被"卡住"的感受,受禁制而不能流动的感受,现在可以即刻体验到;感受可以自自然然地流动,不受干扰地完全展现;当下的体验都被接受,当事人平静地接受这些体验,而不会大惊小怪、不会拒绝、不会害怕;当事人有时像就是生活在体验里,而不是感受他的体验;作为对象的自己逐渐消失;经验活动具有真正过程性的特点;与这一过程性阶段相伴随的是生理上有一种松弛感。

当经验与自我的不一致向一致转化的时候,那不一致反而能被清楚地看到;与此相关的个人建构在此体验的时刻消融了,当事人似乎感受到捆绑自己的绳索一下被砍断了;那完满体验的时刻从此就会成为一个清晰、确定的参照物。在那鲜明、强烈的体验时刻,感受中的样样东西都清清楚楚。但当事人当下里也许不曾留意。不过这次体验由于其鲜明、强烈,会成为一个留下深刻印象的参照物。在必要时可以回到其中,去一再地体验,去发现更多的内涵。

第六阶段的核心特点是当事人的自我和感受不再分开,合为一体,到了这个阶段,治疗过程似乎是不可逆转的。

第七阶段:最高的阶段,是一种更自觉、自然和自由的人生,具体表现为:在治疗关系内外,新的感受都能被即时、鲜活、丰富详尽地体验到;这些体验会被用作鲜明的参照物;对这些不断变化的感受,日益能有一种"属己"的拥有感;体验活动几乎达到了完全自由的状态,不受僵化的建构的束缚。而且进入了过程性的体验;自我显得就只是对经验的主观性的、映照性的知觉,对经验没有任何歪曲性的加工。试着对个人建构进行改造,以使其能正确有效地处理此后的经验。即使如此,对建构所持的态度也大大松动;内在的沟通非常清晰,感受和表达感受的符号之间颇能相符,同时也产生一些新鲜的说法以解释新的感受;有这样一种体验:自己所选择的新的存在方式是有效的。

第七阶段对治疗条件的要求也不像早先那些阶段那么紧要,如果有,当然好;如果没有,改变还会自动进行。第七阶段后的变化有许多不是在治疗室内发生的,而是在治疗时间之外、之后发生的[①]。

最后的治疗结果就是第六和第七阶段所描述的状况。罗杰斯认为,结果和过程之间没有明显的区别,过程的项目仅仅是结果的不同方面而已。

六、当事人为中心理论的应用和实践

当事人为中心理论的核心是治疗关系,但罗杰斯把这种理论推广到所有人际关系中去。他认为,只要某种人际关系是为了促进个人发展,那么治疗关系中

[①] 江光荣著(2000).人性的迷失与复归——罗杰斯的人本心理学.武汉:湖北教育出版社,123—132.

形成的要素对它就是适用的。这些人际关系包括父母与子女关系、领导与团体成员关系、教师与学生关系、管理者与同事关系。在罗杰斯的后三十年里,他一直致力于把这一理论推广到家庭、教育、医疗、商业、社会工作以及管理等领域。在他生命的晚期,他对种族、宗教、政治和国家冲突的解决也注入了极大的热情。总体而言,罗杰斯在家庭、团体活动和教育教学方面都有很大的影响力。

1. 家庭和婚姻

在家庭、婚姻方面,罗杰斯除了发表一些文章和演讲,还有一部重要的作品《成为配偶:婚姻及其替代选择》。这是罗杰斯1972年为普通读者写的一本著作,书中讲述了许多他所治疗和接触过的案例,不仅分析了婚姻出现问题的原因,而且提出了一些具体的解决途径。

(1) 为什么结婚

通过一个女大学毕业生琼的例子,罗杰斯说明了很多人一开始结婚的基础就不牢靠。琼结婚的原因包括遵循社会大多数人的观点,害怕面对自己的问题,不信任自己内部真实的感觉。这恰好就是我们前面所述的异化人格形成的开始。这样的婚姻因为个人的人格僵化而逐渐变得枯燥无味。

(2) 失去自我——婚姻失败的原因

罗杰斯认为,大多数婚姻中出现问题的根本原因是婚姻双方和某一方在婚姻中失去、忘记或隐藏了真实的自我。在这样的情况下,双方的人格和行为存在的一些细小缺陷因为对方的缺陷而逐渐明显起来,最终导致婚姻的解体。

(3) 如何挽救婚姻

在罗杰斯的描述中,我们可以看到挽救婚姻有这么几条途径:一是坦诚的表达,而不是压抑自己感受,特别是某种持续存在的感受最好表达出来,在婚姻中戴着假面具生活的夫妻会消耗掉人们大量的心理能量,最终只会破坏彼此的关系;二是保持彼此的独立性,这样才不会丧失掉自我,并保证彼此的自我在婚姻中仍然能够得到发展;三是不断的交流,挽救婚姻的一个最基本途径就是交流,不要等问题积累成高度压力或者指责前就表达出来,双方有可能加深对彼此的了解,找出解决的方法。

2. 会心团体

从 20 世纪 60 年代起,从事团体活动成为罗杰斯的两项重点工作之一(另一项是对教育的关注,将在下一部分介绍)。美国的心理学团体运动有两个来源,一是麻省理工学院的心理学家科特·勒温(Kurt Lewin)在 1947 年研发的团体技术,称为 T 团体(T 表示训练),它主要以勒温派的思想和完型心理学为基础,其目的是提高人们的人际交往水平,后来其影响扩展到密歇根大学,并逐步发展成为主要针对实业界和其他职场人员人际技能培训;二是在芝加哥大学工作的罗杰斯在 1946—1947 年应退役军人管理处要求培训一批心理辅导员,他以强化式的团体方式来对学员进行培训,后来被称作"会心团体"。会心团体建立在以人为中心的理论基础上,目的是借着真实的体验,来促进个人的成长,并改进、发展人与人之间的交流关系。罗杰斯的会心团体与勒温的 T 团体相比较,更注重经验及治疗导向。

进入 60 年代后,团体运动得到广泛传播,"从缅因州的巴索尔到加州的圣迭戈,从西雅图到棕榈滩,……而且远播海外,在英、法、荷兰、澳大利亚和日本也有发展。"[①]在这一波发展的浪潮中,上述两股团体运动融合在一起,而罗杰斯亦成为这一活动的早期先驱人物。他在 1970 年写的《卡尔·罗杰斯论会心团体》就是对自己所积累的宝贵和丰富的团体经验的总结,该书成为关于团体活动的经典著作。

团体运动为什么发展如此之快,罗杰斯认为有两个重要原因:一是当代的文化越来越不重视人类存在的价值;第二,人们越来越关注心理的需要,而不是物质需要,这种心理需要就是一种对真实而亲近关系的渴望。

会心团体一般由 8 至 18 人组成,再包括一到两名促动员[②]。团体聚会的次数和密度各有不同,以介于几次到十几次的居多,也有采取密集式聚会,一周聚会数次,或一次 10 多个小时,有的每周聚会一次,每次两小时。罗杰斯所倡导的会心团体的最大一个特点就是它的非结构性,团体领导者适时推动成员表达自

---

① 江光荣著(2000).人性的迷失与复归——罗杰斯的人本心理学.武汉:湖北教育出版社,170.
② 编者注:促动员(facukutator)指团体领导或训练员,罗杰斯称之为促动员。

己的感受和想法，团体关注的是成员彼此的直接互动及所表达的动力状态。罗杰斯用这样一段话阐述会心团体的假设：

> 只要促动员能在团体中营造出一个心理上使人感到安全的气氛，人们就会减少防御的心理，并能自由表达自己。
>
> 在这样一种心理上有安全感的气氛下，一个人就能对他人说出自己的感受及想法。
>
> 在一个能表达自己真实感受、彼此信任的气氛中，一个人就能更进一步地接纳自己的全部，包括生理、心理、精神以及潜能部分。
>
> 只要一个人能减少自我防御造成的限制，那么他在态度行为、工作方法、管理过程及人际关系上，就有可能改变，而不会使他人觉得受到威胁。
>
> 在人与人之间的交流增加时，每一个人都会更加了解别人对自己的看法，以及自己在人际关系上所产生的影响。
>
> 在这样一个自由及交流更多的情况下，新的主意、新的看法以及新的视角就会出现。那么改变就成为一种受欢迎的事，而不是使人觉得有压力了。
>
> 一般而言，在团体内所学习到的这些经验，会暂时或永久地改变及转化我们与他人的关系。①

从上面这段话中我们可以看出，团体领袖也就是促动员的观念和行事风格对团体的进行和成员的体验发挥着关键作用。但在罗杰斯所倡导的会心团体中，要求促动员不指导，不制定特定"目标"，仅仅是促动。罗杰斯相信团体像个体一样有自己的"机体智慧"，能够建立团体自己的发展方向，促动员做的是要营造一个能让成员产生心理安全的环境，要做到这一点，促动员需要能够接纳团体以及团体中的个人，并努力地给予团体成员同感理解，了解每个人在沟通中所要表达的真正意思，同时尽量在团体中表现得内外一致。

会心团体的进行过程是什么样的呢？罗杰斯根据录音带和个人报告资料总结团体的变化过程。会心团体开始的时候，团体领导者只是告诉大家，每个人都可以非常的自由，他不会对任何人负有任何指导的责任，此时"大家会觉得困惑、

---

① 卡尔·罗杰斯著．李绍昆主编．(2006)．卡尔·罗杰斯论会心团体．张宝蕊译．北京：中国人民大学出版社，5—6．

受挫、保持沉默",彼此之间很礼貌,但缺少真诚,在这个阶段团体会表现得无目的感,成员对团体并不信任,也不敢表达自我,他们更多地分享自己对过去生活的感受,事实上这样的感受现在仍然存在,敢于在此时此地对他人表达的真实感受往往都是消极的。罗杰斯推测,人们表达负面感受要么是为了测试团体的自由和可信任度,要么就是表达正面感受比负面感受更困难和更危险,但令人"困惑"的事情在此时发生了,当人们表达出消极的感受之后,有些人就会很自然地在团体中表现出真实的自己来,当然前提是当说出自己消极的感受时,能被接受或引起他人共鸣,而没有发生他所害怕与担心的灾难,于是他开始信任团体,冒险向团体分享更多的自己,此时,一个"走向自我中心道路"的痛苦过程开始,当然这个过程并不容易,团体中会对一个人的真实自我有两极反应。接下来随着信任气氛的增加,人们会逐渐在团体中直接表达对他人的感受,渐渐的团体会自发地发展出对成员的帮助、包容及治疗的能力与空间,成员之间会摘下面具,真诚相对,人们可以在这里得到反馈,了解别人对自己的看法,人与人之间形成了互助的关系,这种关系甚至延伸到团体外。在这样的团体中,人与人的心灵接触更直接、更亲近,这是团体促使人改变的原因之一。在这一过程中,人们只要可以充分表达感受并被对方接纳之后,彼此间的友谊就会进入更深一个层次。这种感受可以是正面,也可以是负面的。团体后人们发生的最主要改变就是变得更真实而不做作,而且可以表达更多的感受,更容易和别人建立亲密的关系。

  罗杰斯对团体运动有着极大的热情,这很可能与他早期在大学一年级时参加乔治·汉弗雷教师领导的农学学生星期日午间活动小组有关,那种活动给他留下深刻体验[①]。在20世纪60年代后半期及70年代前半期,罗杰斯亲自担任团体领导人,带领过各种各样团体。到80年代,罗杰斯又把会心团体的方式用于解决种族、宗教、国家之间冲突,包括在南非、中美洲、北爱尔兰举办的工作坊,结果似乎也很成功。当然罗杰斯的这些努力对于国际格局改变产生的影响还是有限的,但却表明以人为中心的理论不仅限于心理治疗领域、对于大的群体间的冲突和矛盾的解决也是有所助益的。

---

① 参见本文第一部分。

3. 教育和教学

教育和教学是罗杰斯在心理治疗领域之外参与的另一个重要领域。在1952年哈佛大学的一次标题为"对教与学的个人观点"的发言中,他就谈到了自己的非指导性教学哲学和以学生为中心的教学方法。他的发言激起了一场热烈而有意义的讨论,并产生了持久的影响。这次发言最终在1957年发表。后来,当罗杰斯在治疗中发现治疗者的促进态度比任何治疗方法都重要时,他也认识到教师的促进态度对于使学生进行意义重大、独立的学习也是最有效的。[①] 罗杰斯对教育的观点是建立在自己的心理治疗和教学经验基础上,他在这一领域的观点应该包括下面三部分:

(1) 以学生为中心的教育

传统的模式的主要特点是:教师是知识的拥有者,学生则是知识的接受者;讲授和教科书是传授知识的主要手段,考试是考查学生知识掌握的重要工具;在教育系统中,教师是掌控权力者,学生则是服从者。教师不信任学生,学生也不信任教师。学生经常处于害怕失败的恐惧状态。教育的目的主要是提高学生的智能,传统的教育的策略是:(1) 成绩奖励和工作机会;(2) 使用令学生恐惧的惩罚方法。罗杰斯对传统的教育模式给予严厉的批判,他认为教育的目的是促进学生的全面发展,不能只包括认知学习,还应包括情感学习。他根据自己的教学和心理治疗的经验提出了以学生为中心的教学模式,认为以人为中心的模式与传统的模式是一个连续体的两端,这一模式执行需要这样的一个前提条件:存在一个领导者(一般都是教师),他对自身有充分的安全感和自信,从而让他能够相信别人能够自发的学习。这种模式的特点是:教育者和学生共同对学习过程承担责任,教育者提供学习的资料,可以是他个人的感受和经验,也可以是书刊文献或团体经验,他同时也鼓励学习者增添学习资料;学习者独自或在他人帮助下制订学习计划,并根据自身的学习兴趣决定自己的学习方向。教育者重要的是提供一种对学习有促进作用的氛围,这种气氛包括真诚、关心、理解、倾听。学习

[①] 卡尔·罗杰斯著,霍华德·基尔申鲍姆,瓦莱丽·亨德森主编. (2006). 罗杰斯著作精粹. 刘毅,钟华译. 北京:中国人民大学出版社, 255.

的重点放在学习的过程,学习内容放在第二位,只有当学习者知道如何学习他想要掌握的知识时,才能表明学习取得成功。对学习程度和意义的评价主要是由学习者自己进行评价。这种模式的最大特点是学习者是中心,学习者自己控制他自己学习的课程和生活,自律取代了外部规定的纪律。

罗杰斯认为,以学生为中心的教育会使学习更加深入,使学生进步更快,更有利于学生成长。其原因就在于学习方向是自我选择的,学习是自发的,整个人都投入到这一过程中。

(2) 促进学习

在1957年的一篇文章"在促进学习中的人际关系"中,罗杰斯把这种模式又称作促进学习。他认为教育的目标就是促进改变和学习,他以极度兴奋的语气谈论真正的学习者群体是什么样的:随心所欲地表达好奇;允许个体向自己感兴趣的方向努力;提出疑问;质疑和探索一切;认识到一切都处在变化的过程中[1]。要达成这一切,需要建立促进学习的人际关系,而这一人际关系主要由学习促进者决定的,具有什么特征的人可以成为促进学习者呢?罗杰斯认为有三条,一是真诚,二是能够珍视、接受和信任学习者,三是同感理解,而真诚是最重要的。罗杰斯给采用促进学习的老师给予了高度的评价,称他们是催化剂,是促进者,是给学生自由、生活和学习机会的人。

(3) 实践和研究

从罗杰斯60年代开始倡导以人为中心的教育起,有很多人就将这一理念付诸实践。有单个教师在一个课堂上的尝试,也有联合数十所学校、涉及数万人的大规模试验。其中比较有影响的有阿斯匹和卢巴克(Aspy & Roebuck)在美国进行的试验和研究,陶希(Tausch)等在德国进行的试验和研究。总的来说,研究结果表明,以人为中心的教育经得起实验检验,在各种可评价的教育指标上都优于传统教育。

4. 更人性化的科学

罗杰斯和斯金纳一样,在晚年的时候都希望将自己的心理学理论推广运用

---

[1] 卡尔·罗杰斯著,霍华德·基尔申鲍姆,瓦莱丽·亨德森主编.(2006).罗杰斯著作精粹.刘毅,钟华译.北京:中国人民大学出版社,259.

到更广泛的科学研究领域中去,不同的是两人在践行的方向上近乎背道而驰。罗杰斯对行为科学的质疑最早并非指向行为科学的方法论原则,而是它在社会和政治方面的应用。斯金纳在《沃尔登第二》中描述的内容让罗杰斯越来越对行为科学的发展产生担心。罗杰斯重视人的价值,他根据自己的经验赋予个体首要的价值,他相信人类个体有着最令人兴奋的潜力、最大的发展可能性,以及最高的自我意识生活能力,他反对用行为科学的知识来对人进行强化控制。为此罗杰斯在1956年和行为主义的代表人物斯金纳进行了一场公开辩论,这被称作世纪之辩。这次辩论之后,随着罗杰斯在关于人性、心理治疗方面的思想和理论的成熟,他开始反思和质疑经典行为科学的方法论原则。罗杰斯对自己的思想转变的过程有所记录:

> 回首过去,我能够辨认出这个矛盾的起源。这是逻辑实证主义和存在哲学之间的矛盾。对前者,我一直浸淫在逻辑实证主义的熏陶之中,我过去对它一直怀有深深的敬意;而对后者——主观取向的存在思想,我较晚才接触,但很快就在我的心里生了根,因为它与我的治疗经验是那样的贴切。
>
> 我既是一位心理治疗师,从多年来执业于这一令人兴奋、充满回报的活动中获得了很多经验;我又是一位科学研究工作者,致力于探索心理治疗的真谛。由于这种双重身份,我日益意识到这两重角色之间的鸿沟。我的心理治疗工作做得愈好(我相信是这样的)——如在治疗过程中那些最精彩的时刻——就愈是忘我,对自己的主体意识浑然不觉;而我的研究工作做得愈好,愈是"硬头脑",愈是科学(我相信我也做到了),作为科学家的严格的客观性和作为治疗家的近乎神秘的主观性之间的距离就愈是让我坐立不安[①]。

对于这样一种矛盾,罗杰斯提出了自己对科学的看法:牛顿式的、机械式的、线性因果式的、行为主义观……只是科学的一个方面,一种研究某些问题的极好方法,却绝对不是适合任何问题。……没有哪一种方法是最好的,选择的方法论必须适宜于所提出的问题。

展望未来,罗杰斯描绘出一幅更人性化科学的图景:不再有研究的"被试",

---

① Rogers, C. R (1961). On becoming a person: A therapist's view of psychotherapy, Boston: Houghton Mifflin,199—120.

而只有"研究合作者"、"研究伙伴"和"参与者",心理科学成为一种合作性事业,其中的每件事都是公开的,需要参与者的努力。

七、结束语

罗杰斯是美国历史上最具影响力的心理学家之一。20世纪80年代初,有人曾对美国800多名临床和咨询心理学家做了一次调查,对"谁是对当代心理治疗最有影响的心理学家"这一问题,被访者回答(回答者415名)的结果是,罗杰斯超过弗洛伊德而名列第一[1]。20世纪90年代进行了一项类似的调查,在心理咨询中最有影响的理论家、最有影响的著作和作者等调查项目上,罗杰斯仍然遥遥领先[2]。作为20世纪60年代至80年代人本主义心理学运动的领袖人物,罗杰斯开创了一种新的心理治疗方法——以人为中心疗法。心理学史家赫根汉认为:"自弗洛伊德以来,没有一个人比罗杰斯对心理治疗产生过更大的影响了。"[3] 正因为他,心理治疗中的最重要的一个因子——治疗关系得到人们如此多的重视,不再称呼"病人"而称呼为"当事人",心理学家和非医学人士也可以进入心理治疗领域。他的影响也透过他的著作、工作坊、演讲渗透到教育、宗教、团体活动、家庭、社区甚至国际政治领域。

1987年1月31日,罗杰斯因为跌倒而挫伤腰椎,在进行手术后导致突发心脏衰竭,于2月4日去世,享年85岁。在罗杰斯去世之后,他的一些合作者和以人为中心阵营里的人在不同场合对他的贡献进行过归纳。其中以凯恩在纪念当事人中心治疗50周年的文章中的归纳得到较多人的首肯。凯恩将罗杰斯的贡献概括为十点:

1. 强调在心理治疗中,治疗关系作为一种有治疗作用的要素的重要性;
2. 阐明这样一个观点:人天生具有潜能,趋向自我实现;
3. 开创和发展倾听与理解的艺术,并证明它对于当事人的治疗作用;

---

[1] Smith, D (1982). Trends in counseling and psychotherapy. American psychologist, 37, 802—809.
[2] Young, M. E (1993). Theoretical trends in counseling: a national survey, Guidance and counseling. 9(1), 4—9.
[3] Hergenhahn B. R. 著. (1986). 人格心理学导论. 何瑾,冯增俊译. 海口:海南人民出版社, 430.

4. 引入"当事人"一词，摒弃"病人"这个词，以维护求助者的尊严、平等，及表达对求助者的尊重；

5. 首创将治疗会谈录音，以为学习和研究所用；

6. 开用科学方法研究心理治疗过程和结果之先河；

7. 为心理学家和其他非医学出身的专业人士从事心理治疗铺平道路；

8. 对"会心团体"运动的发展做出重要贡献；

9. 为教育领域的变革贡献一种激进的理念和实践；

10. 将以人为中心的理念和实践应用于化解冲突和世界和平。[①]

凯恩在这篇文章中还对罗杰斯更长远的影响予以展望，认为如果再过50年，罗杰斯仍然会被心理治疗界记住的东西很可能是两样：倾听和治疗关系，也就是上面所说的第一条和第三条。

诚然，在罗杰斯的一生中，罗杰斯也常常被学院派批评为"软性的"、非学术性的、不切实际的、或"无分量的"。有人说："罗杰斯几乎可以四处漂流，因为他的船吃水太浅了"。[②] 但对这些评价具有讽刺意味的是，罗杰斯被美国心理学会授予第一届杰出科学贡献奖时，却得到这样的评价：

> ……（他）发展出一种使心理治疗过程的描述和分析客观化的富有创意的方法，建立了一个关于心理治疗及其对人格和行为治疗效果的可验证性理论，并进行深入而系统的研究，以展示该方法的价值，探究和检验该理论的意义。在攻克那些涉及对个体的理解和矫正的、难以应付的问题时，他丰富的想象力、坚忍不拔的意志和对科学方法的灵活应用使心理学的这一领域进入了科学心理学的范围[②]。

当小时候在农场饲养动物时，罗杰斯就受到实证主义科学方法的熏陶。在整个求学的生涯里，他也一直受到严格的学院式的科学方法训练[③]。他的博士论文就是编制一份儿童的人格适应性测验，这需要很好的统计和心理测量基础。

---

① Cain, D. J (1990). Celebration, reflection and renewal: 50 years of Client-centered therapy and beyond. Person-centered review, 5(4), 357—363.

② 卡尔·罗杰斯著，霍华德·基尔申鲍姆，瓦莱丽·亨德森主编．(2006)．罗杰斯著作精粹．刘毅，钟华译．北京：中国人民大学出版社，202．

③ 见本文第一部分．

在心理治疗中,他是第一个用录音机记录心理治疗过程,这使得对心理治疗进行更客观的研究成为可能。在 1956 年之前,罗杰斯一直致力于对心理治疗的科学研究,并最终得到心理学界的赞许和肯定。

有人这样评价罗杰斯:"罗杰斯在扮演治疗者、作家及其私人生活中的角色时都是同一个人,即当他在不同的情境下面对不同的人时,他都能服从自己的理念。他对人们的信心深深地影响着自己理论的发展以及他与别人接触的方式。罗杰斯了解自己,和谐一致地施行自己的信念,而且毫不虚伪。"[1]可以这么说,罗杰斯的理论就是他自己实践的真实写照,他终生都在宣扬贯彻自己的观念。

如果用一句话来总结罗杰斯,那就是——遵循自己的内心感受,成为自己,人生就没有遗憾。

---

[1] 熊哲宏主编(2005). 西方心理学大师的故事. 桂林:广西师范大学出版社,227.

康拉德·洛伦兹

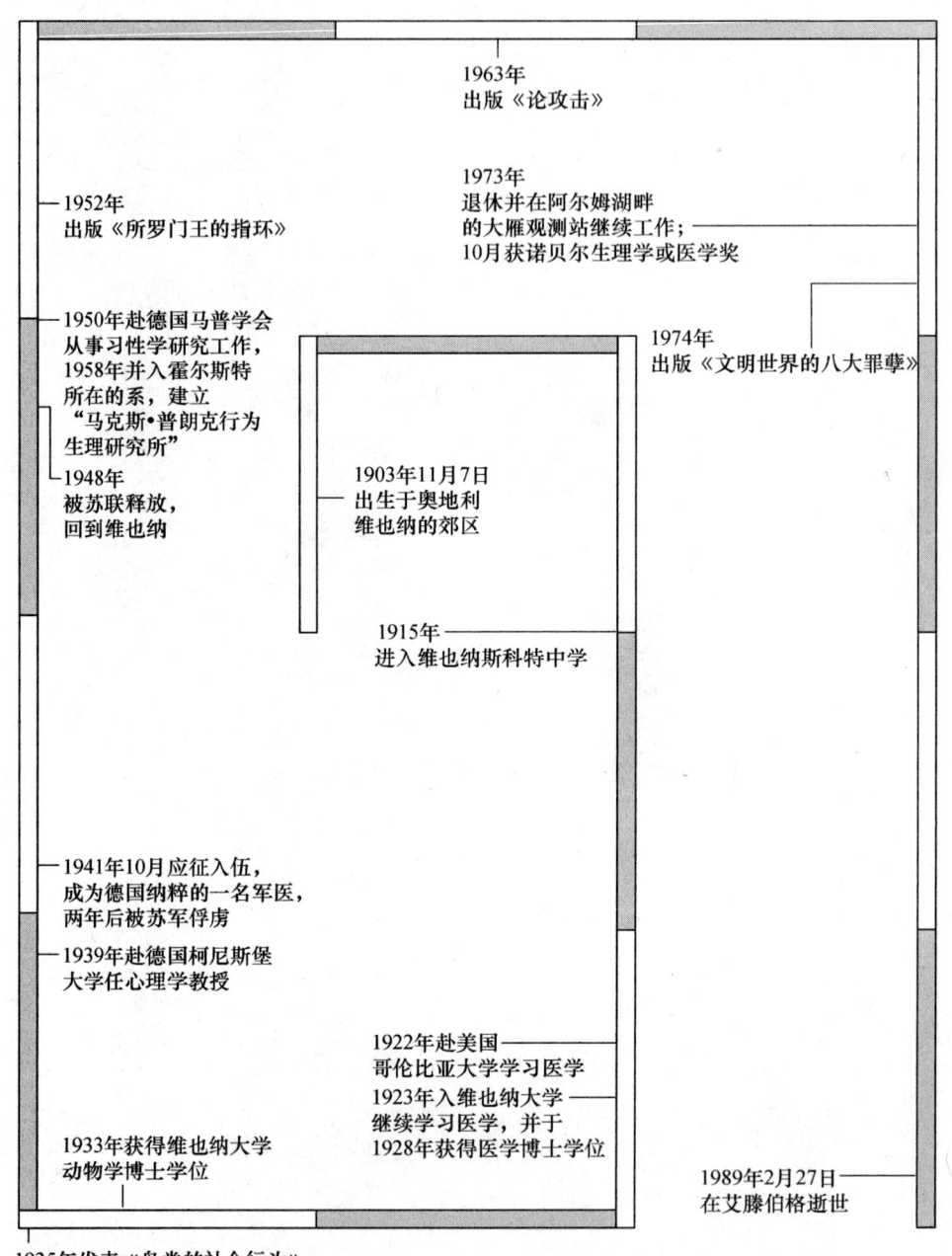

提起康拉德·洛伦兹（Konrad Lorenz，1903—1989），你的眼前也许会浮现出一个整日与雁鹅和水鸭为伴的大胡子老者。没错，这就是洛伦兹——奥地利的"雁鹅之父"。但你也许不曾想到，正是凭借与雁鹅们几十年如一日的交往，洛伦兹让行为研究首次步入诺贝尔奖的殿堂。洛伦兹系统地观察和论述了鸟类的印刻（imprinting）现象，建立了习性学的基本理论框架，使动物的本能行为第一次得到完整的解释；他提出了攻击行为的本能模型，为人的行为寻求进化论的解读，并对人类文明提出了一系列富有见地的批判与反思。不论是其学术巨著还是短篇评论，洛伦兹总能让普通读者毫不费力地读懂他的观点，所著的科普读物更是在各国持续畅销，其生花妙笔与自然情趣令无数人折服。洛伦兹得到了世人的极大尊敬。在国际上，他是公认的习性学开山祖师；在奥地利，他被认为是"真正的"科学家，甚至排在薛定谔、维特根斯坦和弗洛伊德前面；在欧洲，他极力保护多瑙河谷地并反对建立核电站，成为生态文明的代言人。与此同时，洛伦兹又备受质疑和批评：他将动物行为观察的结果类比于人类社会，尤其是他对攻击行为的阐释，引起了舆论哗然，而他倒向纳粹的不光彩经历更是为后人留下口诛笔伐的把柄。但欣赏也好，厌恶也罢，谁都不能否认洛伦兹开创的习性学改变了行为研究的历史，深刻地影响了20世纪心理学发展的进程。

一、多瑙河畔的自由少年

1. 自由探索的自然之子

1903年11月7日，康拉德·洛伦兹出生于奥地利首都维也纳郊区艾滕伯格（Altenberg）的一个富有家庭。他的父亲阿道夫·洛伦兹（Adolf Lorenz）是当地有名的整形医生，母亲长于料理家事并时常作为丈夫的助手。康拉德作为洛伦兹家的小儿子，父母对其宠爱有加。

艾滕伯格是多瑙河畔的一个美丽村庄，一年一度的河水泛滥使得这片滨水谷地少有耕作，成为当时欧洲已不多见的尚保存原始生态的区域。家乡丰富的自然生态为幼年的洛伦兹提供了天然的课堂，恰好洛伦兹的保姆雷茜（Resi Führinger）是一位农民的女儿，特别擅长饲养动物。更重要的是，洛伦兹的父母十分大度地纵容了年幼的洛伦兹对动物的过度喜爱，并且给予他一定的医学知识训练。正是在这样的环境中，洛伦兹很小就开始了与鸟兽虫鱼的对话。

在洛伦兹4岁的一天，他的父亲从林中散步归来，带回了一只斑点蝾螈。5天后，洛伦兹遵照父亲的要求放走了这只蝾螈，但蝾螈却留下了44颗卵。保姆雷茜将这些卵孵化，并将其中的12只蝾螈饲养到了变态阶段。这次成功让洛伦兹对探索动物的生活产生了极大的兴趣和信心。从此，小洛伦兹身旁再也少不了动物的陪伴，他不仅沉迷于对大自然的观察，而且将几乎一切可带的小动物带回家饲养，每每将家中弄得一团糟。在这些动物中，有一只小鸭是不得不提的。

那是在听人读了塞尔玛·拉格洛夫（Selma Lagerlöf）的《骑鹅旅行记》之后，年幼的洛伦兹开始了热切的憧憬。他先是想着变成一只野鹅，当得知这不可能后，又迫不及待地想拥有一只野鹅。洛伦兹的父母却不怎么赞同这个要求，母亲担忧的是花园中那些宝贝花朵的命运，而父亲则认为把一只小鸟托付给一个6岁大的男孩无异于虐待动物。好在洛伦兹很快就找到了替代品：邻居有一窝刚孵出的小鸭。经不住小洛伦兹的再三请求，母亲终于为他买下一只小鸭。在这之后，虽然艾滕伯格花园中花朵的命运不得而知，但小鸭无疑没有受到虐待，这只叫"皮萨"的小鸭在洛伦兹的照料下活到了15岁，差不多是家鸭年龄的上限。

你可以想象这样一幅场景：在艾滕伯格老房子中冰冷的石质地面上，一个6岁的孩子蹲在一只金黄的、毛茸茸的小鸭前面，小鸭的脖子向上伸着，发出惹人怜悯的叫声。刚出生一天的小鸭独自来到了陌生的环境，十分无助而不安。洛伦兹却自有办法，他先是模仿母鸭召唤小鸭的叫声，不料小鸭突然哭了起来，同时发出双音节的"接触叫声"(contact call)；于是洛伦兹趴在地上，边后退边起劲地呱呱叫；小鸭摇摇摆摆地向他靠近，并发出更急促的接触叫声，洛伦兹则以同样的声音回应。终于，小鸭对洛伦兹建立了完全的信任与依赖，不管洛伦兹走到哪里都亦步亦趋。这一过程在二十多年后被洛伦兹命名为印刻(imprinting)，成为习性学中最重要的概念之一。

这只小鸭的意义还不仅如此。在它来到小洛伦兹身边的第二天，同窝的另一只小鸭被卖给了邻家的小女孩玛格丽特(Margarethe Gebhardt)。两个小伙伴在之后的一段时间里一起扮演着鸭妈妈的角色，带着两只小鸭在多瑙河畔的浅滩上涉水觅食，学习分辨和回应小鸭的各种叫声。玛格丽特后来成为洛伦兹终生的伴侣和助手，对这两只小鸭的照料也许可以看作他们悉心合作的开始。

2. 科学思考的启蒙

每日与各种自然生灵相伴，儿童时代的洛伦兹就已经开始思考生物学的问题。例如，父亲曾告诉他，昆虫(insect)这个词来源于"刻痕(incision)"，即各部分之间的切口。洛伦兹发现，蚯蚓的体节之间有明显的刻痕，那么蚯蚓到底是不是昆虫呢？大约10岁时，洛伦兹通过课外阅读了解到了进化论，并以之为依据得出了自己的推断：如果爬行动物通过始祖鸟这样的步骤能进化成鸟，那么环节类蠕虫也能进化成昆虫。

这种在科学理论启发下对生命现象的自由思考，在中学里得以进一步发扬光大。1915年，洛伦兹在维也纳斯科特中学(Scot High School)就读，并于1921年毕业。在学校里，洛伦兹不仅得以详细学习达尔文的进化和自然选择理论，还结识了一位志同道合的朋友伯恩哈德·赫耳曼(Bernhard Hellmann)。他俩都对水生生物有兴趣，很自然地走到了一起。在为养鱼而捕捉水蚤等鱼食的过程中，他们逐渐被池塘生物的多样性所吸引，尤其是对水蚤所属的甲壳类十分着迷。水蚤成长的各个阶段具有迥异的形态特征,恰好反映了动物的演化进程。借助放大镜和简陋的显微镜,洛伦兹和赫耳曼不仅比较了不同年龄的水蚤,还比较了咸水虾和水蚤的发育,发现了幼虾和成年水蚤的相似性。洛伦兹通过这种自发的、出于兴趣的探索,深刻地了解了动物的演化史,而对动物演化的认识正是当时一名动物学家成长的必由之路。

珠母丽鱼
资料来源：http://cichlidnet.com/store/images/Geophagus-alitfrons.gif

在喂养珠母丽鱼（Cichlid Geophagus）的过程中,洛伦兹和赫耳曼发现了一个有趣的现象：如果一只雄鱼被单独养一段时间,它将攻击遇见的任何一条同类直到将其杀死,而不管对方性别如何；而当把镜子放在它面前,引诱它攻击自己的影像,在它疲劳耗竭后,马上变得愿意向雌鱼求爱。后来,洛伦兹用"动物的运动潜能能够积蓄,也能够耗竭"来解释这一现象。当这两个17岁少年兴致勃勃地观察鱼儿打斗时,也许并没有想到,他们的发现日后将成为支持习性学本能理论的至关重要的证据。

3. 通向理想的辗转求学路

高中毕业后,痴迷进化论的洛伦兹本想学习动物学和古生物学,但在父亲的极力劝导下,洛伦兹不得不在1922年远赴美国,在哥伦比亚大学开始了医学课程的学习。但仅仅过了两个学期,洛伦兹就回到了维也纳,其直接原因可能是他对恋人的思念。洛伦兹进入维也纳大学继续学习医学,直到1928年取得了医学博士学位。洛伦兹在维也纳大学的医学学习已完全是出于一种自觉,因为他发现相对于古生物学,比较解剖学和胚胎学更适于开展进化论的研究,比较的方法不仅适用于研究解剖结构,同样适用于研究行为模式。而这在很大程度上得益于洛伦兹的解剖学教师费迪南德·赫许斯特(Ferdinand Hochstetter)[①]的影响。洛伦兹在获得博士学位之前就以讲师和研究助手的角色参与了赫许斯特实验室的大量工作,这种系统的研究训练使他获益匪浅。对洛伦兹有重要影响的另一位老师是德国动物学家奥斯卡·海因洛斯[②](Oskar Heinroth)。海因洛斯将动物行为资料用于研究物种演化,这种尝试对洛伦兹的研究生涯产生了深远的影响,尤其是海因洛斯对鸭科动物行为的出色研究,激励洛伦兹将比较行为学作为毕生的志向。

费迪南德·赫许斯特
资料来源:http://austria-lexikon.at/af/AEIOU/Hochstetter,_Ferdinand_von

奥斯卡·海因洛斯
资料来源:http://www.aquarium-berlin.de/verstehen/ueber-das-aquarium.html

与此同时,洛伦兹师从维也纳大学的动物学家让·弗斯路易(Jan Versluys)[③]学习动物学,并参加心理学家卡尔·比勒(Karl Bühler)[④]组织的心理学

---

① 费迪南德·赫许斯特(Ferdinand Hochstetter, 1861—1954),奥地利动物学家,曾任维也纳大学解剖学研究所主任。
② 奥斯卡·海因洛斯(Oskar Heinroth, 1871—1945),德国动物学家,曾任柏林水族馆主任。海因洛斯在对鸭科动物本能行为的研究中,第一次将比较形态学方法应用于动物行为学之中,这一思路最终由其学生洛伦兹大力发展并系统化。
③ 让·弗斯路易(Jan Versluys, 1873—1939),荷兰动物学家,曾担任维也纳大学动物学教授。
④ 卡尔·比勒(Karl Bühler, 1879—1963),德国心理学家,维也纳大学心理系的创始人,二战后定居美国。早年师从意动心理学家屈尔佩,对屈尔佩的无意象思维学说的形成做出很大贡献。此外,卡尔·比勒在知觉、儿童发展、语言学等领域均有重要成就。

研讨。比勒对洛伦兹将比较的方法用于行为研究颇感兴趣,并指导洛伦兹阅读了当时论战颇盛的两大心理学流派——麦独孤的策动心理学和华生的机械行为主义——的大部分著作。对心理学理论的深入了解让洛伦兹意识到自身研究的价值:他全新的思路与两大流派均相抵触,而这两大流派对于动物的自然行为都缺乏了解。事实上,当时主流学术界对动物自然行为模式的漠视和无知令洛伦兹震惊不已,促使他以极大的责任感投身于这一曙光初现的处女地。1933年,洛伦兹终于以鸟类飞行为题,取得了梦寐以求的动物学博士学位。

人生之路似乎每每由各种机缘巧合铸就,洛伦兹曲折的求学生涯正是一个生动的例证:如果洛伦兹没有绕走学习医学这条"弯路",便不可能将解剖学与胚胎学的研究方法迁移到行为观察;如果洛伦兹在美国完成学业,也很可能就失去了开辟习性学研究领域的机会——其时的美国心理学界,华生的机械行为主义正值鼎盛,反本能几乎成为一种时尚,洛伦兹关于行为本能驱动的萌芽很难在这样的风潮中成长壮大。当一个个偶然用长久的坚持串联在一起,谁又能说这些偶然背后没有闪烁着如北极星一般的理想之光呢?

<<< 专栏一

麦独孤与策动心理学

威廉·麦独孤(William McDougall,1871—1938),出生于英国的兰开斯特,在英国与德国的私立学校接受早期教育。他从15岁起先后在曼彻斯特大学、剑桥大学和圣托马斯医学院学习并最终获得医学学位,之后赴德国哥廷根大学学习心理学。麦独孤参与了英国心理学会的建立和《英国心理学》杂志的创办,1920年应邀赴美担任哈佛大学心理学系主任,1927年后任教于杜克大学直到逝世。

麦独孤几乎与华生同时将心理学重新定义为研究行为的科学,但他认为心理学应当研究目的性行为,后者与华生所研究的反射性行为有巨大差异:

1. 目的性行为是自发的。与反射性行为不同,目的性行为不需要由一个已知的刺激引起。

2. 在缺乏环境刺激的情况下,目的性行为仍能持续相对较长的时间。

3. 目的性行为是变化的。虽然目标是保持不变的,但用来达到该目标的行为却是可变的。如果遇到一个障碍,就可以采取另一条道路,以达到目标。

4. 目标达到,目的性行为终止。

5. 随着联系,目的性行为会变得更有效。也即,行为的无效方面会被逐渐消除。尝试-错误行为是目的性行为,不是反射性行为。

麦独孤把行为看成是目标定向的,是由一些本能的动机,而不是由环境事件引起的。

他认为,忽视行为的目的性质的任何行为主义者,都没有看到行为的最重要方面。麦独孤将自己的观点称为策动心理学(hormic psychology)。

(资料来源:B. R. Hergenhahn (2004). 心理学史导论(第四版). 郭本禹等译. 上海:华东师范大学出版社,607—609.)

4. 毕生的观察者

从在维也纳大学研习比较解剖学开始,洛伦兹真正踏上了科学世界的征程。他亲近动物、驯养动物,几十年如一日把自己置身于自然的怀抱中,甚至成为许多动物家庭的一员。同时,洛伦兹以科学家的犀利目光审视着所见的一切,并忠实地记录下来。从保留下来的图像资料中,我们总是看到一位农场工人般的老者尾随在一队水禽之后,或者被一队水禽尾随,出没在河滩上、草地里甚至湍急的流水中。相比那些身着防护服通过监视器观看老鼠走迷宫的学者,洛伦兹似乎过于悠然自得而显得不够"科学",但正是他这种深入自然的观察为人类认识动物行为打开了一扇窗口,展现出全新的景象。

1926年,通过驯养寒鸦,洛伦兹初步形成了印刻的观念。

1932年,通过观察椋鸟,洛伦兹提出了行为自发产生的可能性,并开始阐述他对于行为驱动的心理动力学模型。

1936年,驯养雁鹅玛蒂娜,洛伦兹从此开始了穷其一生的对雁鹅的科学观察。

1941年10月,洛伦兹应征入伍,成为德国纳粹的一名军医,研究生涯就此中断，直到1948年被苏联红军释放回到维也纳。但在服役和被俘期间，洛伦兹仍然以习性学家的眼光观察着自己与周围人的行为，为其之后的理论发展积累资料。

1949年，为了摆脱失业困境，洛伦兹开始将多年观察积累的素材组织成册，随后相继出版了两本科普著作《所罗门王的指环》和《狗的家世》。这两本书很快被译成多种语言广泛发行，至今仍在畅销书之列。

20世纪50年代以后，洛伦兹将比较行为学的视角转向人类社会，将对人类行为的观察和反思与动物习性学加以整合，并于1963年出版了《论攻击》这部备受争议的著作。

1973年，洛伦兹退休回到艾滕伯格，并在马普学会的支持下在奥地利继续对雁鹅的行为观察。同年10月，洛伦兹因其对动物行为的出色研究，与廷伯根（Nikolaas Tinbergen）和弗里施（Karl von Frisch）共享当年诺贝尔生理学或医学奖。

1989年2月27日，洛伦兹以86岁高龄走完了自己的学术生涯。

尼可拉斯·廷伯根
资料来源：http://nobelprize.org/
nobel_prizes/medicine/laureates/1973/
tinbergen-autobio.html

卡尔·冯·弗里施
资料来源：http://www.ebeijing.
gov.cn/feature_2/Noble_Forum_
2008/Nobel_History/Nobel_Prize_
Medicine/t999460.htm

<<<专栏二

廷伯根和弗里施

  尼可拉斯·廷伯根（Nikolaas Tinbergen，1907—1988），英国动物学家、习性学家，出生于荷兰。他于1932年在荷兰莱顿大学获得博士学位后，留校任教至1949年。之后，廷伯根赴牛津大学任教（1949—1974），并组建了牛津大学动物行为研究所，后于1955年加入英国籍。

  廷伯根的研究以在自然环境中观察动物行为为主，他同时强调本能和习得行为对生存的重要性，并以动物行为的规律为基础解释人类的暴力和攻击行为。廷伯根最著名的贡献，是通过对海鸥的长期观察，对动物的求偶和交配行为做出了准确的概括。廷伯根与洛伦兹保持着长期的交流与合作，共同开启了习性学在欧洲的繁荣时代。70年代以后，廷伯根将兴趣转向对自闭症儿童的研究。

  卡尔·冯·弗里施（Karl von Frisch，1886—1982），奥地利动物学家，出生于维也纳。1910年他在慕尼黑大学获得博士学位，之后先后在罗斯托克大学和布雷斯劳大学的动物系任教。1925年弗里施回到慕尼黑大学并建立了动物系。二战中，慕尼黑大学遭到破坏，弗里施加入了奥地利的格拉茨大学，但1950年他又回到慕尼黑大学直到退休。

  弗里施因其对蜜蜂的长期研究而广为人知。1919年弗里施证明了蜜蜂通过训练可以区分不同的气味和味道。蜜蜂的嗅觉与人类相似，味觉却相对较差。他还发现蜜蜂通过两种舞蹈传递蜜源的距离和方向信息：圆圈舞表示食物在距蜂巢75米之内，摇摆舞则指向更遥远的距离。1949年，弗里施证明了蜜蜂通过对偏振光的感知利用太阳确定方向，而当太阳不可见时，蜜蜂可以利用不同时刻天空偏振光的模式和先前经过的地标判断位置。

  （资料来源：不列颠百科全书网络版：尼可拉斯·廷伯根 http：// search. eb. com/ eb/ article-9072552；卡尔·冯·弗里施：http://search. eb. com/eb/article-9035455）

二、推开动物行为的秘境之门

1. 寒鸦作伴的"解剖学"

1927年至1935年是洛伦兹学术生涯中的第一个重要时期。通过对多种野生动物的驯养和悉心观察,洛伦兹获得了关于动物本能行为的第一手资料,并初步形成了自己关于本能行为的理论。这期间洛伦兹一直在赫许斯特的解剖学实验室工作,但每天所做的主要是对动物习性的观察。赫许斯特不仅容许洛伦兹进行自由探索,而且大度地将洛伦兹的习性学工作划归为某种比较解剖学研究,使洛伦兹得以名正言顺地从研究助手逐步晋升为解剖学副教授。

寒鸦
资料来源:http://www.gardentools-forallseasons.com/garden%20birds.php

谁能料想,洛伦兹的学术生涯传奇竟缘起于一只名叫娇客(Tschok)的寒鸦(图6)。当洛伦兹第一次遇见娇客时,它在宠物店一个灰暗的笼子里,顶着一身刚刚孵化的绒毛,充满渴望地张着黄色的大口。洛伦兹只花了四个硬币将它买下,本只想好好喂它几顿,在它能够自立的时候便放飞它。可当娇客的翅膀和尾羽刚刚变硬能飞,它就表现出对洛伦兹的强烈依恋——只要洛伦兹有一刻不在,娇客就会急急地呼唤。洛伦兹突然发现,这样一只对养育者如此情深的野鸟,实在是再好不过的动物行为观察对象:可以带它到户外,看它任意飞翔觅食,在最最自然的环境中观察它的一切行为习惯。用洛伦兹自己的话说:"1925年夏天,我从娇客身上学到的有关动物天性的知识,是我以后从其他任何动物那儿学到的知识都万万赶不上的。"

洛伦兹充分把握了这一机会,并设法使之延续下去。在娇客发情并表现出育雏本能后,洛伦兹又添养了十四只寒鸦幼鸟。在娇客这只头鸟的作用下,这些小寒鸦亦逐渐养驯,将洛伦兹的住所当作自己的家,后又传代,延续多年。借此,洛伦兹观察到了大量前人从未见过的寒鸦真实的行为特征。例如,寒鸦对于离它远去的物体有极强的追赶欲望,可一旦这一物体停下来,其对寒鸦的吸引力便完全消失了;寒鸦可能将性欲固定在一个特定而不自然的目标(如人)上,并且不在乎这一目标的性别;寒鸦对危险天敌(如猫)的认识并非先天,而来自于群体内代代相传的知识,它们唯一先天可识的"敌人"是一种独特的视觉模式——任何活物身上只要带着一个黑色摆动的小东西,立刻会遭到所有寒鸦的愤怒围攻。

"印刻"这一重要概念也在这一时期浮出水面,尽管对这类行为的全面阐述仍需时日。1935年,洛伦兹发表长篇论文"鸟类的社会行为"[1],对寒鸦等鸟类的行为进行了前所未有的系统描述。他写道:"多种的雏鸟,并不是先天地认得同种的伙伴。"对许多雏鸟来说,如果与伙伴隔离,并接受人的照料,那么它们成长起来后,都会对人显示出对同种伙伴的冲动行为。洛伦兹将这种现象称为pragung,后来又将其英译定为printing(1937),也就是"印刻"[2]。尽管对鸟类印刻现象的最早报告来自海因洛斯(1910),但系统地描述和定义这一现象,则无疑归功于洛伦兹的工作。

2. 从反射链到内源性行为

随着观察和记录到越来越多的动物本能行为,洛伦兹开始寻求一种理论来解释这些行为产生的机制。当时,巴甫洛夫的反射理论是指导生物行为研究的标杆。由于反射理论建立在一系列严谨的实验之上,研究者们普遍被其科学性所折服,进而相信一切行为都因为接收了来自环境的某种刺激。洛伦兹也不例外,他坚持认为本能活动的基础是反射链——"因为任何对反射论的背离都是对活力论[3]的让步"[4]。事实上,洛伦兹已经注意到若干与反射理论矛盾的现象,比

---

[1] Konrad Lorenz (1935). Der Kumpan in der Umwelt des Vogels. Der Artgenosse alsauslo" sendes Moment sozialer Verhaltensweisen. Journal fu"r Ornithologie 83: 137—215, 289—413.

[2] 钟启泉(1985). 印刻现象与印刻行为. 心理科学, (05).

[3] 活力论(vitalism)是一种关于生命本质的唯心主义学说,主张有某种特殊的非物质因素支配着生物体的活动。其渊源可追溯至古希腊的亚里士多德,他认为是"隐德莱希",即灵魂,赋予了有机体以行为的完善性和目的性,人类具有独特的理性的灵魂。活力论的思想从诞生直到近现代都具有相当的影响力,有多种不同的表述形式,共同之处在于都用一种超自然的精神力量说明各种生命现象。

[4] Konrad Lorenz (1973). Atobiography of Konard Lorenz. http://nobelprize.org/nobel_prizes/medicine/laureates/1973/lorenz-autobio.html

如他曾经目睹一只被人养大的燕八哥,在空旷的房间内,没有任何猎物存在的情况下,做出全套猎食、捕捉、杀戮以及吃食飞虫的行为模式。这种行为产生时并没有任何符合逻辑的刺激,洛伦兹对此给予这样的解释:如果长期没有导致能量释放的刺激,则引发反应的阈限会降低,即使在没有外界诱发的情况下也可能达到爆发行动的临界点。

然而,在与同行的交流中,洛伦兹听到了不同的声音。首先是美国动物行为学家华莱士·克雷格(Wallace Craig)[1]指出,在未接受到刺激的情况下谈论反应是毫无意义的。克雷格后来被洛伦兹称为继赫许斯特和海因洛斯之后对自己影响最大的老师。另一位批评者是艾里希·冯·霍尔斯特(Erich von Holst)[2]。多年后洛伦兹在面对诺贝尔奖的荣誉时动情地说:"我相信如果他还活着,今天他一定会站在这里。"

那是在1936年2月的柏林,洛伦兹应邀在一次学术会议上作报告。台下的听众中有一位年轻人,洛伦兹的妻子注意到他在听报告时的反应:当洛伦兹讲到行为的自发性时,年轻人十分认同地自语:"是这样的,是这样的";而当洛伦兹最后说这些行为的本质都是一系列反射,年轻人用手遮住脸抱怨:"真是太糊涂了!"此人就是霍尔斯特。演讲结束后,霍尔斯特只花了几分钟就彻底说服了洛伦兹:反射理论根本解释不了本能行为。洛伦兹为了捍卫反射理论所想象的"降低的阈限"、"爆发的无目的行为"、"独立于外界刺激的行为模式"等概念,在霍尔斯特全新的假说面前显得毫无必要。霍尔斯特已通过神经生理学研究证实,中枢神经组织会不断地、自发地产生内源刺激,内源刺激积累到一定阶段即可启动本能行为,而不需要外界的刺激。因此,行为的神经机制不应局限于从感受器到效应器的经典反射弧。洛伦兹后来说:"对这一事实的承认,是我们理解动物与人类行为的过程中最重要的飞跃。"这次演讲,是洛伦兹最后一次宣扬反射链的作用,也是洛伦兹与霍尔斯特毕生合作的开端。

---

[1] 华莱士·克雷格(Wallace Craig,1876—1954),美国动物学家和心理学家,对动物本能行为的研究和习性学的建立作出了重要贡献。1918年,克雷格发表了重要论文"Appetites and Aversions as Constituents of Instincts",指出本能活动具有不同于反射活动的机制,引起洛伦兹对"反射链"观点的反思。

[2] 艾里希·冯·霍尔斯特(Erich von Holst,1908—1962),德国行为生理学家。主要工作包括对鱼鳍运动协调和鸟类飞行动力学的研究,以及对本能行为的内源性解释。上世纪50年代在德国巴伐利亚创立了马克斯·普朗克行为生理学研究所。

当年秋天,洛伦兹在荷兰的一场关于"本能"的研讨会上结识了另一位最重要的合作伙伴,后来与之共享诺贝尔奖的廷伯根。洛伦兹惊喜地发现:两人的观点惊人的一致,而廷伯根在实验技术和分析思维上都更胜一筹。在这次会议之后,两人迅速展开了关于内源性行为的讨论,一些概念随之浮出水面,如"本能动作模式(instinctive motor pattern)"、"本能释放机制(innate releasing mechanisms)"等。这些概念构成了习性学(ethology)理论体系的基本骨架,开启了习性学的繁荣时代。

洛伦兹与霍尔斯特
资料来源: http://www.orn.mpg.de/instportrseew.html

3. 玛蒂娜的科学

洛伦兹的朋友曾戏称洛伦兹的习性学是"玛蒂娜的科学",因为习性学的基本框架成型于1936年至1938年洛伦兹驯养雁鹅的时期,而玛蒂娜是雁鹅中最有名的一只。"玛蒂娜的科学"中最具革命性的贡献是对印刻的阐述和对本能行为机制的解释。

印刻,首先是指雏鸟在刚刚孵化的短暂期间内,对接受到的特定刺激,在之后的生活中表现出恒常的尾随反应的现象;印刻的另一个重要方面,是当雏鸟进入性成熟后,对其生命早起印刻过的对象表现出求爱、交尾等生殖行为。前者称为对象印刻(object imprinting),后者称为性印刻(sexual imprinting)。在自然界中,印刻的对象是亲鸟的体态和声音,这对雏鸟建立对亲鸟的依赖和将来发展出正常的性行为具有决定性意义;而经人为干涉,印刻的对象可以是人、其他动物甚至汽车的保险杠。

印刻现象示例:小雁鹅跟随
资料来源: http://www.pigeon.psy.tufts.edu/avc/zentall/images/defaul5.jpg

印刻与基于反射的联结学习(associative learning)是完全不同的两种过程,这体现在印刻的一些特性上：

(1) 不需加强。一旦形成便是恒常和无需强化的。

(2) 不可逆性。一旦建立就不能消退和改变。

(3) 关键期。印刻的建立只能发生在出生后的极短时间内，通常只有几个小时。

(4) 后续发现性。印刻过程在其表现出特定行为之前就已经完成。

(5) 超个体学习。虽然印刻通过与个体的交互而建立，但印刻的内容包含超越个体的种的基本特征。

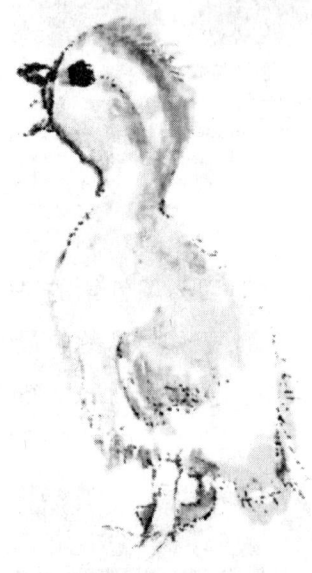

洛伦兹手绘插图：
小雁鹅发出迷失般的叫声
资料来源：Konrad Lorenz (2000). 雁语者. 杨玉龄译. 北京：中国和平出版社，彩图 1

印刻现象最经典的例子，正是雁鹅玛蒂娜。玛蒂娜是一窝鹅蛋中第一个孵化的，洛伦兹禁不住将她从母鹅身下移出来仔细端详。小鹅玛蒂娜看到洛伦兹，便发出单音节的迷失般的叫声，洛伦兹根据饲养家鸭的经验，以代表"安慰"的声音回应她。玛蒂娜立刻有了反应，伸长脖子做出"欢迎"的姿态，并发出一串串多音节的表示"快乐"的叫声。洛伦兹过足了"小鹅保姆"的瘾，才将玛蒂娜放回母鹅的翅膀下，可玛蒂娜此时对母鹅的庇护已毫无兴趣，反倒再也不肯让洛伦兹离开——哪怕是一分钟不见，玛蒂娜也会陷入极度的绝望和惊恐，发出撕心裂肺的大叫[①]。显然，洛伦兹本人的形象和声音已被玛蒂娜印刻，再也没有其他对象能够取代。洛伦兹不得不承担起鹅妈妈的角色，甚至编了一个挂篮，好把玛蒂娜随身携带。

印刻的另一个神奇之处在于，尽管印刻发生的时程那么短暂，雏鸟依然能够提取出所印刻物种的典型特征，而不是仅仅刻板地记忆与之直接交互的个体。如果说鸟类的一般特征可能作为固定的图式遗传而来，那么雏鸟对其他动物物种的一般特征的准确提取，就不能不说是一种神奇的能力了。寒鸦娇客将洛伦

---

① Konrad Lorenz (2000). 雁语者. 杨玉龄译. 北京：中国和平出版社，30—32.

兹认作母亲，同时认准了人这个物种——长大成熟后，娇客爱上了洛伦兹家的女佣人。女佣人后来结了婚，搬到了邻村居住，娇客也跟着去了邻村，只在晚上才回家睡觉。这是超个体性印刻的典型例子。

　　习性学认为动物的行为大多出自遗传决定的本能，因此本能动作模式（instinctive motor pattern）被视为习性学进行观察与解释的核心。洛伦兹认为，这些行为模式已经编定了动作的程序，至少是预先确定了行为的倾向性，只等存在于神经系统中的本能释放机制（innate releasing mechanisms）被激活，一系列的动作或行为便如多米诺骨牌一般接连出现。动物的社会行为，正是以本能动作模式作为基本单元构建起来的。那么，究竟是什么力量调控着这种固定、刻板的"行为程序块"，使得动物个体间的交互行为有序且有效呢？

　　洛伦兹发现，内在的本能释放机制的激活，通常是由于受到外在的释放装置（releaser）的刺激。外在的释放装置可以是某种行为或某种特征，它作为一种线索，与内在的本能释放机制直接关联。洛伦兹将释放装置与本能释放机制的关系比喻为钥匙和锁的关系："将这种刺激释放装置比喻为钥匙，而将本能感觉类型比喻成本能反应活动之锁。甚而更确切地说，可直喻为一把密码锁，这把锁除了靠一系列限定的操作之外根本无法打开。因此，要想凭运气去找到它，实际上是无法做到的。"（鸟类中的同伴现象，1937，245）[①]

　　之所以用密码锁来比喻，是因为这些外在的释放装置往往是高度特异化的。比如雄性啄木鸟身上的一种黑色触须是一种释放装置。如果在一只雌性啄木鸟身上画了这种黑色触须，它的雄性配偶马上会向它发起攻击，而当这一黑色触须被去除，雄鸟立刻由攻击转为示爱。又如雄性三棘鱼（Gasterosteus aculeatus）在发情时腹部的红色也是一种释放装置，引起雄鱼相互攻击的并不是对方的整体，而是对方腹部的红色。如果在雄鱼的领地放入一个腹部红色但根本不像鱼的模型，依然会招来雄鱼对它的猛烈攻击。银鸥（Larus argentatus）幼鸟会主动啄击成鸟的喙，引发成鸟反吐食物。这种乞食行为的诱发并非因为幼鸟认识成鸟，而仅仅是针对成年银鸥喙上的红点。在纸版上画一个鸥头然后接近幼鸟，只要喙部有红点就会引起幼鸟啄击，而这与鸥头的大小和形状毫无关系。

[①]　引自 William S. Sahakian (1991). 社会心理学的历史与体系. 周晓红等译. 贵阳：贵州人民出版社，866.

如果在很长一段时间中都没能遇到外在的释放装置，本能释放机制能够自发地产生兴奋，使本能动作模式在没有任何外来刺激的情况下完成，就像前文提到的燕八哥，在室内自发上演的捕食行为。这种行为被洛伦茨称作空虚活动（vacuum activity）。事实上，如果一项本能活动在一段时间都不能得到释放，动物会感到不安，并开始自发地搜寻外界刺激。内部自发性驱动和外界刺激是能够加总的，不管是微弱的内部倾向加强烈的外界刺激，还是强烈的内部倾向加微弱的外界刺激，本能动作模式一旦释放，强度都是相同的。本能动作模式构成了动物行为的动机，如果将动物的本能视为一个大"议会"，则每一个动作模式都占据其中的一席。这些动作模式互相竞争，有条件地释放，产生出复杂多样的行为。

至此，动物的本能行为第一次得到如此系统的解释。其中的诸多概念无一例外地建立在对动物行为的长期、大量的自然观察之上，是洛伦兹与他的动物之间亲密关系的结果。从这个意义上，"玛蒂娜的科学"可谓名副其实。

<<< 专栏三

寒鸦和雁鹅

寒鸦（Corvus monedula），又名穴鸟，雀形目、鸦科。体貌像乌鸦，长约33厘米，黑色，颈灰色，眼似珍珠。在树洞、峭壁和高建筑物上成群繁殖，平时亦成队活动。分布在不列颠群岛至中亚的广大地区。寒鸦的叫声类似于"chak"音节，洛伦兹很可能正是据此将他的第一只寒鸦起名为"娇客"。

雁鹅（Anser），又名灰雁，雁形目、鸭科、雁亚科，大型鸟类。最常见的欧亚代表种，也是西方家鹅的祖先。体羽淡灰色，脚粉红色。繁殖期为一夫一妻制，繁殖期外则成群活动。广泛分布于欧亚大陆和非洲北部的温带地区，通常在北方繁殖，迁徙到南方越冬。

寒鸦与雁鹅是洛伦兹最常观察的两种鸟。因其获取方便、易于驯养，更因其具有较为复杂的社会组织，能够为理解人类的社会性行为提供参照。

（资料来源：不列颠百科全书网络版：寒鸦，http：//www.britannica.com/EBchecked/topic/298739/jackdaw；雁鹅，http：//www.britannica.com/EBchecked/topic/245983/greylag）

三、风起云涌,载沉载浮

1. 生物学与哲学的神交

随着对鸟类本能行为的专业论著接连发表,洛伦兹逐渐得到学术界的重视和承认。1939年,洛伦兹得到了德国柯尼斯堡(Köningsberg)大学的心理学教席。这一过程颇具戏剧性:上文曾提到的霍尔斯特,当时参加了一个业余四重奏乐队,演奏中提琴,而乐队的首席小提琴手恰恰是柯尼斯堡大学的哲学教授爱德华·鲍姆加腾(Eduard Baumgarten)[①]。

柯尼斯堡大学
资料来源:http://pirmojiknyga.mch.mii.lt/kuniver.en.htm

霍尔斯特从鲍姆加腾口中得知,柯尼斯堡大学需要一位心理学教授,条件是搞生物学出身并且对认识论感兴趣。霍尔斯特马上意识到,洛伦兹是符合这一少见要求的恰当人选,便立刻推荐给鲍姆加腾。在鲍姆加腾等人的推荐下,洛伦兹开始了一段作为"心理学家"的职业生涯。

虽然洛伦兹首先是一位动物学家,但在柯尼斯堡的日子里,他对哲学和心理学保持着浓厚的兴趣,并非常积极地参与相关的讨论会,常常谈到深夜仍意犹未尽。这些讨论的结果是,洛伦兹开始从达尔文生物学的角度理解康德的先验论——这种哲学思想后来贯穿于洛伦兹毕生的研究中。不知是否算一种巧合,当年康德正是在柯尼斯堡大学完成了其划时代的哲学思考。

作为一个进化论的信奉者,洛伦兹始终强烈地反对活力论,甚至曾为此错误地固守条件反射学说。因为洛伦兹认为,西方文化中唯心论哲学的传统是人类自我认识的重大障碍之一,这种哲学观念将万物二分为外在和内在,认为只有内在的灵魂或思想才是真正具有价值的,而用自然规律解释事物并没有很高的价值。康德的哲学亦将世界划分为外在的事物和内在的法则,作为内在法则的思

---

① 爱德华·鲍姆加腾(Eduard Baumgarten,1898—1982),德国哲学家和社会学家。

维范畴和道德准则是先验而神圣的。这种思想被公众粗浅地解读并夸大,使许多优秀的观察者,出于对生命特质的尊敬和对因"用自然规律解释"造成"贬值"的恐慌,把可测与不可测的界限划在一切生命的开端,从而接受了活力论的解释:一种特殊的生命力赋予所有生命现象以发展的方向,这种生命力本身是不需解释和不容解释的。洛伦兹从达尔文进化论的角度理解康德的先验论,将可测与不可测的界限向外拓展,使得"用自然规律解释"生命现象和行为动机不至于减损对自然与生命尊严的敬意:

"赞美和敬畏并不能阻止一个伟大的哲学家替天国的法则找寻一个自然的解释,一个真正基于进化论的解释,一个真正基于进化源流的解释。假若我们告诉一个对有机世界的进化一无所知的人说,我们认为存在我们内心的道德法则并不是被赐予的,而是由自然进化发生的,他怎能不被震惊呢?"(《攻击的秘密》,267)[1]

洛伦兹的习性学理论在哲学上的立足点日渐牢固。与此同时,另一种思考也越来越深刻地影响着他,这源自他驯养雁鹅的实践。洛伦兹发现,野生雁鹅与家鹅的混血后代在社会行为与性行为上表现出与野生亲代的惊人区别:摄食和交配的驱动变得压倒一切,同时许多细微的社会性本能变得衰退。事实上,这是家养动物的普遍特征。那么人类文明的演进会不会造成人类自身发生相似的退化呢?洛伦兹非常重视这种可能性,并为此深感恐惧,恰巧当时的社会形势给了他采取行动对抗这种"可能的退化"的机会。事实证明,这可不是这位大科学家的幸运。

2. 缄默的另一面

1938年,纳粹德国占领奥地利,洛伦兹对此持正面态度,这在当时的奥地利人中非常普遍。但纳粹统治对洛伦兹还有更进一步的意义:纳粹的人种改良学说仿佛提供了一种使人类向更强方向演化的可能性。如果说许多普通民众是为种族优越论的科学外衣所蒙蔽,那么洛伦兹接受这样的意识形态则与其对人类本能退化的担忧不无关系。

"我为这种退化的危险著述,并且为了让读者能够理解,我将这些论述建立在纳粹的语言体系上。我无意洗刷这些行为,我当时确实相信那些新

---

[1] Konrad Lorenz (2000). 攻击的秘密. 王守珍译. 北京:中国和平出版社,267.

统治者能带来进步。当时奥地利心胸狭隘的天主教政权诱使很多比我更好更聪明的人相信这种天真的愿望。几乎我所有的朋友和老师都这样做了,包括我那好心而仁慈的父亲。我们全都没想到,这些统治者的'择优'实际意味着杀戮。"

这段话摘自洛伦兹1973年为诺贝尔奖委员会撰写的自传。从这段资料来看,洛伦兹卷入纳粹的活动是被动的、受蒙蔽的。获得诺贝尔奖之后,越来越多的人对洛伦兹的研究与纳粹意识形态之间的关系产生兴趣,洛伦兹才开口辩解,回应那些称其为纳粹追随者的指责。

事实是否真的如此呢?洛伦兹对二战中的经历长期缄默,相关档案资料亦绝少披露,直到洛伦兹逝世后,一些材料渐渐进入人们的视野。如2001年在维也纳出版的《镜子的另一面:康拉德·洛伦茨与纳粹主义》(*Die andere Seite des Spiegels. Konrad Lorenz und der Nationalsozialismus*)一书披露,洛伦兹曾是一名十分狂热的纳粹分子,他对纳粹吞并奥地利的态度是"像小孩一样的高兴"。他明确地支持一个"建立在科学基础上的种族政策",而那些"有碍种族纯洁的"麻风病人、酒鬼、吉普赛人等则应予绝育甚至消灭。纳粹党卫军曾发起一项研究,试图建立一个"科学的"标准,从波兰的德波混血儿中筛选出具有"德意志品质"的人,让他们"重新德意志化"。洛伦兹参与了这项工作,但卷入程度尚不是特别清楚[①]。事实上,洛伦兹1940年就发表文章,宣称纳粹禁止与非雅利安人通婚的规定是一种纠正"驯化所导致的退化"的有效方法。但在战后,洛伦兹对这篇文章绝口不提[②]。

《镜子的另一面:康拉德·洛伦茨与纳粹主义》封面
资料来源:http://www.biocrawler.com/w/images/4/49/Konrad_Lorenz.jpg

---

[①] 方在庆. 洛伦兹的另一面. 中国图书商报, 2002年11月15日. http://www1.ihns.ac.cn/members/fang/lorenz.htm

[②] Leon Eisenberg (2005). Which Image for Lorenz? American Journal of Psychiatry 162(9), 1760.

这些资料的披露,在德语媒体乃至英美各国学界引发了强烈反响。洛伦兹是否曾在纳粹种族政策合法化中扮演了重要的角色？洛伦兹的比较行为学,尤其是对攻击行为的阐述,是否受到纳粹意识形态的影响？前者有待历史检验,后者似乎过于偏激。尽管一位普通的科学工作者是否应该算作纳粹的帮凶值得商榷,但当时确有一些科学家毅然拒绝追随纳粹而赢得了广泛的尊敬。例如,洛伦兹学术上的亲密伙伴廷伯根,就曾因抗议犹太教师所受的不公待遇,被纳粹拘禁了两年。与此同时,洛伦兹却应征入伍并开赴苏德交战的前线。

在德国军队中,洛伦兹作为一名精神科医师,获得了许多关于神经症与精神病的第一手资料,并得到了心理治疗技术的相关指导。被苏军俘虏后,洛伦兹亦因其医学知识而受到重视,辗转多个营地担任医生,甚至在一所医院负责600张病床。与此同时,科学家的本色也并未褪去,洛伦兹完成了一部关于认识论的手稿,并驯养了一只欧椋鸟。1948年2月,在向苏联当局保证自己的手稿只涉及纯学术而绝无政治内容后,洛伦兹获准释放。

离开家乡赴柯尼斯堡之时,洛伦兹也许预感自己将迎来学术生涯的辉煌时代。8年辗转,洛伦兹又回到艾滕伯格,家中的动物都已离他而去。再回首,洛伦兹缄默不语。

四、人性至深,幽思致远

1. 重整旗鼓

回到家乡后,洛伦兹一度陷入失业的艰难境地。幸而得到朋友的多方帮助,一些出色的年轻人亦加入其研究队伍,而洛伦兹的妻子玛格丽特放弃了医学学习,重开农场以养家糊口,洛伦兹本人亦开始写作两本畅销书,在这些努力下,家中终于"养得起动物,虽然没有钱但有巨大的热情和充足的食物"。对动物行为的观察重新开展起来。

1948年秋,洛伦兹拜访了剑桥大学的索普(W. H. Thorpe)[①]教授。索普已

[①] 威廉·赫曼·索普(William Homan Thorpe, 1902—1986),英国动物学家、习性学家。曾任剑桥大学动物行为学教授,与廷伯根等人一道为动物行为研究在英国的发展做出重要贡献。

发现在寄生黄蜂中也存在印刻现象，故对洛伦兹的工作颇感兴趣。索普希望洛伦兹考虑在英格兰担任教职，但洛伦兹却更愿意留在奥地利。很快，洛伦兹的愿望破灭了，尽管在奥地利有合适的职位并且有多位同仁的推荐，奥地利教育部却不予批准。洛伦兹只好决定出国供职，并很快接到两份邀请：一个来自英国布里斯托尔大学(University of Bristol)，邀请洛伦兹教学的同时还将资助他在英国的斯利姆布里奇湿地研究水禽；另一个来自德国的马普学会，这个研究职位恰好隶属于霍尔斯特所在的系。经过艰难的选择，洛伦兹最终放弃了前者，因为德国方面允许他带上年轻的研究助手一起就职上任。不久，洛伦兹就职的部门与霍尔斯特的系合并，正式建立"马克斯·普朗克行为生理学研究所"。1949年，霍尔斯特组织召开了第一届国际习性学大会，习性学作为一门学科达到了前所未有的规模。到2009年，这一会议已召开31届。

随着习性学的发展壮大，与同样研究动物与人类行为的其他学派所产生的争论也愈发引人注目。尤其是美国的行为主义心理学家，将行为视为完全后天塑造的产物，与习性学者的先天论倾向格格不入，双方常常由此产生激烈的交锋。1953年，美国心理学家丹尼尔·莱尔曼(Daniel S. Lehrman)[①]对习性学提出了激烈的批评[②]。用廷伯根的话说，行为学家"就像被惊扰的蜂箱那样发出了嗡嗡声"。洛伦兹随后在一次讨论会上予以反击：莱尔曼为了否认先天知识的存在，只得凭空臆造出一个"先天教师"(innate school-marm)，否则动物的复杂行为将无法解释。然而，洛伦兹多年后逐渐意识到，将先天与后天对立起来是不恰当的，被系统发育所规定的学习机制起到了"先天教师"的作用，正是这种先天机制使得动物能够迅速通过学习获得适应性行为。莱尔曼后来也意识到这一点，并和洛伦兹成为好朋友。这一过程，恰恰伴随着美国行为主义心理学的衰落和认知心理学的兴起。

在二战之后习性学的一片繁荣之中，最吸引洛伦兹的是动物的攻击行为：这种普遍存在的行为具有怎样的适应价值，又通过什么机制来抵消可能造成的伤

---

① 丹尼尔·桑福德·莱尔曼(Daniel Sanford Lehrman, 1919—1972)，美国心理学家，曾任Rutgers大学心理生理学教授。上世纪50年代初曾作为美国比较心理学与欧洲行为学论战的先锋，后又致力于促成两种学术思想的交流与和解。

② Daniel S. Lehrman (1953). A critique of Konrad Lorenz's theory of instinctive behavior. The Quarterly Review of Biology. 28(4): 337—363.

害呢？为了解答这个问题，洛伦兹开始将研究的重心放在鱼类的攻击行为和雁鹅的结盟行为上。而当从新的角度来考察这些现象，洛伦兹意识到还需要大量更加详尽的知识，于是他与助手们投入了不知疲倦的观察和探究之中。这些工作为洛伦兹的学术生涯带来了又一个高峰。

2. 攻击的秘密

1963年，洛伦兹的《论攻击》(*On Aggression*，中文又译《攻击的秘密》)出版。在这本书中，洛伦兹从本能的角度出发，系统地论述了动物乃至人类攻击行为的原因、机制与调控。这些论述以对动物行为的大量观察为基础，或许还融合了洛伦兹本人对第二次世界大战的审视与反思。洛伦兹关于攻击行为的理论是他在战后最令人瞩目的学术贡献，主要包括以下几方面内容：

(1) 攻击行为源于对生存与繁衍所必须的资源的竞争，是自然淘汰压力的产物

不同于捕猎或防御，攻击行为只针对同种个体。首先，同种个体所要求的生存条件相近，为了在同一片可居住的地域内分配到属于自己的一块，个体必须宣告自己的领地所有权，并通过攻击来驱逐闯入领地的同类。鱼类往往通过身上鲜明的颜色警告竞争者，彼此间保持一个安全的距离。一旦距离接近到能够辨认出对方的颜色，就会诱发攻击行为。对于鸟类，鸣叫往往起到类似于鱼类体表颜色的作用。一鸟在某个选定的地方大声啼鸣，正是宣布它对该领域的占有，而其他的同类会根据鸣声判断它的强壮程度和年龄大小，从而判断应如何应对，该有几分畏惧。大部分哺乳动物则用气味标定自己的地权，通常是扩充尿和粪便的范围，例如犬类。

一个有趣的现象是，动物离自己领地的中心越近，攻击力越强，两者呈几何级数关系。反之，失败者逃跑至自己的领地时，其勇气会有所恢复，而追逐者反而因陷入对方的领地而气馁，接下来可能是逃亡者反过来勇猛地攻击追逐者。这一过程几经反复，直到双方达到某种均势，可以相互威胁而无需战斗。这种现象直接反映了攻击对维持领地的意义。

攻击行为的另一个目的是获得异性的青睐。野牛、羚羊、斑马等动物一般不存在领土纠纷，因为食物的供给对所有个体而言都是充足的。但雄性个体依然要相互打斗，因为唯有打斗的胜者才能获得交配的机会。

（2）攻击行为的水力学模型

洛伦兹认为，攻击的背后是一种本能的驱力，是一种正在进行中的能量的集结，无论有没有合适的外界刺激物，这种能量都最终要被释放。例如，鱼类个体主动去同类面前寻衅滋事，正是攻击能量集结而不得不释放的一种表现。这一过程类似于抽水马桶的工作过程：当水箱中充满水时，就处于一种准备就绪、一触即发的状态，而一旦刺激作用出现，即水箱的阀门被拉开，箱中的全部出水就奔涌而出。攻击行为释放能量也是如此。一旦这种能量被释放，便意味着全部的蓄积都一次性消耗殆尽，有机体也将处于松弛软弱的状态，同时开始了下一轮的能量积蓄。前文提到的释放装置、先天释放机制等则决定了积蓄与释放的节奏。总之，攻击行为是内生的、自发的行为，是无法避免的行为。

对于其他的本能冲动，如性行为，上述原理同样适用。性行为的阈限随欲望的积累而降低，性本能的释放机制也会对替代释放装置做出反应，甚至在缺乏释放装置的情况下，仍然会自发地爆发出来。

（3）动物演化出相应的抑制机制，以减少攻击行为带来的伤害

既然攻击行为是内生的、自发的，因此，如果没有一种非常有效的抑制机制，任由这种本能释放，则动物的一切社会活动乃至生存繁衍都将被无休止的攻击所破坏。为了完成育幼，母亲必须抑制对子女的攻击倾向。例如，雏鸡几乎总是位于母鸡领地的中心，也即通常唤起最强攻击的位置，但小鸡的吱喳声是抑制母鸡攻击性的信号。聋的母火鸡会照常孵卵，但却会啄死刚出壳的小鸡。同样，即使对一只正常的母鸡，如果小鸡不发出叫声，母鸡也会毫不犹豫地啄死它。与之对照，如果是一只发出吱喳声的臭鼠爬到母鸡的翅膀下，母鸡却会回应它、呵护它。有时候，这种抑制会因哪怕是因轻微的骚扰而失败，其后果将是灾难性的。曾有过这样的事：当一架飞机低空飞过一个银狐农场时，竟使所有的母银狐都吃掉了自己的子女。

为了与配偶能够共存，动物界还普遍存在着一种雄性针对雌性的攻击抑制倾向。由于性别二态性，雄性的体型通常大于雌性，但自然情况下雄性从不欺负雌性。相反，雄性会容忍（哪怕是痛苦地承受）雌性的攻击。例如，洛伦兹曾看到自己的母狗出于嫉妒，愤怒地啃咬一只巨大的雄性希伯来狼犬，可这只雄性狼犬只是把不易受伤的肩部呈给母狗,完全不予反击。一般而言,雌性也并不会攻击雄性,而是对雄性保持顺从。母狗对公狗的态度就类似于它向主人表现的态度。

除此之外,有两类动物对同类个体具有可靠的攻击抑制机制。一种是具有杀伤性手段的动物,如具有利喙的乌鸦。正如德国谚语所说:一只乌鸦不会啄掉另一只乌鸦的眼睛。另一种是大型群居肉食动物,如狼、狮等。尤其是狼,作为最嗜杀的肉食动物,却拥有动物世界中最可靠的抑制力。当两只狼发生打斗,失败的一方一旦将脆弱的颈项主动暴露给对方,对方便会立即停止进攻。令人震惊的是,不具有杀伤性武器的动物在某些情况下往往会发生更加残酷的同类相残。如作为和平象征的鸽子,可以在笼中啄死它的同类。洛伦兹对此的解释是:如果某种动物具有一种可置同伴于死地的利器,为了整个种群的利益,它应当发展出一种抑制能力来防止自相残杀。而对于没有这种武器,或者总是独来独往的动物,它们并不需要这样的禁忌。

然而,对于人而言,他最致命的武器不是自身的器官,而是智力的产物。正因为人的武器并不是经过漫长的自然选择进化而来,故相应的禁忌本能尚未来得及形成,同类相残的行为才会在人类中如此司空见惯——也许这才是"人性"最真实的一面。洛伦兹为此写道:"我们将来总会碰到作战的双方都有能力将对方歼灭殆尽的一天,也许有一天我们人类自己就会分成像这样敌对的两个集团。到时我们是学鸽子呢,还是学狼?整个人类的命运可能就取决于这个问题的答案。"

(4)攻击行为是动物个体间建立连结(bond)的基础

洛伦兹认为:"当这种攻击性消失时,人从早到晚,从刮胡子到艺术或科学的创作,都将缺乏动力。"事实上,动物个体之间之所以能建立各种社会连结,其背后的动力就是攻击性。

这种看似怪异的理论,首先是由对珠母丽鱼(cichlid)的观察所激发的:雌鱼在与雄鱼配对一段时间后,在雄鱼面前的表现逐渐由屈从转为正常,以炫耀的姿势展开鳍,显露出与雄鱼差不多的肤色。这种刺激对雄鱼而言,所引发的攻击性丝毫不逊于一位闯入领地的邻居。事实上雄鱼确实启动了愤怒的一击,向雌鱼直冲过去,但却没有撞在雌鱼身上,而是斜侧而过,猛烈攻击附近的某个无辜的同类。强烈的攻击冲动被诱发,却临时指向了替代对象,这就是典型的修正活动(redirected activity)。经过对鱼类与水禽大量类似活动的分析,洛伦兹发现攻击行为经过不断修正,可以演变为求和仪式,再进一步则演变为爱的仪式。

　　动物个体间的社会性的联结,本质上是通过仪式形成的互动。以雁鹅为例,真正使两只雁鹅生活在一起的不是性冲动,而是对"胜利仪式"的分享。洛伦兹曾观察到两只雄鹅因胜利仪式而结合了很长一段时间,并且做出交配动作,但它们仍然会与雌鹅生儿育女。而当两只未成年的幼鹅发生交配,却未必有组建家庭所必须的胜利仪式。洛伦兹由此认为,情爱与性并不等同,而是可以分离的。真爱的背后一定潜伏着很高的攻击性,但被连结所蒙蔽,一旦连结破裂,攻击性就以恨的形式表现出来,因此,从来就没有无爱之恨。

　　尽管将攻击性视为一种本能,这似乎预示着对人类而言,相互之间暴力侵犯将不可避免,但修正活动的发现以及攻击行为的仪式化,又为攻击性的释放提供了无害的解决之道。最终,洛伦兹做出了较为乐观的判断:攻击行为不会导致物种的毁灭,因为自然选择对攻击行为进行了卓有成效的改造,人类应当正确认识自身具有攻击的天性,并替这种战斗的热忱寻找一条有理性且负责任的表达途径。

3. 极具前瞻性的批判

　　对攻击行为的深入解析,标志着洛伦兹研究的终极目标由动物世界转移到人类社会。尽管洛伦兹依然日复一日地进行着动物观察,但观察的目的与分析的方式都已发生微妙的转变:习性学不仅要理解动物的行为,更要解决人类的问题。人类社会作为目前生物进化的最高形式,创造出其他物种不可企及的高度繁荣的文化与物质财富,可人的本能依然与大自然中游荡的动物一脉相承,人类个体间的交互同样由本能驱动。观察动物使我们能够认识行为的本质,当把这些新知识用于对人类社会的审视,洛伦兹发现了人类文明所蕴含的种种矛盾和危机。晚年的洛伦兹不遗余力地揭露这些文明的病症,同时思索着既顺应本能又合乎理性的解决方法。这些思想通过撰文、演讲、广播等途径传播开去,引起极大的反响。后来,洛伦兹将其中最重要的内容结集出版,题为《文明人类的八大罪孽》,将对人类文明的批判集中在八个方面[1]:

(1) 人口爆炸

　　动物之所以不会因为繁殖生产过密导致崩溃与毁灭,是因为自然淘汰的概

---

[1] 参见 Konrad Lorenz (2000). 文明人类的八大罪孽. 徐筱春译. 合肥:安徽文艺出版社.

率法则和物种内部的自我调节系统的存在。而对于人类,工艺与医学等一切似乎有利于减轻痛苦的手段却使自然的调控机制不能够及时发生作用。于是,城市变得越来越巨大和拥挤,众多人口不得不挤在狭小的空间里——这直接导致攻击行为的发生,进而导致人际关系的衰竭和人性的丧失。洛伦兹将人口过度繁殖列为八大罪孽之首,认为它是导致后续诸多问题的总根源。

（2）生存空间的破坏

动物、植物与微生物构成一个巨大的、相互牵制的体系,并与环境相适应。人类的过度繁殖带来了掠夺式的经济,不断地打破这种生态平衡。人类与环境间关系的变化比任何其他物种都要快得多,并且这种变化的速度随着科技进步还在不断地以几何级数加快。因此,人类必然会带来其所居之处生物群落发生极其剧烈的变化和整体衰竭。

（3）盲目的种内竞争

雄性雉鸡（Phasianus colchicus）长有巨大华丽的翼羽,这种翼羽对雌性雉鸡是一种直接的性刺激,翼羽过大的雄雉鸡甚至无法飞行,但却最能赢得雌性的青睐,从而获得最多的繁殖机会。这种竞争机制似乎是大自然设计中的一种失误,它使雉鸡演化为一种外表华丽却行动能力低下的动物,使之极易被天敌捕捉。而这些天敌构成了另一种自然选择的压力,与雉鸡种内竞争的压力对抗,

雉鸡
资料来源:http://chestofbooks.com/reference/American-Cyclopaedia-9/Pheasant.html

故今天的雉鸡尚未完全失去飞行能力。

环境因素能够一定程度上阻止由种内竞争所带来的物种的畸形发展,但不幸的是,人类文明的进程缺乏这种有益的调节力量。人类掌握了控制物种外部环境的所有力量,却对自身知之甚少,只得任由物种内部选择产生魔鬼般的作用。在人与人之间相互竞争的压力下,人们盲目地追求工作的速度,人类的社会组织形式激励着其中的每个个体用最少的时间获取最多的财富,并为此不择手段。"只有那些可以帮助自己超越同伴,使自己在无情的竞争中立于不败之地的

事物才有价值。"

洛伦兹分析这种盲目的、正反馈式的竞争背后的动机,他认为"恐惧"是人们拼命追逐、贪得无厌的根本原因:害怕变穷,害怕在竞争中被别人超越。恐惧性忙碌给人类造成两方面的严重伤害:一是动脉硬化、高血压、心肌梗塞等身心疾病,"恰恰是那些最能干的、最能跟上时代的人士常常因为心肌梗塞而英年早逝";另一方面是对独立思考与自我反省的抛弃,越来越多饱受负荷、神经衰弱的人必须以喧闹的娱乐来抑制内心的不安,通过对外界刺激的不断寻求来逃避独立面对自我的可能性。

(4) 情感的暖死亡

"奖励"与"惩罚"使动物能够趋近有利刺激而避免不利刺激,这种最基本的心理机制早已作为神经系统的电生理特性而固定下来。当惩罚触发强烈的厌恶感后,一旦惩罚解除,神经系统并非马上回到静息状态,而是将单纯的厌恶停止作为巨大的快感记录下来。趋利避害的本能反应以及随之形成的各种习惯让动物和原始人类能够在艰苦恶劣的自然环境中存活,但时至今日,"追求快乐、避免不快"的努力在人类中已经太富有成就。随着人类控制外部环境的能力不断增强,个体对所有引起不快的刺激情境越来越敏感,对所有引起快乐的刺激情境越来越迟钝。

这种反应偏向产生出两种危险的后果:首先,既然对不快越来越不能容忍,并且快乐的吸引力又在不断减弱,这就使人类逐渐失去了从事那些必须先有艰苦付出才有回报的工作的能力,并由此产生一种迫不及待的需求,希望所有的愿望一旦萌发便立即得到满足。这种对"即刻满足"的迫切需求使得优雅、精彩的恋爱与婚姻过程变为"快速交媾",使得为获得某种奖赏而努力工作变为难以遏止的透支购物。其次,为了能在对快乐的感官日益麻木的情况下依旧不断地感受到快乐,人类发现可以通过不断变换刺激情境产生对感官更强烈的刺激,于是"嗜新症"几乎感染了人类与外界事物关系的方方面面:不论是消费品(一件衣服)还是情感的联系(一个朋友),经过短暂的拥有便会失去吸引力。生产商们利用并极力助长这种现象以获取高额利润。

于是,原本通过克服困难、忍受痛苦最终获得快乐的方式正在消失,人类为了避免"不快"越来越不惜代价,"想方设法将大自然赋予人类生活的高度与深度都人为地变成平原,将宏伟无比的波峰和波谷变成几乎难以觉察的轻微颤动"。当痛苦被屏蔽,快乐变麻木的时候,我们的情感便在"削峰填谷"中走向无尽的空虚和冷淡。

（5）遗传的退变

人类的道德观念和正义感源自动物社会中的利他行为，利他行为的形成是自然选择的结果。现代人类掌控了外部环境，自然选择的力量几乎被排除在外，人自身也面临沦为文明世界的"家养动物"的危险。人类驯化的动物无一不出现脂肪堆积、肢体变短等幼稚化的体貌特征与性早熟，其社会性本能亦大大退化；而在人类自身，性早熟与人格的持续幼稚已成为明显的趋势。寻求即刻满足、缺乏耐心、逃避责任，这些本来只属于幼儿的特征在越来越多的成人身上延续，其发展到极端便是道德的丧失和对社会的危害。遗憾的是，人们仍然认为道德败坏与违法犯罪都仅仅是习得的，为道德上的"恶"寻求遗传上的原因冒着触犯"政治正确"的巨大风险，让人们不敢正视遗传的退变带来社会行为损害的可能性。

（6）抛弃传统

人的成长过程是继承传统与破旧立新之间的平衡，这一平衡以"生理嗜新期"的形式编排于我们的先天行为模式中。如今这一模式被打破，青年人以一种对立的、排斥的态度对待上一代以及人类蕴含巨大智慧的文化传统。

（7）可灌输性

人们本能地对"教条"强烈地捍卫，这本来是为了保证那些经过实践证明的聪明才智和经过选择进化的古老文化免遭毁灭的厄运。然而，今天高度发达、遍布每个角落的大众媒体为一种学说的传播提供了众多途径，使得被传播的学说在我们头脑中的地位发生变化：它不再被当作未经证实的科学假说，而是借助媒体的力量成为公众的共同观点。人类被掌握媒体的人灌输着单一的、未经证实但肯定受操纵者欢迎的价值观。不管是美国现在无处不在的商业广告还是苏联当初随处可见的红色标语，都力图让大众失去个性，改变生活方式以配合社会权威的愿望。

"时尚"源于人们至少在外表上使自己归属于某个族群的愿望，今天"时尚"被媒体制造出来，不仅服务于大制造商的商业利益，还通过塑造民众对于科学的某种普遍观点而左右着科学的发展。自然科学家本应有选择研究项目的自由权，不论这一项目处于何种物理层次，而事实上，对物理模式加以仿效的"时尚"几乎占据了现代科学的所有领域，使许多科学工作者的努力背离了人类求知的真正目的——更好地认识我们自身。

（8）核武器

与前面的"七大罪孽"对人类的威胁相比，核武器的威胁是最容易降低的一个。让人类做到不轻易使用核武器，这比解决前面的任何一项命题都更加容易。

这些观点诞生于20世纪70年代初，在当时被认为十分超前，好在洛伦兹的生花妙笔将这些理念阐述得十分深入浅出，易于为大众接受。直到今天，其中的大部分仍然具有前瞻性，让人不得不佩服洛伦兹当年的独到见解与深刻思想。

五、是谁赐予那神奇的指环

阅读过《所罗门王的指环》的人，无不惊叹于洛伦兹对野生动物的熟稔和动物们对洛伦兹的亲近。所罗门王是《圣经》中的人物，传说他能够通过一枚魔法戒指与鸟兽虫鱼对话。洛伦兹如此解释使用这一典故的原因："因为我自己就能这样做，而且我并没有使用任何魔术……就算没有鬼助神与，我们四周的生物也可以告诉我们一些美妙而真实的故事。"[①]洛伦兹还说过，自己是一个很懒的人，而且正是因为懒才成为了一个动物的观察者，因为动物本身就很懒。在外行人看来，这些说法难免令人困惑：洛伦兹的科学观察到底是怎样进行的？又是谁赐予了他那"神奇的指环"呢？

1. 快乐又忠诚的伙伴

洛伦兹一生养过许多狗，对狗的选择也颇有见地。洛伦兹的学术成果主要来自鱼类和禽鸟，狗在更大程度上是作为宠物陪伴他。但在这位习性学家面前，普普通通的狗儿仿佛有了灵性，表现出非凡的聪明机巧。比如洛伦兹曾养过一只名叫史坦茜的母狗，擅长施展骗术以博得怜悯，促使人类按她的喜好行事。一次史坦茜左前脚肌腱发炎，跛得厉害，洛伦兹只好推着自行车陪她"漫步"了数天。此后，洛伦兹每当发现史坦茜

《狗的家世》德文版封面
资料来源：http://www.dtv.de/books/man_meets_dog_20113.html

---

① Konrad Lorenz (1998). 所罗门王的指环. 游复熙译. 北京：中国和平出版社，2.

精神不济开始跛行,就会体贴地降低自行车速度。显然史坦茜注意到了主人的体贴。洛伦兹在柏森陆军医院上班时,史坦茜必须在医院外为洛伦兹看守自行车数个小时,所以每当洛伦兹骑车去陆军医院,史坦茜就开始表演跛行姿态,以至于路人常常责备洛伦兹的不是。可如果去陆军骑马学校就不同了,预感到将与马儿一起奔跑过原野,史坦茜的脚痛便完全消失。最有趣的是周六:早晨上班的途中史坦茜跛得快追不上自行车了,下午当洛伦兹以相当的车速奔向克泽尔海时,史坦茜却擅自抄近路捷足先登,与上午"判若两人"。

  狗会把喜怒哀乐都呈现给洛伦兹,会羞愧,会耍小聪明,完全是一副"自家人"的模样;在洛伦兹离家时,又会沮丧绝望,俨然与挚爱告别。这般爱与忠诚的背后,是洛伦兹对狗伙伴发自内心的爱与尊重。洛伦兹相信,即使最高贵的人类情爱也并非源于理性或人类特有的合理的道德感,而是源于更深层的本能的古老情感世界,基于这一点,人与狗在交往中是完全平等的。洛伦兹曾不假思索地拿自己的生命作赌注,只为了搭救一只落入多瑙河的狗儿。那是冬日里极其寒冷的一天,洛伦兹的牧羊犬宾果在冻结的河岸奔跑,却失足滑倒坠入河中。宾果的脚爪无法抓住冰块的表面,又攀不上陡峭的河堤,只能被水流冲向下游,体力随之急速消耗,有淹死在冰河中的危险。洛伦兹跑到宾果前方,匍匐着爬到冰的边缘,待宾果被冲过来便抓住狗脖子向结冰处猛拉。突然,冰块崩裂,洛伦兹栽入了水中,宾果却勉强抱住了冰块。狗得救了,洛伦兹本人却被冲向下游,万幸的是洛伦兹很快用脚探到了河床的底部,逃过一劫。

  不仅是洛伦兹本人,而且在他的影响下,洛伦兹全家都对动物保持着非凡的关系。洛伦兹的小女儿阿格娜丝从小就与家中的狗玩在一起,哪怕是成人见了都畏惧三分的大狗,小女孩也毫不害怕,甚至有一次她还将一只流浪的牧羊犬带回家,要求洛伦兹收养它。洛伦兹尽管答应下来,却不是毫无顾虑:当时家中与孩子最为亲密的是一只名叫沃尔夫的松狮犬,而这只牧羊犬的到来,必然会把孩子们的宠爱从沃尔夫身上引开,这会严重伤害到沃尔夫的自尊。几天后,当洛伦兹在家中最顶层的小房间时,突然听到下面传来狗的激战声和阿格娜丝的凄厉呼救。洛伦兹立刻冲下楼梯,这真是"惊心动魄的一幕":两条大狗在屋前咬作一团,突然它们下面伸出一样东西,居然是小女儿的脚!洛伦兹吓坏了,拼命把两只狗拉开,发现阿格娜丝仰翻在地,一手抓着一只狗的脖子,正试图"劝架"。阿格娜丝告诉父亲,她原本坐在两只狗之间的地上,为了拉近它俩的感情,同时伸手抚摸双方。这下沃尔夫的嫉妒之情终于爆发,两只狗扑咬起来。混战中阿格娜丝扑倒在地并遭狗践踏,却始终抓住两只狗的脖子不肯放手,执意要将他们分开,丝毫没有考虑过其中的任何一方或许会伤到她。

洛伦兹的"懒"在与狗的交往中亦可见一斑,他自己有这样一段生动的描述:

"黄莺轻轻地唱着,青蛙呱呱地叫着,翅膀闪亮、四下轻盈飞翔的大蜻蜓为我们挥赶恼人的牛虻,我们得以在午后饱睡一阵。我不但比任何动物更像动物,甚至比我的狗还倦怠,宛如鳄鱼一般懒洋洋地躺着(《狗的家世》,213)。"[①]

事实上,洛伦兹此时正躺在多瑙河畔沼泽地的泥水中。他一早就带着母狗苏西沿多瑙河上溯,到上游的密林中去度过一个"狗的假期"——这也是观察狗儿行为的好时机。在这样的时刻,洛伦兹会进入"无我的境界",和动物一道与周围的自然融为一体。也许,这种融洽安宁的境界就是那枚沟通人与动物的神奇指环。

2. 雁语为歌

1973年,洛伦兹以70岁高龄从位于德国巴伐利亚的埃斯河畔的马普行为生理研究所所长的位置退休了。当时,洛伦兹启动了一项长期的雁鹅研究计划,观察人类驯养过的鸟群在回归自然生活后其社会结构有何特点。为了让洛伦兹得以继续对雁鹅的观察,马普学会在奥地利的阿尔姆山谷专门修建了大雁观察站。观察站位于阿尔姆河畔,适合雁鹅孵卵育雏,而上溯8公里就是源头阿尔姆湖,宽阔的水面为成年雁鹅提供了更广阔的空间。洛伦兹退休后带领助手们继续雁鹅行为的研究,直到生命的最后几年。

洛伦兹的助手也都是与动物打交道的高手。工作之余,河畔的水獭、草丛中的野兔和树林里小野猪都成了研究站的常客。当然,对于随他们一起由马普研究所迁到阿尔姆河畔的宝贝雁鹅,大家更是悉心呵护,唯恐出什么闪失。有一次大雪之后,为了帮助一只叫阿尔玛的母雁赶走入侵者,洛伦兹的一位女助手甚至脱下衣服蹚过一米半深的冰水。

---

① Konrad Lorenz (2003). 狗的家世. 胡小兵译. 北京:中国和平出版社, 213.

资料来源：http://ajp.psychiatryonline.org/content/vol161/issue10/images/large/N36F1.jpeg

资料来源：http://alfiosironi.wordpress.com/2007/12/09/e-possibile-quantificare-i-benefici-del-verde-nella-nostra-vita/attachment/249/

晚年的洛伦兹与雁鹅在一起（组图）

资料来源：http://advocacy.britannica.com/blog/advocacy/2008/07/three-pioneer-observers-of-animal-behaviour/

孵卵的雁鹅都十分机警，但阿尔玛对这位女助手却非常信任，不仅乐得她来检视自己的巢，而且居然丝毫不介意她将蛋一个一个地拿出来对光检查或者闻一闻！这是为了挑出变质的蛋，因正值盛夏，变质的蛋可能在巢中裂开，溅出的蛋白会糊住其他鹅蛋的细孔，使里面的胚胎窒息而死。于是在那段日子中，每天都上演着这样一幕：一位年轻的女士毫无顾忌地趴在水边的草丛上，一手给雁鹅喂食，一手撑着地面，但她的注意力完全不在两只手上——她正忙于将整个脸埋到雁鹅的草窝中嗅来嗅去。

如此辛劳而有趣的场景在雁鹅研究站每天都在发生，但在洛伦兹看来，最累人也最美好还是带小雁认识新家的旅程。为了让雁鹅获得更广阔的生存空间，洛伦兹和助手们要带领小雁逆流而上，直到开阔的阿尔姆湖畔。从研究站只需上溯8公里即可到达目的地，但当天科学家们却都是和公鸡一起起床的——他们早上7点就带领雁群出发了。因为雁鹅的步速只有每小时两公里，并且它们很不喜欢到陌生的环境中去。雁鹅的喂养者必须结对而行，并且用长时间的引诱和等待让"孩子们"迈开脚步。一路上，熟悉的人对小雁而言是唯一值得信赖和令它们安心的对象，因此当小雁被落下稍远一点，就会马上开始害怕地大声哭叫。雁鹅的脚十分柔软，茂密的灌木地带和石子路都要尽量避开，而每到那些水边开阔的草地，队伍都要停下来，让雁鹅们休息很长时间。不过令雁鹅感到舒适的水边小路常常忽而在河这边，忽而在河那边，因而洛伦兹和助手不得不一次次涉水穿过湍急的小河，很容易就跌入水中成了落汤鸡。途中还有一段需要船行，小雁们对于陌生的木船非常害怕，研究者们又是好一番连哄带骗，小雁才肯跟在船尾游水前行。

尽管一路上走走停停，到中午时分一个长长的午休仍然必不可少。按照野雁的正常日程，中午它们要洗澡、清理羽毛、重新上油，整套"护理"之后还要来一个午觉。这时，如果人类养父母们试图强行改变雁鹅的时间表，平时最听话的小雁也会坚决拒绝。洛伦兹和助手们当然不会这样做，事实上，他们比小雁睡得还沉——上午的旅程实在是太累人了！在洛伦兹看来，小雁入睡时发出的啁啾是人类所能想象的最美的催眠曲，当这些野生动物和文明人类一起沉静地睡去，此情此景几乎要用神圣来形容了。短暂的神圣很快被一阵急雨打破——对于阿尔姆山谷湿润又多变的气候，这再正常不过了。在雨中休息对人而言可不是什么舒服的事,但雁鹅却丝毫不受影响,有的安然睡去,有的调皮地啄着养父母身上的雨衣。

当队伍终于到达阿尔姆湖畔,已经是下午了,洛伦兹考虑着返回研究站的方法:理想的方法,是通过模仿雁鹅飞行时发出的声音和起飞动作使它们朝着返回的方向起飞,但谁也不确定它们将一路飞回研究站的老家,还是仅仅盘旋两圈就落下来。如果是后者,大家只能带着雁群再次步行 7 小时返回,天黑前将不可能到达研究站。天黑后雁鹅必须睡觉,研究者们便只得陪它们在野外露营过夜——没人期待这样,因为来时的涉水和午间的急雨早已让大家的衣服都湿透了。此刻,雁鹅们面对阿尔姆湖美丽宽阔的湖面兴奋不已,为了对它们的辛苦行军表示奖励,必须允许它们尽量长时间地待在它们喜爱的环境中;但是,随着天色向晚,雁群进入睡眠氛围的可能性也越来越大,越来越倾向于直接在附近过夜。经过反复的权衡,洛伦兹和助手们终于在傍晚五点半决定启动雁群的飞行,好在他们的预测没有错,小雁们越飞越高,顺流而下,消失在群山之中。

很快,留在研究站的同事将欣喜地张开双臂,欢迎雁群的归来。这又是一种奇妙的体验:站在阿尔姆河雾气升腾的石滩,看着雁群远远地朝自己飞来,洛伦兹仿佛看到了娇客,看到了玛蒂娜,看到了曾与自己同行的一个又一个动物伙伴——它们融入了洛伦兹的生命,它们就是洛伦兹的一部分:

> "在绝大多数情况下,当人接近自由生活的动物时,它们肯定会逃走;人被从和上帝的其他造物共同生活的天堂中赶了出来。现在,如果自由生活的动物从远处向我飞来,不是因为他们没有发现我,而是正相反,因为他们看到了我,听到了我——我感到天堂的驱逐令在这一刻被收回了。"(《灰雁的四季》,25)[①]

六、习性学与心理学:一条整合的途径

1973 年 10 月,诺贝尔奖委员会决定授予卡尔·冯·弗里施、康拉德·洛伦兹和尼可拉斯·廷伯根三人当年的生理学或医学奖,以表彰他们在"有机体个体与社会行为模式的建立与阐述"上所做的开创性贡献。这是诺贝尔基金会第一

---

① Konrad Lorenz (2005). 灰雁的四季. 姜丽译. 北京:中国轻工业出版社, 25.

次将自然科学的奖项授予对行为的研究,在诺贝尔奖的历史上是一件大事,是对洛伦兹等人所创立的习性学之科学性的充分肯定。虽然诺贝尔奖没有设立专门的心理学奖项,但颁给洛伦兹等人的这一次可算是一个不折不扣的心理学奖——习性学的诞生与繁荣业已整合进了心理学发展的历史体系之中。

1. 在争议中前行

尽管人们普遍将洛伦兹看作习性学之父,但洛伦兹本人将这一桂冠归于美国动物学家查理士·奥特士·惠特曼[①]。1898年惠特曼发表的论文"论动物行为"是"首次采用比较方法对行为的种系发生进行真正的比较动物学研究"[②]。上文曾提到的洛伦兹的恩师之一,德国人海因洛斯也是动物行为比较研究的先行者。然而,直到洛伦兹和廷伯根系统地阐述动物本能行为的机制,习性学的观点才开始成为一种具有影响力的思潮。习性学在当时所面对的激烈争议,从一个侧面反映出它对心理学研究和大众观念带来的深刻影响。就洛伦兹本人而言,他遭遇的批判主要集中于两方面:行为主义与习性学的观点之争,以及对攻击行为本能模型的批评。

习性学诞生于行为主义心理学的全盛时期。要真正理解这两大学派的争论,首先应对当时行为主义的基本观点和方法有所了解。按照行为主义者(以华生和斯金纳为代表)的观点,心理学应定义为"行为的科学",并模仿当时物理学的研究方法,对各种外在可见的行为进行还原性的分析,并最终预测和操纵新的行为。人和动物的"内心活动",如体验、动机、意图等并非外在可见,所以不是心理学的研究对象。行为主义心理学以巴甫洛夫的条件反射学说为依据,否认先天的作用,强调人和动物几乎全部行为都由外界环境塑造,是对各种刺激输入的应答;在研究方法上,则推崇精确控制的实验室实验,以观察和操纵老鼠、鸽子等实验动物的行为作为主要内容。行为主义将心理学研究的科学性提升到空前的高度,在美国兴起后迅速成为当时心理学研究的主流。习性学在欧洲诞生之初,

---

[①] 查理士·奥特士·惠特曼(Charles Otis Whitman, 1842—1910),美国动物学家,曾在哈佛、克拉克和芝加哥三所大学担任动物学教授,后又在马塞诸塞州的伍兹·霍尔出任海洋生物研究室主任一职。其研究涉及进化、比较解剖、遗传和动物行为等。

[②] William S. Sahakian (1991). 社会心理学的历史与体系. 周晓红等译. 贵阳:贵州人民出版社,860.

即受到行为主义的攻击和批判,而习性学的逐渐繁荣则形成了对行为主义,特别是激进行为主义的抗衡:

"在早期,20世纪50年代,基本上是欧洲人与美国人、生物学家与心理学家、本能理论家与学习理论家、野鸟观察家与老鼠操纵者之间的争论,界限很分明。欧洲人自称习性学家,团结起来支持浮夸的[①]洛伦兹。洛伦兹瞧不起美国人,认为美国人是'老鼠操纵者,没有探讨重要问题的准备'。习性学家直截了当地指出,最重要的问题是:究竟有多少行为可归因于本能(遗传学),有多少行为可归因于学习?他们猜想,本能要比任何人原先想象的要重要得多。"(Wallace,1979.引自《心理学史导论》,938)

正如这段论述所揭示的,习性学与行为主义心理学的论战集中在以下两点:

(1) 行为是先天的、本能的、可用遗传与进化解释的,还是后天的、学习的、只由刺激与反应塑造的?

(2) 应当身临其境地观察野生动物在自然状态下的活动,还是应该在严格控制的条件下记录实验动物的表现?

今天看来,论战双方的观点并不是严格对立的:环境固然能够通过反射使人或动物学习到新的行为,但这种学习的潜能是先天的,并决定了行为的动机和发展方向;严格控制下的动物实验对行为的精确刻画必不可少,但不管动物还是人,在自然环境和社会性交互中的行为都与在实验室中有很大不同,因此在自然情境中的观察同样是非常重要的。由于行为主义者最初持有的是一种反本能的、环境主义的极端观点,习性学对行为主义的批判对于这种激进行为主义的衰落起了很大作用。到洛伦兹等人以习性学研究获得诺贝尔奖时,行为主义心理学在美国的地位已然为认知心理学所取代。另一方面,行为主义的观点和行为主义对习性学的批评,对习性学自身的发展和完善也起到了推动作用,习性学家(包括洛伦兹本人)逐渐接受了行为学习的存在,并在对动物的观察中加入更多的操纵和控制。

洛伦兹的另一项重要工作是提出了攻击行为的本能模型。这一模型当时在

---

① 此处引用《心理学史导论》原文,因Wallace是从行为主义者的角度叙述这段话的,故用"浮夸的"来形容与之论战的洛伦兹。——作者注

社会上引起强烈争议,甚至有人联系洛伦兹的个人经历,将之视为洛伦兹为纳粹辩护的伪科学。这并不奇怪,历史上几乎每一次从生物遗传的角度重新解释大众业已形成常识的社会现象,都会引发舆论的波澜,从高尔顿的智力理论到威尔逊的社会生物学无不如此,就连进化论本身在诞生时也是公众争议的热点。

单就学术界的批评而言,亦同时来自习性学家内部和外部。有人提出,洛伦兹在解释攻击行为时"给予内驱力以能量"这个说法太过模糊,如果仅仅因为我们无法见到侵犯行为如何爆发,并不能说这种爆发就像洛伦兹认为的那样是"自发地"产生的。洛伦兹认为,攻击行为以及与之相关的抑制机制都已在动物的基因序列中预先编定,正常状态下动物出于本能不会杀害同类。但有习性学研究者观察到相反的现象,如某种亚洲长尾猴,成年雄猴可能会杀害幼猴,以便使幼猴的母亲再次进入发情期与自己交配,这种行为亦是出于本能。更激烈的批评则全盘否定了攻击行为的遗传性。美国人类学家阿什利·蒙塔古(Ashley Montagu)[①]为反驳洛伦兹的攻击理论写了两本书《人与攻击行为》(1968年)和《人类攻击行为的本质》(1976年),强调虽然潜在可能性是遗传的,但特殊行为模式则不是由遗传而来,即使攻击行为不完全是习得的,其大部分也一定是习得的;攻击性是由非正常环境引起的一种神经病,对个体而言是非适应性的。

洛伦兹根据自己的观察,将本能作为行为研究的中心,试图为人类全部的性格特征寻找一个进化的解释。攻击行为的本能模型自身并未发展到完善的程度,对该模型的批评更提示我们,也许本能只是人类行为的一个方面而非全部。这些批评并未带来对攻击行为的进化解释的否定,而是启发研究者从基因与遗传的角度为本来略显模糊的"内驱力"和"自发性"寻求一套更具说服力的系统的解释,这一努力直接推动了社会生物学的产生。

2. 后洛伦兹时代的心理学

以洛伦兹为代表的传统习性学所涉及的问题、内容和方法,至今仍在蓬勃发展,并且已经置于包括分子遗传学、动物生理学、生态学等学科在内的更广阔的

---

① 阿什利·蒙塔古(Ashley Montagu, 1905—1999),英裔美国人类学家,曾在美国多所大学任教,其研究多涉及种族、性别及其与政治的关系并引起当时舆论的广泛关注。

知识背景下。习性学对当代心理学的影响除了加速行为主义的衰落、促使本能论传统的回归外,还有其他若干重要的方面。

习性学直接催生了社会生物学。诞生于 20 世纪 70 年代的社会生物学(sociobiology)被称为"习性学的一种现代存在形式"[①],社会生物学家通常亦将自己视为习性学家。社会生物学的创始人爱德华·威尔逊(Edward Wilson)[②]在哈佛大学读书时就选修过洛伦兹的课程并深受其影响。社会生物学研究社会行为的生物学基础,研究基因与环境的互动。社会生物学将行为作为研究的主要层次,并且强调在自然环境中进行观察,这与传统的习性学一脉相承。与习性学集中研究动物刻板的、自动的行为不同,社会生物学家关注有机体生物特性与环境之间的复杂互动,以及这种互动对于基因传承的作用。这种关注可以看作是在进化论的框架内为动物的习性寻求更本质更具体的解释。社会生物学的思想与成果业已深深融入今天的社会心理学、比较心理学等心理学分支中。

习性学对发展心理学的研究具有重要启发。习性学家认为,学习的能力和倾向是先天安排的,个体成长中存在一个在生物学上做好获取新行为准备的特定时期,也即敏感期。在洛伦兹完整地论述印刻现象之后,心理学家开始将儿童的情感获得、语言发展等具有明显阶段性的方面与之类比。如英国心理学家约翰·波尔比(John Bowlby)[③]提出了婴儿-照料者依恋理论,认为婴儿与照料者之间的早期社会依恋是儿童正常发展的关键,人类新生儿通过微笑等象征符号表达自己的需要、鼓励成人接近他,与小鸭在印刻过程中与母鸭的交互十分类似[④]。哈洛(Harry F. Harlow)[⑤]著名的恒河猴依恋研究,更是证实了依恋并非后天食物等刺激强化的结果,而是一种先天的行为。习性学提出的先天释放机制和攻击理论,对儿童发展的研究也有重要影响。例如研究者开始关注儿童同伴

---

① William S. Sahakian (1991). 社会心理学的历史与体系. 周晓红等译. 贵阳:贵州人民出版社, 875.
② 爱德华·威尔逊(Edward Wilson, 1929—),美国生物学家,美国国家科学院院士。现任美国 Pellegrino 大学和哈佛大学的研究教授。1975 年,威尔逊出版《社会生物学:新的综合》,开创了"社会生物学"这一影响巨大并充满争议的学科。威尔逊还是一位富有才华的著作者,曾两次获得普利策奖。
③ 约翰·波尔比(John Bowlby, 1907—1990),英国心理学家、精神病学家,其在儿童情感发展方面的研究具有广泛的影响。
④ 李丹(1998). 评述发展心理学中的习性学观点. 心理科学, (21).
⑤ 哈洛(Harry Frederick Harlow, 1905—1981),美国心理学家,美国国家科学院院士,1958—1959 年任美国心理学会主席。其最重要的学术贡献是用恒河猴研究依恋与社会性发展。

关系中存在的类似等级支配的结构。儿童在获得资源的过程中可能采用的攻击、合作、欺骗等行为,而习性学的行为分析方法对理解这些行为的动机提供了一条有效的途径。

习性学对于心理学研究更深远、更持久的影响,也许在于其方法论。洛伦兹说过一句很有意思的话:"对科学家最大的恭维莫过于对他说:哎呀!我怎么没想到?"这句话正体现了习性学在研究方法上的立足点:深入动物生活的真实环境,观察自然状态下有意义的行为,要见前人所未见。当代心理科学试图建立连接神经基础与社会行为的桥梁,但目前仍处于这一宏大目标的初级阶段,尚未找到一种符合自身需求的、标准的路径或范式,亦不具备统领性的理论。这种情况下,对新的、真实的心理现象的发现与综合也许是最具实效的贡献。由于种种原因,今天心理学的研究仍然常常不得不盲从于其他自然科学的范式,洛伦兹曾警告的"对物理模式加以仿效的时尚"在今天依然流行,并随着技术手段的进步不断改头换面。洛伦兹所主张的"自由选择研究问题的层次"和"深入真实情境研究有意义的行为"仍然值得被反复提倡、大力践行。美国心理科学协会(APS)2009年组织的一场讨论中,一篇名为"什么样的研究应当被发表、资助和褒奖"的编辑推荐文章指出:"当我们衡量一项研究的价值以决定是否给予发表、资助或奖励时,所考虑的基本问题应当是该项研究对于增进对心理现象的理解做出了多少贡献,而不应是它是否使用了某种研究的范式或技术。"[①]这一最新动向提示我们:"现象"仍然是心理学研究的核心。洛伦兹对行为现象的集中关注,正是牢牢抓住了心理学不同于其他学科的、最有价值的部分。

<<< 专栏四

社会生物学

社会生物学(sociobiology,亦称为行为生物学或心理生物学),是对社会行为的生物学基础的系统研究。该术语源自爱德华·威尔逊1975年出版的著作《社会生物学:新的综合》(Sociobiology: The New Synthesis)。社会生物学试

---

① Paul Rozin(2009). What kind of empirical research should we publish, fund, and reward? A different perspective. Perspective on Psychological Science, 4, 435—439.

图以自然选择和其他生物学机制来理解并解释动物和人的社会性行为。社会生物学的核心原则之一，是基因和基因的传递是动物生存的根本动机，动物行为的目的是最大限度地向后代传递自身的基因。因为行为模式具有一定程度的遗传性，所以自然选择能够塑造行为以增大个体传递基因的机会。

社会生物学已对理解动物的社会性行为做出了若干贡献。它解释了在自私的基因的支配下许多动物的利他行为：利他行为通常对与个体有血缘关系的亲人有利，亲人的基因与利他者有部分重叠，亲人的存活补偿了利他可能带来的损失。这就可以理解为何兵蚁不惜牺牲自己以保卫蚁穴，工蜂为何放弃生育而一心一意服务于蜂后的繁殖。社会生物学还解释了一些动物两性行为的差异：两性为了使自己的基因传递最大化而采取了不同策略。

当社会生物学被用于解释人类社会行为，则面临着巨大的争议。一种反对的理由是：人类的许多行为更像是文化的建构或进化的副产品，并没有什么适应性的目的。以威尔逊为首的一些社会生物学家被认为是在给诸如性别歧视、种族歧视等广泛存在的不道德行为赋予适应性的价值，从而使之合理合法。社会生物学的支持者则强调：至少人类行为的某些方面受到自然选择的影响，即使用进化论不能完美地解释人类行为，也应给予它与其他科学假设平等的评价。而且，社会生物学并不等同于严格的生物决定论。

（资料来源：不列颠百科全书网络版：社会生物学．http://search.eb.com/eb/article-9068475）

七、结束语

在一般人看来，洛伦兹的一生可谓跌宕起伏，赞誉和批评始终如影随形。但洛伦兹自己几乎从不提起这些，也许这些根本就不在他的视线之内。从4岁的第一只蝾螈，到陪伴他生命最后岁月的雁群，洛伦兹把全部的热情投注于身旁的动物伙伴。他向动物们学习怎样生活，顺从着动物们慵懒的习惯，任凭多瑙河畔的浅草滩耗去他大把的时光；动物们把他作为自己生活的一部分，陪他走过一程又一程,与他分享动物世界中所有的喜怒哀乐。动物的行为之所以是不为人知的秘境,是因人类被上帝从与其他造物共同生活的天堂中放逐,洛伦兹是第一个重回这一天堂的人,他的内心深处一定葆有一份最原始的纯真。

洛伦兹的恩师赫许斯特在71岁告别维亚纳大学时,面对后学们的感谢,说了这样一段话:"你在感谢那些我不应该得到的东西。感谢我的父母、我的祖先。他们遗传给我顺其自然的性格。假若你问,我这一生在研究和教书的园地里做了些什么?我必须诚实地回答:我常常做那些当时我感到最有趣的事!①"洛伦兹后来在自己的著作中原封不动地转述了这段话,他必定是对这段话印象极为深刻。

因为洛伦兹自己就是这样的人!

---

① Konrad Lorenz (2000). 攻击的秘密. 王守珍译. 北京:中国和平出版社,292.

埃莉诺·杰克·吉布森

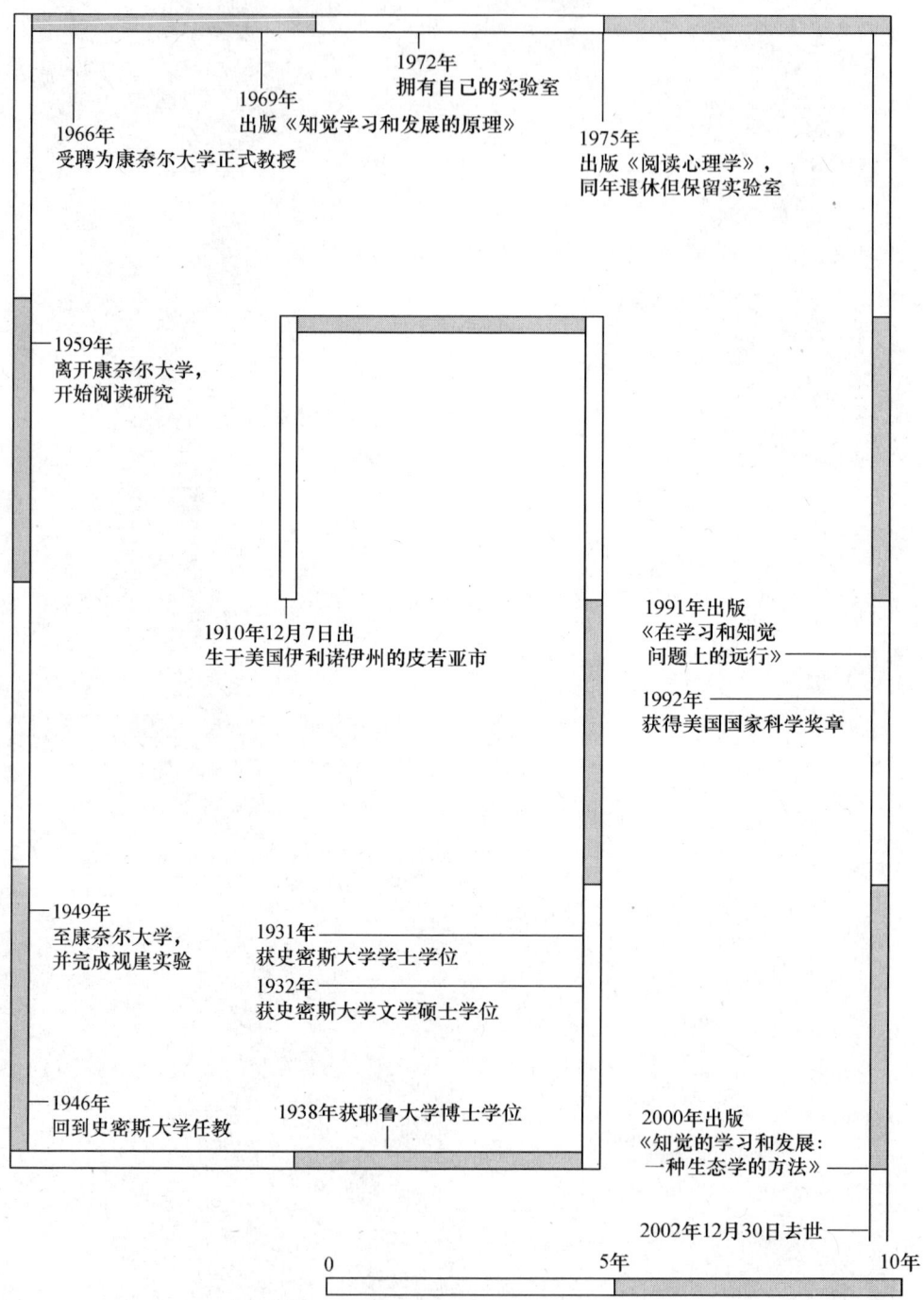

埃莉诺·杰克·吉布森年表图

埃莉诺·杰克·吉布森(Eleanor Jack Gibson,1910—2002),美国著名的实验心理学家。吉布森坚持知觉的生态学视角,主张从知觉与环境、知觉与行动两个系统研究知觉过程,在动物心理学、学习心理学和儿童心理学领域作出了重要贡献。她的婴儿知觉研究成果在心理学界尽人皆知,其著名的视崖实验表明了知觉学习的关键过程是分化。吉布森的心理学家之路虽然十分艰辛但也充满幸福。她在美国经济大萧条时期涉足心理学,在女性受歧视的大环境下艰难地完成学业,在战争期间随丈夫詹姆斯·杰罗姆·吉布森(James Jerome Gibson)四处漂泊,但她从未因这些挫折而沮丧。相反,她庆幸自己能和詹姆斯相遇并相伴一生,为能拥有两个可爱的孩子和一个美满的家庭而快乐幸福,并为能有机会就读于开明的史密斯大学和结识志趣相投的朋友而心怀感恩。凭籍自身的勇敢、勤奋和坚忍不拔,吉布森克服重重困难,最终成为一名令人敬仰的心理学家,并获得了"杰出科学贡献奖"、"国家科学奖章"和"终身成就奖"等许多重要荣誉。作为美国为数不多的著名的女性心理学家之一,吉布森所作出的杰出贡献和她勇敢而坚强的一生,使她的名字载入了心理学的光辉史册。

一、生平

1. 快乐成长

1910年12月7日，埃莉诺·杰克·吉布森出生于美国伊利诺伊州（Illinois）的皮若亚市（Peoria）。吉布森的父亲威廉·亚历山大（William Alexander）是一位成功的商人，母亲伊莎贝尔·格里尔（Isabel Grier）从史密斯大学毕业以后就成为一名全职太太，吉布森唯一的妹妹艾米丽比她小5岁，后来成为了一名职业女性。

吉布森在皮若亚市度过了一个美好的童年。与美国普遍的独立小家庭不同，吉布森的家庭被融入在一个几代人聚集在一起的中产阶级大家庭中。在这个大家族里，不仅有将军、乡绅和商人，还有律师和校长。从1856年吉布森的曾祖父一家西迁至伊利诺伊州起，整个家庭唯一不变的就是他们坚守的基督教分支长老宗的信仰。事实上，皮若亚市的第二所长老宗教堂就是吉布森的曾祖父和外曾祖父创建的。每年的圣诞节和感恩节，全家人总要聚在一起吃丰盛的晚餐，而吉布森的祖母每次都需要准备两张大餐桌和两只烤火鸡才勉强应付得来。

吉布森5岁时，她的母亲因为临近生产将她托付给佣人照顾。5岁的吉布森常常跟着7岁的堂姐卡西（Cassie）到学校听课。老师见吉布森已经识字而且又聪慧乖巧，不忍心看她无人照顾，于是就破格准许她提前上学。吉布森非但没有因为年纪小而落下功课，反而和堂姐卡西一起跳了一级。吉布森12岁时就进入了当地最好的中学皮若亚高中。高中毕业后，吉布森成功地被马塞诸塞州的史密斯大学（Smith college）录取。史密斯大学不仅曾经是她母亲的母校，也是她和她的丈夫詹姆斯·吉布森相遇的地方。

至此，吉布森告别了她的家乡伊利诺伊州，开始了一段不平凡的心理学家旅程。但伊利诺斯州的记忆并没有从此在吉布森的脑海中淡去，她在晚年时仍然能够生动地回忆起儿时喝过的家酿三叶杨红酒、家乡老屋的布置、每年圣诞节热闹的晚餐等趣事。

2. 携手共进

1927年,16岁的吉布森终于来到了她向往已久的史密斯大学。她对这所大学充满了期待。由于受到当时美国经济大萧条的影响,吉布森放弃了主修语言学的机会而选择了她的第二志愿——心理学。恰巧,当时在心理学系任教的詹姆斯·吉布森也放弃了报酬丰厚的一纸聘书,而选择继续留在史密斯大学。现在看来,正是这些"巧合"成就了后来一段美满的姻缘。

吉布森和詹姆斯的第一次相遇是一场童话般浪漫而美丽的意外。一年级结束时,吉布森报名作毕业典礼的志愿者。在毕业典礼那天,吉布森穿着由妈妈亲手缝制的蓝色纺纱外套,显得十分清丽秀气。偏偏那一天又适逢大雨,吉布森被困在回廊的拐角处,当时同样也在那里躲雨的还有受邀参加家长见面会的詹姆斯。吉布森后来回忆时说:"这一天应该被写进家庭纪念日中!"吉布森和詹姆斯的这次偶遇并不是普通的萍水相逢。那天晚上,詹姆斯用他那台破旧的福特牌老爷车把吉布森送回了宿舍。第二天一早,吉布森赶在回家之前冲到了教务处,把詹姆斯所教授的实验心理学课程添加进了自己的选课表。

在詹姆斯的实验课上,吉布森尝试了许多有趣的实验,并发现自己已经疯狂地迷上了心理学,于是她立志成为一名真正的实验心理学家。1931年的夏天,吉布森以全优的成绩完成本科学业;同年9月,吉布森获得了助教奖学金,可以继续留在史密斯大学攻读文学硕士学位,她所选择的导师自然就是詹姆斯。吉布森和詹姆斯之间的关系也已从淡淡的相识渐渐发展成深深的相知,两个人在不知不觉中培育出盛

埃莉诺和詹姆斯·吉布森的婚礼
资料来源:Perceiving the Affordances: A Portrait of Two Psychologists, by E. J. Gibson, 2002, p. 20

开的爱情之花。1932年，吉布森在史密斯大学获得了文学硕士学位。同年夏天，她和詹姆斯在吉布森父母的家乡伊利诺伊州举行了婚礼。虽然他们只邀请了亲戚和住在皮若亚市的几位朋友，但这场婚礼依然充满了温馨和浪漫。此后，吉布森便从夫姓，正式更名为埃莉诺·杰克·吉布森。

吉布森渴望在心理学的道路上更进一步。在她看来，一个文学硕士的身份显然是远远不够的，于是她申请了耶鲁大学心理学系的博士研究生项目并被录取。当时，耶鲁大学全校仅有40多名女性研究生，而这还是因为政策中规定必须招收一定比例的女性。在这样一个性别不平等的大环境下，吉布森没有获得任何形式的奖学金和助学金。1934年的秋天，吉布森只身前往耶鲁大学，她所面临的第一个决定就是选导师，而在选导师过程中经历的挫折却令吉布森终身难忘。吉布森原本打算跟随罗伯特·默恩斯·耶基斯（Robert M. Yerkes）[①]教授学习开展动物研究，因为耶基斯教授在纽黑文市有一个黑猩猩实验室。在递交申请之后，吉布森不得不等上10天才有机会和耶基斯教授会面。见面时，耶基斯教授甚至都没有邀请吉布森落座就开门见山地问她来这里的理由，等吉布森说出想师从于他的愿望后，他竟然直接起身推开门说："我的实验室不需要女学生"。本来吉布森还可以像其他女同学那样选择另外两位教授，但她执著于那些重视实验和推理的"硬科学"，于是吉布森又向克拉克·伦纳德·赫尔（Clark Leonard Hull）[②]教授提出了申请。赫尔教授从事的研究领域是学习，他的观点更像是几何学上的公理，而且他要求学生必须采纳他的概念和方法。吉布森虽然不喜欢这种方式，但她舍不得放弃能够做实验的机会，最后还是成为赫尔教授的学生。1938年6月，吉布森顺利获得博士学位，成为一名真正的心理学家。她回到史密斯大学做助理教授，并将她的博士学位论文整理成四篇文章，其中一

[①] 罗伯特·默恩斯·耶基斯（Robert M. Yerkes，1876~1956），美国心理学家、动物行为学家、灵长类动物学家，是人类智力和灵长类动物智力研究的先驱。耶基斯和他的同事约翰·多得森（John D. Dodson）一起提出了著名的耶基斯——多得森定律。耶基斯——多德森定律表明，操作与激动水平之间的曲线关系，随着操作的难易和情绪的高低而发生变化。操作困难的代数问题的最佳状态，处于较低的激动水平；操作初步算术技能的高峰处于中等水平；操作简单反应的高峰，处于较高的激动水平。这说明，学习内容越困难，学习效果越容易受到较高激动水平的干扰。如高度愤怒或过分高兴时，解答难题的效果不佳，简单的操作高度的激动水平效果较佳；而一般操作，适宜于中等激动水平。

[②] 克拉克·伦纳德·赫尔（Clark Leonard Hull，1884~1952），美国第一代新行为主义的重要人物，构建假设-演绎行为主义体系，把学习定律加以数量化，坚持和发展严格客观的行为主义途径。30年代至60年代间，其学习理论是最占优势、影响最大的学说之一。

篇发表在《心理学评论》(Psychological Review)上，另外三篇发表在《实验心理学杂志》(Journal of Experiment Psychology)上。

吉布森在求学路上每每遇到挫折都会想起史密斯大学，在她晚年回忆起史密斯大学时也是充满了感恩之情。她说：

> 那时候（1934年吉布森在耶鲁时），在女性受教育问题上和耶鲁形成最鲜明的对比的就是史密斯大学。史密斯是一所女子大学，这里不仅允许而且鼓励女性投身于科学研究。也许很多大学表面上也向女性敞开了大门，但我深深的怀疑，它们能够像史密斯那样真正的鼓励女性成为一名受人尊敬的学者吗？(Gibson,2002)[①]

吉布森回到史密斯大学之后，詹姆斯也在史密斯大学获得了终身教职，吉布森自然而然地成为了詹姆斯的助手。作为当时为数不多的女性心理学家之一，吉布森很少有机会被邀请去参加学术报告或会议。也正因为如此，她非常珍惜每一个能够走近心理学的机会。当时库尔特·卡法（Kurt Kaffka）教授受邀每个星期到史密斯大学组织一次研讨会，主要是讨论和评述时下最新的研究成果或实验报告。吉布森从未错过一次这样的讨论。

1939年，吉布森怀孕了。按照当时的惯例，女性在怀孕之后通常会退出心理学的职业舞台。但是，吉布森仍然坚守她作为心理学家的职业梦想，史密斯大学也十分宽容地为她保留了教职。隔年吉布森顺利生下一个男孩，也就是她和詹姆斯的第一个孩子小詹姆斯（James J.）。小詹姆斯的出世给吉布森夫妇的生活增添了无限的欢乐，直到太平洋战争爆发打碎了这个小家庭短暂的宁静。1941年12月7日，随着日本轰炸珍珠港的消息传开，太平洋战争宣告开始。当时的美国总统尼克松将大批避难的欧洲心理学家安置在了史密斯大学。这些科学家背井离乡，除了满腹的知识和良好的教育之外，几乎身无一物。吉布森很快就和他们中的很多人结识并成为好友。战争开始不久后，詹姆斯被派往前线作心理测量的研究，用来甄选优秀的轰炸机飞行员。吉布森不想忍受聚少离多的分隔之苦，她决定举家搬往得克萨斯州的沃斯堡市，陪詹姆斯一起度过这场漫长

[①] Gibson E. J. (2002). Perceiving the affordances: a portrait of two psychologists. New Jersey: Lawrence Erlbaum Associates.

的战争。其间夫妻二人被迫多次搬家,他们的生活就像是大海中的两叶扁舟一样四处漂泊,但他们却始终携手同心。1943年,吉布森有了她的第二个孩子珍(Jean Grier)。在之后数年时间里,吉布森暂时放下了研究工作,而将她的主要精力放到了支持丈夫和照顾家庭上。

1946年,詹姆斯结束了在空军的研究工作,和吉布森一起返回史密斯大学继续任教。吉布森原本担心时隔四年以后,她是否还能胜任教学工作并同时照顾好家庭,但这些顾虑完全是多余的,吉布森为此感到十分欣慰。此后,吉布森的家庭生活又恢复了以往的宁静,只不过她的工作量翻了一倍,以至于她无暇开展自己的新的研究。

1949年,詹姆斯接受罗伯特·麦克劳德(Robert B. McLeod)的邀请到康奈尔大学任全职教授。詹姆斯,再加上著名的朱利安·赫伯格(Julian Hochberg)和瑞安(T. A. Ryan),可以说当时的康奈尔拥有了一支颇具实力的知觉研究团队。遗憾的是,康奈尔并没有给吉布森提供任何职位,但她还是毅然决然地离开了史密斯大学,陪同詹姆斯前往康奈尔。结果证明吉布森的决定是正确的。在康奈尔,虽然她没有正式的职位,更谈不上自己的实验室,但她至少有机会潜心于做研究。当时康奈尔著名的行为主义心理学家霍华德·林达(Howard Liddle)邀请吉布森到他的"行为农场"实验室工作,她被指派做山羊神经症的研究。虽然吉布森对此项工作并不感兴趣,她对条件化引发神经症的方法本身也心存怀疑,但她仍然接受了这份邀请,因为这毕竟是她唯一能够做研究的机会。吉布森在农场工作的两年里,她有机会尝试做发展性的实验,但复活节期间实验山羊的意外流失导致实验中途夭折。虽然吉布森在农场的这段工作经历短暂而又充满挫折,但她依然觉得自己获益匪浅,因为在这里她找到了真正的兴趣所在。吉布森决定以后有自己的实验室时继续从事发展性研究,若干年后她的梦想成真。

离开行为农场之后的几年,吉布森一直从事心理物理学的研究,但她没有把自己关在实验室里,而是走到了真正的日常生活之中,在最自然的环境中研究和距离相关的问题。其间,吉布森注意到了当时在知觉问题上两个激烈交锋的争论——丰富理论(enrichment theory)和特异理论(specificity theory),她也开始有了自己的思考,这为后来吉布森的分化理论的提出奠定了基础。

1955至1956年,吉布森跟随丈夫詹姆斯访问了加利福尼亚沙克研究所

(Salk institute)、加州大学伯克利分校、牛津大学等多所著名大学,游历了欧洲的许多国家,他们的足迹甚至远至俄罗斯。这次旅行让夫妇二人结识了许多著名的心理学家,吉布森一路上也获益良多。回到康奈尔之后,吉布森迫不及待地想要潜心于研究。人到中年的她已拥有了美满的家庭、亲密的朋友、优秀的学生和热爱的工作,步入做研究的黄金时期。吉布森和理查德·沃克(Richard D. Walk)在康奈尔的无间合作成为她学术生涯中重要的转折点,从最初的老鼠、小猫等哺乳动物的视崖实验到后来婴儿视崖实验的成功,吉布森的名字逐渐在心理学界被越来越多的人知晓。作为当时为数不多的女性心理学家之一,她也赢得了社会的尊重。

1959年,沃克离开了康奈尔,吉布森不得不终止了视崖研究。同年,吉布森到普林斯顿大学进修。在普林斯顿大学,她接受了原康奈尔的同事哈利·莱文(Harry Levin)和阿尔弗烈德·鲍尔温(Alfred Baldwin)的邀请加入到一个阅读项目的研究中。20世纪60和70年代,心理学的发展方兴未艾,但心理学的这股迅猛发展的势头尚未波及至阅读领域,而吉布森正是在这个时候步入了这个陌生的研究领域,而这一步一走就是12年。其间吉布森对阅读的理解峰回路转,从起初认为阅读是被动的,到后来将阅读与知觉学习联系起来,吉布森完成了从信息加工主义者到功能主义者的蜕变。

吉布森将1965年之后的十年称为"著书的十年"。多年前完成的视崖研究以及当时参与的阅读项目,使吉布森开始有了理论上的思考,她认为是时候将它们整理成书发表了。1969年和1975年,吉布森出版了两本著作《知觉学习和发展的原理》和《阅读心理学》,她的观点引起了许多心理学家的关注。

吉布森几十年来的勤奋和坚持最终都得到了回报,但当荣誉和名望真正到来时竟是那么的突如其来,甚至连吉布森自己也觉得恍然如梦。吉布森在写书期间,有三件事让她惊喜不已:首先,1966年是让人欣喜的一年,吉布森被康奈尔大学聘为正式教授,她终于可以在学生的文件最后签上自己的名字。虽然这貌似小事,但对吉布森来说却意义非常。其次,1972年,吉布森得到史密斯大学授予她的第一个荣誉学位;同年,康奈尔大学聘请吉布森做 Susan Linn Sage 心理学教授,而这个职位通常只授予哲学家,且除了苏珊本人外还从未授予任何女性,吉布森成为了第一个被授予此项殊荣的女心理学家。最后,吉布森终于结束了几十年来"寄人篱下"的学术探索生涯,拥有了自己的实验室。于是她毅然放弃了阅读领域的研究,回到了她最初的梦想——婴儿知觉研究。这件事让吉布森感到由衷的快乐,她不禁感叹"我可以和建筑师一起来设计它!"

3. 独自前行

1979年春天,吉布森夫妇最后一次一起旅行。同年12月11日,吉布森的丈夫詹姆斯·吉布森因患胰腺癌不幸辞世,吉布森一家在悲痛中度过了一个漫长的圣诞节。一段时间以后,她意识到自己是时候该站起来重新出发。此后的岁月,吉布森的生活一直围绕着两个主题——她的实验室和她的老朋友们。

1975年,65岁的吉布森退休时,她依然可以继续拥有自己的实验室。虽然吉布森早就已经决定做婴儿知觉发展方面的研究,但在詹姆斯辞世以后,她又将实验室的工作细化为三个方面:首先,她决定继承和发扬詹姆斯所提出的"提供量"(affordance)的概念,探讨婴儿对物体、地点和时间的提供量知觉的发展,这也是实验室最为重要的一个研究题目;其次,她想要研究婴儿对平面信息的习得问题,尤其是当婴儿开始学会双脚行走时如何能够知道平面适合运动;最后一个问题相对较为宏大,即如何保持姿态的稳定及其发展过程,她是在一个可移动的房间(moving room)[①]中完成与这个问题相关的一系列实验研究的。

除实验室之外,另一个让吉布森走出悲伤的动力源自她的老朋友和过去的学生们。他们相继邀请吉布森到各个大学访问或是讲学。就这样从1981到1986年六年里,吉布森的足迹遍布明尼苏达、南卡罗来纳、宾夕法尼亚、达特茅斯大学心理学系的讲堂。在这里不得不提一下吉布森此间一次特殊的旅行。1982年,吉布森曾应邀来中国访问了北京大学。那时文化大革命刚刚结束,中国的心理学家迫不及待地想要回到学术研究的轨道上来。之后吉布森还一直清楚地记得她和一班讲着蹩脚英语的成年学生进行讨论的情形,并曾十分期待有一天能够在美国的心理学会议上再次和她的这些中国朋友们相逢,但遗憾的是这个愿望终难实现。不过吉布森这次短短的中国行却成了她一段抹不去的记

---

① 可移动的房间是一个盒子状的装置,其中当天花板和两侧的墙壁移动而正面的墙壁不动时被称作边缘视觉本体感觉(peripheral visual proprioception);当天花板、两侧的墙壁和正面的墙壁同时移动时被称作整体视觉流(global optic flow)。

忆。现在当我们重温这段历史时,我们感谢吉布森曾在中国心理学的发展历程上留下过这不经意的一笔。

1987年,吉布森卖掉了她和詹姆斯在伊萨卡市(Ithaca)一起生活过几十年的老屋,搬到了米德尔伯里(Middlebury)的一所古朴的砖房。此后,吉布森时而继续她的学术之旅,时而潜心在书房写作。她的学术之旅充满了乐事,比如她在埃默里大学将好友迪克·奈瑟(Dick Neisser)的办公室改造成一个自然的实验场,又比如她在南卡罗来纳大学的毕业典礼上做了一段简短而有趣的致辞。这些美好的经历以及对它们的回忆给吉布森的晚年生活带来了无限的欢乐。至于学术成果方面,她觉得1969年的那本《知觉学习和发展的原理》开创了一个全新的领域,现在是时候续写这个问题,将她之后几十年的新思考加入其中。就在那间简朴的书房里,吉布森完成了她学术生涯中最满意的一篇文章"知觉、行动和知识获得在发展过程中的探索行为"(Exploratory Behavior in the Development of Perceiving, Acting and the Acquiring of Knowledge),发表在《心理学年鉴》上。1991年和2000年,她的另外两本著作又相继出版,一本是《在学习和知觉问题上的远行》,另一本是《知觉的学习和发展:一种生态学的方法》。

吉布森晚年时,各种荣誉纷至沓来。南卡罗来纳、埃默里、明德学院等多所大学都授予她荣誉学位。吉布森的成就和贡献让她在1992年收获了最重要的一项荣誉——国家科学奖章,这是由当时的美国总统布什在白宫玫瑰花园亲自颁发的。吉布森将颁奖时拍摄的精致的留影挂在了家中的墙上。但在所有这些荣誉中,令她感触最深的还是耶鲁大学所授予的荣誉博士学位,因为在耶鲁大学曾有过令她刻骨铭心的求学道路上的

布什总统给吉布森颁发国家科学奖章
资料来源:Perceiving the Affordances: A Portrait of Two Psychologists, by E. J. Gibson, 2002, p.126

一段经历。在她参加加冕礼那天,对她百般刁难的耶基斯教授和慈祥热心的赫尔教授的形象仿佛都历历在目。

没有了詹姆斯的陪伴,吉布森一个人的旅行虽然充实却不免寂寞。1996年,吉布森的健康开始每况愈下,不能远行的她对詹姆斯的思念似乎又多了几分。2002年12月30日,埃莉诺·吉布森与世长辞。

二、视崖的故事:一条艰辛的探索者之路

20世纪四五十年代,随着心理学逐渐被承认为一门科学,比较心理学的方法也日渐成熟起来。这时年轻的吉布森从动物比较心理学出发,踏上了一条艰辛的探索之路。无论是启程、成长、还是收获,吉布森这一路走来,虽然困难重重却也是硕果累累,她在专业成就中的经典之作"视崖研究"就是在这个时期完成的。

1. 比较之梦终难成

出于对动物研究的热情,吉布森从史密斯大学毕业之后申请到耶鲁大学耶基斯教授的灵长动物实验室攻读博士学位。女性在当时的美国处于弱势地位,耶基斯以不收女学生为由拒绝了她的申请。耶基斯实验室里的两个年轻的教授同情吉布森的遭遇,他们尽量创造机会让她参与到研究中来。吉布森也因此能够和比较心理学保持着一线联系,可比起她强烈的求知欲,这点帮助不过是杯水车薪罢了。

一次,吉布森有机会参与一位法国学者的研究项目。这项研究是要考察未受精的雌鼠被注射泌乳素之后在母性行为上的变化。在实验设计上,吉布森曾建议增加一组不注射泌乳素的成年雌鼠作为控制组;在实验操作上,吉布森负责定时将雌鼠和一些幼仔放到一起并记录雌鼠表现出的照顾行为。随着实验的进行,雌鼠照顾幼仔的需求极速膨胀,这使吉布森的工作变得十分繁重,但她仍然坚持了三个月直到这个实验结束。实验的结果表明,无论是实验组还是控制组的老鼠都表现出母性行为的激增。这项研究的数据后来得以发表,但在作者中唯独少了吉布森的名字,其中的原因不得而知。吉布森受过的委屈远不止如此。例如,上面实验所用到的幼鼠是从其他项目借来的,每次观察之后要将幼鼠放回

指定的鼠笼。有一次,一只灰毛幼鼠出现在白毛成鼠的笼中,这个错误被归咎于吉布森的疏忽所致。但实际上吉布森每次归还幼鼠时都十分小心,因此,清洁人员或者其他工作人员出现失误的可能性其实更大。实验结束时,吉布森非但没有得到感谢,反而是黯然离开了实验室。

离开耶鲁大学之后,吉布森回到史密斯大学讲授比较心理学课程,但由于环境条件所限,她没能继续开展动物研究。直到二战结束以后,吉布森和她的丈夫迁居到了康奈尔,她才有机会重新开始久违的动物实验。1949年,康奈尔大学的利德尔教授邀请吉布森到他的"行为农场"实验室工作。这个"行为农场"致力于动物神经症的实验研究并且得到了某机构奢侈的资助。农场上饲养的动物主要是山羊。虽然利德尔教授没有提供任何正式的职位,动物神经症也并非吉布森的兴趣所在,但她还是接受了这份邀约,因为这毕竟是她做动物研究唯一的机会,自此吉布森在比较心理学的道路上重新出发。为了使实验羊罹患神经症,利德尔教授选择的方法是经典的条件反射范式——首先给山羊一个信号,如铃声,紧接着向山羊的前蹄施以电击(无法躲避)。吉布森每天的工作就是重复这些程序,几次下来,山羊开始变得不那么友善,它们看见吉布森走近便会四处逃窜甚至攻击她,但吉布森还是坚持完成了这项并不愉快的工作。整个过程下来,山羊每当看到条件化信号(铃声)就会出现神经症反应,如心跳加速、呼吸紊乱,在行为上则表现出各种防御反射,如后退、静止、低头、蜷伏等等。这个结果回答了当时备受关注的"电击角色"的争论:否定了"临近-替代说",即将电击看作与中性刺激(铃声)配对呈现的非条件刺激,用来引发非条件反应;进而支持了"效果说",即电击是引起不愉快体验的负强化刺激,会抑制在它之前出现的任何行为。

在农场的第二年,吉布森参与了一个关于初生动物和母亲间的亲子关系的研究项目,这个项目重新点燃了她的研究热情。吉布森注意到,农场上的山羊有生产双生子的优良传统,这样就可以把它们分别放到实验组和控制组,一组接受某种实验处理而后观察它们在行为上的变化,另一组不做任何改变而仅仅作为对照,很多实验的成功正是得益于山羊生产双生子的这种特性。有一次,吉布森想要考察初生羊崽身上的化学物质对亲子关系的影响。她将刚出生的双生羊崽分到实验组和控制组,只允许实验组的羊崽接触母羊,而将控制组的羊崽与母羊分隔开来。实验的结果其实并不令人感到意外,正如有经验的农场主所说,母羊只有在舔过羊崽身上的化学物质之后才会产生哺育行为,否则只会驱赶甚至攻击羊崽。虽然这个研究本身并没有得到什么新发现,但其间发生的一次小意外却为之后著名的视崖研究埋下了伏笔。母羊生产过程中,吉布森要在它第二次分娩前迅速将先出生的羊崽抱开并在某种特殊的溶液中冲洗干净,避免它和母羊或者另一只双生羊崽接触。一次,吉布森刚刚给第一只小羊崽洗完澡还没来得及安置它,眼看另一只羊崽出生在即,情急之下,她把尚且湿漉漉的小羊崽放到了旁边一英尺见方的高台上。本来她还担心小羊崽会从台子上摔下来,但她惊奇地发现刚出生的山羊就已经能够分辨出悬崖并且本能地回避危险:高台上的小家伙战战兢兢地站在那里,一步也没有挪动,直到吉布森将它抱下来。科学上的创新大都源自美丽的意外,吉布森在这之后所做的一系列经典的视崖实验正是得益于此。

2. 视崖的故事

万事开头难。视崖研究并不是从那次意外之后就马上开始的,其后的又一次挫折让吉布森绕了好几年的弯路。在动物亲子关系的研究尚未结束时,农场主就将实验用的小羊崽作为复活节礼物送了出去,在这之前却完全没有知会吉布森。于是吉布森被迫再次放弃了她所热爱的动物研究,来之不易的视崖灵感也随着她不得已地离开农场而逐渐淡去。直到四年之后,沃克教授迁居到康奈尔并建立起动物研究实验室,吉布森才得以第三次回归比较心理学。与之前几次不同的是,这一次的重新启程没有再令吉布森失望,反而使她在心理学领域大放光彩。

当然,著名的视崖研究并不是一蹴而就的。吉布森和沃克合作的第一个实验是关于动物的成长环境对知觉发展的影响。这一次吉布森毅然决定用老鼠作为实验对象,她相信不会有人愿意把老鼠当作礼物。1947年瑞森(Riesen)所做的著名的黑猩猩在黑暗环境中的知觉发展实验开启了动物研究的新篇章,环境因素在知觉发展的作用问题吸引着愈来愈多的研究者,吉布森和沃克就是在这个时候加入到这股研究热潮中的。他们想要知道,如果"贫瘠"的环境会损害知觉的发展,那"丰富"的环境是否会起到增益的效果呢?他们的做法是,在"丰富"条件组的鼠笼周围悬挂形状各异的几何图形,而"贫瘠"条件组不悬挂任何图形。

但遗憾的是,无论是"丰富组"还是"贫瘠组"组的老鼠,它们在辨别任务中的测试成绩都没有出现预期中的明显差异。于是吉布森和沃克在商议后决定增加一组"暗室老鼠"来增强对比,这个决定引出了后来一连串的视崖研究。

要想在完全黑暗的环境中饲养老鼠绝非易事。我们不妨试想一下,除了必须要克服身处暗室的不安情绪之外,还要整日和不太友好的老鼠打交道,这是一件多么令人苦恼的工作!艰苦的工作环境让吉布森吃了不少苦头,这期间只要有丝毫的犹豫或者逃避都会令整个实验前功尽弃,但吉布森坚定的决心和毅力让她勇敢地坚持到了最后。吉布森和沃克都认为,如此辛苦的工作仅仅是为了测试一项知觉任务未免有些得不偿失,于是他们商量,希望尽可能多地增加测试项目。沃克建议考虑深度辨别测试,这不禁让吉布森回忆起她在"行为农场"接生小羊崽时的那次意外收获。偶得灵感的她在纸上随意的勾勒出一个草图,而这寥寥的几笔正是著名视崖装置的雏形。在装置中心凸起的两侧分别是水平玻璃板,其表面距离中心凸起的物理深度是相同的,但由于桌布摆放位置的垂直高度不同,在视觉上引发了"深崖"和"浅崖"的知觉效果。这张设计图背后的意义远不止结构示意图那么简单,它象征着吉布森在比较心理学的道路上经历了两次放弃三次回归之后依然坚守住的那份执著和信念。

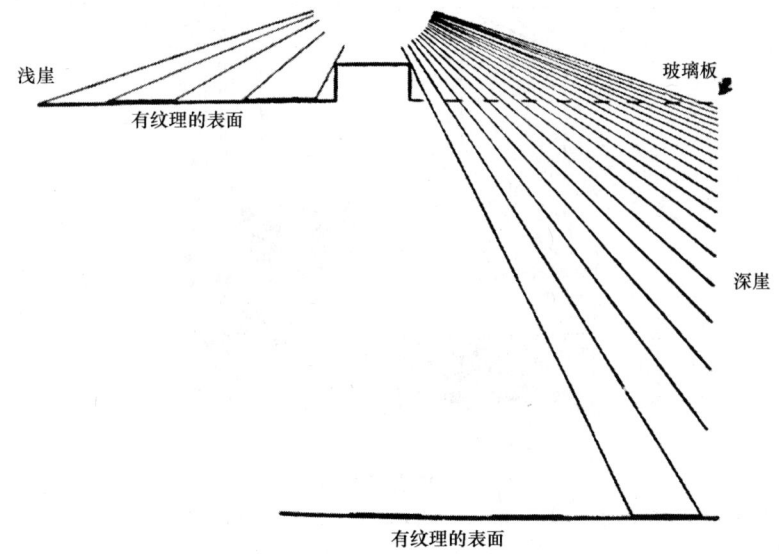

视崖装置结构示意图

资料来源:An Odyssey in Learning and Perception, by E. J. Gibson, by E. J. Gibson, 1991, p.153

有了设计图之后,吉布森开始到处搜罗材料,这个过程就像寻宝游戏一样有趣却又充满挑战。她在实验室的储物柜和角落里挖掘各种可能会用到的工具,比如桌布、玻璃板、测量杆、夹子等。吉布森把它们拼到一起,完成了第一个视崖装置。虽然它不如后来的婴儿视崖精致,材料也没有那么复杂,但其设计的精巧程度却毫不逊色。整个装置由两块厚玻璃板组成,用金属支架平行于地面向上撑起 50 英寸高,将一块厚度约为 3 英寸的长方形木块横放在玻璃板中央而将其分成面积相等的两个部分。在玻璃板的"近端",一块方格桌布被放到两块玻璃板之间,制造出"浅崖"的视觉效果,而在玻璃板的"远端",将相同样式的桌布平铺在地面上,这样从玻璃上方看就有了"深崖"的效果。可以看出,中央凸起距两端玻璃板平面的实际高度均为 3 英寸,两块区域的唯一差别在于其视觉深度。浅崖的视深仅为 3 英寸,而深崖的视深为 53 英寸。后来吉布森所改进的婴儿视崖除了增加了玻璃板的面积以外,在其安全性和精细度方面也做了更多的考虑。

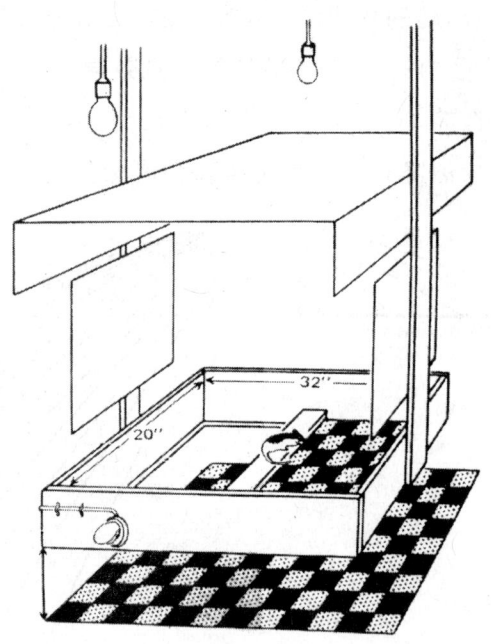

动物视崖装置

资料来源:An Odyssey in Learning and Perception, by E. J. Gibson, by E. J. Gibson, 1991, p.154

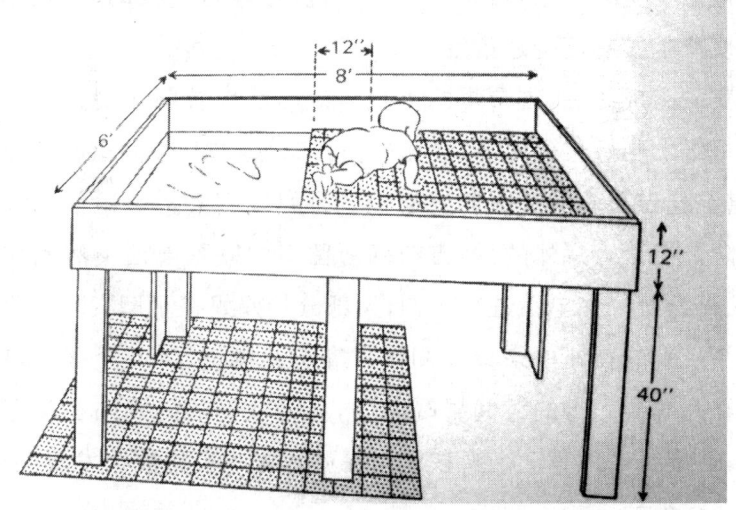

婴儿视崖装置

资料来源：An Odyssey in Learning and Perception, by E. J. Gibson, by E. J. Gibson, 1991, p.154

如果说实验设计上的灵感来源于吉布森的创造力,那么对实验的控制则基于吉布森受到的严格训练。作为一个训练有素的实验心理学家,吉布森在对变量的控制上也极其缜密。在控制实验中,她在两端的玻璃板中间都夹入桌布,即将实际深度与视觉深度一致的情况作为对照条件,从而最大程度地排除了其他无关因素的影响,避免出现任何混淆。

实验正式开始之后,吉布森将亮环境和暗环境下饲养的老鼠放到中央的木板上,结果发现它们几乎无一例外地跳向浅崖而躲开了深崖。但在控制条件下,老鼠会来回地跳向两端的玻璃板。当吉布森完成这个实验并将最后一只老鼠放回鼠笼之后,她的一个实验助手不禁感叹:"如果不是亲眼所见,我是绝对不会相信这一切的。"自此吉布森就踏上了一段崭新的旅程,但许多年以后她仍然对这个画面记忆犹新。

后来,吉布森陆续完成了大白鼠、鸡、羊、狗、猪、猴子、海龟等动物的视崖实验。实验对象不仅涉及不同的物种,它们在年龄上也有着广泛的分布。一些动物在出生之后立即就能自由活动,其他动物由于成熟期较晚在几个月后才能开始测试。有趣的是,除了海龟,其他动物都会自发地避开深崖。对于实验结果中发现的海龟这种例外现象,吉布森的解释是,海龟是两栖动物,长年的水生环境使它对深度产生了高度的适应性。

动物实验完成之后,吉布森的兴趣自然而然地转向了婴儿的视崖研究。她在当地的报纸上刊登广告招募"会爬的婴儿"。她的几个同事断定不会有人对此感兴趣,甚至连吉布森的丈夫詹姆斯也觉得妈妈们会担心她们的孩子受到惊吓而不愿冒险。但让人意外的是,吉布森所留下的联系电话突然间变成了一条热线,众多父母纷纷打来电话进行咨询,大部分的妈妈在了解实验过程之后纷纷带着她们几个月大的婴儿前来参加测试。实验共测试了 36 个婴儿,吉布森发现,尽管这些婴儿学会爬行的时间早晚不同,尽管他们的妈妈站在深崖一端鼓励婴儿爬过去,但最终也只有 3 个男孩爬向深崖。这些实验数据发表之后,在心理学领域引起了强烈的反响。

3. 一石激起千层浪

吉布森这一路走来,不曾有过自己的实验室,也不能担任项目的主要负责人或是研究生导师,但她仍然十分珍惜这些来之不易的研究机会。带着这份坦然和执著,吉布森在不属于自己的研究王国中所取得的成就让心理学记住了她的名字。

一石激起千层浪。视崖实验引出了一连串热烈的讨论,其中有褒扬,有建议,也有批评。威特金(Witkin)曾在一次会议中评论:"吉布森的那些充满想象力的实验为一些古老的心理学问题提供了崭新的视角,她在知觉问题上的认真和坚持让我们对知觉学习领域有了更多的了解。在她的研究中,吉布森既考虑了不同年龄的儿童,也包含了不同种类的动物,她真正做到将比较心理学的研究方法发挥到极致。感谢吉布森让我们看到了比较方法的灵活性,她的视崖实验给予我们很大的启示和思考。比如,在未来的研究中我们可以继续探讨,被试避开深崖而选择浅崖的内在机制是什么?一些动物刚一出生就能辨别视崖,其本质究竟如何?对于几个选择深崖的例外情况该作何解释?等等"。但威特金对吉布森的一些观点也提出了质疑,吉布森的观点更倾向于深度知觉的先天论,威特金认为这种观点过于偏激,过去的经验至少会间接地参与到行为的表达中。伯莱茵(Berlyne)也认为,即使将深度知觉看成是到一定的生长阶段自然而然获得的能力,但不可否认是,动物在视崖上所做出的反应一定和学习有关,虽然动物知觉到了深度,但爬向浅崖的反应是学习得到的。

吉布森的视崖研究发表之后,一些学者对其实验设计本身存有疑问。吉布森在一次会议中和她的同行们就此展开了友好而激烈的辩论。科根(Kogan)认为,被试的反应也可以从适应水平的角度进行解释:视觉图像会随着头动或者位移的变化而发生改变,而被试只是本能地躲避那些不符合"通常经验"的特殊变化。吉布森的回答是,适应性水平的说法不能解释暗室条件下的老鼠视崖实验的结果,黑暗环境中生长的老鼠被放到视崖上时还没有形成这种适应性。西格尔(Sigel)认为,浅崖一端的易到达性和势差效果看起来更具有吸引力,他怀疑正是这种吸引力促使被试选择爬向浅崖。吉布森对此进行反驳的理由是,在许多个试次之后,这种吸引力由于逐渐被适应而开始减弱,被试选择浅视崖的几率也应该大大降低,但实际上老鼠对浅视崖的偏好几乎没有下降。

吉布森在比较心理学的道路上并没有走得太远,实际上她在科学研究上也没有享有太多的自由,每当她觉得离目标越来越近时总会遭遇到挫折:作为学生,她的性别使她被比较心理学实验室拒之门外;作为研究助手,她无辜地被指责为不称职;作为科学家,她没有正式的教职,甚至连实验用的动物也被中途送走。幸好吉布森的勇敢和乐观并没有让她因挫折而停下脚步,但在心理学的发展进程中,她被迫放慢的脚步已造成了无法弥补的损失,令人十分遗憾。很多关于平面、客体、事件的知觉问题,她都还没有来得及研究解答,由此间接导致了神经生物学和进化生物学学科的发展几近停滞。虽然挫折没有打败吉布森,但却留下了一个又一个的遗憾。伊丽莎白·斯皮克(Elizabeth S. Spelke)曾评论说:"这些遗憾我们只能寄期望于未来年轻的科学家,如果他们能像吉布森一样有天赋以及勤奋和坚持不懈的精神的话。"

三、分化理论:一条崎岖的攀登者之路

我们如何认识世界是知觉领域中一个古老的问题。任何一种成熟的知觉学习理论都能够增进我们对世界的了解,帮助我们更有效地利用周围的信息。理论的形成源自实验的积淀。经过多年的探索,吉布森开始对知觉的学习和发展

有了更为理性的思考。十几年过去了,吉布森的思想日臻成熟,其间她像一个攀登者一样,步履维艰但却一直向前。直到1969年,吉布森写成《知觉学习和发展的原理》一书,重新诠释了何为知觉学习。

1. 分化理论的提出

分化理论是吉布森知觉学习理论体系的核心内容。追溯分化理论的源头,我们还要回到心理学历史上一个古老的争论——经验论和先天论。经验论认为知识来源于过去经验的积累,而先天论则强调知识是生来固有的。吉布森不想对两种争论的源头刨根问底,她更愿意去探索它们在知觉学习领域中的发展和延伸,即知觉是创造的过程还是辨别的过程?学习是为了丰富原本十分贫乏的感觉,还是辨识已有的模糊不清的概念?这两种矛盾分别代表了当时激烈交锋的"丰富理论"和"特异理论"的立场。根据丰富理论,知觉学习是感觉元素和过去经验彼此联结的结果,其本质在于降低或忽略知觉与物理刺激之间的对应关系。相反,特异理论强调,知觉的改变来源于对刺激的性质、特征和维度的精细加工,它的核心是增加知觉和刺激之间的对应关系。由于个体过去的经验很难在实验中得到严格的控制,吉布森认为支持丰富理论的实验证据因缺乏有说服力而显得站不住脚,反倒是特异理论能够更好地解释日常生活中的现象。于是她将特异理论的观点引入到知觉学习和发展中,建立了自己的分化理论。吉布森从分化理论的立场出发,同丰富理论,或者更广泛意义上的联结主义和强化观点展开了激烈论战。

其实早在吉布森和沃克合作老鼠实验时,她就已经对联结和强化的观点产生了怀疑。她发现,在饲养老鼠的鼠笼外悬挂几何图形会提高老鼠在图形辨别测验中的正确率,但悬挂的图形和测验的图形是否相同对成绩却没有影响。这个结果用强调经验作用的丰富理论或联结主义都是解释不通的。1955年吉布森完成了另外一项知觉实验,此后她彻底抛弃了传统学习理论的联结观点而转向了分化的视角。在实验中,她向被试呈现一张无意义的"涂鸦"图片,在随后的测验中将这张图片混入一堆相似的"涂鸦"中,要求被试找出第一次看到的那张"标准涂鸦"。这个过程重复进行,直到被试连续四次做出正确选择。吉布森所采用的刺激材料是17张和"标准涂鸦"极其相似的图形,以及12张区分度很高的无意义图形。实验结果清楚地表明,被试做出反应的特异性逐渐提高,原先不能同"标准涂鸦"区分开的相似图形最终也都被正确地辨识出来。

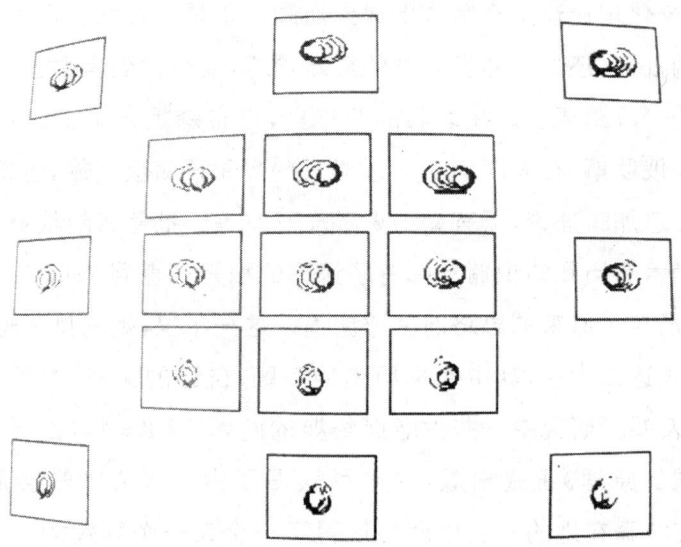

吉布森使用的无意义项目

资料来源:埃莉诺·J.吉布森(1997).知觉学习和发展的原理.李维,李季平译.杭州:浙江教育出版社,101

具有不同变式的无意义项目

资料来源:埃莉诺·J.吉布森(1997).知觉学习和发展的原理.李维,李季平译.杭州:浙江教育出版社,102

实践的积累和理性的思考使得吉布森的分化理论粗具雏形,她开始尝试将其著述成书。1959年吉布森到普林斯顿进修,她原本打算在这一年中将书稿完成,但庞大的分化理论让她在写作上遇到瓶颈。于是吉布森意识到,无论是对传统学习理论的批判,还是对知觉问题的重新诠释,要想做到言之凿凿、有据可依,她还有很长的一段路要走。在之后的四年里,吉布森足行千里、博采众家,她访问过日内瓦和俄罗斯,在MIT有过一段难忘的夏季研讨会之旅,也曾着迷于当时十分流行的信息加工理论,更有幸结识了皮亚杰等一批著名的欧洲心理学家,其间吉布森的学术阅历和知识储备都有了深厚的积累。直到1969年,吉布森重新提笔写作,她放弃了原来的思路而另辟新篇。这一年里,她笔耕不辍并且硕果累累,她的著述长达二十章,其中包括历史的回顾、自己的见解、相关领域的进展、动物研究、以及知觉研究中一些古老而经典的问题。1969年,吉布森所著的《知觉学习和发展的原理》正式出版,并一举获得了由美国心理学会颁发的"世纪奖"。此后,吉布森在她的职业生涯中取得了一个又一个辉煌的成就,这让她成为了美国当时为数不多的著名女心理学家之一。

吉布森所提出的分化理论的基本假设是:世界上的信息是大量而丰富的,知觉学习就是获取这些信息的过程。人们经常会接触到新奇而广阔的环境,最初我们所掌握的信息是极其粗略和不准确的,我们通过发掘不断变化的刺激中的恒定结构来分化信息。有些人对信息的分化能力较强,而有些人则较差。我们可以通过一个实例来生动地说明吉布森的分化理论。比如,一杯葡萄酒所包含的信息实际上远远超出我们的想象,它是由光刺激和化学物质所组成的复杂的混合物。对于一名高级的品酒师来说,他能够分辨出这些不同的化学元素组合后在味道上的差异,于是才有了我们今天的红葡萄酒、勃艮第葡萄酒、吉安蒂红葡萄酒等各式葡萄酒品种。但对于不少人来说,它们都只不过是同一种酒——葡萄酒——罢了。

2. 分化理论的结构

分化理论由三个部分构成:学习什么,学习的过程和机制,以及知觉学习中的选择性因素。

（1）学习什么

学习什么是分化理论最为核心的内容,在这个问题上,吉布森曾和波斯曼(Postman)有过一段激烈的论战。波斯曼批评分化理论不能解释学习是如何发生的,但联结主义却可以。对于波斯曼的批评,吉布森并没有固执地坚持自己的观点,也没有在这场辩论中铩羽而归,她坦言联结主义能够在心理学发展的历史中历久弥新必然有它的实证效度,毕竟至少目前还没有公认的所谓"分化原则"。但吉布森也相信,这个新理论至少会给我们提示一个不可忽视的思考方向,虽然它的解释力还有待提高。

波斯曼认为"知觉学习是由刺激引起的反应属性的改变,或者说刺激-反应之间关系的改变"。之后他又将知觉学习更细致地定义成"对于特殊的刺激序列或刺激结构在反应频率上的变化"。但无论如何定义,波斯曼都是立足于强调反应的改变。吉布森则认为,波斯曼的观点虽然可以规避丰富理论所强调的感觉和过去经验的联结,但其本质上却忽视了刺激的作用。吉布森坚持认为,对于任何学习理论来说,回答"学习什么"要比回答"如何学"更加重要。

吉布森提出,知觉学习所涉及的是物体和事件的区分性特征和恒常特征。区分性特征是一种独特的模式,它不是被创造出来的,而是随着个体的成长和在接触新事物的过程中获得的。吉布森用她的亲身经历举例说明了区分性特征的含义。当她在林达教授的行为农场时,农场中至少饲养了100只以上的山羊,她需要每天从羊群中找出实验用的被试羊。在最初的几个星期,吉布森觉得这项工作十分吃力和耗时;但一段时间之后,她竟然可以又准又快地找到目标。吉布森说她已经学会了山羊独特的特征模式,虽然说不清是什么,但她知道它们就在那里。后来吉布森在做阅读研究时将这种感性的直觉转化为理性的思考,她找到了26个英文字母之间的区分性特征,这个结果引出了后来一系列相关的研究和热烈讨论。刺激中的恒常特征实际上类似于知觉的恒常性,比如英文字母在大小、亮度、笔迹等方面的变化不会掩盖字母本身的独特特征;一辆迎面驶来的汽车尽管它在视网膜上的投影会越来越大,但我们也没有觉得它的实际体积在增大。

（2）学习的过程和机制

在定义了知觉过程所学的是"区分性特征和恒常结构"以后,吉布森继续做出推论，"学习就是去发现和探索这些特征和结构的过程"。但她强调，知觉学习是一个十分主动的过程，它不是简单的登记、同化或者自动将刺激和反应联结在一起，而是主动地去探索和搜寻其中隐藏的关键特征和恒常结构。

吉布森认为，从环境和刺激中主动搜索信息的过程很可能涉及三种机制。首先是抽象过程，即从变化的物体或事件中发现一种不变的关系，这种关系是从其他许多不一致的关系中提炼而得，或者在比较不同事物之后将其共同的因素揭示出来。比如鸟鸣就是一种颇具特征的节奏和音调，虽然鸟与鸟之间的鸣叫在某种程度上有差异，但自然主义者仍能把握其中具有区别性的不变结构。其次就是过滤过程，即忽略无关的和变异的刺激。比如我们所熟悉的鸡尾酒会效应就是如此，在这种情境中，我们能够忽略正在交谈的对方转而聆听远处客人的谈话。最后是注意选择的过程，即感受器对潜在刺激进行选择和调节。比如视觉系统在搜索目标时可以运用凝视、扫视或者转头等运动，而听觉、嗅觉或者味觉系统在执行它们各自的功能时也可能会有相应的伴随头部向声源的转动、吸入空气或者用舌头搅拌食物和液体的运动等等。

(3) 知觉学习中的选择性因素

从以上两个方面的阐述中我们已经知道，不断投射到感觉器官的刺激包含着大量的信息，我们在知觉过程中会自发地从中提取出有用的信息。那么我们接下来要问的就是，决定选择哪些信息的原则是什么？吉布森认为，促使我们做出这些选择的是"不确定性的减少"，而这个原则是通过区分性特征和恒常结构来实现的，它们能够过滤掉冗余的信息从而减少我们所生存世界的不确定性。吉布森将这些区分性特征和恒常结构称为"经济结构"，"不确定性的减少原则"也可以相对应的称之为"经济原则"。

吉布森反对知觉的加和理论正是立足于这个原则，因为从本质上来看，减少不确定性意味着减少信息。知觉学习的过程是向外扣除而非向内增加，有用的刺激被直接地抽象或过滤出来，而无用的信息在注意选择的作用下直接就被忽略掉了。同样的，吉布森也反对知觉学习的动机是内驱力或新陈代谢需要的说法，认为真正让有机体做到主动搜索信息的是他们生来固有的去减少世界的不确定性的内在需要。吉布森用她在阅读研究中所定义的"拼写模式"说明了儿童对这种经济原则的运用。她发现，儿童在学习阅读过程中对发音规则的长字母串的辨别速度可以和对单个字母的辨别一样快,并且随着儿童阅读技能的发展,他们能够处理的拼读单元的长度也会增加,虽然他们有时说不出单元内部的组合规则,但却能够实实在在地感觉到这些规律的存在。

吉布森曾将人乃至整个生物界比喻成一个国王,而世界则是一个充满形形色色事物的大熔炉,国王并不因为能够主宰这一切而感到快乐。要想成为一个快乐国王,从认知层面上讲,他必须能够从巨大的信息流中筛选出最重要的那些信息,挑出不随时间改变的永恒的事物。作为一个聪明的国王,虽然他时刻都想要尽可能多地掌握信息,但他也会学习如何找出能够用来减少不确定性的那部分最有用的信息,至于其他的则可以直接扔掉或者被忽略。

四、阅读研究:一条创新的朝圣者之路

1959年,吉布森在康奈尔的两个同事哈利·莱文和阿尔弗烈德·鲍尔温盛情邀请她加入一个阅读研究的项目。吉布森本来已经决定潜心做知觉学习的研究,因而对于这个涉足崭新领域的邀约有些犹豫不决。但后来考虑到美国政府所提供的近乎奢侈的资助,以及能够结识众多杰出的心理学家和语言学家的机会,吉布森决定知觉学习与阅读研究同时进行,于是她成为了"读写能力研究项目"的一员。

1975年,吉布森的著作《阅读心理学》正式出版,自此她也就告别了阅读领域的研究舞台。在十几年的阅读研究之旅中,吉布森的学术思想发生了重要的改变,从最初以信息加工者的视角解构阅读过程,到强调阅读技能的获得和发展,直到最后认定阅读任务的功能主义观点,一路走来,吉布森说自己像一个朝圣者一样在不断的反思和抛弃中向真理靠近。

1. 信息加工的视角

在整个阅读研究刚刚开始的几年里,吉布森所做的工作与信息加工研究者类似,她将阅读过程划分为两个阶段。对于初涉阅读的儿童来说,他们要做的第一件事就是辨别字形符号,而第二个阶段是要将字形符号解码成声音符号。

在第一个阶段中,儿童通过发现字母或符号间的一系列区分性特征来学习

识别字形。吉布森在研究过程中所做的一项创新性工作是采用不同的方法分离出字母表中重要的区分性特征,其实验设计之精巧至今仍为人称道。

吉布森最初所采用的方法是事先列出若干字形特征,将每个字母与这些特征逐一进行对照(例如,它是否包含曲线部分?),如果符合就标记为"＋"(表1),然后将这张"特征表"与前阅读期儿童(4 岁)的字母混淆矩阵相比较,如果儿童在差异较小的字母间出现了更多的混淆,就说明之前选取的特征能够有效地区分字母的字形。为了建立起"特征表"与混淆矩阵之间的数量关系,吉布森定义了一个新指标——"特征差异百分数",它等于任一字母的特征数量除以两个字母特征数量和。特征差异百分数与各字母混淆次数之间的相关系数能够反映出选取的特征是否恰当。根据表1所示的"特征表"计算相关系数,可以发现,字母表中的 12 个字母都达到了较高的相关水平,这说明吉布森所选取的特征可以较好地区分字母表的字形。

表1 特征表样例

特征	A	B	C	E	K	L	N	U	X	Z
直线段										
水平				+		+				+
垂直		+		+	+	+	+			
斜线/	+				+				+	+
斜线\	+				+		+		+	
曲线										
闭合		+								
开放垂直								+		
开放水平			+							
交叉	+	+		+					+	
重复										
循环		+		+						
对称	+	+	+					+	+	
不连续										
垂直	+					+		+		
水平				+			+	+		+

(资料来源:An Odyssey in Learning and Perception. By Eleanor J. Gibson.)

但后来吉布森发现,混淆次数并不是一个敏感的测量指标。这是因为被试在做字母匹配任务时不容易犯错,得到的混淆矩阵往往包含很多"洞",即出现了所谓的"天花板效应"。于是吉布森改用以反应时作为测量指标,并采用了更为精巧的实验任务。她让被试判断两个同时呈现的字母是否相同,这样得到的矩阵就不会出现空白。在数据处理方法上,吉布森放弃了之前所采用的相关分析方法,而改用聚类分析法处理反应时数据,这样做的优势在于能够直接从数据入手分析字母间的区分性特征,而不是利用数据来证明主观猜测。吉布森比较了成人和7岁儿童在区分字母的特异性特征上的差异,发现儿童主要依据"曲-直"特征辨别字母,比如图中树形结构中的第一层将字母按曲直分开,左侧第二层再将圆形字母"CG"分离出来,右侧则将进一步将方形"EF"和对角形"MNW"区分开;而成人的加工策略则显得更为高级和经济,他们先将对角形字母分离出来,其余的字母再按照圆形和方形分开。

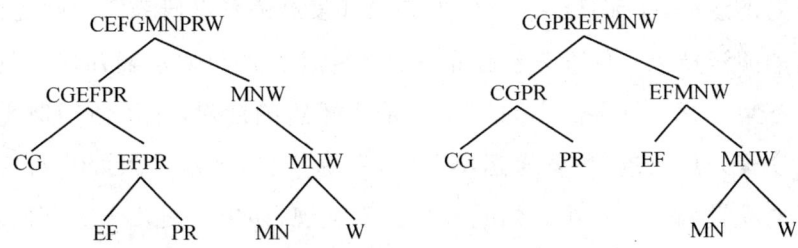

以反应时为指标的成人(左)和儿童(右)辨别字母树形图
资料来源:An Odyssey in Learning and Perception. By Eleanor J. Gibson

吉布森所划分的阅读过程的第二个阶段是将字形译码为声音符号。行为主义学家认为,这个过程只是简单地将刺激和反应联结起来,而阅读过程就是要找到单词中的每个字母与它的音素之间的对应关系。但吉布森指出,这种行为主义的观点即使从常识上判断也是站不住脚的,因为在英文的拼字法中字母与读音并不是一一对应的,而且实验也已经证实阅读熟手对熟悉单词的加工能够和单个字母一样快。如果译码过程的单位不是字母,那么它的最小单元是什么呢?吉布森提出了"拼字模式"(spelling pattern)的概念。按照英语中的规则,一组字母在一定情形下对应于固定的读音,而这就是所谓的"拼字模式"。例如当某些元音、辅音或者字母串出现在单词的头、中、末位时,它们仅仅只有一个发音。吉布森假设,如果译码过程的确是以"拼字模式"为单位进行的,那么遵循这一模式的字母串应当更容易被识别。为此吉布森特意设计了两组"假词":一组为"可读词",每个词的首、末位是两个辅音字母,两对辅音之间插入两个字母组成元音,整个字母串可以被拼读出来而且只有一种读音,比如 GL/UR/CK;另一组为"不可读词",将"可读词"组的两对辅音字母调换位置,元音保持不变,这时形成的字母串是不可拼读的,如 CK/UR/GL。在实验过程中,吉布森让被试尽量记住速示器中呈现的单词,结果发现可读词的正确率要显著得高于不可读词。因此吉布森认为译码过程的基础是拼字模式与发音模式之间固定的对应关系。

2. 发展心理学的视角

吉布森并没有在信息加工的路上走得太远,一项针对耳聋被试的研究使她放弃了"阅读本质上是一个声音的译码过程"的观点。她发现耳聋被试在阅读"可读词"时和正常被试一样好,声音在阅读过程中似乎并不那么重要。于是吉布森决定另辟蹊径,转而从阅读技能的获得和发展的角度研究阅读问题。

儿童的阅读技能从何而来?吉布森认为这个问题可以从婴儿最早的书写行为中找到答案。婴儿最早的书写行为开始于随意的乱涂,而且他们似乎还十分热衷于这项毫无意义的"手臂操运动"。吉布森推测,这是因为婴儿对自己创造出来的新的视觉刺激产生了强烈的兴趣。她发现,如果给婴儿一支不出水的笔,他们的乱涂行为明显减少甚至立即停止。婴儿的这种初级书写行为是逐渐发展起来的,他们在 12 个月大时已经能够在纸上乱涂,14 至 18 个月时可以画出连续的痕迹,27 个月开始能够画线。

人们又是如何从婴儿时的乱涂乱画转变成阅读熟手的?吉布森认为拼字法中的基本规则(如"拼字模式")决定了阅读的最小单元,儿童通过从不同的刺激中抽象出一种固定的模式而学会这些规则。吉布森采用实验的方法对此进行了验证。她为此设计了两类词——"正例"和"反例"。正例词是指两个相连的字母总是出现在词中固定的位置——首、中、末位(表 2)。反例词没有明确的规律,但和正例词在其他方面上具有相似性。实验过程模拟了"邮件分类游戏",她向儿童同时呈现一张"正例"卡片和一张"反例"卡片,然后亲自演示将正例卡片归为自己的邮件,而将反例卡片归为其他人的邮件,然后再让儿童独立完成这个任务。吉布森比较了幼儿园儿童和一年级学生在接受训练后的分类成绩发现,实验任务对于幼儿园儿童来说尤其困难,仅有 1 名幼儿园儿童(1/12)在训练结束时学会了"我的邮件"的分类,而一半的一年级学生已经能够准确地抽象出内在的拼字模式。后来吉布森又以颜色卡片和字母为材料、以不同年级的学生为被试进一步研究了拼字模式的发展和迁移问题,她发现高年级学生的成绩明显好于低年级,这说明了儿童发掘固定的结构和规则的能力随着年龄和学习经验的增长而提高,阅读熟手与生手的差别仅在于阅读经验的多少而已。

表 2 正例词样例

SONG	TEAM	CHOP
RING	READ	CHIN
BANG	SEAL	CHAT
HUNG	LEAN	CHUM

(资料来源:An Odyssey in Learning and Perception. By Eleanor J. Gibson.)

3. 功能主义的视角

在阅读研究的最后几年,吉布森彻底抛弃了信息加工的观点,并以一个功能主义者的立场批评从"加工"的角度解构阅读过程。她认为认知心理学家所做的工作和行为主义者并无二致,他们都把知觉到的世界看作无意义的和碎片式的,于是才会有一系列的"重组"和"加工"过程。吉布森反对这种"建构"式的理论,认为把阅读想象成一条组装生产线毫无意义。她提出阅读是一种功能,信息具有内在的结构和关联而不需要去重新拼装它,就像客观存在的真理一样,信息已经等在那里了,阅读者的任务就是去"获得"信息而不是"加工"它。吉布森将这种观点成为"找就能找到"理论。在 1975 年的学术讨论会上,吉布森在发言中说:"成熟的阅读以发现内在的结构为标志,能够运用这些结构和规则实现经济的阅读,能够根据不同的阅读任务提取对应的信息。"站在功能主义的角度,吉布森更关注两个问题:人们在阅读过程中提取哪些信息?如何提高信息提取的经济性?

以单词为例,吉布森总结了信息中的"区分性特征"。首先,单词具有语音特征。例如,我们在读诗时更敏感于韵律在声音上的相似性;又比如,同音异义字尽管在拼写上不同,却更容易发生混淆。但在完成耳聋被试的实验后,由于吉布森毅然否定了阅读中的声音译码过程,单词的语音似乎变得不那么重要了。"拼写模式"不是因为它的"可读性"才使知觉变得容易,而是因为另一个截然不同的区别性特征——拼写规则使然。其次,单词还具有语义特征,它能够指示不同的类别或属性,如动物名词、专有名词、可数名词等。语义特征之所以被认定为"区分性"的,是因为实验发现同一类别的单词容易发生混淆,且自由回忆时易发生"聚类"回忆。语义特征也可以被赋值,例如,可以对单词在愉快——不愉快维度上进行评分,也可以在语义区分量表上进行等级排序。最后,单词可以有句法特征,它可以是句子中的一个成分,如主语或宾语,也可以包含派生形式,如复数或时态变化。吉布森在一项有关词尾派生的研究中发现,被试对按照规则动词格词尾变化的单词的混淆显著低于无词尾变化但词长相同的单词,且错误常见于词尾的相互替代,这一结果表明变化的词尾本身就是一个独立的结构。

吉布森认为,信息提取的经济性来源于阅读者更有效的发掘和运用刺激序列中的关系。提高信息提取的经济性有两种方法:其一,尽可能地使用最小的区分性特征。值得注意的是,这种区分性特征不是元素式的而是一种关系,最小的关系是从普通的对立特征中抽象出来的两个类别,例如根据某个相反的特征而区分开的真字母和假字母,又比如共享众多属性但仅在一个或两个属性上有明显差异的概念。其二,使用更高阶的结构将信息组织成更大的单元。吉布森认为,只要条件允许,阅读者会尽可能地将相关的信息组织成一个最大的单元。以单词水平为例,阅读单音节单词的时间可以和阅读单个字母一样快,对单词中某个字母辨别的准确性有时要比单独呈现字母时的还要高。

五、生态学方法:一条深邃的思考者之路

1972 年,吉布森以一本著作《阅读心理学》辉煌地结束了她的阅读研究之旅。在这之前 12 年里,吉布森扮演了一个开拓者的角色。在阅读领域无人问津、萧条寂寞时,她默默耕耘;12 年后,当这一领域华灯初上、万象更新时,她悄然隐退。1972 年,吉布森结束了居无定所的漂泊生涯,如愿以偿地建立起自己的实验室,这让她重新回到知觉学习和发展的研究问题上来。几十年来,吉布森广采博收、厚积薄发,这一次的回归让她开始思考更加抽象的方法学和认识论上的问题。

1. 生态学反思

任何物种为了生存必须要寻找食物、伴侣、住所,要躲避捕食者和环境中的灾难,要学会辨别什么是无毒的、友好的和有吸引力的等等,最后还要确保它们的栖身之所是安全的和舒适的。关于世界的信息来自于世界本身,无论是动物还是人都一直处于与环境的交互作用之中,我们提取信息、做出反应、并从反应中获得新信息。那么这些信息的本质究竟是什么?科学家们对此众说纷纭。但归根结底,这场论战的核心在于"感觉是否可以被信任"。生物学的观点认为,感觉必须被信任,因为它是我们唯一所拥有的。除此之外,我们还能依靠什么和环境保持联系呢?但从生理学的角度来看,由感觉神经纤维传入的信息还不足以让我们和环境之间保持互动,因为它们只是由刺激发出的信号。为了解决这个矛盾,两种假设相继被提出。一种假设认为,感觉神经的传入信号在通过大脑时被矫正,或者经由思维而获得解释。而另一种假设则认为,感觉神经只是知觉过程的副产物,真正起作用的实际上是知觉系统。英国著名心理学家理查德·格雷戈里(Richard Gregory)受第一种观点的影响,认为在知觉中存在一种认知元素,有机体在正确知觉环境之前必须提前了解环境信息,由此他提出了概念中介的间接知觉理论。按照格雷戈里的观点,人们最初只有在知觉到环境信息之后才能够了解它。而吉布森认为这种解释陷入了循环论证的误区,于是她和詹姆斯提出了强调生态学方法的直接知觉理论。这两种理论核心争论就在于:行为从何而来?信息来自何处?

格雷戈里将其间接知觉理论视为一种主动理论。他认为,行为来自于知觉之后的思考和问题解决的过程,而知觉仅仅是被动的接受恰巧落到感觉器官上的能量的过程。我们能够知觉到的信息是如此之少,以至于我们不得不借助于过去经验进行推理和组合来补充原本贫乏的信息,这个过程就像侦探和猜谜一样充满想象。所以,我们日常的知觉并不是对当前现实片段的截取,它更类似于虚构的小说,是基于过去经验之上的主观想象。格雷戈里举例说,当你放心的走上楼梯或者将食物放入嘴中时,你并没有注意到地面的承重能力和食物是否无毒,你这样做只是信任你基于过去经验的推理,当然你也可以直接地从现实中提取出信息来检查地板和食物,但事实上这根本不可能,也没有时间这样做。

吉布森的观点与格雷戈里截然对立。虽然吉布森也认为知觉过程本身是主动的，但这里主动的含义却和格雷戈里的所指截然不同。她的观点是，个体会主动地从周围环境的大量信息中搜索出有用的能量矩阵，这些能量矩阵本身就已经包含能够反映平面、客体和事件的信息了。例如，人眼不是一架静止的照相机，它们能够主动地观察四周并最终聚焦于某个细节，自然光线并不仅仅是物理上的射线或者波，它能够反映反射平面的位置和质地。对于听觉来说也是如此，人们不是被动地接受声音信号，而是利用头的转动来平衡两耳的声强，从而主动地朝向声源的方向。

除了理论观点本身的对立，吉布森也反对格雷戈里所推崇的计算机式的研究方法。她认为与其研究所谓的幻觉，还不如用心地去解释活生生的日常生活，比如环境中的平面、客体和事件。吉布森将知觉研究划分为三个层次：首先要对环境进行描述，描述中要包含关于平面、客体和事件信息的来源，而且描述的单位要适用于有机体及其所生存的环境，不能简单地固定为微米或是光年；其次要对知觉到的信息进行描述，这些信息包括与信息来源相对应的物理介质中能量的改变；最后要对知觉的过程进行描述，我们要回答个体是如何从环境中获得信息的，以及他们真正知觉到了什么。

吉布森对直接知觉理论的思考源自她的丈夫詹姆斯。詹姆斯的理论体系中最重要的一个概念就是"提供量"，吉布森此后所做的研究都是围绕着这个概念完成的。

2. 一个重要的概念——提供量

科学上有价值的思考都不是凭空而来的。比如，物理学家发现了新粒子，进化生物生物学家和遗传学家就会重新建立关于物种形成和发展的新假说。以传统的思维方式看待科学研究往往容易掉进刻板印象的陷阱之中，但一旦跳出所谓范式的禁锢就会给一些悬而未决的科学问题带来新的启示。

詹姆斯所提出的概念"提供量（affordance）"既得益于他对英国结构主义心理学的反思，也得益于美国早年的功能主义心理学的迅速发展。詹姆斯指出："环境的提供量是它所提供给动物的信息，这些信息可能是有利的也可能是有害的。'提供（afford）'这个词表示动作时可以在字典中查到，但它的名词'提供量

(affordance)'却找不到,这是我构造出来的新词,我用它来表示可以同时指向环境和动物的事物,它代表了动物和环境之间的互补性(Gibson J. J.,1979)[1]"。吉布森后来指出,提供量的核心就在于强调生物体和环境之间的交互作用。根据提供量的概念,环境的实用性与有机体本身的结构和动态特征有关,比如人的肩宽决定了他所能通过的最窄孔径宽度,物体的重量限制了能够支撑它的平面的承重量,动物的运动控制系统决定了它要拾起一个草莓还是抓住一个汤匙。

1979年,詹姆斯的著作《视觉研究的生态学方法》正式出版。在这本书中,他详细阐释了提供量的概念。遗憾的是,詹姆斯在这本专著出版后不久就辞世了,当时他的这个新思想还未来得及传播出去,甚至还没有一篇实验报告涉及"提供量"这一术语。吉布森认为,提供量概念的提出是发展领域的研究在方法学上的一次革命,必然会为新理论的建构提供动力。于是她继承了丈夫詹姆斯的观点,并在此基础上融入了自己的思考,从发展的角度开始研究提供量这个概念所提供的信息是什么,以及这些信息是如何获得的。

吉布森认为,研究上述两个问题最直接的方法就是设定一种情境,其中的环境信息是相对稳定的且容易被量化,然后观察被试在这种情境中是否会做出合理的行为反应。吉布森和沃克(Walk)在20年前所合作的视崖实验正好兼具了上述两个优点,视崖中用来区分提供量(虽然那时没有使用这个词)的信息很容易被描述出来,实验人员也可以毫不费力地观察和记录被试的行为。20年之后,吉布森从提供量的角度重新解释了视崖现象,她认为视崖所提供的提供量信息包含三个方面:光线密度、运动视差和双眼视差。其中光线密度由垂直高度差决定,运动视差来源于动物的头动,双眼视差出现在两眼视野重合的区域。处于视崖上的动物或婴儿主要通过由头动和位移而获得的视觉信息来分辨哪一边是安全的。后来,吉布森从原来的视崖研究范式中得到启发,她重新设置了一个新情境来研究婴儿运动功能(爬和走)的发展和提供量信息之间的联系。吉布森这一次所设计的装置是一个长方形平台,两宽边围有保护网,其中较窄的一面是一排泡沫制成的栅栏,在实验过程中婴儿就从这里出发,栅栏背面挂着一块帘子,

---

[1] Gibson J. J. (1979). The ecological approach to visual perception. Boston: Houghton-Mifflin. Reprint, Hillsdale, NJ: Erlbaum Associates, 1986.

实验者可以藏在帘子后面暗中进行观察，平台的另一端是开放的，婴儿的母亲站在那里召唤他们过去。吉布森真正想要操纵的变量是平台表面的坚固程度，一种是用木板做成的坚固表面，另一种是用水床做成的易变形的表面。在这两个表面都铺上相同的防水桌布，坚固表面的桌布是平滑而没有褶皱的，而易变形表面的桌布随着水床的摇动会漾起波纹。在两种条件下，婴儿都可以自由地触碰平面，这样他们就同时有了视觉和触觉信息，可用于判断是否能够穿过平面找到母亲。结果发现，几乎所有会爬不会走的婴儿都选择爬过平面去寻找母亲，而不管这个平面是坚固的还是变形的；相反，已经会走的婴儿只是在坚固表面的条件下才会走向母亲。吉布森认为，导致这种差异的原因是会直立行走的婴儿发现了平面的提供量信息，即坚固的平面能够让他在抬起一只脚之后仍然保持平衡，而只会爬的婴儿在两种条件下都不会摔倒，所以他们不需要关于平面坚固程度的信息。吉布森由此得出结论：提供量信息的获得需要有机体和环境之间互相适应。从婴儿的角度来看，他们的骨骼必须发育到一定程度，能够控制自己的姿态和保持平衡，在向前迈步时有力量带动身体的重量；而从环境的角度看，这个平面要平坦、坚固、广阔和整洁。吉布森相信，知觉、探索和行动的过程和发展问题紧密相连，提供量这个概念揭示出了它们之间的内在关系，因而它是发展心理学领域一个十分有价值的概念。

3. 知识的起源

如果说吉布森年轻时只不过是一个自然的行为主义者的话，那么几十年之后，当她对婴儿知觉到的世界是什么以及如何知觉的问题有了更深刻的理解时，她也像皮亚杰一样开始思考一个哲学意义上的更加抽象的问题——知识的起源。其实早在几个世纪以前，"知觉"和"学习"这两个术语还没有出现时，人类就在探讨这个问题——我们是如何获得关于世界的知识的？这些知识又是如何进入我们的头脑之中的？虽然哲学家们最先提出了这种问题，但似乎发展心理学家更有责任去提出可研究的假设。毕竟我们的目的不是去提出宽泛的理论，而是要像真正的科学家那样去解决问题。

一直以来心理学领域都存在互相对立的两大阵营，一方是推崇理性主义、相信人生来就被赋予关于世界的知识的先天论者，另一方是支持实证主义方法的经验论者。吉布森说自己更偏向经验主义阵营,因为她想要揭示婴儿是如何获得知识的,又是如何将这些知识与复杂的环境联系到一起进而获得更多知识的。但吉布森也十分清楚,要想做到这些,她必须同时也是一个先天主义者,她不得不承认婴儿生来确实具备了去探索世界所必需的系统,个体的发展就是系统成熟的过程,他们从环境中获得信息同时也给予环境反馈。

吉布森选择把探索行为作为一切思考的开始,并认为知识的起源或者早期认知能力的发展都可以从这里找到答案。探索行为就是在搜寻信息的过程中将知觉和行动合为一体,它同时涉及知觉、动作和知识,能获得三个层面的内容。知觉是主动的,行动每时每刻都参与到知觉过程中,行动的结果就是获得关于环境和行动者自身的新信息。而最原始的知识的获得,也就是知识的起源,是早期对事件、人和物体探索的结果;随着婴儿知觉系统的发展,探索行为在发现提供量信息方面显示出愈来愈大的优势;当新的运动系统成熟以后也带来了新的提供量信息,这样又一轮探索行为出现了。这个循环周而复始,一直延续。

关于知识的起源问题还有另外一种流行的解释,那就是智力作为一种动力而先于探索行动,是在探索行动之前就形成了的。这显然与吉布森的观点截然对立。吉布森认为,知识也许最终会变成一个关于世界的表征或信念系统,但是这些表征和信念必须先通过某种方式获得才行。作为生物界的一个部分,我们时刻都在和周围的环境发生着交互作用,我们的知识不可能只有那些抽象的宽泛的特征,它必须和不断变化的生活情境中的提供量信息联系起来。同样的,吉布森也怀疑知识形成的前提是将关于世界的表征命题化的说法。她认为,知识是先于命题产生的;知识的获得源自探索行为;最早的知识完全是功利主义的,它的意义仅限于当时的情境,但正是这些早期的、简单的和功利主义的知识成为了关于世界的一切命题和论断的开始。比如从获得物体的大小和位置等最基本的属性,到能够对事物进行分类,再到最后对事件之间的关系进行因果推论,这些无论是简单还是复杂的命题都是从知识,更确切地说,是从在探索活动中所获得的提供量信息而来的。

吉布森认为,生物在进化过程中所获得的知识是螺旋式上升的,随着有机体的成熟,他们自然而然地就会发现这个阶段所需要知道的新知识。婴儿天生就有强烈的愿望去探索这个世界,他们也被驱使着将注意力指向外界的事件和物体。吉布森认为，知识的获得过程是有顺序的，当新的运动系统发育成熟时，新的提供量才会产生。换言之，信息的获得和探索信息的途径是同时增长的。她将婴儿一岁以前的探索行为的发展分成三个阶段：首先是从出生到四个月左右，婴儿将注意力集中在即刻的视觉环境中，这个阶段可能会发生偶然的或者粗糙的学习；其次到五个月大时，婴儿可以做出抓和够的动作，他们主动地去探索静态物体的区分性特征，同时随着视敏度的提高，他们也可以获得关于立体深度上的信息；最后从第八或九个月开始，婴儿行走能力的发展使他们注意到更广阔的环境，探索行为的范围延伸到角落、障碍物之后和他们自己的背后。

总之吉布森认为，行为和认知能力的发展不是只和生物体自身有关，它至少还涉及知觉——行动和生物——环境两种交互关系，这两个系统之间的相互作用是心理学家研究一切问题的起点。

六、尾声

吉布森的心理学之旅即将结束，从中我们不仅学到了她的理论观点，而且认识了一个格外受人尊敬的女科学家。虽然这一路走来，我们看到了诸多困难和挫折，但更像是看到了一部成功的励志典范。吉布森一生致力于自己最初感兴趣的科学问题，她一生的工作为解决这些悬而未决的问题提供了诸多独到的见解，同时也给后人留下了新的问题，提出了新的挑战。从吉布森身上，我们看到一个真正的、纯粹的和优秀的科学家的闪光之处不在于他的专业地位或者物质资源，而是他整个生命中所散发出的人格魅力。虽然其中的某些品质只能算作天赋，我们恐怕难以望其项背，比如她的聪慧使她在一年里完成所有研究生课程，她独到的眼光让她在平淡的日常生活中发现新的研究问题，但还有一些却是我们能够去效法和学习的，比如她在各种反对声中依然坚持自己最初的观点，她的灵活性、创造力和判断力的完美结合让她顺利度过各种难关，以及她从不吝惜自己的时间和智慧而将其慷慨的奉献给她的学生。

作为本章的结束语，我想任何溢美之词的堆砌都显得造作，我们不妨听听那些熟识吉布森的人的说法，重新去认识一个活生生的真实的心理学大家。

（1）职业家庭可两全

吉布森和詹姆斯在同一个领域从事着类似的研究，但我们看到的不是吉布森个人的妥协与牺牲，而是两位心理学家甜蜜的爱情、美满的家庭和各自卓越的学术成就。吉布森何以在男权至上的特殊的大环境下做到职业和家庭的两全，我们可以从詹姆斯·吉布森的文字中窥见一斑：

> 学术之路对于一个女性来说确实十分辛苦，那时如果女性获得博士学位，她们多去从事儿童心理学或者心理测量方面的研究，至少耶鲁大学对想要从事"男性工作"的女性充满怀疑，但在史密斯这种偏见几乎不存在。所以1940年时埃莉诺已经是史密斯的副教授，她有一间宽敞的房子，一个可爱的男孩和一个爱她的丈夫，但当我被派往得克萨斯时，她毅然决然的带着孩子跟随我四处漂泊，因为她像热爱她的职业一样爱着这个家庭。作为一个温柔的女性，她丝毫不觉得事业和家庭两难全，她甚至在那时发表了她的博士论文。
>
> 埃莉诺是如何攀上鲜有女性到达的顶峰的？我参与了整个过程，所以也许我是个糟糕的裁判，但另一方面我也是最好的观察者。我看到的是一股"傻劲"，但她的倔强却是十分机智的，最初的时候她需要和我还有其他人共事，对于男性合作者来说她是一个威胁，所以她不得不表现得不那么抢眼。她不太关心荣誉上的问题，因为她觉得思想才是最重要的。她的感受力是惊人的，她能感觉到科学的心理学该何去何从，然后就朝着那个方向前进。
>
> 这些年来我和埃莉诺的关系又是怎样的？我们偶尔会有学术上的合作，但绝不像别人想象的那样是一对和谐的夫妻搭档，我们有过无数次的辩论。我是一个理论主义者，我喜欢去辩论而她却不是，她不关心认识论上的问题而我却对此十分着迷。虽然我们受到不同的心理学流派和人物的影响，但还不至于完全的背道而驰，我们对彼此的影响远远超过其他的任何形式。我们有着相同的道德判断，欣赏同样的人，也同样的轻视那些油嘴滑舌和自命不凡的人。(Gibson,1979)[1]

---

[1] Gibson, E. J. (1979). Perception and its Development: A Tribute to Eleanor J. Gibson. Hillsdale,NJ.: Erlbaum Associates.

<<< 专栏一

詹姆斯·杰罗姆·吉布森

詹姆斯·杰罗姆·吉布森(1904—1979)
资料来源:http://www.smecc.org/rca_inc_.htm

詹姆斯·杰罗姆·吉布森(James Jerome Gibson,1904.01.27—1979.11.11),美国实验心理学家,专长知觉心理学研究,创立了生态光学理论。詹姆斯·吉布森出生于美国俄亥俄州麦克奈尔斯威尔的一个长老教会家庭,逝于美国纽约州伊萨卡。

第二次世界大战期间他在美国空军服役,担任空军航空心理专案计划执行人。由于当时飞机降落依靠目测判断,詹姆斯·吉布森研究发现飞机降落成功的关键与驾驶员视知觉能力高度相关,因此,在此期间他创造性地使用以运动知觉能力作为甄选飞行员的必要条件。战后回到史密斯大学,在那里写成了他最重要的著作之一《视觉世界的知觉》。1949年受聘于康奈尔大学任心理学教授兼心理学系主任直至1972年退休。

詹姆斯·吉布森因其对知觉的研究而著名,他对心理学的贡献主要在以下两方面:

其一是直接知觉理论。吉布森的知觉理论认为知觉是人与外界接触的直接产物,它是外界物理能量变化的直接反映,不需要思维的中介过程。他认为,在长期进化过程中,因适应环境需要,人类和其他动物一样逐渐形成了一种根据刺激本身特征即可直接获得知觉经验的能力。换言之,知觉是先天遗传的,不是后天学习的。由于他主张知觉由刺激直接引起,因此称为直接知觉理论(direct perception theory)。他认为对人和动物来说能量没有很直接的意义,比如说可见光外波长的光,具有物理学的意义,但对人的视知觉没有任何贡献。因此,他引入了生态光学理论（ecological optics theory），以强调知觉对动物在自然环境下生存和发展的意义。人在环境中行动，光线来自各个方向，外在空间的每一点的光线分布各不相同。这种光线分布称作"环境光"。环境光对人具有重要生存意义，它的特殊分布提供了空间视觉的信息。研究环境光对人的视觉的作用的科学就是生态光学。他提出了环境光（ambient optic）、环境光阵（ambient optic array）、光流（optic flow）、光流阵（optic flow array）等基本概念。由于生态光学理论以物理光学为基础，对于视知觉的解释又极为简明，特别受到计算器视觉研究者的重视。

其二是视觉生态论。在《视知觉生态论》一书中，詹姆斯·吉布森提到，人类是两脚着地的动物，行动时头部离地较远，一旦跌倒头部受伤较重。为适应两脚着地生态环境的需要，长期以来，人类的视知觉系统中进化出一种对三维空间的适应能力，此能力是不需学习的。他的这一理论称为视知觉生态论（ecological theory of visual perception）。

詹姆斯·吉布森于1961年获美国心理学会颁发的杰出科学贡献奖，1967年当选为美国国家科学院院士。

（2）一个天才的导师

在吉布森的学生的眼中，她永远是一个勤奋的智者、一名杰出的榜样和一个真正关心学生成长和发展的天才般的导师。她的其中一个学生阿琳·安德鲁斯（Ariene W. Andrews）回忆说：

> 我那时只是一个初入学的研究生，杰基（Jackie，就是吉布森）就给予我充分的信任，她甚至在会议上介绍我是她的"年轻的同事"。杰基的实验室十分忙碌，我们每周都会和她碰一次面，讨论我们的想法。她时不时地会望向窗外，你甚至会怀疑"她在听我讲话吗？"但是第二天你就会在桌上发现一张纸条和一大摞"可能有用的文章"。去年我发给她一篇草稿，一周之后她竟然给我寄回三页的批复，几天之后又有一张写满参考文献的明信片也一

起寄来。(Andrews,2003)①

吉布森曾指导过的另一位学生罗勃塔·格林卡夫（Roberta M. Golinkoff）说：

> 杰基是一面镜子，尤其对那些女性研究生来说，我们可以从中发现真正的自己。在很少有女性涉足的领域里，杰基的故事给我们勾画出一幅新的生活图景——同时拥有家庭和朋友，生活和事业。我们不必居安妥协，事实上我们可以拥有全部，至少吉布森就是这样做到的。杰基除了是一面镜子，她还给我们提供了一个避风港，不是避寒躲雨的住所，而是使我们远离事业上大起大落的港湾。即使当我们还是学生时，杰基就相信我们能够做出自己的成绩，她认为我们的每一个想法都是值得讨论的，虽然有时候是错误的。我敢说杰基的任何一个学生都不会觉得自己不被重视，而这点对我们来说有着特殊的意义。
>
> 杰基的辞世对心理学来说是一个巨大的损失，但她也给我们留下了一个令人惊叹的传奇，她的故事一直教育和鼓励着一代又一代的研究生。杰基将永远是我的榜样。(Golinkoff,2003)②

（3）一位真正的科学家

吉布森是一位真正的科学家，她对科学始终坚持一丝不苟的态度，对困难、阻碍甚至是歧视有着倔强的坚持，她的聪慧、勤奋和坚忍让她在科学领域里大放光彩，但当她全部卸下这些光环以后，她却也是一个简单而谦逊的普通人。

她最感到骄傲的学生之一安·皮克（Anne Pick）在回忆吉布森的写作文笔时曾提到：

> 她对写文章的要求是如此之高。她的初稿就已经写得那样清晰、切实而幽默。我还能够清楚地记得我第一天做她的助教时所接到的第一项任务，她给我一摞手写的草稿让我批判地去阅读它并提出修改意见。当我正

---

① Andrews, A. W. (2003). Gibson was a gifted mentor. [Memorial to Eleanor J. Gibson]. Association for Psychological Science Observer, 16, 27.
② Golinkoff, R. M. (2003). Life: Finding the invariants. [Memorial to Eleanor J. Gibson]. Association for Psychological Science Observer, 16, 27.

式开始读时,我真的被吓坏了!我本来自觉文笔尚可,但眼前的这篇文章简直可以直接发表了!我知道她想要让我给她实在而详细的答复,而不是简单的一句"这真的很好!"但我实在想不出还能说些什么!她在言传身教中告诉我们如何将复杂的观点用清晰而简练的语言表达出来又不失其深意。(Pick,2003)①

帕特里克·凯布(Patrick Cabe)向我们描述了科学光环背后的吉布森:

我1998年去看望她时,杰基正在写她的倒数第二本书,她带我参观了她的工作间,至今我仍记忆犹新。里面没有计算机,没有数据库,也没有想象中庞大的图书馆——什么也没有。她只在一张光秃秃的写字桌上写作,桌上只有一个信笺簿和一盒削好了的黄色铅笔。吉布森教会我真正让我们变成科学家的不是手边新奇而精巧的工具,而是我们的思想和内心。(Cabe,2003)②

在这段旅行的最后,我想以伊丽莎白·斯皮克的一段话作结:

今天,吉布森所开创的方法被如此广泛的运用,以至于我们很容易忘记对她的歉意和感激。吉布森从来不会为自己歌功颂德,她总是在这个领域里保持低调。现在我坐在电脑前,却可以想象到吉布森会对此如何评价,她会说"你看你,莉斯,又失去理智了!不要把注意力放在我身上,这些成绩得益于很多人辛苦的工作!"像往常一样,埃莉诺.吉布森的这几句假想的批评让我有些迟疑。但这一次我一定要坚持自己的主张:2002年12月30日,我们失去了20世纪最伟大的实验心理学家,21世纪的心理学将在吉布森给我们留下的比较、发展和实验的方法基础之上继续向前。(Spelke,2003)③

---

① Pick, A. (2003). A role model for generations. [Memorial to Eleanor J. Gibson]. Association for Psychological Science Observer, 16, 27.
② Cabe, P. (2003). Live the life of a scientist. [Memorial to Eleanor J. Gibson]. Association for Psychological Science Observer, 16, 27.
③ Spelke, E. (2003). A role model for generations. [Memorial to Eleanor J. Gibson]. Association for Psychological Science Observer, 16, 27.

艾弗拉姆·诺姆·乔姆斯基

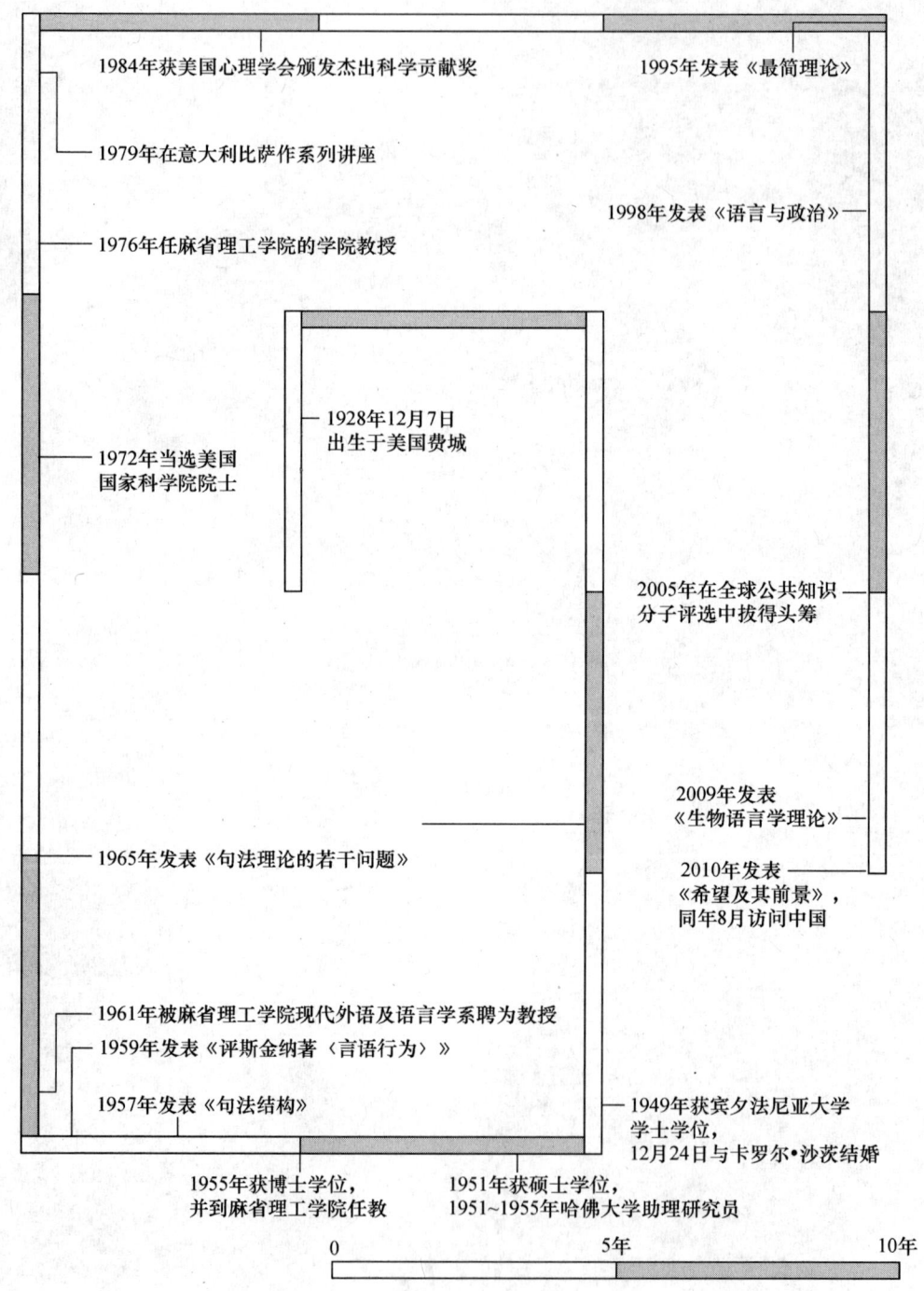

艾弗拉姆·诺姆·乔姆斯基年表图

艾弗拉姆·诺姆·乔姆斯基(Avram Noam Chomsky,1928—),当代成就最为非凡的语言学家、哲学家和政治评论家,被誉为"当代认知科学之父"和语言学界的"爱因斯坦"。青年时期提出的转换生成语法理论,颠覆了结构主义在语言学中的统治地位,被认为是20世纪语言学领域最杰出的理论,并对哲学、心理学、认知科学、计算机科学等学科产生了重大而深远的影响。他对斯金纳《言语行为》的质疑,使当时占统治地位的行为主义理论摇摇欲坠,由此开启了心理学的认知革命。他著作等身,但影响力最大、传播最快的却是其犀利的政治评论,并在美国"当代全球最具影响力"的100名公共知识分子评选中雄踞首位。他也是美国《科学》杂志评选出的20世纪全世界前10位最伟大科学家中目前唯一的在世者。下面我们就来一起探寻乔姆斯基思想和理论的发展历程,领略这位"永远的异见者"成功地游刃于学术和政治之间的大师风采。

一、人生经历

1. 童年岁月

乔姆斯基于 1928 年 12 月 7 日出生在美国宾夕法尼亚州(Pennsylvania)费城(Philadelphia)的一个犹太知识分子家庭。他的父亲威廉·乔姆斯基(William Chomsky)为逃避征兵,于 1913 年离开乌克兰来到美国(原来生活的乌克兰小镇在二战中被纳粹彻底毁灭)。母亲埃尔希(Elsie Simonofsky)从白俄罗斯移民到美国。他们两人都具有激进的、正统犹太教的家庭背景。一如许多成功的移民故事所述,经过艰辛的努力和工作,夫妇俩最终在美国站住了脚。

少年乔姆斯基与父母在一起
资料来源:〔德〕沃尔夫冈·B.斯波里奇. 何宏华. 乔姆斯基. 北京大学出版社

威廉一直坚持研究古希伯来语,并最终成为一名著名的希伯来语语法家,著有《希伯来语:永恒的语言》(Hebrew: The Eternal language)等,为 13 世纪的犹太哲学家、语法学家大卫·金西(David Kimhi)的著作做过注释,著有《大卫·金西的希伯来语法》。受父亲影响,乔姆斯基很小就开始接触希伯来语言学方面的知识。从 8、9 岁时起,每个星期五晚上他都与父亲威廉一起阅读希伯来学作品。① 在 12 岁时,他曾读过威廉的《大卫·金西的希伯来语法》;读高中时,他还为威廉编著的《中世纪希伯来语法》一书作过校对。受父亲的熏陶,乔姆斯基从小就了解历史语言学研究领域,逐渐形成了"语言学研究的目的是解释而非单纯的描述"的观念,这个观念对乔姆斯基早期语言思想的形成具有非常重要的启蒙作用。乔

---

① Harry Kreisler. "Conversation with Noam Chomsky"(Berkeley, 2002); transcript available on http://www.Chomsky.Info/interviews/20020322.hem(accessed 1 July 2005)

姆斯基曾说过,"在成长过程中,我碰巧掌握了一些历史语言学知识,这主要是因为我父亲是一个研究中世纪语法书和语言史的希伯来语学者。"[①]另外,也是受威廉的影响,乔姆斯基从小对带有注释和学术讨论的语法书特别感兴趣,他说,"我认为理想的文本仍然应该是那种《塔木德》式(Talmud)[②]的文本,我喜欢类比式的文本,里面有很长的推导式注释,正文旁边还有评论,即用一段文字对另一段文字进行评论。"[③]至今,乔姆斯基仍然保留着在书中空白处进行评论和讨论的习惯。可以说,早年的阅读活动大大促进了乔姆斯基的智力发展,威廉也渐渐意识到乔姆斯基的天赋是在语言学研究方面。[④]

乔姆斯基的教育理念也受到威廉潜移默化的影响。1924 年,已是中学校长的威廉被调到格雷兹学院(Gratz College)任职,八年之后,威廉成为了这所美国最古老的教师培训大学的校长,连续任职 37 年,直至 1969 年从这所学院退休。自 1955 年起,威廉在多普塞斯学院(Dropsie College)兼职,直至 1977 年从该学院退休,并于当年去世。去世之前,威廉曾说道,他所追求的人生目标是"教育并培养一批生活融洽、思想自由独立的学生,他们必须关注和热心参与世界的改善和提高,使生活对所有人来说都更有意义、更有价值"。[⑤] 而这似乎也正是乔姆斯基的人生目标之一。[⑥]

相对于父亲威廉,母亲埃尔希对乔姆斯基的影响则显得较为含蓄。埃尔希是一位冷静、缄默、才华横溢的希伯来语教师。受纽约娘家几位十分热衷政治活动的亲戚的影响,埃尔希对政治非常敏感,对犹太复国运动尤其感兴趣。受母亲的影响,乔姆斯基很小就乐于考察政治行为和政治运动。相对于同龄儿童,乔姆斯基很早就能透过事件的表面现象分析本质。1938 年,二战尚未全面爆发,乔姆斯基就已经对国际局势有了自己的看法。他在作文中写道:已经看到纳粹军

[①] Carols, P. Otero. (1988). Noam Chomsky: Language and Politics, Montreal: Black Rose Books, 146.
[②] 《塔木德》是犹太教重要的宗教文献。源于公元前 2 世纪至公元 5 世纪间,记录了犹太教的律法、条例和传统。
[③] Jay Parini. (1994). "Noam is an Island: Why is one of America's Most Brilliant Man Treated Like a Kook", in Carols P. Otero(eds.), Noam Chomsky: Critical Assessments, New York: Routledge, 3, 546.
[④] Sampson, Geoffray. (1980). Liberty and Language. London: Oxford University Press, 130.
[⑤] 转引自:尤泽顺. (2005). 乔姆斯基:语言、政治与美国对外政策研究. 世界知识出版社,27.
[⑥] Carols, P. Otero. (1994). "Chomsky and the Libertation Tradition", the introduction to Otero (eds.). Noam Chomsky: Critical Assessment, 5.

国主义的野心,要警惕其向欧洲大陆扩散的危险。1939年1月,当巴塞罗那沦陷在弗朗哥军队的铁蹄之下时,年仅10岁的乔姆斯基就法西斯主义的散播问题给学校校报写了一篇社论,开头第一句话是"奥地利陷落了,捷克斯洛伐克陷落了,现在巴塞罗那也失陷了"。二战末期美国向日本投掷两颗原子弹,那时乔姆斯基正上高中。得知此事时,乔姆斯基正在参加夏令营活动。与伙伴们欢声雀跃的表现截然不同,乔姆斯基对此沉默无语,他甚至不理解同伴们的这种"爱国"行为。理不出头绪的他,独自一人躲到小树林中,一呆就是几个小时。他真不明白:为何同样都是暴力行为,人们谴责法西斯的暴行,却为美国的暴行举旗呐喊?美国的原子弹不也杀死了成千上万的无辜百姓吗?! 由此我们可以看出,乔姆斯基从小就对社会问题有自己的看法,对政治问题更是有其独特而深入的思考。

受家庭影响,乔姆斯基的语言天赋以及政治洞察力已经根植于骨髓之中,为他一生的发展奠定了坚实的基础。但是,家庭并不是促使乔姆斯基取得杰出成就的唯一因素。乔姆斯基自己也曾说:"那是影响与排斥的混合物,很难分得清楚。毫无疑问,家庭背景部分地帮助我形成了自己所追求的兴趣、倾向及总体方向,但那仅是孤立现象。"[1]我们认为,当时的社会背景也是乔姆斯基成长的动力源之一。

在20世纪30年代,美国正处于经济大萧条时期。除了经济萧条引起的社会动荡之外,乔姆斯基居住的城市还有很多引人注意的国内、国际运动。正如乔治·奥威尔(George Orwell)[2]文学作品中所描述的那样,整个世界都笼罩在集权专制主义的阴影之下。在年幼的乔姆斯基看来,社会动荡和暴力是那么的真切,以至于触目惊心。因为乔姆斯基一家所住的社区中大多数人是德国和爱尔兰移民,只有他们一家是犹太人。在当时纳粹兴风作浪、犹太人备受摧残的社会背景下,乔姆斯基亲眼目睹了很多暴力行为,也曾经多次受到威胁。虽然他从未将之告诉父母,但却为此倍感苦恼。"为什么会出现这种现象"是经常困扰乔姆

---

[1] Harry Kreisler, "Conversation with Noam Chomsky"(Berkeley, 2002); transcript available on http://www.chomsky.info/interviews/20020322.htm(accessed 1 July 2005)

[2] 奥威尔(George Orwell, 1903—1950),英国左翼作家,新闻记者和社会评论家。代表作有《向加泰罗尼亚致敬》、《动物庄园》。

斯基的问题。这段刻骨铭心的经历,使乔姆斯基从小就对暴力行为极为反感,并发誓为反暴力行为奋斗终身。

回头来看,优越的家庭环境为乔姆斯基开启了智慧大门,而复杂的社会背景则进一步激发了他的潜能。从很小的时候起,人们就预料他会像父母一样出色。现在看来,乔姆斯基确实很优秀,他同时继承了父母的优点:尽管他成就非凡,但依旧待人热情、平易近人;虽然当众演讲令他倍感愉悦,但他更喜欢独立学习、研究和写作;他保守、安静,甚至有点害羞。

2. 求学生涯

乔姆斯基很小就开始接受正规的学校教育。将近两岁的时候,乔姆斯基被送到橡树湾县立走读学校,正式注册入学。这所学校尊重学生的个性,反对一般学校所提倡的竞争,其教育理念是约翰·杜威(John Dewey)提倡的"教育要为个体的自我发展提供机会。它应该尽可能营造多姿多彩且充满挑战的环境,让儿童以自己的方式主动去探究。"[①]在这里,每个学生都得到肯定,每个学生都能充分发展自己的创造力。在这样的学校氛围中,乔姆斯基与其他不同背景、不同能力水平的孩子们一起轻松成长,在

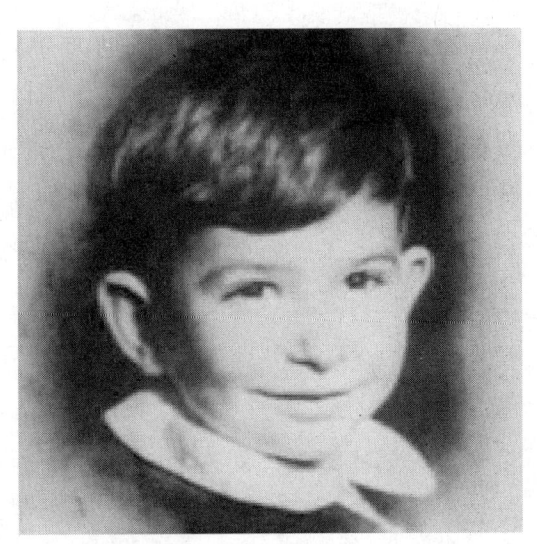

童年的乔姆斯基
资料来源:Barsky, Robert F. Noam Chomsky: A Life of Dissert, Toronto: ECW Press, 1997

彼此的头脑中都没有"优秀"、"笨"等概念。乔姆斯基对这种教学体制非常满意。

1940年,乔姆斯基转入费城中心中学。虽然这是一所很好的中学,但是,与橡树湾县立小学不同,费城中学完全忽视学生的个性特点,只关心学生的学习成

---

① James Peck (eds.)(1987). The Chomsky Reader. New York: Pantheon Books, 149.

绩。在这所学校,学习成绩是评价学生的唯一标准,学生之间也因此竞争异常激烈。虽然这种竞争让乔姆斯基发现自己是多么优异,但并没有让他感到丝毫兴奋,反而使他深感不安。他对这种强制性的、几乎令人窒息的教育极度反感,甚至将这种憎恨情绪迁怒到他所热爱的学校竞技活动上。他曾一度认为,为校足球队摇旗呐喊的行为非常愚蠢!这所学校令乔姆斯基"难以忘怀",这种体制让乔姆斯基"憎恨"终生。当82岁的乔姆斯基来到我国北京大学演讲时,在回答"你对学生时代的印象"时,他耸耸肩,"轻描淡写"地快速说道:"我恨高中。因为高中学习会限制一个人的发展,就好像钻入了一个黑洞,总是忘了曾经学过什么,我把中学老师所教的知识又都还给他们了。"[1]

13岁时,为了逃避学校教育的桎梏,乔姆斯基开始到纽约作定期旅行,并经常彻夜逗留在姨夫密尔顿·克劳斯[2]在七十二大街开的书报亭里。当时,这个书报亭像磁石一样吸引了众多的中产阶级和专业知识分子,可谓是当时纽约激进分子的聚集中心。在这个书报亭,乔姆斯基结交了很多不折不扣的知识分子,并与其中的一些人成为至交。这些经历在很大程度上缓解了乔姆斯基当时对中学生活的憎恨,也使少年乔姆斯基接触到了当时最有影响的知识分子文化。这些知识分子为了公众利益,而非自身利益,不知疲倦地四处奔波呼号。这与乔姆斯基之前接触的那些利欲熏心的资产阶级商人形象形成了鲜明的对比,给他留下了极为深刻的印象。受这些知识分子的影响,乔姆斯基自此便确立了"毫不利己、专门利人"的处世原则。其实,从乔姆斯基自幼所受的家庭熏陶来说,形成这种处世原则也是顺理成章的事情。他的父母所处的希伯来-犹太复国主义的文化圈子也主张不为自己谋福利,而应献身于希伯来语言文化的复兴和犹太人在巴勒斯坦定居的事业。在此阶段,乔姆斯基的另一收获是"坏人"会攫取"好的"理念!在他看来,如果一个好的意识形态被利欲熏心的人所掌握,这种理念便失去其自身的意义。在乔姆斯基看来,斯大林主义的政治委员、美国强权政治执行人里根、布什之类的"帝国主义走狗"等便是这类利欲熏心的人物的典型代表。

---

[1] 转引自:http://www.chinaelections.org/newsinfo.asp?newsid=185442
[2] 密尔顿·克劳斯,乔姆斯基母亲的姐夫。他是一个残疾人,依靠政府的扶持在纽约经营一个报摊。虽然只上到小学四年级,但是,他阅读了大量书籍,沉迷于心理分析学说,对弗洛伊德精神分析学派颇有研究,是一名业余的心理分析师。

对这类人,乔姆斯基都是毫不留情地予以猛烈抨击。

在中学阶段,乔姆斯基的阅读范围十分广泛。细心的他发现,即使对同一社会问题,来自某个派别的政治时评作家与地下作家的观点竟然大相径庭。此时,乔姆斯基便已意识到,主流媒体以及公开出售的图书是强大的宣传机器,他们的观点必然会有倾向性。对这些宣传机器,他毕生都在关注,并对其进行了详尽的剖析。

1944年,16岁的乔姆斯基高中毕业,进入宾夕法尼亚大学学习。初入校时,乔姆斯基以新生特有的激情全身心地投入到学习之中,选修了哲学、逻辑、语言学等大量感兴趣的课程,广泛地阅读这些领域的学术论文。但遗憾的是,大学的学科体系与他深恶痛绝的高中教育体制一脉相承,学术圈子里的现实经常令他失望,也逐渐地磨灭了他对大学课程的喜爱和热情。两年后,乔姆斯基想要退学,甚至考虑要远赴巴勒斯坦,到基布兹(kibbutz)①去做工。

幸运的是,两个关键人物的出现遏制了他退学或做工的念头。一个是他儿时的异性伙伴卡罗尔·沙茨(Carol Schatz,婚后随夫姓,更名为 Carol Chomsky),他俩相恋了。另一个是宾夕法尼亚大学的语言学教授泽里格·哈里斯(Zellig Harris)。哈里斯用切分、分类、结构重建的手段研究语言成分,这对乔姆斯基极具吸引力。更为巧合的是,乔姆斯基与哈里斯在兴趣爱好、政治观点等方面都不谋而合。就这样,乔姆斯基继续留在了宾夕法尼亚大学。

卡罗尔·沙茨与诺姆·乔姆斯基(1949)
资料来源:〔德〕沃尔夫冈· B. 斯波里奇.
何宏华. 乔姆斯基. 北大出版社

1949年,21岁的乔姆斯基与19岁的卡罗尔·沙茨喜结良缘。同年他完成了学士学位论文。因为对当时所做的研

---

① 基布兹:一种以色列的集体社区,在以色列的创建中扮演重要的角色,最早以农业为基础,现在已经扩展到工业和高科技行业。基布兹一直吸引着世界各地的犹太人。这不单纯是因为他们是犹太人,更主要的是因为基布兹所提倡的合作与平等的精神。鉴于乔姆斯基的犹太背景,他产生这种想法便也合情合理。

究工作很感兴趣,乔姆斯基留在宾夕法尼亚大学继续完成研究生阶段的学习。与哈里斯一样,乔姆斯基所做的研究工作纯属自娱自乐。1951年,乔姆斯基研究生毕业,获硕士学位。也就在这个阶段,受宾夕法尼亚大学的纳尔逊·古德曼(Nelson Goodman)教授[①]的影响,乔姆斯基开始沉迷于哲学,这为他最终成为语言学家和哲学家的双料人物奠定了坚实的基础。古德曼教授与乔姆斯基后来也成为了好朋友。

硕士毕业之后,在古德曼教授的鼓励下,乔姆斯基申请并获得了哈佛大学的初级研究奖学金。同期获得这一奖学金的还有莫里斯·哈里(Morris Halle)。[②] 在哈佛,乔姆斯基主要师从奎因(Willard Van Orman Quine)[③]。1953年,乔姆斯基在欧洲和以色列短暂逗留后,又返回哈佛大学继续他的研究,研究奖学金也延续到了1955年。不过,除了积累了大量手稿和研究心得之外,乔姆斯基对自己的研究仍很迷茫。此时,他面临军队的征召:1955年4月,乔姆斯基收到征兵通知!要想避免被征兵,乔姆斯基唯有取得博士学位。因为,几乎所有的军国主义分子都不允许知识分子服现役。于是,乔姆斯基开始申请博士学位。他征询当时仍在宾夕法尼亚大学任教的哈里斯和古德曼教授,他是否可以回去修他们的课程(之前乔姆斯基并未正式修过他们的课程),并递交了一份正在撰写的论文的部分内容。很快,他收到了两位教授的回复以及针对论文内容所提出的问题。而对这些问题的回答就是乔姆斯基的博士生入学考试。这样,乔姆斯基服兵役的时间往后拖延了六个星期。他利用这六周的时间,废寝忘食地工作,最终完成了博士学位论文,取得宾夕法尼亚大学的博士学位。当然,乔姆斯基也因此被免于服兵役。[④] 尽管乔姆斯基获得博士学位的程序完全不合常规,但人们更感兴趣的是,他怎么能在这么短的时间内完成博士学位论文?对乔姆斯基本人而言,这也是一段难以置信的紧张日子,"回首往事,我都几乎不敢相信自己所做的事情:

---

① 纳尔逊·古德曼(Nelson Goodman,1906—1998),美国著名的哲学家和逻辑学家。代表作有《表象的结构》、《事实、虚构和预测》、《构造世界的多种方式》等。

② 乔姆斯基与他合作,并于1968年出版了语言学名著《英语的语音范式》(*The Sound Pattern of English*)。

③ 奎因(Willard Van Orman Quine,1908—2000),美国著名的哲学家和逻辑学家。其代表作有《语词和对象》、《从逻辑的观点看》、《逻辑哲学》等。

④ Samuel Hughes. (2001). The way they were(and are). University of Pennsylvania Gazette, July-Auguse.

短短几周时间,我写了将近一千多页的书稿。而其中所写的内容,是关于我过去所做的一切事情,至少是以一种粗略的形式。"[1]与乔姆斯基的许多著作一样,该书最初也是以手稿的形式在感兴趣的人们中间自由传阅,并以影印胶卷的形式被哈佛的多个图书馆收藏。直到1975年,这本书才正式出版发行,书名是《语言学理论的逻辑结构》。这是乔姆斯基里程碑式的重要著作之一。其中"转换分析"一章,是乔姆斯基的博士学位论文内容。在这部著作中,乔姆斯基提出了一个很关键的概念,即语言表达式(典型的表达式即为句子)的诸多"深层结构",在各种具体规则的作用下,"转换"为"表层结构"。正是这个已具雏形的概念,奏响了语言学革命的号角。

当时,受到乔姆斯基理论影响的人群主要是研究生,受其影响的职位较高的教员主要有乔治·米勒[2](George Miller)和莫里斯·哈里。当时,哈里已经在麻省理工学院(Massachusetts Institute of Technology,MIT)电子研究所获得研究职位,同时他还在罗曼·雅克布逊(Roman Jakobson)的指导下做高级研究。基于这种三角关系,雅克布逊设法为乔姆斯基在MIT谋得一个研究职位。需要注意的是,此时乔姆斯基还没有任何可以证明其才华和学位的证书,而注重证书的大学一般不会给像乔姆斯基这样的人提供任何工作职位。乔姆斯基认为,MIT之所以能接受他,是因为MIT并不关心证书,而是注重科学研究,关心你是否对工作感兴趣。就这样,1955年,27岁的乔姆斯基在MIT,这个世界顶级的应用科学中心有了立足之地。

初到MIT时,乔姆斯基需要花费一半的时间教学,自己的研究目标也不是十分明确。幸运的是,乔姆斯基很快接过了一门关于语言与哲学的课程,这是他最擅长、也最心仪的课。借助这门课,乔姆斯基很快积累了大量的手稿和原始讲义,他的第一本著作《句法结构》(Syntactic Structure,1957)就是这门本科课程讲义的修改稿。而《句法结构》的正式出版,标志着乔姆斯基语言学革命的真正到来。

---

[1] Carols Otero, ed. (1988). Noam Chomsky: Language and Politics. New York: Black Rose, 129.
[2] 乔治·米勒(George Miller,1920.2.3—),认知心理学的奠基人之一,当时已是哈佛大学的教授。他们当时开始合作,并在数理语言学领域发表论文。1957年,乔姆斯基一家(夫妇二人和大女儿)曾与米勒一家(夫妇二人和两个孩子)合住一套由大学联谊会提供的公寓。

自此之后,乔姆斯基的生活轨迹主要集中在三个领域:私人生活、职业生涯、政治评论。乔姆斯基始终认为这三个方面互不相关,并且能十分巧妙、妥善地处理好三者之间的关系。特别值得一提的是,他特别注意保护个人隐私,也以私生活极其缺乏吸人眼球的逸闻趣事而著称。对如何协调同时身为一个学者和政论家的关系时,乔姆斯基回答道,"有时我对每一种角色都付出100%,有时则是120%。"全力付出,似乎并不足以解释乔姆斯基之所以成为乔姆斯基,更重要的是,三种不同身份被他轻松自如地集于一身,相辅相成。正如对乔姆斯基颇有研究的清华大学心理学系蔡曙山教授指出的那样:乔姆斯基在语言学、哲学和心理学方面的名气,使得大家不得不去注意他的政治观点;而他的政治声誉,或者说政治恶名,又将人们的注意力吸引到他的学术成就上。[①]

3. 事业发展

在开山之作《句法结构》一书中,乔姆斯基提出了全新的语言学理论和方法论,全面挑战当时占主流地位的美国结构主义语言学,迅速在语言学界引起巨大反响。乔姆斯基语言理论的新颖性和科学化追求吸引了大批青年学者的加入,MIT也因此成为生成语法理论的主阵营。在短短几年之内,生成语法理论迅速取代了结构主义语法学在语言学中的主流地位。

<<< 专栏一

结构主义语言学

结构主义语言学的创始人是瑞士语言学家索绪尔。继索绪尔之后,分为三个不同流派,即布拉格学派、哥本哈根学派和美国描写语言学派。

布拉格学派:又称为功能语言学,创立于1926年10月,以布拉格语言学会的成立为标志,创始人为马泰休斯。该学派自称为结构-功能学派,注重对语言结构的功能进行研究,并以音位研究著称。主要贡献是首次系统地阐明了音位学的任务、原理和研究方法,并因此使它在结构主义语言学诸领域中居于领先地

---

① 转引自:http://res.21cn.com/news/today/renwu/2010/08/16/7742549.shtml?from=gd_fs

位。代表人物有特鲁别茨柯依和雅柯布逊。

哥本哈根学派:又称为丹麦学派、语符学派,创立于1931年,以哥本哈根语言学会成立为标志。该学派注重语言结构之间的关系,并以研究语言结构的关系以及其数学性质而著称。其理论抽象,实际应用少,但代表着人文科学与精密科学结合的趋势。代表人物有叶尔姆斯列夫、布龙达尔、乌尔达尔等。著名语言学家王希杰先生评述说:"哥本哈根学派的学说是一座极有学术独创性的象牙之塔。"

美国描写语言学派:又称为美国结构主义学派,在对美洲印第安语的调查与研究基础上逐步形成和发展起来。该学派注重口语和共时描写,注重语言形式分析,回避语义问题;在语言结构分析中主要运用分布和替代的方法;创造了语言结构分析的直接成分分析法。这些观点与方法对汉语语言研究的影响很大。该学派的先驱人物是博厄斯(也译鲍阿斯)及其学生萨丕尔,主要代表是布龙菲尔德,之后是哈里斯和霍凯特。

>>>

《句法结构》一书,像乔姆斯基的其他学术著作一样,晦涩难懂、不易理解。到1959年,当一些重量级的语言学家仍在钻研这本书的概念与思想时,乔姆斯基又在影响广泛的《语言》杂志上发表了"评斯金纳的《言语行为》"一文,自此拉开了乔姆斯基批驳斯金纳理论观点的序幕。不过,乔姆斯基并不是要败坏斯金纳的声誉,而只是要阻止行为主义理论的影响进一步扩散,尤其是质疑行为主义理论在哲学与语言学(也许是在整个科学)领域中的可行性。同时,这篇文章还对著名哲学家奎因的观点进行了猛烈抨击。乔姆斯基认为,奎因的哲学更值得批驳,因为奎因已经把行为主义作为其经验哲学的一部分,融进了整个思想领域。在奎因看来,研究语言与行为之间的关系,最好从行为层面入手。例如,奎因认为,乔姆斯基提出的关于一个典型的句子是由一个名词词组 NP 和一个动词词组 VP 组成的观点,只有在描述语言行为时才有意义,而不应将此观点作为某种所谓具有解释力的、普遍性的底层原则。为此,乔姆斯基杜撰了一句"无色的绿色思想狂暴地睡觉(Colorless green ideas sleep furiously)"来证明奎因的观点错误。这个句子的语法正确,所有词汇也均有各自的意思,但语义却令人费解,不知所云。归根到底,奎因与乔姆斯基之间的辩论反映的是经验主义和理性主义哲学取向之间的差异。乔姆斯基为捍卫理性主义,始终以明晰无误的语言驳斥奎因及其追随者。更有趣的是,人们后来还从乔姆斯基所杜撰的这句话中看出了禅意,并认为它具有简约风格,甚至将它提升到了文学抒情的高度。例如,美国诗人约翰·荷兰德(John Hollander)在其为乔姆斯基专门写的题为"卷曲的茜草"一诗中,就引用了这句话;吉尔伯特·哈曼(Gilbert Harman)在其主编的《论乔姆斯基-批评文集》(1974)一书中,又重点突出了荷兰德这首诗中包括"无色的绿色……"的三行诗文。

到 20 世纪 60 年代,乔姆斯基出版的学术著作的技术含量越来越高,也因此培养了一批忠实的追随者。乔姆斯基和追随者经常展开讨论,MIT 语言学系的走廊成为他们学术讨论的自由场所。这些讨论对他之后的标准理论产生了重大影响,乔姆斯基的巅峰之作《句法理论的若干问题》(Aspects of the Theory of Syntax,1965)便是这些讨论的重要成果之一。到 20 世纪 70 年代,乔姆斯基继续在技术层面上完善和修改标准理论,先后形成了扩充的标准理论(Extended Standard Theory,简称 EST)和修正的扩充标准理论(Revised Extended Standard Theory,简称 REST)。这两种理论的核心是语法中语义规则的应用。

在这一时期,乔姆斯基在哲学领域也取得了丰硕的成果,先后发表了大量哲学方面的著作,包括《语言与心理》(Language and Mind,1968)和《关于语言的若干思考》(Reflections on Language,1975)。这些成果都是乔姆斯基对"为什么要研究语言"的思考。在《关于语言的若干思考》中,乔姆斯基明确提出,经验科学与唯理哲学应该并肩前进;而且,所有伟大的科学家在某种意义上也都是哲学家,许多哲学家最初也只是科学家。数学家伯特兰·罗素(Betrand Russell)[①]就是一个杰出的例子。

到了 20 世纪 80 年代,乔姆斯基的许多学生成长为杰出的语言学家。他们围绕着乔姆斯基的语言学思想,对他的语言学理论进行扩展与修正,甚至创新。

---

① 伯特兰·罗素(Betrand Russell,1872—1970),20 世纪声誉卓著、影响深远的思想家,集哲学家、作家、数学家和政治理论家于一身,是 20 世纪西方最著名、影响最大的学者和和平主义社会活动家之一。1949 年他被选为英国科学院荣誉院士,1950 年获英国最高荣誉"功勋奖章",同年获诺贝尔文学奖(获奖作品为《婚姻与道德》)。主要代表作有《数学原理》(1903)、《物的分析》(1927)和《西方哲学史》(1945)等。曾于 1920 年访问中国,与杜威同时间在中国讲学,毛泽东还曾在长沙担任过他的书记员。回到欧洲后出版《中国问题》一书,被孙中山称为"唯一真正理解中国的西方人"。

乔姆斯基本人也在乐此不疲地辛勤耕耘着。《管辖与约束理论讲座：比萨演讲集》(Lectures on Government and Binding: The Pisa Lectures, 1982)是这一阶段乔姆斯基有关理论思考的产物。该理论常以管约论(Government and Binding, 简称GB)出现在文献中。在GB中, 乔姆斯基开始使用简明但解释力强的原则(Principle)替代一系列具体规则。他还试图用概括性极强的原则来分析、解释更多的语言现象。例如, 通过设定某一参数(Parameters)来决定我们到底讲哪一种语言。该理论又被乔姆斯基命名为"原则与参数理论", 是当代语言学理论的最大进展。在《语障》(Barriers, 1986)中, 乔姆斯基进一步修正了GB。

在80年代, 乔姆斯基继续发表大量哲学方面的著作, 进而也奠定了他准哲学家的地位。虽然他的哲学观仅仅局限在语言研究领域, 但对人类行为研究的影响却很大。乔姆斯基自始至终都认为, 人类的语言能力是人类改变世界、使世界变得更加美好的最终工具。

当今, 乔姆斯基语言学的一个主要方向是生物语言学, 贯彻这一思想的是"最简方案"(Minimalist Program)。"最简方案"也是乔姆斯基1995年一篇文章的题目。在该方案中, 乔姆斯基提出了人类语言能力是内在的、属于生物系统的一部分的观点。这一观点又解答了一个古老的问题, 即儿童如何习得语言, 又如何创造性地使用语言。可以说, 这一理论的解释力更强, 到目前为止, 还没有任何一种其他语言学理论能与之媲美。

到20世纪80年代末, "乔姆斯基"成为一种全球现象。在1984年编纂的关于他著作的第一部文献目录里, 就列出了他本人180多篇论文, 还有几乎是其两倍数字的有关乔姆斯基的评论性文章。[①] 2005年, 亚马逊图书网列出了乔姆斯基本人、与他人合著及有关他的述评的文章条目, 竟然多达600条。可以说他是当代被引用最多、仍然健在的作者, 也是从古至今十位被引用率最高的作者之一。他被英国伦敦大学(1967)、印度的德里大学(1972, 当时他作为尼赫鲁讲座教授)等高校授予各种名誉学位。到2005年, 他收揽了大约30多个名誉学位和各种奖项。2010年8月13日, 乔姆斯基应邀到中国讲学并被北京大学授予荣誉博士学位。他的科研成果和学术成就几乎无人匹敌。更重要的是, 他的学术思

---

① L. S. Ramaish & T. V. Prafulla Chandra. Noam Chomsky: a Biblilgraphy (Gurgaon, 1984).

想所产生的影响,已经远远超出了语言学和哲学,对心理学、计算机等多个领域也都有深远的影响。

4. 婚姻生活

1949年,乔姆斯基和犹太姑娘卡罗尔·沙茨结婚。婚后育有两个女儿,分别是阿维娃(Aviva,1957年)与黛安(Diane,1960年),还有一个儿子哈里(Harry,1967年)。

卡罗尔于1930年7月1日出生在费城。她非常聪明、热情。卡罗尔的父亲是一位医生,在公众中享有很高的声望。他们两家同属一个犹太教会,相互来往较多,而且卡罗尔曾在乔姆斯基父亲担任校长的学校里学习过,乔姆斯基的母亲曾教过她希伯来语。在乔姆斯基5岁那年的夏天,乔姆斯基的父母亲去拜访卡罗尔的父母亲,乔姆斯基也随着父母来到了卡罗尔家。就是在这次拜访中,乔姆斯基第一次看到了只有三岁的卡罗尔。自此之后,他们经常见面。但在卡罗尔14岁之前他俩并没有正式说过话。可谓是青梅竹马的乔姆斯基和卡罗尔有很多共同的兴趣,包括犹太的文化与历史、语言研究以及哲学等,在少年时期俩人还曾一起参加过犹太复国主义青年组织、犹太文化活动等。1949年,都还是大学生的乔姆斯基和卡罗尔就步入了美妙的婚姻殿堂。

1951年,乔姆斯基获得哈佛奖学金,他们一起迁移到了波士顿。波士顿既是他们的第一个移居地,也是他们的最后定居点。卡罗尔转学至莱德克里夫学院(Radcliffe College)——哈佛大学的女子学院(当时的哈佛大学仍是男性王国)继续学习。哈佛奖学金最大的好处就是,可以留有部分资金以供年轻获奖者作环球旅行。1953年,乔姆斯基夫妇开始了他们的第一次海外旅行。这趟旅行的主要目的是去以色列体验基布兹[①]生活,这是当时犹太复国主义者最向往的目的地。当然,他们也计划参观欧洲的其他地区。需要说明的是,在1953年,从美国到欧洲的旅行注定是一个奇特的经历。因为二次世界大战使得美国变得更加繁荣富强,而在欧洲,特别是德国,战争的创伤却处处可见。所以,乔姆斯基夫

[①] 该基布兹属于社会主义-犹太复国主义青年运动组织(*Hashomer Hatzair*),是基布兹运动的大本营。这里的人持有与阿拉伯民族合作的观点,属于两次主要的基布兹运动中更加偏左的那一个。

妇选择的旅行路线是从英格兰到法国,经由瑞士到意大利,最后直达以色列境内的一个基布兹。到达这个基布兹之后,乔姆斯基夫妇一边批评以色列政府的发展策略,一边从事着体力劳动。敏锐的乔姆斯基很快就注意到那儿正在建立一个绝对排他的法西斯体制,为此他渐渐开始担心。再加上这个基布兹比较穷,提供的食物很少,而劳动量却很大。大约六周之后,他们夫妇就返回了美国。

1955年,乔姆斯基正式到MIT工作。卡罗尔则又去了一趟以色列,考察长期在那儿居住的可能性。应该说,卡罗尔十分怀念在基布兹的时光,但是,考虑到日常生活,特别是乔姆斯基在工作日要待在美国,只能在休息日才能过去,卡罗尔最终放弃了在以色列生活的想法。她重新返回波士顿,并将家安顿下来。三个孩子也先后在波士顿出世。

20世纪60年代,乔姆斯基频繁地参与反对越南战争的活动,发表激烈言论,经常面临牢狱之灾。自1967年10月第一次被捕后,情形似乎变得一发不可收拾。考虑到乔姆斯基一旦被捕,维系家庭生活的唯一经济来源便可能被切断,卡罗尔未雨绸缪,决定攻读博士学位,为将来独自养家糊口打基础。受乔姆斯基爱好和专业的影响,卡罗尔选择了语言学,主攻儿童语言习得,并于1968年获得哈佛大学的语言学博士学位。她在哈佛大学教育学院取得了永久教职,直到1996年退休。卡罗尔最广为人知的著作是她在1969年出版的《5到10岁儿童的句法习得》一书。在这本书中,卡罗尔研究了儿童如何逐渐习得母语背后的语法结构,以及他们如何基于习得的语法结构来理解日益复杂的句子。除了正常儿童的语言发展研究,卡罗尔也涉足聋儿的语言能力研究。

在政治上,卡罗尔也是一名活跃分子。她有自己的思想,并独立行动,而不是受乔姆斯基的影响,步其后尘。例如,1968年左右,卡罗尔曾独自带着两个女儿参与了在马塞诸塞州的康克德①举行的妇女儿童静默游行。在那儿,他们遭到了罐头盒和西红柿的袭击。乔姆斯基夫妇都很独立,彼此尊重对方的选择和爱好。他们一致认为,不能简单地假设妻子对丈夫感兴趣的事情一定也感兴趣、对

---

① 康克德以和平主义和"鸽派"观点而著称。"鹰派"和"鸽派"为美国政坛上的两大主要势力,其中,"鹰派"主张用武力解决争端,"鸽派"主张用和平手段解决问题;"鹰派"代表感性的美国,"鸽派"代表理性的美国。当美国处于强势地位时,"鹰派"占据主导地位,当"鹰派"为美国夺来的财富惹出了麻烦时,"鸽派"才占据领导地位。"鹰派"主导的美国与"鸽派"控制的美国构成了一个完整美国,两派都服务于美国的全球战略服务,不存在彼此之间你死我活的争斗。

丈夫参与的事情也一定会参与。

考虑到乔姆斯基生活在聚光灯下,为避免孩子们的生活受到影响,卡罗尔和乔姆斯基很早就达成共识:让孩子们自由选择自己的职业道路,并保护他们不受乔姆斯基学术光环和政治争议的影响。他们一直坚守这个决定。乔姆斯基从不对媒体提起他们;在各种演讲中,乔姆斯基都明确拒绝回答任何涉及个人生活的问题。与此同时,夫妇二人还努力营造浓厚的家庭文化氛围,与孩子们的聊天内容也尽可能丰富多彩。现在,乔姆斯基的三个孩子都已长大成人,每个孩子都很优秀:大女儿阿维娃是一名学者,专门研究中美洲历史与政治;二女儿黛安与尼加拉瓜的爱人一起在马那瓜湖(位于尼加拉瓜西部)为一个发展机构工作;儿子哈里是一名软件工程师,生活在加利福尼亚。

1996年,卡罗尔正式退休。此时,孩子们也都已独立生活。此后,她便与乔姆斯基形影不离,成了乔姆斯基常年的旅行伙伴(实际上是他的旅行助理)。乔姆斯基夫妇始终非常恩爱。在卡罗尔去世之前,她一直亲自为乔姆斯基理发。令人痛心的是,卡罗尔患上了癌症,于2008年12月19日在美国马塞诸塞州的家中去世,享年78岁。

如今,乔姆斯基已过80高龄,岁月给他留下了斑斑点点,走路也略显蹒跚,但他仍一如既往,不知疲倦地疯狂工作着。他的思维依旧非常敏捷,谈话中要引用任何资料或事例(诸如人名、书名、事件发生的年月等),他都能信手拈来,准确无误。工作,是他生活的主题,也是他放松和缓解压力的最佳方式。在北京演讲时,当被问及高龄以及逐渐衰老的感觉时,他用简短而坚定的口气回答道,"我知道自己在老去……更少的时间,更多的工作,更加努力而已。"[①]这是他的写照,也是他的宣言。

<<< 专栏二

"放假"的一天

事实上,就在2010年5月,"疲惫至极"的乔姆斯基曾下决心,要从与美国政

---

① 转引自:http://res.21cn.com/news/today/renwu/2010/08/16/7742549.shtml?from=gd_fs

府的斗争中暂时抽身,休息一天。"需要担忧的明天仍会等在那里。今天,我只想躺在吊床上,美美享受诺姆时间。"这位被人们视为毫无幽默感的斗士甚至有如此诗意的幻想:没有反种族、没有对殖民意识形态掠夺的揭露,没有宗教误传挺身而出,只有温暖的春日上午,清凉的微风穿过打开的窗子……他计划清扫庭院、去公园走走,甚至去大剧院的《约会之夜》首映秀看看。

那真是具有历史意义的一天。享用过美味的燕麦片早餐后,乔姆斯基开始读"善于欺骗并常常惹恼他的"《时代》周刊。他下定决心不生气,"即使媒体不过是向个体灌输谎言的洗脑工具……不,不能说这些,今天不行。"

据说他甚至考虑花些时间,穿着拳击短裤陷在睡椅上看看电视。但是,《价格竞猜》(一档娱乐真人秀)还是险些激怒他。"我只要换台,换一个不那么弱智的节目。没有必要感到生气。"乔姆斯基一边举着遥控器迅速切换,一边嘟嘟囔囔安慰自己。然后,愚蠢的 NBA 只是让他确信职业运动无非是美国政府转移国民注意力的欺骗手段,而青少年节目让他大发大学应是知识中心而非娱乐工厂的感慨。

而计划中神清气爽的乡下自驾游,却使乔姆斯基沉浸于石油在经济和军事政策中所扮演角色的思考中无法自拔。街边快餐店的垃圾食品同样让他无法容忍。他不明白人们怎么可以享受一堆垃圾而不购买更健康的食物。而且,那汉堡太咸。

"好吧好吧。"最后,这位著名的批评家和哲学家说,"我要回家写一篇,写一篇论据充分口齿伶俐的檄文放松一下。但我保证,我一定会回到公园散步并享受好天气,我保证。"

转引自:http://www.chinaelections.org/newsinfo.asp?newsid=185442

>>>

二、四大偶然铸就一鸣惊人的年轻学者

乔姆斯基被誉为语言学界的"爱因斯坦"。取得如此非凡的学术成就,既是他一生沉浸在语言学海洋里的必然结果,也充满了戏剧般的偶然性[1]。之所以必然,源于家庭的深厚语言学研究氛围,父母亲的影响以及他本人十分广泛的兴趣爱好(如逻辑、数学、哲学、语言学、语言、文学等);之所以偶然,源于成长过程中一环套一环的经历。年轻的乔姆斯基不鸣则已,一鸣惊人! 自脱颖而出之后,便一发而不可收。

1. 偶遇引路人

泽里格·哈里斯
(Zellig Harris, 1909—1979)

1944年,16岁的乔姆斯基进入宾夕法尼亚大学开始大学生活。但是,他很快就发现这所学校延续着他所厌烦的中学阶段的教育体制,他对大学顿时失去了向往和激情,终日游荡、毫无目标,仅是在他父亲工作的学校兼职讲授希伯来语,以此赚取自己上学的费用。1947年,正当乔姆斯基打算退学的时候,在一次与学校没有任何关系的政治集会上,他遇到了泽里格·哈里斯。这一次偶然相遇,改变了乔姆斯基的人生发展方向;或者说,为乔姆斯基成为今天的乔姆斯基找到了发展方向。

哈里斯是一位魅力十足的教授,深受年轻学生的喜爱。他因为在美国大学中第一个建立语言学系而名声斐然。在乔姆斯基眼里,哈里斯是一位非同寻常的人,他对政治、语言学中的很多问题都有完整、系统的认识,而这恰恰是乔姆斯基所缺乏的。而且,乔姆斯基的许多兴趣和爱好都与哈里斯不谋而合。由于被哈里斯所吸引,乔姆斯基暂时放弃了退学的想法。

---

[1] Barsky, Robert. (1997). Noam Chomsky: A Life of Dissent. Cambridge, MA: MIT Press, 139.

<<< 专栏三

泽里格·哈里斯（Zellig Harris）

1909 年，哈里斯出生于乌兰克，4 岁时随父母移居美国，30 年代在宾夕法尼亚大学先后获得学士、硕士和博士学位。并在这里度过他一生的教学生涯。

在 1951 年之前，哈里斯的主要工作集中在语素和音素的结构分析，此后便转向了句法分析。代表作《结构语言学的方法》(Methods in Structural Linguistics, 1951)。在书中，哈里斯用引人入胜的话语全面、系统地介绍了发现程序。该书的问世，备受美国和欧洲语言学家的重视，被看做是美国结构主义达到成熟期的标志性著作。意大利语言学家莱普希（Giulio C. Lepschy）认为，该书是美国"后布龙菲尔德时期语言学"的象征和转折点。纽曼认为，这是继布龙菲尔德《语言论》之后对描写语言学作出重要贡献的另一"巨著"。

哈里斯个性谦逊，不善张扬，对许多人来说，他既是威严学者，又是忠实朋友，对当时的很多年轻人都有过重要影响。在乔姆斯基的回忆中，哈里斯的人格力量依然栩栩如生："他比大家所认识到的影响力还要大，并扩展到各种各样的人"。他看重诚实的品格，努力树立毫不虚假的个人风格。他一方面强调学术成就，同时也强调参与基布兹组织中富有建设性活动的重要性。哈里斯在为人方面为乔姆斯基树立了典范。

哈里斯不仅将乔姆斯基引入语言学领域，而且在众多方面都潜移默化地影响着乔姆斯基。乔姆斯基对待自传的态度反映出哈里斯重视集体主义而不是个人成就；乔姆斯基的教学方法、组织方式以及寻求合适的政治框架的方法也反映了哈里斯带有明显左翼唯意志论观点的教学风格，以及反对压制、鼓励个人创造的教学理念。

在政治上，哈里斯主张唯意志论自由主义以及犹太复国主义思想，这与乔姆斯基早期形成的某些观点相吻合。正是这些观点，将乔姆斯基留在了哈里斯身边；同样也是这些政治观点，自二人在语言学领域分道扬镳后，仍将两人联系在一起。

因为乔姆斯基对哈里斯政治观点的认同，在学业上，他听从哈里斯的建议，选修了哲学家古德曼的"构造分析法"，经验主义哲学家奎因的逻辑学，以及凡恩(Nathan Fine)的数学课程。这些课程，为乔姆斯基采用数理方法研究语言学奠定了扎实的基础。同时，乔姆斯基也开始阅读哈里斯推荐的书籍，例如精神分析心理学的著作。

在哈里斯的鼓励下，乔姆斯基开始参加他的语言学讲座，以及各类讨论。当时，语言学专业的研究生并不多，这些学生不仅对语言感兴趣，对政治也很感兴趣。讨论会无拘无束，形式多样，活动地点常常不固定，要么在咖啡馆里喝着啤酒，要么在哈里斯的公寓。在讨论会上，大家争辩激烈，充满活力，一个议题常常讨论数天。这些讨论带给乔姆斯基的不仅是学术上的促进，更是思想上的碰撞。哈里斯用这种形式自由、内容宽泛的交流方式取代了硬性的课程要求和学术等级。不过，虽然形式散乱，甚至毫无章法，但确保学生们仍能拿到足够的学分并获得学位。这种讨论形式，恍如使乔姆斯基又回到了幼儿时期，让他内心无限向往。乔姆斯基回忆说："穿过三十四街，在伍德兰大道过去有一个霍恩与哈达特(Horn & Hardart)咖啡馆，我们常在楼上会面，或在他普林斯顿的公寓见面。他的伴侣是一位数学家，与爱因斯坦一起工作。"[1]

乔姆斯基渐渐对哈里斯的语言学产生了兴趣，但是，直到他从头到尾读完哈里斯《结构语言学的方法》(1951)的草稿时（因为乔姆斯基校阅了文稿，所以在这本书的前言部分，有对乔姆斯基的致谢声明），乔姆斯基才真正被语言学领域的问题所吸引。[2] 对此变化过程，乔姆斯基曾在《语言理论的逻辑结构》(The Logical Sturcture Linguistic Theory, 1975)一书的序言中写道：我正式进入语言学领域是在 1947 年，当哈里斯交给我一份《结构语言学的方法》的校样稿让我看时，我发现这本书很有意思；与哈里斯讨论过几次之后，我决定将语言学作为大学期间的主修专业。这时的乔姆斯基全盘接受了哈里斯的理论观点。此时的普遍认识是：语言学领域的研究工作基本结束，所需做的就是使用这种方法，尽可能多地分析现存的人类语言。在哈里斯的课程中，乔姆斯基所做的工作是将切分方

---

[1] Samuel Hughes. (2001). The way they were (and are). University of Pennsylvania Gazette, July-August..

[2] Zellig S. Harris. (1951). Methods in Structural Linguistics. Chicago.

法运用于更大的语篇中。

1948年,乔姆斯基开始撰写学士学位论文。在哈里斯的建议下,参照语言学领域总体的步骤分析理论,乔姆斯基以以色列人为被试,运用哈里斯的切分方法,分析了希伯来语。随着研究的深入,乔姆斯基开始质疑这种方法:明明知道问题的答案,为什么偏偏还要问被试呢?更何况这种方法不能得出他所知道的、关于语言真相的正确结论。例如,这种方法根本不能说明闪族语言的根元音最基本的分布特征。善于思考的乔姆斯基开始探讨他称之为个人兴趣的研究,即生成语言研究。乔姆斯基语言学革命的前奏曲悄悄奏响。

1949年,乔姆斯基取得了宾夕法尼亚大学的学士学位。之后,在哈里斯等人的鼓励下,他又继续攻读硕士学位。1951年,以《现代希伯来语语素音位学》(Morphophonemics of Modern Hebrew)论文顺利毕业,获得硕士学位。

在硕士论文中,乔姆斯基彻底抛弃了哈里斯的研究方法,转而采取一种完全非程序性的、整体的和现实的方法。他与哈里斯的分歧已经非常明显。几年之后,他们二人在语言学领域分裂了,而且决裂得非常彻底。

2. 偶进哈佛

1951年,在古德曼等人的鼓励下,乔姆斯基申请到了哈佛大学的奖学金,并以青年学者的身份去哈佛大学研究所任初级研究员。研究所的初级研究员是由这里的高级研究员联合哈佛大学的校长、人文学院的院长共同选择录取的有前途的学术研究新人。一旦成为研究所的初级研究员,一般可以获得哈佛提供的三年奖学金,同时也能够获得博士学位,但名额非常有限,每年只有10人入选。乔姆斯基很荣幸获得了这个机会。因为机会难得,常被大家认为是一次偶然。

到达哈佛大学之后,乔姆斯基才得知他能在这里领取到支付他生活所需的薪俸,这样他就可以全身心投入到学术工作中,而不用再外出上课赚取费用。于是,他开始着手考虑一直感兴趣的问题:人类语言的本质以及对当前行为主义的反驳。两年之后,他逐渐明白这项工作比以往所做的任何工作都更有价值。

1953年,在乔姆斯基乘船到欧洲旅行的途中,他茅塞顿开,突然意识到:语言作为一种高度抽象、能产的现象,要将其完全形式化地描述出来是根本行不通的!他下决心要创立与描写语言学完全不同的语法体系。应该说,这是一次戏剧性的突破，也是乔姆斯基一生都为之骄傲的突破。对此，乔姆斯基曾说道：直到1953年，我才意识到我曾经的想法是正确的，而整个结构主义的研究方法，包括我过去的所思所想所做，都无关紧要。事实上，这些方法确实一点儿用也没有！

自此，他摒弃了发现程序的方法（即描写语言学采用的研究方法），而采用评价程序（正如他在《现代希伯来语语音结构》中首次使用的程序一样）。在过去，因为描写语言学重视现实性而不是可操作性，因此，他们根本不关心评价程序的方法，也从未出现过评价程序这个术语。那么，如果要使评价程序成为可能，只有采用"原则和参数"的方法，这也是乔姆斯基生成理论的核心和他一直致力于开展的工作。自此之后，语言的动态研究成为语言学领域研究的重点：不同层次的表达式是如何转换、生成的，大脑如何生成概念，如何生成语言，其相反的过程又如何，等等。同时，以此理念为基础建立的理论，也都必须在语言习得的实际事例中得以检验。换言之，语言研究正在由对语言的静态描写转向对语言的解释。

尽管当时并没有人站在他的立场上，但乔姆斯基对自己的发现仍很自信。他不需要别人的证明（当然，也不反对他人的论据），这种自信与魄力堪比年轻时的爱因斯坦。想当年，当有人质疑爱因斯坦的理论，并问他，如果测量结果不支持他的观点该怎么办时，爱因斯坦的回答是：或许测量结果本身就是错误的！这种超常自信，也许是天才们需要具备的独特品质吧。

1954年夏天，芝加哥大学语言学会邀请乔姆斯基做有关语法及语法程序的报告。这是乔姆斯基首次公开介绍他的研究思路和理论观点。此后，耶鲁大学的布洛赫教授（Bernard Bloch）也对乔姆斯基的工作产生了兴趣，邀请他到耶鲁大学作报告。遗憾的是，这两次报告当时并没有在语言学界产生多大影响，乔姆斯基仍然是语言学界的无名小辈。

此时的乔姆斯基，虽然经常在学术大会上发言，但仅仅局限在计算机和心理学论坛；虽然发表了很多评论和文章，但尚未涉足语言学领域的期刊和杂志。尽管他的语言学工作十分新颖，富有创新，但还没有得到语言学界的认可。

3. 偶入麻省理工

1955年，第三次偶然机遇降临到乔姆斯基身上：经朋友罗曼·雅克布逊推荐，乔姆斯基被MIT接纳，成为其中的一员。这是人们谈及乔姆斯基的职业发展时最经常讨论的一次偶然机会。

这次机缘之所以偶然，是因为当时的MIT尚未成立语言学系（或哲学系，甚至心理学系），而且，乔姆斯基当时也"没有确定的研究领域，也没有任何方面的资格证书"[1]。可以说，除了MIT，没有哪一所学校愿意接受乔姆斯基，正是MIT的包容为乔姆斯基打开了事业的大门。乔姆斯基对此看法也非常认同，在北京大学演讲时也曾提及MIT及其学术包容。[2]

不过，具有讽刺意味的是，乔姆斯基签订的是他经常批评的机器翻译项目。该项目由维克多·英格维教授（Victor Yngve）[3]设计，得到了美国海陆空三军的资助，在MIT电子研究实验室进行。当实验室主任杰罗姆·威斯纳教授（Jerome Wiesner）问乔姆斯基对这个职位的看法时，乔姆斯基坦言说"这个项目没有任何知识价值，甚至可以说毫无意义，不可能有什么研究结果"。也许是因为乔姆斯基的这份坦诚，抑或是因为威斯纳对乔姆斯基的观点感兴趣，总之，威斯纳接纳了乔姆斯基，并聘他为专职教员。乔姆斯基的职业生涯就此拉开了序幕。

需要说明的是，乔姆斯基对计算机和计算机语言有一定的、带有批评意义的兴趣。在20世纪50年代末60年代初，乔姆斯基在自动化方面取得的成就，在计算机科学领域广为人知。他的语言学理论中的二元分支结构模型适用于计算机的二进制语言处理模式，他的"管辖与约束理论"和"最简方案"也被计算语言学领域所引用。[4] 在《自然语言的计算》（1994）（副标题是"计算机语言中的英语生成语法"）的绪论中，作者多尔蒂（Dougherty）写道，"研究主要想向读者展示……在计算机上，如何运用诺姆·乔姆斯基的语言学理论……来表达某些语法

---

[1] Barsky, Robert. (1997). Noam Chomsky: A Life of Dissent. Cambridge, MA: MIT Press, 86.
[2] 转引自：http://www.chinaelections.org/newsinfo.asp? newsid=185442
[3] 维克多·英格维（Victor Yngve, 1920—），美国著名的语言学家，最早开展计算语言学和自然语言处理的研究。
[4] 2005年，在MIT召开的计算语言学研讨会上，有人提交了一篇题为"计算机辅助的语言学理论建模——从简约论到最简方案"的论文。

的处理过程"。① 可以说,乔姆斯基对计算机技术的进步以及机器翻译的发展都功不可没。几年前,乔姆斯基也因为在技术领域(以及理论方面)的贡献,被授予本杰明·富兰克林奖章。②

初到 MIT 工作时,乔姆斯基被聘为专职教师。他需要一边在实验室工作,一边从事教学工作。这在 MIT 教员看来非常稀松平常的事情,对乔姆斯基却极具挑战性。对翻译工作,乔姆斯基不否认这项工作的实用价值,但这并不代表他对这个项目感兴趣,而且他之前也从未接触过翻译工作,这是乔姆斯基对实验室稍感遗憾的地方。教学工作则是他面临的最迫切问题。作为现代语言和语言学系的助教,乔姆斯基的第一项教学任务是博士生的语言课程,指导他们如何应付法语和德语考试。语言课程本身并没有多高的智力要求,但是,对不懂法语、对德语也知之甚少的乔姆斯基来说,要完成这门课的教学任务却并不容易!不过,乔姆斯基是幸运的,学校很快就取消了对博士生外语的硬性要求,他也不用再费心准备这门他并不擅长的课程。更幸运的是,他自此接过了一门 MIT 课程表上一直形同虚设的语言与哲学课程(因为没有合适人选,这门课一直没有正式开设)。这门课程为乔姆斯基打开了他辉煌的学术研究大门。

在这门课的教学过程中,乔姆斯基首先阐释自己的理论观点,之后再与学生讨论。通过与学生交流,他的观点更加明晰,思路更加清晰。应该说,这门课既提高了乔姆斯基的教学能力,又促进了他的学术研究。通过这门课,他积累了大量的手稿和原始讲义,这是他很多学术成果的直接来源。

<<< 专栏四

"作为教师的乔姆斯基"

乔姆斯基一直认为,学校的课程设置不应该是强制性的,而应该是一种自由的、无拘无束的探索。在教学实践中,他也竭力遵循这一原则。同时,他意识到,教学的大多数问题并不是学生的成长问题,而是如何有助于培养学生成长。依据他的个人经验,他认为 90%(也许 98%)的教学问题就是如何提高学生的兴

---

① Ray C. Dougherty. (1994). Natural Language Computing. Hillsdale, NJ: Psychology Press, viii.
② 为纪念著名出版家本杰明·富兰克林,国际独立出版家协会(PMA)设立了该奖项。

趣。如果学生感兴趣,教育过程就变为如何改善学生头脑中已有方法的缺陷。但如果学生已有兴趣或已被激发出兴趣,他们可能会采取教师也不懂的方式做出任何事情。

来听乔姆斯基讲课的人很多,他的"学生"中不乏语言学、哲学、心理学、数学等领域的领头人;有的"学生"甚至一场不落地听过乔姆斯基二十年的一百多场讲座;有的"学生"为了来听他讲课,得经长途跋涉。但是,乔姆斯基是最令听众感到"枯燥无味"的讲演者。一旦开讲,他的神情与口吻就会变得严肃起来。他认为,"学生"之所以来听他讲课,是想听他对于大众所关注的,有关我们这个时代的"问题"的看法。这些时代问题对他们很重要,对他自己也是如此。

每次公开演讲之后,乔姆斯基还会与他的研究生们单独讨论,并对学生的意见提出深奥和精辟的意见。学生莉莎·特拉维斯(Lisa Travis),现为麦吉尔大学的语言学教授,曾说道:"不管他讲的是哪一学科领域的前沿内容,他都能营造一种浓厚的理性与创造性氛围,尽管这种氛围很难形容"。然而,也有人说,乔姆斯基对于只关注研究却对他不感兴趣的人,很缺乏热情。罗宾·雷柯夫(Robin Lakoff),加州大学的语言学教授,曾评论道,"他认为自己掌握真理,因此人人都得听他的"。不过,他的看法没有得到他人的认同。

乔姆斯基教过的学生很多,与他多年保持联系的学生也很多。这些训练有素的学生分布在世界各地的大学语言学系,数量也令人难以置信。据奥特洛统计,截止到1991年,乔姆斯基已指导67篇以上的博士论文,2篇硕士论文,其他类型的论文还有很多。

乔姆斯基对学生非常好,即使现在依然如此。面对新闻访谈等预约,新闻媒体需要等待半年甚至以上时间,但如果采访者是乔姆斯基的学生,那需要等待的时间将大大缩短,甚至只需要一个星期。

>>>

在 MIT 电子研究所,乔姆斯基的工作充满刺激,与同事的协同合作氛围融洽,这都是乔姆斯基曾经十分向往的工作环境。在这样的环境中,乔姆斯基的生成语法理论日渐成熟。

4. 偶识编辑

《句法结构》是乔姆斯基理论的开山之作。有研究者形象地比喻说,"如果说现代'认知革命'是一场大雪崩,《句法结构》就是引发这场雪崩的雪球。"①这本书的问世,也有一段偶然机缘:结识一位杂志社的编辑。

被 MIT 聘用之后,乔姆斯基工作的重要性很快凸显出来。1956 年 9 月,在 MIT 召开了为期三天的信息理论研讨会(该会议已经被一些人认为是认知科学诞生的标志)。在这次会议上,乔姆斯基提交的报告《描述语言学的三个模型》(Three Models for the Description of Language)备受关注,这是语言学历史上首次使用马尔科夫模型(Markov Model)描写自然语言。在报告中,乔姆斯基对有限状态模型、短语结构模型和转换模型,从语言学和数学的角度进行了理论分析,并阐述了形式语言理论。会议之后,在莫里斯的引荐下,乔姆斯基将这份由 MIT 讲义集结而成的书稿,提交给荷兰慕通(Mouton)出版公司《语言学丛书》(Janua Linguarum)的编辑舒纳费尔德(C. V. Schoonefeld)。舒纳费尔德慧眼识珠,看完讲稿后当即拍板,准予出版。1957 年《句法结构》正式出版。从商业经营的角度看,这本书的出版并不算成功。但最终,该书成为当代语言学理论中的经典畅销书,几乎所有自我感觉良好的语言学家,都会在自己的书架上存放一本《句法结构》,即使他们从没读过,或者根本看不懂。

在《句法结构》一书中,乔姆斯基旨在建构"一种可以视为某种装置的语法——该装置可生成符合该语言语法的语句"。全书共 113 页,包括前言、正文(10 章)附录、文献目录及术语表等部分。在这本书中,乔姆斯基提出了全新的语言学理论和方法,这与传统的语言学观点很不一致,也是对当时占主流地位的描写语言学的挑战。所以,虽然这本书顺利出版,但是,若不是罗伯特·李斯(Robert Lees)对该书的评论,《句法结构》是否会很快引起人们的关注还不得而知。李斯曾致力于哈里斯的语言研究模式。1956 年,他到 MIT 参与机械翻译项目时,了解并接纳了乔姆斯基的研究方法。受人之托,他撰写了"评诺姆·乔姆斯基的《句法结构》"一文,投往《语言》杂志。巧合的是,当时《语言》杂志的主编

---

① 莱特福特著.(2007).乔姆斯基《句法结构》再版序.代天善译.世界哲学,43—50.

伯纳德·布洛赫(Bernard Bloch)并不被同行认可。他同意并发表这篇评论,并不是因为欣赏或者赞同乔姆斯基的观点。相反,他是站在反对乔姆斯基观点的立场上,为"评诺姆·乔姆斯基的《句法结构》"投了非常关键的一票。这篇评论发表在第33卷第3期。在这篇评论中,李斯写道:"乔姆斯基的《句法结构》一书,首次尝试在传统的理论建构方面建构有关语言理解方面的理论,正如化学、生物等领域里对这些学科的理解一样"。他进一步指出,《句法结构》是语言学家首次设法在传统的科学理论框架中建立一种关于语言的综合性理论,进而提醒人们关注乔姆斯基理论,并预料这本书将产生巨大的影响。结果不出李斯预料——但出乎乔姆斯基的意料——《句法结构》出版后,很快就受到关注。自此之后,乔姆斯基和他的理论开始受到人们的重视,语言学研究跨入"乔姆斯基革命"的时代。在胡左玄先生编著的《影响世界历史的100名著排行榜》中,该书位列第38位[①],入选的理由是:《句法结构》引起一场语言学上的乔姆斯基革命;这是一场对整个语言学理论正本清源的革命。它不仅在语言学界激起强烈反响,而且影响到许多周边领域,涉及许多基本问题。

5. 攻破堡垒 脱颖而出

四次偶然的机会,为乔姆斯基个人及其语言学理论的发展铺平了道路。《句法结构》的问世,无疑给当时的语言学领域带来了巨大的动荡。但面对传统理论的巨大挑战,乔姆斯基沉着应对,最终攻破堡垒,脱颖而出!

针对来势凶猛的乔姆斯基理论,美国语言学会于1958年在得克萨斯州召开有关语言分析方面的会议。美名其曰是给"新颖且充满希望"的乔姆斯基理论一个公平的论证会,但其实,他们的真实目的是想将该理论扼杀于萌芽状态。当时,美国描写语言学的带头人,被乔姆斯基视为"行内著名打手"的人都在场,包括马丁·朱斯(Martin Joos),后起之秀罗伯特·斯托克韦尔(Robert Stockwell)。传统语法学家拉尔夫·隆(Ralph Long)也被邀请参加。遗憾的是,会议没有按照预期的方向发展。乔姆斯基对会议进程有过如下描述[②]:我的数学和逻

---

① 入选的六部中文名著分别是《论语》、《孙子兵法》、《阿Q正传》、《道德经》、《毛主席语录》、《红楼梦》。
② Barsky, Robert. (1997). Noam Chomsky: A Life of Dissent. Cambridge, MA: MIT Press, 92.

辑都较好,这意味着我可以跟他们辩论,但他们却无力接招。显而易见的是,他们根本无法应对这次辩论,他们曾引以为豪的理论基石即将塌陷。当会议进行到最后,要求参会者作出支持或反对乔姆斯基理论的选择时,很多人选择了支持,包括李斯在内(之后,李斯彻底抛弃了布龙菲尔德主义)。

由于没有达到预期目的,该学会于1959年又举行了第二次会议。这次会议进程及其结果几乎是第一次会议的翻版,当大会最后决定是否同意发表乔姆斯基的理论时,支持者占据绝对优势,希尔(当时美国语言学会的秘书)非常无奈地宣布:同意发表。这对当时的主流语言学家来说,无疑是当头一棒!——他们一直引以为豪、前途光明的研究工作顿时失去光彩!因为这个海市蜃楼,完全可以用非常简单的生成规则作出解释。

此时,MIT的语言学专业已具备独立成系部的实力。MIT为该系的创建者乔姆斯基和哈勒等人略去了所有繁文缛节,语言学系很快就正式成立了。对此过程,乔姆斯基曾说过[①]:我们之所以能够在MIT实施我们的计划,从某种意义上讲,得益于MIT的管理不同于一般的美国大学。当时,MIT没有较大的人类学或者与社会学相关的部门,因此,没有对手的反驳与学术官僚等问题,我们就建立了语言学系。

语言学系成立后,很快吸引了很多对语言学感兴趣的优秀人才。或者说,当时对语言研究感兴趣的人几乎都汇集到了这里。MIT也由此成为生成语法的主阵营。经过短短几年的发展,生成语法便取代了描写语言学的主流地位。1961年,乔姆斯基获得了MIT的外国语和语言学教授资格。这一年,乔姆斯基年仅31岁。

1962年,第九届国际语言学大会在MIT召开。在安排大会发言人时,最初邀请的是哈里斯。经再三斟酌,哈里斯拒绝了邀请。之后,经由会议组织者之中的三个人(即哈勒、雅各布森和洛克,三位都是MIT的语言学家)推荐,组织者同意,由乔姆斯基代替哈里斯作大会发言。从不热衷参加会议的乔姆斯基最后也同意了,他的主题报告是"语言学理论的逻辑基础"。报告围绕着当前语言学理论所面临的问题,以及众所周知的转换生成语法展开,并与所有结构主义语言学

[①] Barsky, Robert. (1997). Noam Chomsky: A Life of Dissent. Cambridge, MA: MIT Press, 101.

划清了界限。此时乔姆斯基无疑已经成为美国语言学的领头人。在他的带动下,语言学迅速成为美国的热门学科,转换生成语法理论的影响力日渐强大。

三、两大辩驳造就心理学奠基人

乔姆斯基理论不仅引起了语言学界的一场革命,而且对其他科学领域,如哲学、心理学、逻辑学、计算机科学等学科也有重大影响。他的转换生成语法理论直接挑战当时在心理学领域占主流地位的行为主义理论,促使了认知心理学的诞生,并在一定程度上导引了认知心理学的发展方向。

1. 对斯金纳之批驳

早在1951年,乔姆斯基第一次到哈佛大学时,斯金纳的行为主义思想已经开始盛行。之后,行为主义理论逐渐占据美国心理学的主导地位,斯金纳也逐渐成为行为主义理论的主要倡导者。与此同时,当时美国语言学界的主要流派——结构主义语言学,也开始用行为主义的观点解释语言行为。当布龙菲尔德(Bloomfield)的代表作《语言论》(*Language*, 1933)问世时,这位结构主义语言学的创始人已经是一个彻底的行为主义者。《语言论》的理论基础正是行为主义理论的刺激-反应模式,并认为语言学与心理学关系不大!

1957年,乔姆斯基的开山之作《句法结构》问世不久,斯金纳的代表作《言语行为》也正式出版。这是斯金纳研究语言行为二十多年的成果,在当时备受推崇。但是,乔姆斯基却逆向而行,坚决反对斯金纳对人类语言学习的解释。1959年,在《语言》杂志35卷第一期上,乔姆斯基发表"评斯金纳著《言语行为》"一文来驳斥斯金纳的观点。此文短小精悍,一语击中行为主义的要害,并使美国结构主义语言学的理论基石开始动摇。直至今日,这篇只有三十来页的评论仍不失为一部经典之作。

在这篇评论中,乔姆斯基首先分析了斯金纳在《言语行为》中致力于解决的主要问题,即如何对语言行为进行"功能分析"(functional analysis),[①]围绕着斯金纳在书中提出的"人类的言语行为只是刺激和反应"的观点,以及"提出一种预测和控制言语行为的方法"的目的,从多个角度逐一予以反驳。

为了说明自己的观点,乔姆斯基提出了充分的论据,主要论据是语言的创造性问题。他指出,对于五、六岁的儿童能说出和听懂他们以前从未遇到过的无限多话语的现象,这用行为主义的"学习理论"根本解释不通。进而,他又明确指出,行为主义在实验室条件下得出的实验结果,在未经论证的情况下直接推广到人类,这种方法本身就不妥当。而且,行为实验术语(如,刺激、强化等),虽然具有明确的规定,但当用于解释人类语言时,却很不精确。例如,斯金纳所主张的"一切言语行为的习得和'强度'保持都靠强化",在乔姆斯基看来,斯金纳对"强化"一词并没有解释清楚,而只是用"强化"一词概括了一切与言语行为的习得与保持有关的所有因素,而不考虑涉及的单个因素的特点(例如是否可觉察)。在分析斯金纳有关"强化"(例如,"一个孩子模仿飞机、电动等等的声音,会自动地受到强化";"一个幼儿听过别人的话之后,独自在幼儿园中发出同样的声音,会自动地强化自己那试探性的言语行为"[②])的基础上,乔姆斯基提出"'强化'这一概念在斯金纳的书中已经完全丧失它本来能有的客观意义"的观点。在乔姆斯基看来,对"X 由 Y 强化(Y 是指刺激、事态、事件等)"这句话,可以有多种解释,例如,"X 要 Y"、"X 喜欢 Y"、"X 希望 Y 中有"等,而"强化"这个词根本无法明确或客观地描述喜欢、愿望、想要等含义,因此,"强化"一词就可以用于表达各种不同的反应,这显然不同于动物行为中的单一反应。因此,乔姆斯基明确说明,在用于描述人类的言语行为时,"强化"一词没有任何意义。乔姆斯基甚至断言:"用科学术语和统计资料装扮起来的、貌似穿着坚固盔甲的行为主义,充其量不过是一种烟雾弹,以之掩盖无法解释的客观事实。但是,人类语言绝对不是一套'习惯',而且与动物'语言'也截然不同。"[③]可以说,在这篇评论中,乔姆斯基不但对斯金纳的《言语行为》进行了透彻剖析,同时也显示出他对相关心理学文献的

[①] 斯金纳的功能分析是指辨识控制语言行为的各种因素,并详述这些因素之间的相互作用以及对言语反应的影响。同时,这些因素必须可以用刺激、强化、匮乏等概念来描写,而这些概念在动物实验中已经十分清晰。
[②] N. Chomsky 著.(1982).评斯金纳著《言语行为》(中).王宗炎译.国外语言学,3,37—41.
[③] 约翰·莱昂斯著.(1981).乔姆斯基评传.陆锦林译.上海:华东师范大学出版社,8.

精通。

必须要说明的是，乔姆斯基对斯金纳的反驳远不止此，他甚至断言斯金纳理论的更大危害在于其决定论，以及对大众的引导与控制！以惯常的讽刺、幽默的谈话方式，乔姆斯基说道：①

> 就斯金纳的问题而言，……我认为这是一个骗局，什么也说明不了。我的意思是它纯属空谈。这是一种非常有趣的欺诈行为。我认为这里面包含着两层含义。一个是纯粹的知识层次上的问题，亦即它是由什么构成的？答案是零，零……。我的意思是，它没有任何原则，即使存在，也是站不住脚的……。另一个层次是，为什么这么多人对它感兴趣？我想答案显而易见。我的意思是，他们所提建议的方法，对任何一个看守来说都是有益的。但是，这只是他们给它抹上了一层涂料，使它看起来是好的和科学的，使它看起来非常有价值而已。我觉得这些事情都必须指出来。首先，你要问，这是科学吗？不，这是欺诈行为。接着，你还可以问：好！那人们为何对它感兴趣？答案是：因为它告诉任何集中营的警卫，他可以依据他的本能做他想做的事情，同时还可以假装自己是科学家。因此，这使它看起来很好，因为科学是好的，或中性的，等等。

他甚至将此观点进一步引申到他同时关注的政治领域。以同样的理由与逻辑推理，他指责为政府提供建议的专家们，认为他们虽然在竭力效仿科学知识的表面特征，但常常忽视其根本问题！乔姆斯基坚持认为，人类有别于动物或机器，而这种区别在科学和政府中都应当得到尊重！也许，这一信念构成了乔姆斯基政治、语言学与哲学的共同基础，也因此将三个截然不同的领域统领在一起。

不过，乔姆斯基对《言语行为》的评论也受到置疑。肯尼斯·麦克考科戴尔（Kenneth MacCorquodale）于1970年在《行为实验分析》杂志上发表了"论乔姆斯基对斯金纳《言语行为》的评论"。在文中，麦克考科戴尔指出，不管对行为主义心理学还是对斯金纳的激进行为主义，乔姆斯基其实都并不真正了解，而且犯了很多令人难堪的错误。对此评论，乔姆斯基在《认知》杂志上作出了解释，他说

---

① Barsky, Robert. (1997). Noam Chomsky: A Life of Dissent. Cambridge, MA: MIT Press, 99—100.

道,"麦克考科戴尔否认我试图反驳斯金纳的观点,并指出我没有数据可以作证。但是,我的观点旨在说明从字面上看斯金纳的断言就是错误的……"。①

斯金纳本人从未对乔姆斯基的评论作出任何正面回应。虽然在 1990 年,他曾给《纽约时报》文学副刊(Times Literary Supplement)写了一封信,信中提到乔姆斯基并没有谈及"言语产生",而以"言语理解"取而代之,同时,斯金纳也坚持认为,"无论是过去还是现在,乔姆斯基对《言语行为》的理解以及所作的贡献都'无足轻重'"。乔姆斯基与斯金纳二人彼此熟知,相处得很好。对斯金纳没有正面回应自己反驳的做法,乔姆斯基很是不解。

一年之后,即 1960 年,米勒(G. Miller)等人在《行为的计划和结构》(Plans and the Structure of Behavior)一书中将乔姆斯基理论正式引入心理学领域。受他的观点的影响,心理学家们开始重新审视心理学研究。可以说,这篇评论打开了美国心理学"认知革命"的大门。自此之后,以行为研究为主的心理研究开始转向以认知研究为主。

对行为主义理论的批评也促进了乔姆斯基理论的发展,心理学元素逐渐揉进其语言理论的框架之中。纵观乔姆斯基理论,早期只是固守于语言学传统范围之内,后期则逐渐将语言学看做是认知心理学的一个分支,并开始强调生成语法对于探究人类心理结构的重要性。乔姆斯基的语言学发展与心理学发展息息相关,彼此相长。

2. 与皮亚杰之辩驳

乔姆斯基对斯金纳有关学习理论的批驳,也得到了瑞士儿童心理学家皮亚杰的赞同。皮亚杰称赞乔姆斯基为心理学做出了很大贡献。但是,皮亚杰并不完全认同乔姆斯基的观点。在语言知识的来源问题上,他们二人各执己见。

乔姆斯基认为语言知识来源其实是"柏拉图问题"(Plato's problem)②的一个特例。与此问题相对应,人类语言知识的来源问题是:在语言经验较少的情况

---

① Barsky, Robert. (1997). Noam Chomsky: A Life of Dissent. Cambridge, MA: MIT Press, 99.
② "柏拉图问题"是指知识和经验之间的差距,亦即"人类在其短暂的一生中与世界的接触是如此之少,但他们的知识却又如此丰富?"这是西方哲学一直探讨的问题。乔姆斯基所以将其命名为"柏拉图问题",是因为柏拉图最早深入地探讨过这个问题。

下,为何不同母语的儿童都能够快速、且几乎同时掌握了母语?这是乔姆斯基非常关心的问题。对此,乔姆斯基的观点是"天赋固定模式",即"自然论"。他认为语言是天生的,并假设人类大脑中存在着一个先天的语言获得装置,即"语言机能"。语言机能包括初始状态和获得状态,初始状态为人类所共有,且普遍一致,又称为"普遍语法"(Universal Grammar, UG);获得状态则是具体的、个别的,又称为"具体语法"(Particular Grammar, PG)。普遍语法是生成个体语言的基础;只有当普遍语法转变为具体语法后,个体才会讲某种具体语言,如汉语、英语等。在乔姆斯基看来,对普遍语法的本质特征,以及普遍语法与具体语法关系的探讨,是解决语言知识来源的关键所在。

与乔姆斯基的语言获得观不同,皮亚杰主张"认知相互作用"的观点,他认为,语言既非先天存在,也并非后天习得,而是在个体与环境的相互作用过程中逐步形成的。围绕着知识来源问题,1975年10月,皮亚杰和乔姆斯基在法国若约芒(Royaumont)进行了一场面对面的电视辩论。辩论的主题是:从人的语言机制和语言获得的角度探讨人类知识起源,以回答"人何以为人"这个问题。该问题又被称为"自然-使然"(Nature-Nurture)问题[①]。

当时,皮亚杰已近八十高龄,满头华发,但精神矍铄,思维依然非常敏捷。乔姆斯基年仅四十六岁,思维犀利,态度果决。面对已经在国际学术界扬名几十年的大师,乔姆斯基敢于坚持己见,挑战学术权威。辩论围绕着"普遍语法"是否具有先天性展开。年高德劭的皮亚杰首先阐明两个理论的共同之处,即"语言是心智、理性的产物"以及"人类语言只有一个共同的核心"。之后,皮亚杰针对"普遍语法是否是先天所在"这一关键分歧阐述自己的观点。他认为,就人的知识而言,什么是先天存在的,什么是后天获得的,两者之间没有严格界限,也并非绝对的对立。真正要解决的问题是,先天存在的那部分最终是自然发育成熟的,还是经过了更为复杂的过程[②]。在辩论过程中,皮亚杰及其弟子英海尔德等人竭力想寻找与乔姆斯基理论的共同点,但乔姆斯基及其弟子福多等人却拒绝调和。

应该说,在反对经验主义方面,乔姆斯基和皮亚杰的理论观点非常一致。但

---

① 在这里,"自然"意指人的天性,"使然"则是指人在后天环境的影响形成的性格、获得的知识等。
② 吴道平.(1995)."自然?使然?".读书,12,88.

是,乔姆斯基对经验主义的批判却更彻底,并用犀利的话语明确说明这一认识论对人类的极大危害。他说道,"如果人真的生来大脑是"白板"的话,那么,任何企图"塑造"或控制人们思想的行为,就将是正当的了。这正是法西斯思想的来源之一:认为人生来大脑白纸一张,思想完全由客体决定,可以由某一些人任意加以填充,涂抹,塑造,控制,这就是专制体制的理论根据。"①这一观点值得我们深思。

在辩论会之后,乔姆斯基撰文点评他与皮亚杰的理论异同,并针对皮亚杰对"普遍语法"理论的异议逐一予以反驳。他将皮亚杰对其理论的异议归纳为两个问题,其一是,假设只有人类才有关于语言的先天结构,这意味着人类在进化过程中有一种突变,而这种突变在生物学上无法解释清楚;其二是,凡是乔姆斯基的"先天结构"理论能解释的语言现象,也能用皮亚杰的建构理论给予合理解释。针对第一个问题,乔姆斯基部分同意皮亚杰的观点。他认为,进化发展是生物界中仍然无法解释的现象。因为我们只能说明进化发展的可能性,但无法预测最终的发展变异。既然对有机体的生理器官(如眼睛、大脑)如何进化发展而来,到目前为止仍没有合理的解释,那么,无法对人类如何通过进化获得先天语言结构作出合理解释也不足为奇。既然大家并不认为人的眼睛、大脑结构是有机体与环境相互作用的结果(尽管需要这种相互作用以便促使遗传成为现实),也完全没有必要认为获得语言的结构就是相互作用的结果。如果坚持认为语言的先天结构在生物学上不能解释,那也必须承认人的其他生物特征也无法给予合理解释。皮亚杰的第二个问题对乔姆斯基来说更为重要,但乔姆斯基认为皮亚杰的结论毫无根据,并从以下三个方面予以驳斥。第一,他指出"生物遗传的语言才能"这一观点并非诡辩,并确定"语言的先天结构"这一假设能经受住科学检验,而皮亚杰的"智力的感官运动建构(constructions of sensorimotor intelligence)"在对语言现象的解释上也没有特别优势;第二,他强调科学家应该像研究眼睛与大脑等人体器官一样来研究人类语言,既然我们不会用皮亚杰的建构理论解释人类眼睛与大脑的形成,也就没有必要用此理论来解释人类的智力器官——语言;第三,乔姆斯基对皮亚杰的学习理论也提出了质疑。在阐述他的观点之前,乔姆斯基为了确保语言范畴的研究合情合理地迁移到其他认知范畴研

---

① 转引自:吴道平.(1995)."自然? 使然?".读书,12,88.

究,他首先将讨论范围界定在某一特定的认知范畴之内,且每一特定的认知范畴均由一系列规则系统控制。为了便于说明他的观点,乔姆斯基还将机体器官的发展分为基因控制的初始状态 S_0、一系列的中间状态 S_1、S_2、……,以及最终达到的成熟稳定 S_s 状态;其中,S_s 状态下机体在发生变化的可能非常小,且达到 S_s 状态的年龄阶段比较稳定。同时,乔姆斯基还提出建构与内部语法表征相类似的假设以便分析 S_s 状态的特征特点,而对于达到 S_s 的个体而言,相关的经验便也被记录(record)下来。在上述种种假设基础上,乔姆斯基正式进入主题,开始集中讨论与 S_s、S_0 的特定假设相关的某些特定方面。他提出,与某特定经验有关的任何记录 E,都需要个体掌握其语言(L)中相当多的有关知识,并建构与其对应的 S_N。而在 S_N 中,L 语言的某种语法也得以表征。乔姆斯基将此看做是"人类在语言领域的学习理论"(the Learning Theory for Humans in the domain Language),简称 LT(H,L)。接着,乔姆斯基进一步将 LT(H,L)理论类推到认知领域的其他学习理论。例如,将有机体 O 在某一特定认知范畴 D 中的学习,称为"有机体 O 在 D 领域的学习理论"(简称 LT(O,D)),考察人类辨认面孔(face-recognition)的能力,称为"人类在辨认面孔领域的学习理论"(简称 LT(H,F))。但是,对特定有机体 O 的某个特定领域 D 来说,我们很难发现与其对应的共同(common)的 LT(O,D)。也就是说,皮亚杰理论中所提及的"普遍学习理论(general learning theory)"几乎不存在。据此,乔姆斯基认为,在语言学领域,要探讨 S_0 的本质,需要关注的是语言发展中不同状态的相应特征(如 S_s),而这些状态的特征并不是由 E 来决定。因此,皮亚杰的理论没有什么高明之处。最后,乔姆斯基通过实例进一步阐释他的观点。他首先通过例句 1 "The man will leave."提出陈述句改为一般疑问句的两个规则(H1:从头到尾逐词阅读句子,直到找到"is, Will"等词,并将它放在最左边;H2:与 H1 基本相同,但找的是第一个名词词组后的 is 或 will),并认为儿童在将例句 1 改为一般疑问句时会选择简单的 H1 规则。但是,当儿童将"The man who is tall will leave."转为一般疑问句时,却不会采用 H1 规则生成不合语法的"Is the man who tall will leave?",而会采用 H2 规则生成"Will the man who is tall leave?"对这一语言现象,乔姆斯基认为只能用语言先天能力解释,因为人类语言的初始状态 S0 与结构有关,而规则 H1 与结构无关,H2 则是有结构的规则,所以儿童会选择与 S0 相同的H2,而不是H1。这个例子很好地说明了语言的起源。

辩论无所谓孰赢孰输,正如著名认知心理学家加德纳(Howard Gardner)将此辩论看成"一次探索,而不是一个结论"一样。但是,与发展心理学大师皮亚杰的这次交锋,让我们再次领略了乔姆斯基的善辩才能。虽说这次交锋对皮亚杰及其理论没有多大影响,但无疑巩固了乔姆斯基的地位,扩大了普遍语法理论的影响力。这次辩论,让乔姆斯基更加坚信语言普遍性的独立性,并深信不疑地将普遍语法归结为人类独有的生理结构。

与皮亚杰的辩论,使乔姆斯基的理论日臻完善。自此之后,语言学的科学地位在学术界逐渐确立起来,语言学的研究目标也得以重新定位。伴随着语言习得机制假说的提出,心理语言学开始探讨语言心理及其认知过程。对现代心理语言学的发展,乔姆斯基功不可没。正如德波格朗特(R. D. Beaugrande)所说,"乔姆斯基使心灵主义得以新生,从而为心理学注入了新的活力……他反对行为主义的实验-归纳法,认为内在认知能力决定语言习得的语言观,这是一个全新的语言观,引发了心理学历史上的一场革命,加快了行为主义退出心理学领域的步伐,同时为心理语言学带来了新的发展动力。"[①]

四、三次跨越成就卓尔不凡的语言学家

乔姆斯基之所以取得如此卓越的成就,在乎其坚持不懈,在乎其不遗余力!他的理论不是一蹴而就,而是历经质疑,数次完善的结果。面临数次即将崩溃离析的局面,乔姆斯基都是不遗余力地奋力反驳。正是这种自我否定、自我修改与自我完善的过程,使生成语法理论越来越完善、越来越强盛。

<<< 专栏五

"作为科学家的乔姆斯基"

乔姆斯基首先是一位科学家。他的语言学研究不是对语言现象的分析,而

[①] R. D. Beaugrande. (1993). Linguistic Theory. London:Longman Group, UK Limited.

是解释现象背后的原因。他所建立的生成语法理论,将过去侧重语言本身的研究,转为对语言生物学属性的研究,即研究人脑的语言系统,研究人如何获得语言能力,大大促进了人类认知科学的发展。

其中,"普遍语法"是乔姆斯基语言学理论中最主要的思想,即人类具有先天的语言获得机制,这是一种"遗传规定下来的属性"。不仅是语言能力,在乔姆斯基看来,人的大脑天生就不是一块白板,而是具有天生的知识结构和天赋的思维能力。一个小孩也可以凭借先天的语言获得机制和知识结构,创造性地听懂并说出之前并未听过的句子,并且对外部事物给出自己的分析与判断。

乔姆斯基这种对认知领域的研究思路也被他贯彻到对人类社会的研究:他关注的不是现象,而是各种现象背后的成因,并进而体现出他身为科学家的素养。用他自己的话来说,他"就像科学家研究某种复杂的分子"一样研究社会现象。他著名的政论文章就是这种严谨的科学研究方法与态度的体现:充足的论据、缜密的论述,如陆建德所说,"他的论敌们难以驳倒他的观点。"

与他的语言学理论相关,乔姆斯基还是一位合格的老师。在乔姆斯基看来,所谓"教学",不是像给一个空水杯倒满水,而是更像让一朵花按其自然规律而生长。按照乔姆斯基的生成语法理论,他坚信每个人天生就有语言能力,并能够运用同样是天赋的思维能力分析各种现象;与此相通,乔姆斯基认为"只要愿意运用自己的思维能力,并愿意去探究,每个人都能发现很多这个社会和政治世界中被隐匿的真相。"因此,在他看来,没有谁是一个"空"水杯,他在做的事,就是告诉人们,你有看透事物表象的能力,这并非仅属于一少部分人的特权——乔姆斯基并不愿意让人们相信他的话,包括他对政党、学术权威、媒体的批评——他在乎的是,引领越来越多的人自己去发现真相。

转引自:http://culture.people.com.cn/GB/40494/113573/12500683.html

1. 开山之作

1957年,乔姆斯基的开山之作《句法结构》偶然问世,乔姆斯基及其理论开始引人注目。在语言学史上,该时期被称为"古典理论时期"。此时,乔姆斯基旨在将语言学当做一门科学,这个阶段乔姆斯基的思想主要有三个特征:(1) 强调语言的生成力;(2) 引入了转换规则;(3) 不考虑语义的语法描写。

在此阶段,乔姆斯基的理论观点主要受雅各布森和哈里斯的影响。当时,雅各布森主要研究语音结构,目的是探索语言的音位普遍现象。他认为,虽然不同的语言具有不同的语音结构,但这只是表面差异,在底层体系上,这些语言的潜在语音结构相同。他提出的 12 种区别性语音特征适用于一切语言。同时,雅各布森相信这种普遍性观点同样适用于语言结构的其他层面。正是受这种普遍性观点的启发,乔姆斯基试图寻找语言的句法普遍现象。

探讨句法结构之前,乔姆斯基需要解决的问题是如何界定某种语言的句法。此时,他已具备的扎实的数学功底和逻辑能力便派上了大的用场,他将数学原理直接运用于句法研究。我们知道,在数学上一个直角坐标系可以看做是无限个点的集合。例如,在圆 $(x-a)^2 + (y-b)^2 = c^2$ 中(a、b、c 为任意数),一旦 a、b、c 固定,圆也就确定;a、b、c 的数值发生变化,圆也随之发生变化。因此,圆可以看做是无穷个点的集合。例如,点 $(2,0)$ 在圆 $(x-2)^2 + y^2 = 0$ 上,而 $(2,2)$ 就不在此圆上。乔姆斯基将这一思路迁移到他的句法研究中。他提出,坐标系中的点可以看做是语言中的词;圆可看作是句法排列,并受类似 $(x-a)^2 + (x-b)^2 = c^2$ 规则的限制。利用这一规则,可以区分符合语法(well-formed)和不符合语法(ill-formed)的句子,正像检验一个点是否落在圆上一样。这就是生成语法理论的基本出发点。由于"生成"是数学术语,这一方法又被称作"生成语法"。由此也可以看出,与结构主义语言学不同,乔姆斯基将语言学等同于其他自然学科,认为语言完全可以从假设出发进行推演,最后通过形式化表达出来。"非经验主义"和"可形式化"是"生成语法"理论的首要标志,也是其创新性的突出表现。

另外,在"生成语法"理论中,乔姆斯基将句法关系作为语言结构的中心,以此来说明语言的生成性。这一思想并非乔姆斯基首创,而是来源于洪堡特(W. Humboot)的著名思想"语言是以有限的手段作无限的运用"。在《句法结构》一书中,乔姆斯基提出了有限状态、短语结构和转换规则三种语法,通过逐层深入地分析这三种语法以说明转换生成语法最具解释力。首先,乔姆斯基通过论证"马尔科夫过程"只能由"起始阶段(initial state)"从左到右直至"终端阶段(final state)"生成句子,即生成"有限状态的语法 (finite state grammar)";接着,他通过证明任何一种语言的句子都是无限的,以说明该语法对英语或其他自然语言进行句法分析不够有力;并在此基础上提出了"短语结构语法（phrase structure grammar）",该语法比有限状态语法的解释力更强,但却无法对某些类型的结构歧义（structural ambiguity）作出圆满解释;最后,乔姆斯基提出"转换生成语法（transformationsl grammar）",认为只有这种语法的体系才是最有效的模式,能更完满地解释某些类型的结构歧义,解释力更强。

此时的生成语法共包括三个部分,即短语结构规则、转换规则和形态语音规则。短语结构规则又被称作改写规则,其基本形式是 x-y,这是一种仅由短语规则组成的语法。转换生成语法需要先应用短语结构规则,才能应用转换规则。短语结构规则可以生成一串语素,所生成的语素可以是正确的,也可以是错误的。正确的时候,转换规则被用来增大或减小语素的数量或改变其序列。形态语音规则可以把形态表达改写成语音表达。在这三套规则中,最引人注目的是转换规则,因为短语结构规则和形态语音规则实际上继承了描写语言学的"直接成分分析"和"语素音位分析",只有转换规则是一种创新,增强了生成语法的解释力。

在乔姆斯基看来,只有通过形式化的描写和分析才能使语法具有简单、明确、递归和循环的特性。《句法结构》只是将语言描写推向形式化描写的开端。1959 年发表的"论语法的形式特征"（On certain formal properties of grammars）一文,从数学的角度对形式语言理论做了更加严格的描述,进一步推动了生成语法理论的发展。不过,尽管他借用数学符号并试图简化操作程序,但这套理论还存在很多缺陷。

2. 巅峰之作

针对生成语法发展过程中暴露的问题,例如,转换规则的力量过于强大,生成的句子既有正确的也有错误的,以及被动语态的转换规则不能随意运用等,乔姆斯基于 1965 年又完成《句法理论的若干问题》（Aspects of the Theory of Syntax）这本经典之作。这本书可以看做是乔姆斯基的巅峰之作。

在这本书中,乔姆斯基除了继续探讨转换规则外,开始将语义成分纳入到语法体系中。事实上,语义问题确实无法回避,正如他的同事及其弟子所言,"不研究语义问题,也就无法研究句法问题"。此时的生成语法理论包括句法、语音和语义三部分。其中,句法部分又称为基础部分,包括改写规则和词库(lexicon)两部分;改写规则生成句子的深层结构(转换规则将深层结构变成表层结构)。语义部分在深层结构层次上做出语义表达,语音部分在表层结构层次上做出语音表达。引入深层结构和表层结构的概念,是该理论的主要创新之处。

在完善生成语法的基础上,乔姆斯基还提出了具体的操作方法。例如,转换只能改变句子形式不能改变句子结构;增加选择性限制,以避免生成不合语法的句子;在改写规则中,将符号S放置于箭头的右侧,如VP→V+S,NP→N+S,亦即这类句子可以嵌入;将规则进行排序,并在规则运用上也有固定次序。通过这些操作,既可以概括简单句子,也可以概括复杂句子。

此时的生成语法理论日渐繁荣,语言学作为一门科学在美国得以迅速扩展,很多大学开始设立语言学系。同时,该专业的硕士、博士学位招生也开始成倍增长。语言学作为一门独立学科的地位正式得以确立。可以说,这本书的问世,迎来了生成语法研究的第一个黄金阶段。

但是,该理论框架仍存在很多问题。例如,转换规则的力量过大,派生名词与相关动词具有相同语义属性的观点有失偏颇;转换过程中无法确保语义不变;标准理论无法解释带有空缺的结构;也难以避免生成不符合语法的句子。以上种种缺陷使生成语法内部很快产生了重大分歧。到1960年末,生成语法阵营内部又先后分化出生成语义学、格语法和模糊语法等分支。

这种混乱状况促使乔姆斯基思考其理论的发展。在批驳生成语义学理论的同时,他首先修正了生成语法理论中有关语义的观点,先后提出了语杠理论、广义转换限制条件和语迹等影响深远的概念。其次,也是最最主要的变化,是关于表层结构对语义解释的作用。修改之后的生成语法理论,在20世纪70年代,步入相对平稳的发展时期。

但乔姆斯基对理论的思考并没有就此止步。到70年代中后期,他开始考虑用原则和参数解释生成语法理论,先后发表三篇论文(即"语法规则的必要条件(1976)"、"论WH-移动(1977)"以及与拉斯尼克合写的"过滤器及控制(1977)")来展现他的思考与调整。在这一时期,其理论上的最显著变化是,语义解释完全放在表层结构,并从语义解释规则里派生出逻辑形式表达,这样,语义问题便不再属于句法范畴的问题。另一个显著变化发生在基础部分，他将短语结构规则换为 X 杠理论。这样，词库内容包括了语言里所有的词汇，转换规则则减少到一个，即"移动-α(其中，α 是一个变量，可以代表句子里的任何语类)"。这一改变的意义在于，通过移动句子中的某些语类，可以将深层结构转换为表层结构。这意味着，乔姆斯基将对转换本身的限制转向了对转换结果的限制，这就为规则的抽象化与概括化提供了切实可行的方向，使普遍语法所追求的规则性和原则性成为了可能。当然，这只是乔姆斯基的一些思考，理论观点尚处于朦胧状态，并不十分成熟。

3. 完美之作

到 20 世纪 70 年代末，乔姆斯基的新理论仍处于酝酿阶段的时候，生成语法理论又迎来了一次严峻考验。这次考验源于当时的生成语法理论缺乏强有力的理论核心，导致从理论内部分裂出更成熟、也更具影响力的诸多学派，如广义短语结构语法、关系语法和词汇功能语法等。面对新理论的挑战，乔姆斯基沉着应战，努力开创一种新的模式。

成熟且体系完整的新理论在 1979 年乔姆斯基受邀在意大利比萨做学术讲座时首次曝光。这就是语言学史上著名的比萨讲座。讲座内容经整理后，以《管辖及约束理论讲座》(*Lectures on Government and Binding*, 1981) 为题出版。相对于乔姆斯基的开山之作与巅峰之作，这本书的影响力甚至有过之而无不及。而且，这本书是迄今为止生成语法理论影响最大的一本书，堪称完美之作。

在这本书中，乔姆斯基基于以往提出的原则和参数等概念，进一步提出，原则固定不变，以确定不同语言的内在共性为各种语言所遵守；参数则决定了不同语言的个性；由一系列原则和参数构成的普遍语法是儿童学习语言前的初始状态，当接触某种具体语言之后，参数便得以确定，进而生成个别语法，成为核心(Core)语法。乔姆斯基认为，普遍语法是知识体系(即语言或"语法")与人类经验(即实际言语)之间的中介成分，它的三个基本组成部分(即语法、语音形式和逻辑形式)都有"移动-α"规则。其中，"-α"代表一个语类，"移动-α"规则是一条转换规则。普遍语法的意义在于探索人的认知活动：人的语言机制是其中很重要的方面。与普遍语法相对应，核心语法是指各种自然语言的具体语法，是由普遍语法外加一些参数构成的。一门具体语言的语法知识包括普遍语法原则、设定后的参数、词汇知识以及该语言特有的外围信息。

除了这两个原则之外,乔姆斯基还提出了一些粗线条原则,即八个理论模块,分别是X杠理论、主位理论、界限理论、管辖理论、格理论、控制理论、约束理论。围绕着这些理论,乔姆斯基将不同语言中的不同句法现象统统归为参数。这些参数需要语言学家去发现和总结。

乔姆斯基的这一理论在探索语言本质上无疑又向前推进了一大步。而该理论所展示的强大解释力以及给研究者提供的广阔发展空间,使生成语法几乎达到一统天下的高度。唇枪舌剑的局面再一次得以平息。而且,这时的生成语法理论的影响力再一次扩大:它第一次走出美国,扩大到欧洲地区。

面对所取得的成就,乔姆斯基仍未停止思考,继续完善着他的生成语法,努力使这一理论成为"完美理论"。1992年,乔姆斯基发表论文"语言学理论的最简方案(A minimalist program for linguistic theory)",后被收入《最简方案》(Minimalist Program,MP)中。由于乔姆斯基认为这一新探索还未成熟到可以称之为理论的地步,勉强将之称为"方案"。与之前的理论相比,这个"方案"的内容已面目全非。

在"最简方案"中,乔姆斯基正式提出了经济原则,亦即所有的原则、表达式和运算过程都应符合最省力原则,并假设普遍语法规则最省力,个别语言规则不省力。在此基础上,他将语法系统简化为语音形式和逻辑形式,大大简化了句法的运作过程。简化之后,该理论不再有任何冗余的层次和操作,对儿童的语言习得也能作出更合理的解释。以《最简方案》最后一章为基础,乔姆斯基又发表《最简探索之框架》(Minimalist inquiries: the framework,1998),旨在进一步发展最简方案,重新思考促使"最简方案"形成的动因,以便给出一个更清晰的解释。

对"最简方案"的探索和改进代表着生成语法理论的最新发展动向,也表明了乔姆斯基追求极度概括化又极度简单化的完美句法的决心。但是,基于"简便"和"自然"假设推导出的许多概念是否恰当,目前尚缺乏足够的语料支持;"最简方案"对语法的解释力也还有待时间的考验。

几经修改,乔姆斯基的理论已日渐完美,但乔姆斯基及其生成语法仍未止步,继续前进、继续完善着。针对乔姆斯基个人对其理论的反复修改的做法,众说纷纭。有人诘难,认为其学说缺少稳定性;但更多的人对乔姆斯基孜孜不倦、勇于探索、敢于挑战、永不放弃的追求由衷地钦佩。北京大学中国语言文学系陆俭明教授曾指出,乔姆斯基理论一直处于不断变动中,正说明了乔姆斯基对探索普遍语法的执著,说明了他对实现自己设定目标的信心,说明了他可贵的科学进取精神。其实,乔姆斯基反复完善的只是他的求证方式,其理论假设自始至终从未改变。乔姆斯基所追求的,是一种完美的境界,一种简约的表达。

五、"永远的异见者"政治上的勇敢斗士

乔姆斯基是语言学界的"爱因斯坦",但这不足以使他"臭名昭著",真正让他成为一个公众人物的,是他"语不惊人死不休"的反美言论。他批评肯尼迪、约翰逊政府的对越政策;批评里根政府对尼加拉瓜内政的干涉;批评克林顿政府的科索沃政策;批评布什政府的阿富汗战争和伊拉克战争;批评美国历届政府的中东政策和古巴政策……。他是美国政策"永远的反对派",他"永不懈怠地激烈抨击美国主导的全球化运动的'阴谋'、美国式民主的虚伪、美国政治宣传的阴险和外交政策的帝国主义野心"。但也因此他被誉为当代在世的"最伟大的异见分子"、全球百位"公共知识分子"之首。

1. 开始

在家庭和学校环境的影响下,乔姆斯基从小便对政治有敏锐的洞察力。十来岁时的纽约经历,以及这期间接触到的犹太无政府主义者,使他对无政府主义深信不疑。与哈里斯的相识,无疑对他参与政治活动起到了催化剂的作用。而在专业范畴之外再做点儿事情,这是犹太职业人士和工人阶层根深蒂固的想法,是作为犹太人的自然延伸。因此,对乔姆斯基来说,关注政治活动是很自然的事情。

自孩提时起,乔姆斯基便表现出一个成熟的政治活动家的特质。他一直专注于自己的追求,徜徉于图书馆,如饥似渴地阅读无政府主义与自由社会主义等方面的书籍,特别痴迷于奥威尔和罗素的学说。奥威尔确立了乔姆斯基早期的政治立场,罗素则更深远地影响了乔姆斯基的政治活动。与罗素一样,乔姆斯基

也提倡以良知为行动指南，以"常识"为基础。而且他们都是不可忽视的杰出的科学家——尽管被囚禁、被辱骂、被诽谤，甚至被剥夺授课的权利，但却不会轻易地被消灭。在乔姆斯基堆满书籍的办公室里，挂了一张罗素的照片，下面是罗素的名言："有三种简单而强大的情感主宰着我的一生：对爱的渴望、对真理的探求、对苦难大众的巨大悲悯。"

30岁时，乔姆斯基已在麻省理工学院工作，并在语言学研究领域取得突破性进展。他对政治、哲学和语言研究都逐渐形成了自己独到的见解。例如，在与斯金纳的辩论中，他一方面指出斯金纳方式在语言学领域的局限性，同时还将此讨论延伸到政治领域，指出斯金纳方式的更大错误在于其决定论和行为主义！他甚至洞察到斯金纳方式既有利于统治阶级控制民众，又有利于对其自身行径的辩解！由此，乔姆斯基已经敏锐地意识到统治阶级利益与特定理论宣传之间的必然联系。可以说，他的观点犀利、独特，但也不乏理性。理性思维是乔姆斯基政治观点的根本。

但是，在全身心地投入到政治领域之前，乔姆斯基已觉察到，在美国，反对权威意味着要付出沉重的代价！他知道历史上的诸多不幸事件及背后的缘由，诸如罗莎·卢森堡被谋杀，安东尼·葛兰西被监禁，罗素被监禁，科尔施被边缘化，萨科和万泽提被处决。是否选择参与政治活动，这对深知政治代价的乔姆斯基来说，似乎是一个艰难抉择：参与政治活动，将意味着他的生活变得不再稳定、安逸，工作量也将成倍增大；而且，更重要的是，他将成为与政治不沾边的、到目前为止仍然和谐的学术圈子的异己分子。但是，乔姆斯基几乎没有犹豫，自然而然地选择了参与政治活动。而且，自始至终，无论乔姆斯基和他的家人面对怎样的境况，他从未为此后悔过。自始至终，乔姆斯基恪守着作为一名知识分子的社会职责，并在行动上与其保持一致。他的坚韧性超乎寻常。

自20世纪60年代起，乔姆斯基开始积极参与游行示威等政治活动。他第一次公开谈论战争时的听众是由工会组织来的民主党人士，但几乎没有人对他的演讲感兴趣。乔姆斯基没有因此而受挫，反而更激发了他的激情，尤其是当他遇到一些正直人士的时候。有听众总比没有要好！之后，乔姆斯基便在学院和大学开始举行演讲，听众一般由日益政治化的学生团体负责组织。"异见者的一生"自此拉开了序幕。

1961年,乔姆斯基参与了美国外交政策的公开辩论,并承担了政治观察家和"扒粪者"①的角色。在辩论会上,他对美国的国内政策和对外政策予以揭示和批评,这在一定程度上激发了他将语言工作和政治评论联系起来的兴趣。之后,他开始关注知识分子在社会、特别是媒体宣传中的作用。他越来越意识到知识分子与国家政府合作的重要性。知识分子可以利用他们的特殊地位为政府行为进行辩护,进而增加公众对政府行为的信任度;而"国家制造出的宣传,只要有知识阶层的支持并保证不出偏差,就能产生巨大的效应"。② 对知识分子的这种行为,乔姆斯基强烈反对。他指出,"知识分子的责任是说出事实真相、揭露谎言"。③ 为此,他专门发表"知识分子的责任"一文。④ 该文一经发表便引起广泛关注,乔姆斯基的公众形象也因此得以进一步提升,作为"政治叛徒"的影响力也得以加强。而他本人,毕生都在身体力行地履行着"知识分子"的职责;他之所以为世人所熟知,也正是对这一身份的贯彻。

在"异见者的一生"初始之时,乔姆斯基在语言学、哲学领域所开展的工作已得到同行的认同,他可以轻而易举地利用学术地位和课堂扩大其政治观点的影响力,但他并没有这么做。在年轻时所形成的语言与政治互不兼容的观点,使他一直注意在语言学课堂上避免谈及政治问题。不过,乔姆斯基可以开设专业课之外的其他课程,MIT也不排斥这种做法。"知识分子与社会变革"、"政治与理想"便是乔姆斯基与其他人文学者一起围绕着社会、政治等问题开设的非正规课程。非常幸运的是,乔姆斯基没有因此而被孤立。相反,在他的政治活动最为频繁之时,在他从事的政治活动几近被控为叛国罪之时,乔姆斯基晋升为MIT现代外语与语言学系的正教授,1976年又被任命为MIT的十名学院教授之一。

2. 行动

一旦投身于政治的河流之中,便不是简单的浅尝辄止,而是不由自主地越陷越深。一旦开始"异见者"的生涯,他就不会再回头。

---

① 即对具体的干预措施进行评论时,乔姆斯基所采取的揭露丑陋行为的方式。
② N. Chomsky 著.(2000).新自由主义和全球秩序.徐海铭,季海宏译.南京:江苏人民出版社,187.
③ NoamChomsky (1969). American Power and the New Mandarins. New York: Pentheon Books, 325.
④ "知识分子的责任"发表在《纽约书评》上,是乔姆斯基发表的第一篇政治评论文章。

<<< 专栏六

"作为政论家的乔姆斯基"

此次访问中,他所关注的,除了语言学,就是当今国际社会所面临的两大危机:环境破坏与核武器威胁。他在讲演中说:"最近很多科学家发布研究结果,冰川融化释放出的甲烷比二氧化碳可怕得多,现实中的环境危机比我们做出的建模所预测得糟糕得多……核威胁是人类能否活下去所面临的另外一个巨大危机。1945年以来,核威胁就如影随形。现在则主要是伊朗问题。

"伊朗有可能真的在努力开发核武器。它被拥有核武器的国家如印度、巴基斯坦、以色列所包围。下一个风险,是伊朗在拓展它对邻国的影响力,有可能在未来造成核威胁。伊朗对美国的反抗,被视为'去稳定化',因为所谓稳定是按照帝国主义的意愿来行事;而伊朗国内的波动,则是对伊朗人民最大的威胁。"

乔姆斯基同时谈到了世界格局的变化。"二战期间,美国对世界的掌控能力达到巅峰,是有影响力的世界秩序的规划者……但到了上世纪70年代,世界就出现了三极:以美国为基础的北美、欧洲和当时以日本为中心的亚洲。到了90年代苏联解体,美国开始了建立'一极世界'的狂热。苏联的解体虽然暗示了北约的命运,但是相反,北约在美国支持下无处不在,成为美国遏制欧洲新生力量的工具。现在,整个世界不是由美国一家控制。目前,欧洲发展欧元区,伊拉克如果能够重建,将有巨大的发展潜力,中国现在GDP的发展令人惊讶,但同时代价很大,所有的成就不是凭空而来。按照传统的经济指标衡量,中国经济确实发展很快,但是这个传统指标往往是有很强的意识形态属性,衡量不出来人们对环境的破坏、对能源的过度开发等等问题。现在,中国在全球权力转移中承担着重要任务。美国是空间军事化的领头羊,而中国更愿意走不扩张路线,中国应建立热爱和平的联盟,阻止空间暴力等问题。"

转引自:http://culture.people.com.cn/GB/40494/113573/12500683.html.

>>>

作为一名"异见者"他要挑战的是强大的特权与权力,双方力量上的巨大悬殊便注定了乔姆斯基政治生活的动荡不安。对此,他心中有数,并做好了充分准备。自1966年乔姆斯基因参与支持反抗决议草案的活动第一次被捕入狱开始，他先后因为抨击美国的越南战争政策，发表演讲揭露战争真相，号召美国青年抵制征兵拒缴税收，呼吁公众联合起来反对战争等等，曾屡次被捕入狱。在1973年6月27日《纽约时报》上公布的"白宫黑名单"上，学者一栏的第一个名字便是"诺姆·乔姆斯基"，他已被美国政府视为头号敌人。但无论遭到怎样的"待遇"，无论受到美国政府怎样的"重视"，乔姆斯基数十年来一直在不知疲倦地关注着美国政府的一举一动，分析着美国每个政策的利弊与长期影响，并毫不吝啬、无所畏惧的直言不讳！很多人不理解乔姆斯基对美国政府的"挑剔"与"诘难"，质疑他对待国家的态度，而"乔姆斯基不爱政府，但爱国——没有人比他更爱美国"，一语恰当以概之！[①]

乔姆斯基对政治问题的看法，一直备受关注，并被认为对解决这些问题有重要的参考价值。但是，乔姆斯基非常清楚，他不是美国的切格瓦拉，不会拿起武器带领大家走向自治政府；他不是中国的毛泽东或俄罗斯的列宁，不会承诺人们如何步入天堂；他只是一名具有理性思维的科学家，有社会良知，坚信社会问题只能借助理性思维才能解决。因此，他鼓励人们对所关注的问题都要独立思考，并坚信自己的想法。

到20世纪60年代末，乔姆斯基已声名远播，经常受邀参加讲座，发表演讲，被多所大学聘为客座教授。但无论头上的光环如何耀眼，乔姆斯基却总能够保持清醒，他没有被接踵而至的各种名誉所迷惑。同时，他对政治问题的关注越来越广泛，思考也日渐深入和集中。60年代末，他重点关注有关工人、和平、民权、黑人权利以及妇女解放等问题，70年代关注越南战争问题，70年代中后期，他开始关注中东问题、西班牙内战、第二次世界大战、印度支那等问题。通过对一系列政治问题的剖析，他发现这些政治问题都可以归结为奥威尔所提出的问题（后称之为奥威尔问题），亦即"尽管现实中的证据是如此丰富，但是为什么人们似乎对事实知之甚少？[②]"并认为导致奥维尔问题的最根本原因就是宣传媒体的性质。对此，他一针见血地指出，在所谓的民主国家中，公众受媒体宣传的控制，而媒体

[①] 转引自：http://culture.people.com.cn/GB/40494/113573/12500683.html
[②] Noam Chomsky 编著，格林导读．(2002). Knowledge of language: Its Nature, Origin, and Use（语言知识：其性质、来源与使用）．北京：外语教学与研究出版社，37．

又受统治阶级的操纵。正是通过"思想控制"和"制造同意",使统治阶级达到了隐瞒事实真相和对民众洗脑的目的。例如,美国媒体把对美洲土著居民的种族屠杀说成是为了更崇高的事业而做出的牺牲;把越南战争描述为一个错误,一个蹩脚的计划,而不是一场不正当的、不道德的战争。结合以往知识分子在社会中的作用,乔姆斯基进一步指出,知识分子也是政府意识形态的传播者,是导致奥维尔问题的原因之一。乔姆斯基揭露和批判了知识分子在政治舆论宣传和社会控制中所起的作用。他认为,在政治上知识分子肩负着揭示事实真相、揭露政府谎言的责任,但由于知识分子自身的矛盾性,他们虽然具有揭露真相的方法和途径,拥有言论自由,但却很少有人这么做。在2007年接受《南方人物周刊》的访谈中,乔姆斯基曾说道,

> 我唯一能说的就是真理。有的知识分子为了显示自己是一个深刻的思想者,喜欢用华丽的辞藻和晦涩的注解来装饰真理,其实真理毋庸多言,就像两点之间直线最短一样是常识。之所以称其为知识分子,不是因为他们特别聪明,而是他们享有一定的特权:他们享有更多的资源,他们更有影响力,他们比大众幸运。特权赋予责任。如果你是个生活在底层的劳动者,一生都在为温饱挣扎,你能做的肯定有限。但如果你享有特权,拥有丰富的资源,并受过训练,等等,你能做的就更多,你的责任也就更大。我们有一个共同的责任:发掘真相,并帮助他人找到真相;设法和当下的主流竞争并且交战;设法让这个世界进步,这才是我们所谓的知识分子的重大责任。[1]

这是乔姆斯基对知识分子及其作用的看法,也是他一直努力的方向。

乔姆斯基对战争也有独到的见解。通过对美国二战后参与的几场较大规模的战争(如,越南战争、海湾战争、科索沃战争、伊拉克战争以及利比亚战争等)的分析,他揭示出战争的实质就是代表大公司、大财团利益的美国政府为少数富人牟取利益的工具。对美国政府和媒体将"发动战争"改为"军事干涉",并借此宣传军事行动的目的是保护美国国家利益的说法和做法,乔姆斯基一针见血地指出,"军事干涉"也是一种形式的战争,是美国媒体和政府创造的"奥维尔词语",

---

[1] 转引自:http://www.gmw.cn/content/2007-09/07/content_668442.htm

是他们诱骗民众支持政府战争政策的手段。在此美名遮掩下，美国政府打着"人道主义干涉"的幌子对其他国家发动战争。事实证实，这些战争根本就不"人道"，其根本目的就是为美国商业集团牟取海外利益。

自 1970 年之后，乔姆斯基便开始关注和研究恐怖主义。他认为，"国际恐怖主义"和"反恐战争"都是美国政府的宣传用语，也是美国对外政策的重要手段之一。并指出，恐怖主义绝不是人们通常所理解的"弱者的武器"，而是指为了实现某种政治、宗教或其他目标而对平民使用的威胁手段。他甚至认为美国其实是个地地道道、无法无天的恐怖主义国家。"9·11"事件发生后，在接受记者采访时，乔姆斯基强烈谴责这种行为，同时他也指出，"这次恐怖袭击是一种暴力行为，但是从规模上来说根本比不上其他暴力袭击。如克林顿政府在没有正当理由的情况下对苏丹一家制药厂进行轰炸，摧毁了这个国家一半的药品供应，炸死不计其数的平民"。[①] 越战期间最残忍的事件莫过于尼克松总统与其国务卿亨利·基辛格在 1969 年决定对柬埔寨的轰炸。四年之间，大约 539,129 吨炸药被投放到柬埔寨，其中绝大部分是由 B-52 轰炸机毫无鉴别地、以地毯式轰炸方式执行的（炸弹的吨位是二战期间投放到日本列岛的 3.5 倍）。柬埔寨平民死亡人数高达 60 万。乔姆斯基认为，"'9·11'事件之所以在美国国内和世界各地引起极大反响，并不在于其造成的伤害，而在于它是美国政策的传统受害者第一次对帝国霸权中心发动的军事打击"。[②] 在《9·11》一书中，他甚至指出美国就是最大的恐怖主义国家。他还认为，2003 年美国攻打伊拉克引发了该国恐怖主义的狂潮。对美国的种种行径，乔姆斯基写道，如果"无赖国家"的定义是指某国藐视国际法，那么美国长期以来一直是"无赖国家中的无赖国家"。不过，他随即也指出，美国并不是唯一可恶的民族，历史上的许多帝国主义者（从希腊人到英国人）也曾有过同样的行径。

乔姆斯基对巴勒斯坦与中东等地区仍在发生的灾难性事件一直密切关注。作为少数派，他一直坚持认为阿拉伯人（巴勒斯坦人）与犹太人应以合作的方式，生活在同一个国家。即使是对实力派政策的妥协中，他也考虑到在平等条件下

---

① Richard Bernstein. (2001). Counterpoint to Unity: Dissent. New York Times, 10, 6.
② Noam Chomsky. (2001). "A New Type of War" Is Being Instigated. La Jornada,. 09. 15.

建立两个国家的可能性。虽然这个立场受人尊敬,但利益相关者却因为不同的目的而选择了不同的方式。对美国政府支持以色列的行径,乔姆斯基认为,"美国对于中东的外交政策是一以贯之的,至少在二战以后是如此。美国最关心的是,要保证中东的能源储量牢牢地掌控在美国的手中"。他认为以色列的角色只是美国地方政府与情报收集人。在上世纪60年代,以色列同时也"保护约旦河沙特阿拉伯'这些君主集权制国家',以免受到'军力强大的埃及'的侵略,以此保证石油生产国地区美国的利益"。① 乔姆斯基对以色列与中东地区的倾注,在《三角地带的宿命》(1983)一书中体现得最为彻底。在这本书的修订版(1999)的前言中,知名学者这样评价道,"一个装满高贵理想的头脑里,有一种深深打动人心的东西,始终萦绕着人类的苦难和不公这些方面"。乔姆斯基的"高贵理想",在其谴责违犯人性的罪恶中得到了最好的证明。②

更为可贵的是,乔姆斯基不只是口头上的演说家,更是将生命置之度外的身体力行者!他曾亲临尼加拉瓜、萨尔瓦多等热点地区进行演讲,有时需要冒着极大的风险穿越军事戒严地区。1988年4月乔姆斯基访问以色列时,与当地当权者有过几次严重摩擦。他曾以冷静的笔触记录到,"阿布·杰哈德遇刺后,戒严范围扩展到约旦河岸新的地区,其中就有靠近耶路撒冷的卡兰地亚难民营。从后面的一条小道,我们能够进入难民营。那时,那条道路尚未阻截,在以色列军队没有逮捕我们之前,我们在那里待了大约半个小时左右……"③ 2010年5月,乔姆斯基在中东巡回演讲期间,曾被以色列检查员在其护照上盖上"禁止进入"的标记,拒绝他入境,善意的官员建议他通过地下隧道进入。

乔姆斯基是一位名副其实的永不知疲倦的革命斗士!即使已年过八十,仍不遗余力地揭露和挞伐着美国政府的粗暴、残忍和虚伪,对新上任的奥巴马政府,他的见解一样语不惊人死不休!他曾以奥巴马总统的胜出,说明美国民主法制存在着的重大缺陷:竞选经费能很好地预测竞选是否能成功,而民主选举其实只是形式上的民主而已。奥巴马在赢得竞选的同时也打败了苹果电脑,进而赢得了美国广告行业"2008年美国最佳市场宣传奖",因为他的胜出是策划者们包

---

① 转引自:沃尔夫冈·B.斯波里奇著.(2001).乔姆斯基.何宏华译.北京:北京大学出版社,115.
② 同上书,117.
③ 同上书,116.

装的结果。乔姆斯基以"奥巴马论以色列-巴勒斯坦"为题于2009年1月24日在自己的个人网站上发表文章,批评奥巴马不谈以色列对加沙的侵略,而坚持与以色列联盟的政策。① 对奥巴马获得诺贝尔和平奖,乔姆斯基诙谐地说道,他对人类和平没有做任何贡献——如果这是诺贝尔和平奖的评选标准,我,却是一个不错的选择!

乔姆斯基,他令众人或爱或恨!但无论是爱是恨,却都旗帜鲜明:喜欢他的人崇拜他,视他为精神领袖;憎恶他的人咒骂他,视他为眼中钉肉中刺!但无论是爱或恨,你却无法忽视他的"声音"——"他叙说的是我们不愿听也不愿记住的东西,然而,如果文明要延续下去,这些却是我们必须认识和不能遗忘的东西"。②

3. 关于中国

对中国,乔姆斯基保持着谦虚的谨慎!但谦虚并不意味着他没有看法,谨慎也不代表他不坦言。每每谈及中国问题,他都毫不避讳地谈及他的看法。在他2010年受邀来中国访问演讲期间,他依旧真诚谈及他眼中的中国以及对中国的批评和期盼。以下是乔氏关于中国的部分精彩对话。

问题1 作为一个关注国际政治,且时刻保持在激活状态的学者,您对今日中国的大致印象是怎样的?(来自人物周刊)③

乔姆斯基:虽然任何印象一定有其局限性,但是我对中国仍有一些大致的印象:比如说,很明显的经济高速增长,以及经济高速增长所产生的严重的副作用,这对大部分人甚至绝大部分人来说都是不利的,乡村田园被严重破坏,人们失去了传统的赖以生存的家园。许多农民背井离乡,来到城市,居住在贫民窟中,最终死于工作。另一方面,从中国的新闻报道中可以看到很多腐败事件,这是一个混杂体。

现在的上海是一座迷人的城市,但在这个城市里也隐藏着不同的两面——一方面上海的经济在惊人地飞速发展,另一方面这些发展也混杂着其他的东西:

---

① 转引自:http://www.chomsky.info/articles/20090124.html
② 转引自:http://news.xinhuanet.com/edu/2010-08/16/c_12448784_2.html
③ 转引自:http://bbs.scol.com.cn/thread-197453-1-1.html

很多出口公司是由外国人经营的,海外华人或者外国投资者和本地人一样不断地向更高端前进发展。同时,发展中的中国让大量的工程师去发展本土产业,或许还能接管自己的工业,我想中国比印度更有希望做到这点。

问题2 中国的成功是不是对西方民主的一种挑战?(来自南方都市报)[①]

乔姆斯基:中国在发展,但没有特别的理由证明中国的内部发展会对西方形成挑战。美国面临的挑战不是中国的发展,而是中国的独立性。这才是挑战。

你能每天从报纸的头条看出来。现在美国外界政策的主要关注焦点是伊朗。2010年在外交政策界被称为"伊朗年",伊朗被认为是美国外交政策的主要挑战,世界秩序的主要威胁。美国对伊朗实施了单边的、严厉的制裁政策,但中国没有这样做。中国遵守联合国的制裁,但联合国对伊朗的制裁轻到遵守与否无所谓,而中国没有遵从美国对伊朗的单边制裁。在我启程到中国来之前几天,美国国务院以一种非常有趣的方式对中国发出警告,他说中国要承担起国际责任,也就是要遵守美国的命令。这就是中国的国际责任。

这是标准的帝国主义,其他国家有责任按照我们的要求行事。如果不这样做就是不负责任。我想中国外交部的人听了一定都笑了。但这就是帝国主义强权的标准逻辑。事实上,这也是伊朗为什么是威胁的原因,因为它不服从美国的命令。中国是个更大的威胁,因为如果一个大国不服从命令,麻烦就大了,这就是美国面临的挑战。

问题3 全球一体化已被多数中国人接受,在过去的三十年中,尤其是中国加入WTO以后,绝大多数的中国人都从中受益颇多。但你对全球化和WTO的评价似乎很低。(来自南方都市报)[②]

乔姆斯基:中国的发展和经济成就实质上与全球一体化没有太大的关系。这与贸易和出口有关,中国逐渐成了一个出口导向型国家。没有人,包括我,会反对进出口,但那并不是全球化。事实上,中国已经成了东北亚地区生产系统的一个装配厂。如果你看一下整个地区,会发现这是一个非常有活力的地区。中

[①] 转引自:http://gcontent.oeeee.com/7/73/7736debbc2c6bca5/Blog/486/e7c67f.html
[②] 转引自:http://gcontent.oeeee.com/7/73/7736debbc2c6bca5/Blog/486/e7c67f.html

国出口量非常大,但这里头有些误解,中国的出口在很大程度上是日本、韩国以及美国等国的出口。这些国家给中国提供零部件和高科技,而中国则将它们组装起来并进行出口,而这就被称之为"中国的出口"。

中国依靠其明智的政策的确发展得很好。但事实上,数百万人摆脱了贫困的同时,也付出了很大的代价,而许多代价会转嫁给下一代,如生态成本。经济学家不会考虑这些,但代价就是代价,总要有人来偿还,可能由你的孩子或孙子来偿还。这些真的和全球一体化没什么关系,和世界贸易组织也没有什么关系。

问题 4　中国的发展对世界和平事业是否起了稳定作用?(来自人物周刊)[①]

乔姆斯基:我想,没有人会真的认为中国会威胁世界和平。说到"威胁"也只是威胁到了美国的统治或是所谓的"稳定"。稳定是个科学术语,但这里"稳定"的意思是由美国来定义的。所以如果你看了昨天出版的《贝克-汉密尔顿报告》,就可以发现"稳定"这个词出现了不下 500 次。报告中每一个"稳定"的真实含义都是:美国霸权。

<<< 专栏七

乔姆斯基的中国之行

2010 年 8 月,中国迎来了乔姆斯基,乔姆斯基圆了他的中国之梦。这是多位学人共同努力的结果。

8 月 9 日—10 日,乔姆斯基首先抵达台北,作了两次公开演讲,接受中国台湾清华大学的名誉博士学位。在大学演讲的主题是"世界秩序的轮廓:常与变"。他明确指出,美国之所以忍受台湾以及日本、韩国、新加坡等亚洲国家及地区的发展,是有其战略考虑的。因为美国才是全球最大规模的恐怖主义国家,除了运用整个国家机器从事恐怖行动,更厉害的是,还会利用其他国家和地区帮忙执行恐怖主义,台湾是美国的帮凶之一。

12 日,乔姆斯基在中国大陆首次演讲,地点是北京语言大学,题目是"刺激匮乏-未竟课题"。他指出,"每个人头脑里都有语言基因,就好像是一个'软体

---

① 转引自:http://bbs.scol.com.cn/thread-197453-1-1.html

器官',一出生就拥有了"。儿童习得语言除了这个人脑先天机制之外,还需要后天的语言环境。在后天语言环境中,儿童听到的语言材料,即"语言刺激"或"刺激",可能很多,但是与他后来能听懂的和说出来的句子数量(这个数量实际上是无限的)相比,实际上很少,是"匮乏"的。语言输入匮乏,但产出却无限的现象,是生成语言学家一直关心的问题。虽已取得了一些成果,但仍有很多未竟的课题。

13日晚,乔姆斯基在北京大学发表题为"世界秩序勾勒:持续与变化"的演讲,并接受了北大授予的名誉博士学位。在这次演讲中,乔姆斯基分析了二次世界大战以来国际关系的变化,阐述了对欧洲、美洲、亚洲等主要地区发展趋势的判断。同时,他也对美国依然维持的冷战后控制世界的全球思维进行了猛烈抨击。与演讲之前一票难求的热切期待和两千余座位的讲堂座无虚席的盛况相映衬,乔姆斯基的整个演讲过程非常安静,他语速缓慢,声音不高;观众没有嘈杂声,也没有欢呼声。全场一直静悄悄的。演讲完毕之后,由他唯一的中国学生、美国哈佛大学的黄正德教授主持观众提问环节。对于选中的问题,乔姆斯基的回答毫分缕析、又不失幽默与智慧,引来观众阵阵掌声。"如同勾勒世界秩序一样,请用一个词勾勒自己",答曰:"不变!尽管情况在变,但我的承诺一直没变,我一直致力于为全人类解除苦难,我希望把余生用于科学研究"。有人问及他的放松与解压方式是不是听音乐弹琴时,他边摊手耸肩,边回答说"去工作!"而对"您心中未来的世界的样子",他幽默地答道,"我无法勾勒未来,未来就在你以及和你一样的人们的手中"。

乔姆斯基的中国之行是中国学术界的一桩盛事,并被认为是继上世纪初罗素和杜威来访之后的最重要的西方哲人的到来。为此,专门成立了筹备组,开设了网站,设计了宣传册。对想要采访的新闻媒体,则需要带着"三证"(记者证、身份证、单位介绍信)提前申请,在正式采访时,还需要签订一份录音、录像资料不能作商业用途的保证书。

乔姆斯基的此次中国之行,在中华大地上刮起了一股"乔姆斯基旋风"。不管之前是否听说过乔姆斯基,在他的此次中国之行之后,他在中国的知名度便如日中天,几乎无人不晓。但让人难以忘怀的则是他的大师风范,以及他对中国直言不讳的批评与期盼。

北京大学授予乔姆斯基荣誉博士学位

资料来源：http://image.baidu.com/i?ct=503316480&z=0&tn=baiduimagedetail&word=Zellig+Harris&in=9041&cl=2&lm=-1&pn=9&rn=1&di=29658819&ln=1&fr=&ic=0&s=0&se=1&sme=0

乔姆斯基致谢北京大学授予的荣誉博士学位

资料来源：http://image.baidu.com/i?ct=503316480&z=0&tn=baiduimagedetail&word=Zellig+Harris&in=9041&cl=2&lm=-1&pn=5&rn=1&di=17696109&ln=1&fr=&ic=0&s=0&se=1&sme=0

乔姆斯基的付出最终得到了社会的高度认可。他被公认为"美国最伟大的异议分子"和"美国人的良心",是目前唯一一位在世的前10位最伟大的科学家。2005年底被评为全球最著名的公众知识分子[①]。《纽约时报》称他为"可能是还健在的最重要的知识分子",在《现代美国哲学家辞典》中,他被称为"美国外交政策的左派批评者中最有影响的人之一"。他以一种"异见"的坚决态度,赢得了全世界知识分子的尊重。

六、结束语

毫无疑问,乔姆斯基是当代最伟大的语言学家。他被誉为语言学界的"爱因斯坦"。他首次提出了"语言即生物"的观点,引发语言学界惊天动地的"乔姆斯基革命"。他对语言本质以及语言结构与功能的分析,促使人文社会学科之间的相互联系,并将人文社会科学的研究一度集中在"语言"方面。受乔姆斯基观点的影响,哲学家也日益意识到语言在认识世界过程中的中介作用,甚至引发了声势浩大的语言哲学运动。乔姆斯基的语言学理论甚至跨越了人文社会科学与自然科学的"边界",对认知科学、医学、电子计算机科学以及人工智能等领域的研究都产生了重大影响,直接促进"第二次认知科学革命"的诞生。纽约时报称"转换生成语法的诞生是20世纪最主要的成就之一",认为该理论"可与揭开DNA分子的遗传密码相提并论"。

毋庸置疑,乔姆斯基也是当代最有影响力的认知心理学家。他对行为主义心理学的猛烈抨击,直接促使了认知心理学的诞生,影响了心理学的发展方向。他所提出的先天语言获得装置、语言能力、语言的表层结构与深层结构以及生物语言学等理论观点,极大地推动了心理学对人类语言获得的思考。正是从乔姆斯基开始,语言学科与心理学科有了真正的交叉,对语言与人类心理活动之间内在关系的探讨也日渐受到心理学界的关注。正是他的一系列观点,促进了学术界对脑与意识等当代前沿科学问题的探索。他与西蒙和米勒一起,被称作认知

---

① 英国著名的《前景》杂志为纪念创刊十周年,会同美国《外交政策》杂志进行了一次网络调查,评选全球最具影响力的100名公共知识分子。在两万张有效投票中,乔姆斯基共获得了4800张选票,两倍于位于第二的艾柯,被评为当代最伟大的公共知识分子。

心理学的奠基人。

无可争辩,乔姆斯基是当代最犀利的政治评论家和社会活动家。他关注社会和政府的是非公义,阐释大学的功能和知识分子的社会责任,严厉斥责西方主流媒体和美国的霸权主义外交政策。他对社会和时事的理性批判,让他的政治观点独树一帜;他话语犀利,字字直指美国政府的心脏;他令美国政府最头痛,却又被世界公认为反战、反媒体的精神领袖。

乔姆斯基对学术界的卓越贡献使他无愧于"当代思想大师"、"当今笛卡儿和达尔文"的称号,更让他成为与爱因斯坦、毕加索、弗洛伊德和罗素并肩而立的20世纪的杰出人物,而他鲜明和犀利的社会政治观点则让他成为五十年来世界上最有影响力的人文社会学家。他身上闪耀的勤于钻研和勇于批判的学术气质,以及知识分子强烈的社会责任感和不畏强权的凛然正气,都使世人高山仰止,值得年轻的知识分子以之为楷模。

艾伦·大卫·巴德雷

艾伦·大卫·巴德雷年表图

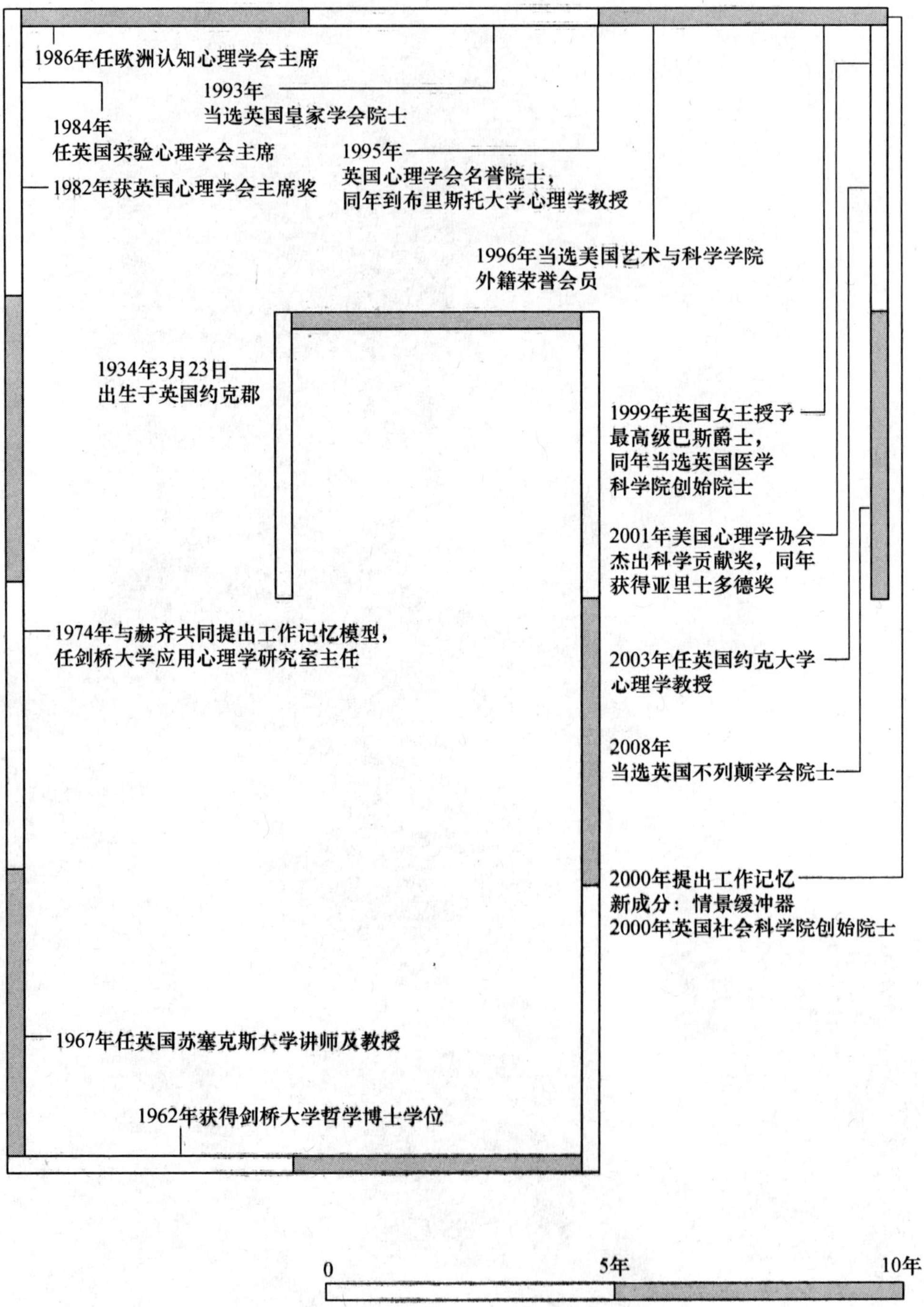

- 1986年任欧洲认知心理学会主席
- 1993年当选英国皇家学会院士
- 1984年任英国实验心理学会主席
- 1995年英国心理学会名誉院士，同年到布里斯托大学心理学教授
- 1982年获英国心理学会主席奖
- 1996年当选美国艺术与科学学院外籍荣誉会员
- 1934年3月23日出生于英国约克郡
- 1999年英国女王授予最高级巴斯爵士，同年当选英国医学科学院创始院士
- 2001年美国心理学协会杰出科学贡献奖，同年获得亚里士多德奖
- 1974年与赫齐共同提出工作记忆模型，任剑桥大学应用心理学研究室主任
- 2003年任英国约克大学心理学教授
- 2008年当选英国不列颠学会院士
- 2000年提出工作记忆新成分：情景缓冲器
- 2000年英国社会科学院创始院士
- 1967年任英国苏塞克斯大学讲师及教授
- 1962年获得剑桥大学哲学博士学位

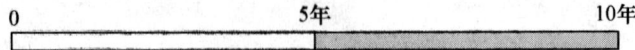

0　　　　　5年　　　　　10年

艾伦·大卫·巴德雷（Alan David Baddeley, 1934—　），著名英国心理学家、英国女王亲授的最高级巴斯爵士（CBE），英国皇家学会院士（PRS）、英国不列颠学会院士（FBA），曾当选英国心理学会主席（1983）；在剑桥大学应用心理学研究室担任主任长达20余年；现为英国约克大学心理学系教授。巴德雷将工作记忆从短时记忆中分离出来，并通过实验巧妙地揭示了工作记忆对信息进行保持和加工的过程，他和研究助手赫奇于1974年提出工作记忆模型理论，认为工作记忆由中央执行系统、语音环路和视觉空间模板三部分组成；之后不断改进，于2000年增加了情景缓冲器这一新成分。巴德雷的研究奠定了工作记忆在认知功能中的核心地位，极大地推动了心理学家对儿童、成年人及脑损伤病人的记忆研究。巴德雷还参与了一些认知神经心理学领域的记忆障碍研究工作，所编制的神经心理学测验得到广泛的使用。巴德雷热衷并擅长在日常工作环境中研究心理学问题，并将在实验室里所获得的心理学知识应用于日常生活实践。巴德雷著述颇丰，不断发表记忆研究取得的令人振奋的新发现和新见解，是一位多产的心理学家。由于对人类记忆的开拓性研究，他被美国心理学会授予杰出科学贡献奖（2001）。

一、生平经历

1934年3月23日,艾伦·巴德雷出生于英国约克郡的利兹①。其父唐纳德·巴德雷(Donald Baddeley)是利兹工业区汉斯利特排字区的一名排字工人,母亲涅丽·巴德雷(Nellie Baddeley)则是一名家庭主妇。艾伦·巴德雷是家中的第二个儿子。②

1944年,英国颁布了教育署主席、保守党人巴特勒(R. A. Butler)提出的新教育法。该法案在英格兰和威尔士引进了中等教育的三重机制,并明确中等教育对所有学生免费。③ 当时,巴德雷正在考科伯恩中学就读。中学前期,他的学习成绩很一般;后来,他萌发出浓厚的学习兴趣,开始琢磨如何到大学继续深造。

巴德雷在中学读书时,男生们被带到一个礼堂并被告知他们应学习物理学,比如把热水兑进凉水弄成温水的实验;男生如果想要和女生一起学习生物学还需要家长的同意书。巴德雷认为这种证明实验极其无聊,因此觉得科学不适合他。他更喜欢文科,其地理、英语、历史科目成绩都是A。④ 他相信这些科目能告诉他周围世界的真相。学校的文科教师鼓励学生们基于自己的观点来洞察世界,并把这些观点用清楚的语言记录下来。

18岁的巴德雷非常想去大学学习地理、英语或历史。他把求学目标锁定了牛津大学(Oxford University)和剑桥大学(University of Cambridge),因为他很想去为这两个学校打自己非常喜爱的橄榄球。遗憾的是,这两个学校都没有录取他。巴德雷不得不重新选择。虽然他也比较喜欢并很想在大学学哲学,但当时哲学家的收入似乎难以养家糊口,因此遭到了家人和朋友的一致反对。在这种情况下,学习心理学似乎是一个比较明智的折中选择。⑤

---

① Leeds, Yorkshire.
② Noel Sheehy (2004). Fifty key thinkers in psychology. London: Routledge, 22—23.
③ http://zh.wikipedia.org/zh-cn/1944%E5%B9%B4%E6%95%99%E8%82%B2%E6%B3%95
④ Baddeley, A. (2009). Alan Baddeley. Current Biology, 19(22), 1019—1020.
⑤ Award for Distinguished Scientific Contributions: Alan D. Baddeley. American Psychologist. Vol 56(11), Nov 2001, 849—864.

1. 立志求学

巴德雷有一次在广播上听到对伯特兰·罗素①的访谈,罗素指出如果他能重新选择,他想成为一名心理学家。在年轻的巴德雷看来,既然罗素都这么认为,看来学习心理学也还不错。由于当时学习心理学的人较少,巴德雷还是多少有些担忧。当巴德雷决定学习心理学后,他阅读了很多心理学教材,其中的一本书《用第三只耳朵听:一名精神分析学家的内在体验》②给他留下了深刻的印象,更是坚定了他学习心理学的决心。后来,他了解到伦敦大学学院的心理学专业很好,就报考了这个学校。面试时,他声称自己对实验心理学很感兴趣,尽管实际上他当时并不太清楚自己的研究兴趣。神奇的是,在冲动情况下流露出的说法竟然真的预示了他未来的研究方向,他后来一直致力于实验心理学研究。③

1953年,巴德雷顺利进入伦敦大学学院学习心理学。学院心理学系不仅有一位博学而又极具领导才能的系主任,而且还有很多热情的青年教师。他们亦师亦友,对巴德雷进入心理学的大门起到了重要的启蒙作用。在那里学习4年,巴德雷认定了自己未来的事业方向——实验心理学。

当巴德雷大学毕业时,英国的就业形势比较紧张,短时间内很难找到适合心理学本科毕业生的工作。于是,巴德雷决定去美国继续深造,再学习一年,为未来的学术生涯打造一个良好的开端。赴美之前,巴德雷在英国医学研究理事会(Medical Research Council,MRC)下属的应用心理学研究室(Applied

青年巴德雷
资料来源:http://www.mrc-cbu.cam.ac.uk/history/electronicarchive/fellowships.html

---

① 伯特兰·罗素(Bertrand Russell,1872—1970)是20世纪英国哲学家、数学家、逻辑学家、历史学家,无神论或者不可知论者,也是上世纪西方最著名、影响最大的学者和和平主义社会活动家之一。他1950年获得诺贝尔文学奖。
② Theodor Reik. Listening With the Third Ear: The Inner Experiences of a Psychoanalyst.
③ http://odeo.com/episodes/16375123-Alan-Baddeley-Interview

Psychology Unit，APU)[1]做了一份暑假短期工作。当时在心理学界占统治地位的还是研究刺激-反应的行为主义心理学。巴德雷受认知生理心理学开创者唐纳德·赫布[2]的"行为的组织"影响，本来打算申请加拿大麦吉尔大学(McGill University)赫布的研究生，但由于他们只能提供一半奖学金，而巴德雷又找不到能提供另一半奖学金的人，只好选择了美国的普林斯顿大学的心理学系。他幸运地获得了该校的沃克奖学金，于1956年赴美进修实验心理学。

2. 初涉心理学应用研究

虽然巴德雷在普林斯顿大学只呆了一年，但这一年却极为重要。在这里，他完成了生平第一篇研究论文，探讨大鼠的学习机制。根据巴德雷的实验结果，大鼠并不像克拉克·赫尔[3]所说的那么笨。完成这一实验，巴德雷与合作的同事坎德兰(Doug Candland)结下了一生的友谊。巴德雷发现，他所关注的行为主义心理学不再是当时心理学研究的主流，新兴的认知心理学已取而代之。理论更新速度之快给巴德雷留下了深刻印象，他决定以后在研究中要结合理论的应用。他认为，只有从实验中得来的理论观点才是可靠的，而获得实验数据应当比理论推测的结果更让人兴奋。1957年6月，巴德雷在普林斯顿大学顺利完成学业，获得硕士学位。他婉言谢绝了在普林斯顿大学攻读博士学位的邀请，因为他想先工作。当年夏天，巴德雷在南加州大学工作了一段时间，住在加州大学洛杉矶分校的校园里。在美国海军研究办资助下，他做了一项有关人机交互研究的文献综述研究。[4]

夏天过后，巴德雷回到英国找工作。他本来打算用两年的时间服兵役，希望在此期间能在军事心理学相关机构，例如军事医学研究所任职，之后再在英国继

---

[1] 1998年4月，该研究室更名为脑与认知科学实验室(Cognition and Brain Sciences Unit)。

[2] 唐纳德·赫布(Donald Olding Hebb，1904—1985)，加拿大心理学家，认知生理心理学的开创者，曾获得8个荣誉博士学位。1952年当选为加拿大心理学会主席。1959年当选为美国心理学会主席。1958年获沃伦金质奖章，1961年获美国心理学会卓越科学贡献奖。

[3] 克拉克·赫尔(C. L. Hull，1884—1952)，美国第一代新行为主义的重要人物，构建假设-演绎行为主义体系，把学习定律加以数量化，坚持和发展严格客观的行为主义途径。20世纪30年代至60年代间，其学习理论是最占优势、影响最大的学说之一。

[4] Rabbitt, P. (2009). Inside psychology: a science over 50 years. Oxford: Oxford University Press. 31.

续攻读博士学位。遗憾的是，由于他学的是非医学专业而未能如愿。他发现心理学专业的工作机会还是很少，因此只好先到医院做搬运工，后来又在约克郡矿村学校做了6个月的教师，直到获得布里斯托的伯顿神经学研究所[①]职位，才似乎时来运转。在伯顿神经学研究所，巴德雷想参加吉尼斯啤酒制造商资助的项目，研究酒精的积极作用，但该项目的夭折导致他不得不再次找工作。

应用心理学研究室同事们

资料来源：http://www.mrc-cbu.cam.ac.uk/history/legacyconference/attendees.html

1958年，剑桥大学医学研究理事会下属的应用心理学研究室向巴德雷伸出了橄榄枝，提供了一个与康拉德（R. Conrad）一起设计邮政编码的职位。康拉德负责该项目的应用工作，而巴德雷则负责邮政编码的基础研究。从此，巴德雷在应用心理学研究室这个走在新兴的认知心理学前沿的单位开始了他的工作生涯。在这里，巴德雷不仅作为康拉德的助手协助研究邮政编码问题，而且还获许同时攻读剑桥大学的心理学博士。1959年，巴德雷参加剑桥大学博士生面试，当时的面试官是赞格威尔（Oliver Zangwill）[②]。巴德雷如此回忆面试经历："面试自始至终，赞格威尔一直盯着地面，而他的俄国狼狗则把头放在我的膝盖上，一直饱含深情地瞅着我"[③]。面试组的教授们一致同意录取巴德雷，他终于如愿以偿地成为了剑桥大学的博士生。1962年巴德雷获得博士学位，并留在了剑桥大

---

① Burden Neurological Institute.
② 奥利弗·赞格威尔（Oliver Zangwill,1913—1987），英国著名神经心理学家，1952—1981年担任剑桥大学实验心理学教授。
③ Bunn, G. C. Richards, G. D. Lovie, A. D. (2001). Psychology in Britain: historical essays and personal reflections. Leicester: Wiley-Blackwell. 346.

学应用心理学研究室继续他的研究工作。

3. "工作记忆"先生

到1967年,巴德雷已经在应用心理学研究室工作了9年,他认为需要做些改变了。当时在牛津大学和苏塞克斯大学(University of Sussex)心理学系都有合适的工作岗位。巴德雷给两所大学都提交了申请,结果被苏塞克斯大学聘用为讲师。当时的心理学系主任是萨瑟兰(Stewart Sutherland),他与布罗德本特(Donald E. Broadbent)气质不同,其行为方式有点古怪还有些凶恶;但两人有一点完全相同,都在努力为心理学创造一流的研究环境。那时的苏塞克斯大学心理学系虽然年轻,但是充满了活力。巴德雷在此教学,不仅拓宽了他的研究视野,也让他结识了事业上的亲密合作伙伴——格拉海姆·赫奇(Graham Hitch)。赫奇是巴德雷的第一位博士后研究生,参与巴德雷主持研究的长时记忆与短时记忆关系项目。两人的合作,对巴德雷以后的学术生涯产生了重要影响。巴德雷还与沃灵顿(E. Warrington)在女王街的国家医院合作研究遗忘症患者,发现其记忆缺陷与实验室条件下的长时记忆和短时记忆的区别大不相同。

1972年,巴德雷采用双任务实验范式研究短时记忆的机制,发现短时记忆确实参与了完成复杂任务的过程,但是这些任务的完成并非短时记忆模型所能解释的。据此,巴德雷等人提出了一个三成分的系统,称之为工作记忆。这一系统包括一个注意控制器,即中央执行系统,以及为其服务的控制两个子系统,一个是与言语材料加工有关的语言/语音回路,另一个是与视觉或空间信息加工有关的视觉空间暂存器。

项目进行到一半,斯特灵大学(Stirling University)向巴德雷提供了一个教授职位。巴德雷指出:"出于好奇,我曾在早期去过这个大学,但是没有想到会到这里工作。我被校园美丽的环境以及心理学系令人兴奋的愿景迷住了。斯特灵大学的心理学系也很年轻,他们雄心勃勃,要形成独特的教学风格,并且在心理学研究领域树立起威望。"①1972年巴德雷离开苏塞克斯大学，前往斯特灵大学任职。赫奇、汤姆森（Neil Thomson）以及应用心理学研究室的博士后戈登（Doucan Godden）与他一起，也到斯特灵大学去工作。在前往斯特灵大学的途中，戈登劝说巴德雷进行记忆与潜水的研究设计。按巴德雷自己的说法，"接下来的2年可能算是我职业生涯中最具创造性的2年"。在斯特灵大学，巴德雷除了继续他的工作记忆成分研究，还与汤姆森通过词长效应证实确实存在语音回路。他们一起发现了研究视觉空间模板的方法。与此同时，巴德雷和戈登发现，潜水员在完成水下作业任务中表现出了情景相似性效应。

斯特灵大学位于苏格兰高地边缘，校园非常漂亮。学校希望通过加强科研力量来提高它的学术声望，遗憾的是其扩建计划与政府缩减高校开支的政策冲突，未能如愿。1974年，时任剑桥大学应用心理学研究室主任的布罗德本特退休。带着些许感伤，巴德雷离开了才工作两年的斯特灵大学回到了应用心理学研究室，继任主任。

对于巴德雷来说，也许应用心理学研究室主任是世上最好的职位。该室向来研究实际问题，探索具有普遍理论意义的结论。按照这一目标，起初只有8位研究人员的研究室不断发展壮大，并开始关注一般认知问题。研究室内部采用自我加压法②来开展科研和管理工作，并传承由第一任主任克雷克创立的开放活泼的学术氛围。巴德雷担任主任以后，继续致力于联接心理学的基础研究与实际应用研究，并在认知神经心理学、临床心理学等学科方面获得了新进展。直至1995年退休，巴德雷一直担任心理学研究室主任一职。此间，巴德雷还从1987年开始在剑桥大学丘吉尔学院兼任高级研究员。1991年，巴德雷因在记忆研究方面的杰出贡献，当选为欧洲科学院院士。巴德雷还是剑桥大学的认知心理学名誉教授。

退休后，巴德雷仍然活跃在心理学界，继续研究记忆。1995年，巴德雷来到布里斯托大学（University of Bristol）担任心理学教授。该校的实验心理学系由康威（Martin Conway）和加塞科尔（Susan E. Gathercole）领导。加塞科尔曾在

---

① Bunn, G. C. Richards, G. D. Lovie, A. D. (2001). Psychology in Britain: historical essays and personal reflections. Leicester: Wiley-Blackwell. 350.
② 自我加压法：工作方法之一，适当给自己增加压力，确立目标、定时限、定标准的完成某项工作。通过这种强化训练，促进工作能力的提高。

剑桥应用心理学研究室做博士后,那时她与巴德雷已有合作。在布里斯托大学,巴德雷一边参与加塞科尔牵头的学习障碍研究,一边研究工作记忆模型中最棘手的中央执行系统。2000年,他在以往研究工作的基础上,提出增加第四个成分——情景缓冲器。

由于巴德雷在工作记忆领域的开创性研究,2001年巴德雷被美国心理学会(APA)授予杰出科学贡献奖。该奖项旨在表彰那些对心理科学做出杰出贡献的心理学家。按照惯例,巴德雷在当年的美国心理学年会(第109届,洛杉矶)上发表演讲,题目是"工作记忆还在工作吗?"。会后,巴德雷到斯坦福大学,在行为科学高级研究中心呆了一年,与"新朋友"们合作研究工作记忆的新成分。从2003年起,他在约克大学(University of York)担任心理学教授,主讲"作为生物科学的心理学导论"[1]与"记忆心理学的实际应用"[2]。

巴德雷与赫奇在西南大学(2008)
资料来源:巴德雷提供

2008年9月18日,巴德雷与赫奇应邀赴中国西南大学心理学院讲学,并受聘为客座教授。19日至21日,中国心理学会普通与实验心理学专业委员会在成都召开学术会议,隆重欢迎并特邀巴德雷和赫奇做"记忆研究进展"和"工作记忆与情绪"两场专题讲座。现场听众爆满,反响强烈。年轻的学生们与国际知名心理学家面对面接触,既了解到记忆领域的新知,又感受了大师的风采。中国心理学的发展状况以及莘莘心理学子们旺盛的求知精神,让他们深为感动。对于中国学生,巴德雷并不陌生,因为在约克大学选修他应用心理学课程的学生,有一半是中国人。会议之后,巴德雷一行参观了景色优美的川西康巴地区,中国同行们的热情好客,给他们留下了深刻印象。

---

[1] Introduction to Psychology as a Biological Science.
[2] Practical Applications of the Psychology of Memory.

4. 家庭

巴德雷的妻子希拉里·安·怀特(Hilary Anne White)也是一位心理学家，曾在应用心理学研究室做访问学者。2005年出版的《测量心智：速度、控制、年龄》[①]一书，其中的"工作记忆与老化"一章由巴德雷夫妇合著。这一章描述了巴德雷对工作记忆年老化的思考，收入了他在普拉特(Pattrit)的鼓励下进行的工作记忆老化研究和正常老年人和阿尔茨海默症患者的工作记忆比较研究。

巴德雷与夫人希拉里(1960s末)

资料来源：巴德雷提供

巴德雷夫妇育有三个儿子。1966年出生于英国剑桥的大儿子加文·巴德雷(Gavin Baddeley)曾是一名经验丰富的记者，效力于《观察者》和《金属锤》杂志。加文现在是自由职业人。二儿子罗兰·巴德雷(Roland Baddeley)在斯特灵大学取得博士学位，现任职于布里斯托大学实验心理学系，从事心理学以及计算神经科学研究工作，著有《信息理论与脑》一书[②]。三儿子巴特·巴德雷(Bart Baddeley)，现为苏克塞斯大学信息学系计算神经科学与机器人技术中心的博士后研究人员[③]。

[①] J. Duncan, L. Phillips & P. McLeod. Measuring the Mind: Speed, Control, and Age.
[②] http://books.google.com.hk/books?id=43j0roSjBSMC&dq=Roland+Baddeley&hl=zh-CN&source=gbs_navlinks_s
[③] http://www.informatics.sussex.ac.uk/users/bartb/

巴德雷与小儿子巴特在巴西(2007)

资料来源:巴德雷提供

二、学术生涯

1. 心理学发展背景

1913年,华生在《心理学评论》杂志上发表"行为主义者心目中的心理学"一文,正式宣告行为主义的诞生。华生主张心理学应该用自然科学的客观方法研究行为,并在此基础上构建其行为主义的理论体系。[①] 当时的许多心理学家,如赫尔等人都走行为主义路线,试图把行为的驱力和强化关系用量化公式表述出来。托尔曼等人的目的论心理学,虽然融入了格式塔心理学的色彩,但走的仍然是行为主义路线。行为主义式的儿童和动物研究成为主流,人们很少再谈论心理、意识等主观概念,似乎讨论这些问题是不科学的。

行为主义如日中天时,认知革命的思想已经萌芽;到1967年奈瑟(U. Neisser)出版《认知心理学》,这一新思潮终于形成。虽然很难确定它的起点,但1956年在认知心理学的形成与发展中显然非常重要。这一年美国心理学家发表了一系列以信息加工观点为基础的心理学研究成果。其中之一是米勒(G. A. Miller)发表"神奇的7±2:我们加工信息的容量限制",论述短时记忆只能存储5到9

---

① 叶浩生(2006). 心理学通史. 北京:北京师范大学出版社. 208.

个项目。这篇文章使记忆研究重新成为心理学研究的对象,并且指明如何将信息论的概念应用于人类信息加工过程。

　　心理科学发展早期,艾宾浩斯注重实验研究,强调记忆系统保持和储存信息的能力,通过构建记忆研究的测量方式打破了实验法不能研究高级认知功能的禁区。英国心理学萌芽时,这种观点得到了广泛认同。英国心理学会的奠基者麦独孤(W. McDougall)的《心理学纲要》和迈尔斯(C. Myers)的《实验心理学教科书》对记忆研究的介绍都是以艾宾浩斯的研究为主要内容。

<<< 专栏一

艾宾浩斯

　　赫尔曼·艾宾浩斯(Hermann Ebbinghaus,1850—1909)是德国心理学家,1850年1月24日生于波恩附近的巴门,1909年2月26日卒于哈雷。艾宾浩斯先在波恩大学学习历史与哲学,后进入哈雷大学和柏林大学深造,1873年获波恩大学哲学博士学位;普法战争时在军队服务,战后在柏林、英国、法国致力于研究,兴趣转向科学。1876年,艾宾浩斯在巴黎一个书摊上买了一本费希纳的《心理物理学纲要》,此书对他产生了深深的影响。费希纳研究心理现象的数学方法使年轻的艾宾浩斯茅塞顿开,他决心像费希纳研究心理物理学那样,通过严格系统的测量方法来研究记忆。

　　1880年,艾宾浩斯受聘于柏林大学,在那里继续研究记忆,并重复和验证了他的早期研究;1885年,出版《论记忆》一书;1886年,在柏林大学晋升为副教授;1890年,创建实验室,并创办《感觉器官的心理学和生理学》杂志;1894年,他应聘布雷斯劳大学教授,并一直工作到1905年。1902年,出版教科书《心理学原理》,获得巨大成功;1908年,出版更受欢迎的教科书《心理学概论》。两本书皆数次再版,甚至在艾宾浩斯去世后又由他人修改了几次继续出版发行。1905年,艾宾浩斯转任哈雷大学教授,4年后突然死于肺炎,享年59岁。

　　http://en.wikipedia.org/wiki/Hermann_Ebbinghaus

然而,巴特利特在他的《记忆》(1932)中严厉地批评艾宾浩斯的研究方法。在巴特利特之前,人类记忆的研究主要在实验室中完成,所用材料多为无意义音节。他认为,艾宾浩斯低估了无意义音节联想数量变化的影响。艾宾浩斯强调记忆所能保持的材料的数量,巴特利特则更重视被提取材料的质量,倡导注重提取材料内容发生质变的记忆研究趋向。他抛弃了联想主义被动储存的观点,提出了记忆的主动建构观。他是在英国倡导记忆研究社会化第一人,主张从社会心理学角度研究记忆问题;其工作深化了对记忆的认识。巴特利特借助"图式"(Schemata)这一术语来说明我们主观认为准确回忆的信息通常是熟悉而不准确的。巴特利特的研究影响深远,被称为"记忆研究的生态取向",后来受到认知心理学创始人奈瑟的肯定。

<<< 专栏二

巴 特 利 特

巴特利特
资料来源:http://www.mrc-cbu.cam.ac.uk/history/electronicarchive/fellowships.html

巴特利特(Frederic Bartlett,1886—1969)作为英国心理学家、伦敦皇家学会会员和美国国家科学院外籍成员,毕生推动英国实验心理学研究,成就卓著。他曾获得过许多荣誉,包括阿森斯、爱丁堡、伦敦、卢万、牛津、普林斯顿和博杜瓦等大学的名誉学位。1948年,他被授予"勋爵",成为第一个获此殊荣的英国实验心理学家。

巴特利特生于英国的格洛斯特郡,早年对哲学感兴趣;从伦敦大学哲学专业毕业后,慕沃德之声望,转入剑桥大学圣约翰学院。他起初打算在里弗斯(W. H. Rivers)门下专攻人类学,却因第一次世界大战作罢;后接受在迈尔斯的(C. S. Myers)劝告转而研究实验心理学。1914年起在剑桥大学实验心理学教研室任教。1922年,当迈尔斯因服役而离开剑桥后,他实际负责实验室的工作。战争结束后,他接替迈尔斯担任了实验室主任,并于1931年被任命为该校第一位实验心理学教授,并任职到1952年退休。他还于1944年创建属于英国医学研究院的应用心理学研究室。在他退休后的一段日子里,仍担任着该应用心理学研究室的名誉顾问。

巴特利特颇有才华,研究成果卓著。《记忆:实验与社会心理学研究》(1932)总结了巴特利特的记忆研究成果。他还提出了"图式"理论。第二次世界大战期间和战后,巴特利特将他的研究转向战时行为,涉及许多形形色色的实际问题,如与战争相关的训练方法、疲劳和人的工作能力等,并取得了很大的成就。

http://uzone.univs.cn/news2_2008_44702.html

>>>

20世纪50年代之后,随着认知心理学的兴起,英国的记忆研究有着长足的进展。1957年布罗德本特首次提出了瞬时记忆模式,令英国许多记忆研究者着迷。他提出的许多问题都成为后来记忆研究的主题。布罗德本特激发了研究者对瞬时记忆的研究兴趣,尤其是利用记忆广度来研究瞬时任务,后来被发展成为"布朗-皮特森任务"(Brown-Peterson)。布罗德本特于1958年出版《知觉与交流》,为认知心理学取向奠定了重要基础。此后,认知心理学便着重布罗德本特所指出的认知信息处理模式,强调以心智处理来思考与推理。

20世纪60至70年代,短时记忆研究风行一时。原因之一是研究短时记忆的皮特森实验方法极其简单却十分有效。皮特森实验是这样进行的,首先让被试听3个字母(例如A、B、C),之后再听一个数字(例如1、2、3),要求被试马上重复1、2、3并尽快心算1、2、3减3;然后大声地报告结果,一直到某个规定的时间为止;然后要求被试再次回忆A、B、C。这样的实验程序重复多遍,每遍使用的字母不同,间隔时间也可以变换。实验发现,连续减3以后,间隔时间越长,对字母的遗忘越多,证明遗忘是时间造成的。

1960年,斯波林(Sperling)采用部分报告法进行了他的经典瞬时记忆广度研究,发现视觉存储可以在瞬间保持较多的信息,但这些信息会飞快地消失。听觉的感觉记忆以回声存储形式存在,保持3~4秒。康拉德也有类似研究,在当时的信息理论领域影响较大。他认为,瞬时记忆编码的本质是声音编码。此时,研究者们已开始重点研究编码对其他记忆过程(如存储和提取)的影响。

2. 登堂

20世纪30年代之前,心理学发展中心在德国,世界各地心理学家都前往德国学习。第二次世界大战导致德国心理学基本解体,很多心理学家流落到美国和英国。艾森克(H. Eysenck)[①]和佛吕吉尔(C. Flügel)都在那时来到了伦敦大学学院,巴德雷后来也在此读书。艾森克主要研究人格测量方法,佛吕吉尔则是一位既博学又有魅力的心理分析学家,还是一名有激情的学者。他还参加了1928年经典的超现实主义电影《一条安达鲁的狗》(UnChien andalou)的演出,并给出精神分析的解释,获得的报酬经常性地用来补充心理学学生会的小金库。[②]他还写了一本有关服装的心理学书,并设想将来人们会穿得较少。他去世之后,有家报纸用头条新闻"勇敢的裸体世界发起者去世"来纪念他。[③]

<<< 专栏三

布罗德本特

唐纳德·布罗德本特(Donald E. Broadbent,1926—1993)是英国著名认知心理学家、实验心理学家。1970年当选为英国国家科学院院士,1975年获美国心理学会颁发的杰出科学贡献奖。他的研究工作成为第二次世界大战前巴特利特的方法与战争期间应用心理学发展之间的桥梁,在20世纪60年代以后又以认知心理学著称。

布罗德本特就读于曼彻斯特学院和剑桥大学彭布罗克学院,早期目标在于自然科学。然而,当他在皇家空军服兵役时,他开始对人机关系产生兴趣,并特

---

① 艾森克(H. J. Eysenck,1916—1997),英国心理学家,主要从事人格、智力、行为遗传学和行为理论等方面的研究。他主张从自然科学的角度看待心理学,把人看作一个生物性和社会性的有机体。在人格问题研究中,艾森克用因素分析法提出了神经质、内倾性-外倾性以及精神质三维特征的理论。

② Bunn, G. C., Richards, G., Lovie, A. D. (2001) Psychology in Britain: historical essays and personal reflections. Leicester: Wiley-Blackwell. 344.

③ Rabbitt, P. (2009). Inside psychology: a science over 50 years. Oxford: Oxford University Press. 31.

别注重这种独特的体系。于是,他回到剑桥大学攻读心理学,成为巴特利特的学生。毕业后,他进入剑桥大学应用心理学研究室,并在那里工作了25年;1958年担任研究室主任。尽管研究室大部分工作都是关于军事或工业的应用问题,布罗德本特还是很快以其理论研究出名。当学术界开始使用数字计算机时,他首先将其类推到人类的认知活动,发展了选择性注意和短时记忆理论。

布罗德本特主张用信息加工理论研究注意、感觉和记忆等认知过程。他在双耳同时分听实验的基础上提出了注意的"过滤器模型",为认知心理学的兴起做出了很大贡献。他还在1958年最早提出"工作记忆"的概念和"注意是资源有限的加工系统的工作结果"的想法,他所提出的注意过滤器模型也体现了这种思想;1977年提出了内隐学习研究范式之一的复杂系统控制任务。

布罗德本特

资料来源:http://www.mrc-cbu.cam.ac.uk/history/electronicarchive/fellowships.html

在每年的英国心理学会年会上,都会举行布罗德本特演讲。

http://en.wikipedia.org/wiki/Donald_E._Broadbent

>>>

1953年是巴德雷在伦敦大学学院求学的第一年。当时使用的实验心理学教材还是伍德沃斯(Woodworth)在1938年写的《实验心理学》,书中描述了一系列的实验。当时,那些格式塔心理学或行为主义心理学的观点都来自于战前的心理学资料,而巴德雷他们接触到的大部分理论都是二战后提出的。1953年,奥斯古德(Osgood)出版了他的经典著作《实验心理学方法与理论》。巴德雷指出,比较这两本书可以看出战争就是分水岭,而奥斯古德整合了新旧理论。

在20世纪50年代,理论的可测性受到关注。当时有重要影响的心理学书籍,包括艾尔(A. J. Ayer)的《语言》、《事实与逻辑》和赖尔(G. Ryle)的《心的概念》，指出使用语言的方式可能会影响思维方式。巴德雷认为，心理学的长期发展应避免轻率使用语言造成的概念陷阱。

对于哲学与心理学的关系，存在两种不同的研究思路。一种观点的倡导者是剑桥大学的哲学家布雷斯维特(Braithwaite)，他把牛顿物理学当作科学理论的最好例子，认为它把逻辑结构作为一个模型展示给了所有的学科。持相反观点的是牛津大学的哲学家图尔明(Toulmin)，他认为理论只是人为作品，就像地图一样，在我们寻找需要的东西的时候才有用；为我们在这个世界上定向，从而帮助我们发展出更好的地图。巴德雷已经清楚地意识到，自己擅长制造理论地图，而非建立复杂逻辑结构。

第二次世界大战促进了英国心理学的发展，巴特利特促使实验心理学研究深入到广泛的实际领域，新一代心理学家满腔热情地要把理论与实践结合起来。机械学和医学的跨学科的结合，促进了基于计算机模型的最新理论发展。在伦敦大学学院，美国心理学家罗塞尔(R. Russell)接替伯特(C. Burt)担任心理学系主任，他给学院带来了更宽松的学术氛围。罗塞尔平易近人，既熟悉北美心理学现状，也了解英国的传统心理学，他聘用了很多优秀的青年教师，其中之一就是詹姆斯(H. James)。詹姆斯非常善于与别人分享他对一些重要问题的思考和想法。在罗塞尔的影响下，巴德雷掌握了一些当时北美心理学的最新研究方法，成为他探索短时记忆遗忘的宝贵财富。伦敦大学学院的学习，使他确信研究心理学就是他要终生从事的职业。

在当时的伦敦大学学院心理学系，格式塔心理学派对学生影响较大，图书馆有很多格式塔心理学译著。巴德雷通过阅读这些书籍了解了格式塔心理学，他认为，虽然格式塔是一个很有趣的研究方法，但是他不太相信大脑皮层存在电场（现在看来，显然巴德雷错了）。拉什利(Lashley)等人发现，放置在猴子视皮层的高传导性的金箔并没有扰乱他们的知觉。这一结果虽然没有太多的应用价值，但是引起了心理学界对整个格式塔心理学的质疑。拉什利的研究给巴德雷个人的启示，他在提出心理学新观点时非常小心并尽量避免有关生理学的预测。

"学习与记忆理论"是心理系的核心课程,使用希尔加德(E. R. Hilgard)[①]的经典著作《学习理论》(1948)做教材。当时正值几种学习理论争执不下,所有实验都用老鼠做被试。这门课的任课教师是克拉克·赫尔(C. L. Hull),他认为有机体依靠刺激与反应的联结达到对环境的适应而生存;并根据牛顿的精确原则做出了假设,用数学方法计算出了方程式。托尔曼(E. C. Tolman)[②]反对此说,认为老鼠学会走迷宫,并非靠建立刺激-反应联系,而是因为形成了心理地图。赫尔拒绝使用托尔曼的研究方法。这个争论持续了十多年。在20世纪50年代早期,赫尔和托尔曼都有些支持者和反对者。赫尔的支持者是斯彭斯(Spence),托尔曼的支持者是比特曼(Bitterman)。巴德雷认为,"对于一名正在学习心理学的本科生来说,这样的争论是天赐良机(godsend)[③]"。后来巴德雷到普林斯顿大学学习时,他考虑到赫尔的理论模型比较容易学习,实验也较容易操作,想通过自己做实验来检验赫尔的理论。他假设自己就是一只大鼠,然后选择实验范式,并预期自己的反应可能会与赫尔的理论不一致。巴德雷从比特曼那里借来大鼠做了这一实验,并发现大鼠要比赫尔所认为的更聪明,实验结果支持托尔曼的理论。巴德雷将这个实验研究写成论文,发表了他的第一篇文章。

　　1956年,巴德雷来到普林斯顿大学攻读硕士学位,新的环境使他的视野开阔许多。在那里,巴德雷师从心理物理学家普拉特(C. Pratt)。普拉特是一名内省者,曾经得到过铁钦纳(E. B. Titchener)[④]的指导。巴德雷从他那里学到很多心理学的历史知识。普拉特要求心理学系所有的研究生都能够翻译法文和德文的心理学文章,还组织他们重新翻译一本被译成德文的铁钦纳巨著。巴德雷因此学会了一些有用的词汇。

---

　　① 希尔加德(Emest R. Hilgard,1904—2001),美国心理学家,早期研究动物和人的条件反射,后来研究人的动机作用和无意识过程,晚年主要从事美国心理学史的研究。

　　② 托尔曼(E. C. Tolman,1886—1959)美国心理学家。新行为主义代表人物之一,目的行为主义的创始人,力图客观了解行为的目的性。哈佛大学哲学博士。1937年任美国心理学会主席,1957年获得美国心理学会杰出科学贡献奖,并曾任第14届国际心理科学联合会主席。

　　③ Bunn, G. C., Richards, G., Lovie, A. D. (2001) Psychology in Britain: historical essays and personal reflections. Leicester: Wiley-Blackwell. 344.

　　④ 铁钦纳(E. B. Titchener, 1867—1927),英国心理学家。构造心理学的主要代表,以铁钦纳和皮亚杰学派为代表建立了结构主义心理学。著有《心理学大纲》、《实验心理学:实验手册》、《思维过程的实验心理学》等。

在普林斯顿大学,巴德雷主要学习用认知方法来研究大鼠的二级强化。当时主流观点认为动物能对事物产生粗糙但是有效的表征,例如记住所在环境中的事物。巴德雷成功地尝试亲自做动物走迷宫实验,学会了让老鼠在斯金纳箱里奔跑和跳跃。在实验中,大鼠必须学会选择两个门中的一个以得到食物,若选择错误则让它们看到食物被转移至正确的一边,它们却吃不到。巴德雷一直在想,大鼠看到食物被移动,是像赫尔理论所预测的那样,成为二级强化物呢;还是会像托尔曼理论所预测的那样,将来做出更多的错误反应?实验证明,巴德雷的大鼠比赫尔主义者认为的要聪明很多。对这一实验,巴德雷曾风趣地说:"赫尔主义者们本应蜂拥而上激烈炮轰我,但什么也未发生。"[1]1957年,巴德雷完成了他的大鼠实验研究,被授予硕士学位。

3. 入室

(1) 应用心理学研究室简史

1944年,英国医学研究理事会下属的应用心理学研究室在剑桥大学建立。该研究室是世界上最古老的心理学实验室之一。它最初隶属于第一次世界大战期间成立的工业疲劳研究委员会,后者二战期间改名为工业健康研究委员会。二战伊始,科技迅速发展,研究室的研究工作重点也随之变化,由工作场所的环境因素,如照明、温度和工作时间,转移到了机器设备的操作和维修。于是,医学研究理事会成立了"应用心理学研究室",隶属于剑桥大学的心理学实验室,由克雷克(K. Craik)[2]首任主任。

正是在应用心理学实验室,巴德雷经历了后来所谓"认知革命"。虽然人们广泛的使用"认知革命"这一词,但是它的发生地和时间还是存在争议。按照奈瑟的说法,它们在20世纪40年代和50年代已经生根,其中一个发芽之处就是剑桥的应用心理学研究室。[3] 对认知心理学的未来发展很有影响的人物之一,就

---

[1] Rabbitt, P. (2009). Inside psychology: a science over 50 years. Oxford: Oxford University Press. 29.
[2] 肯尼思·克雷克(K. J. W. Craik, 1914—1945),英国心理学家,1940年在剑桥大学获得博士学位。1941年,他当选为剑桥圣约翰学会会员,著有《解释的本质》,并提出了"心智模式"(mental models)的概念。
[3] Rabbitt, P. (2009). Inside psychology: a science over 50 years. Oxford: Oxford University Press. 31.

是应用心理学研究室首任大当家克雷克。克雷克是一位杰出的科学家,他在《解释的本质》中指出,模型可以作为理论发展的方法,甚至预测计算机发展这类模型的潜在优势。在数字计算机和模拟计算机发明前后,克雷克的枪击模型可能是最早的实验心理学计算机模型。克雷克担任主任一年后,不幸在单车意外事故中丧生;其职位由心理学系教授巴特利特继任。后者是一个天才人物,把理论实际应用和实验数据结合起来。早期的这两位领军人物对研究室的定位刚好契合60年代的心理学潮流"认知革命"。1951年巴特利特退休,麦克沃思(Norman Mackworth)继任研究室主任。他认为该研究室办公空间太过狭小,心理学系已经不能满足它的需求,必须扩展空间。他在剑桥乔叟路(Chaucer Road)上找到一个爱德华七世时建造的大房子,有一个非常宽阔美丽的花园,马上把它买了下来,然后告知医学研究理事会。这个现今仍矗立在乔叟路上的美丽建筑,从那时开始就成为了全体应用心理学研究室科研人员的家。①

研究室的早期研究工作和军事问题密切相关,如飞行疲劳、雷达操作警觉以及环境压力的影响,后来开始接受一些由政府部门(如交通运输部及邮政署等)推动的研究工作。1958年,麦克沃思移民加拿大。布罗德本特成为研究室主任,他继续用克雷克的信息处理方法来研究心理学。几个月以后,布罗德本特的经典著作《知觉与交流》出版。这本书对于认知心理学成为占主导地位的理论范式产生了重大影响。布罗德本特是一名出色的主任,在任16年。其倡导的理论和应用研究相结合思路为应用心理学研究室赢得了良好的国际声誉。

(2) 潜水员水下作业研究

应用心理学研究室建立时正值二战,主要研究工作面向部队,探索海军在水下环境中的行为实验,其中一个著名的例子就是格雷戈里(Gregory)的潜艇逃生研究。英国的北海石油勘探基地为科研人员研究潜水员的水下行为提供了场所。巴德雷在应用心理学实验室的研究工作主要涉及长时记忆,对在实验室之外的应用记忆研究兴致勃勃。他本人对潜水很有兴趣,对测量公海潜水员的水下表现更感兴趣,所以迅速开展了一系列的研究工作。巴德雷尝试进行潜水员的公海水下作业研究,获得资助后随即与戈登合作。他们的水下记忆学习研究

---

① http://www.mrc-cbu.cam.ac.uk/history/

表现出了非常明确的语境效应,即在水下学习的内容在水下环境测试时成绩较好[①]。这个项目给他和同事们带来了很多乐趣。巴德雷体会到,将工作和爱好结合起来,真是其乐无穷!

巴德雷的潜水实验
资料来源：http://www.mrc-cbu.cam.ac.uk/history/electronicarchive/diving.html

1985年,巴德雷在马耳他一个200英尺深的封闭海域进行"螺丝板牙测试"。巴德雷和艾迪兹科维斯基(Idzikowski)据此共同发表了一篇文章。他们假设,由于焦虑的影响,潜水员在深海的工作成绩可能会大大低于通过压力室模拟研究预测的成绩;并用陆地研究结果验证此假设。研究测量32个潜水新手的双手灵巧度,潜水员拿着含有32个洞和16个螺母和螺栓的黄铜板材,要在规定的时间内把铜板上的螺母和螺栓从板的一端转移到另一端。测试分别在公海潜水活动之前和近期没有潜水活动两种情况下进行。结果表明,与陆地作业相比,潜水员在水下完成动作的效率显著降低。无论是在陆地上还是在水下,潜水员的脉搏率和主观等级评定结果都显示,潜水前潜水员处于焦虑状态。[②] 两年后,洛吉(Logie)、巴德雷和威廉姆斯(Williams)共同报告了潜水员呼吸的气体混合物对其水下工作表现的不同影响。他们研究了模拟潜水者的智力水平,发现呼吸含氦的氧气(oxy helium)时,潜水员在潜水300米时智力会有损伤;深度越深,影响越大。这一结果无法用睡眠不足、情绪变化、在拥挤环境中时间过长等原因来解释。有对潜水660米深的潜水员的调查声称,氦氧氮混合气体(TRIMIX)可能是有益的。与之相比,同等深度在含氦氧气潜水实验中的潜水员的表现更糟糕。另一个"有控制"的潜水涉及的是61米的含氮氧(oxy nitrogen)条件,这些气体的部分压力与氦氧氮混合气体在深海潜水条件下压力一致。而潜水员在55至60米氮氧条件下的损伤表现

---

① Baddeley, A. D. Influence of depth on the manual dexterity of free divers: A comparison between open sea and pressure chamber testing. Journal of Applied Psychology. Vol 50(1), Feb 1966, 81—85.
② http://www.mrc-cbu.cam.ac.uk/history/electronicarchive/diving.html

和在300米下含氦的氧气条件下的表现一致。这些研究对在危险的潜水环境中最大限度地保护潜水员的安全,并发挥作业效率具有重要意义。[1]

(3) 邮政编码设计中的心理学问题

1958年,巴德雷初到应用心理学研究室参与的研究项目就是邮局资助的邮政编码的设计。由于人工分信效率较低,邮局准备用机器分信。康拉德主持该项目,正在组织设计高度相关的代码,测查既有数字也有字母的代码存在的优势与不足,同时也探索此类编码的实际应用效果。巴德雷开始在康拉德的领导下进行有关邮政编码设计研究的基础工作,任务是为每个邮局生成一个独一无二的邮政编码。他根据英语使用习惯编码邮编,以便记忆;并做了很多实验来测查哪种编码方式更容易被记住。其中一个实验是这样做的,首先给被试视觉呈现一系列辅音字母,让他们看完这些字母后立刻回忆。结果发现,虽然实验材料是视觉呈现的,但是被试回忆出错较多的是发音相似的字母,如P更可能被错误的记为与之发音相似的V,而不是与之形状更相近的R。康拉德与巴德雷继续证明,当字母序列项目发音相似时,被试的错误更多,记忆更差。康拉德把这一结果解释为短时记忆存在声音编码,消退很快,导致遗忘。巴德雷把生成的邮政编码送到邮局后,发现对方兴趣不大,因为他们已经决定采用另外一个分类系统。

巴德雷加盟应用心理学研究室时,克雷克的理论在此占据主导地位,布罗德本特在去世前才出版的《知觉与交流》一书对此有专门叙述。布罗德本特作为当时的研究室主任,认为有必要分别研究短时记忆系统和长时记忆系统。巴德雷开始考虑康拉德发现的短时记忆声音编码。正如他自己所言,他就像巫师的徒弟一样,对这一现象深深着迷;此后一直在琢磨记忆的听觉相似性效应。[2] 他与同事戴尔(H. Dale)通过实验发现,短时记忆主要依靠声音编码,长时记忆主要依靠语义编码。这一发现以《记忆再认测验中使用的策略选择特征》为题发表在《自然》(*Nature*)上。此后,由于康拉德的短时记忆模型让他着迷,巴德雷一直刨根问底地与他展开讨论。

---

[1] http://www.mrc-cbu.cam.ac.uk/history/electronicarchive/diving.html
[2] Baddeley, A. (1966). The influence of acoustic and semantic similarity on long-term memory for word sequences. Quarterly Journal of Experimental Psychology, 18(4), 302—309.

康拉德在学术休假年[①]期间,让巴德雷负责一个估算电话装置质量的项目,投资方想要制造出一个能控制电话装置噪音预定水平的设备。巴德雷等人让被试使用这些噪音装置来进行一些认知操作,根据操作结果来检测其可理解性,但最终也没能制造出符合要求的设备。巴德雷使用瞬时记忆任务,发现了听觉相似性效应,即发音相似的单词序列在进行自由回忆时错误较多。康拉德认为,这证明了短时记忆需要声音编码或是基于句子的编码;巴德雷则认为,可能是由于在噪音背景下发音相似的单词序列相似性效应加强,因此,需要进一步控制实验条件再来检测这种效应。由于任何相似性都可能损害短时记忆,而言语材料相对比较容易操作,巴德雷选择加强语义相似性。出乎意料,他发现加强材料的语义相似性后,噪音对回忆几乎没有影响,即采用长时记忆研究范式而不是短时记忆研究范式时,这一效应的模式有所不同。巴德雷在试验导师的听觉相似性效应的时候发现了比他所能预测到得更具深远影响的结果,于是他从研究长时记忆转而研究短时记忆。

康拉德结束休假年回到研究室之后,巴德雷获许在他所发现的新领域独立开展研究工作。巴德雷使用瞬时记忆任务来研究语音相似与不相似的单词,发现在瞬时记忆中,语音相似性的影响要远大于语义相似性;[②]但在长时记忆中这一效应刚好相反,语音相似性不再那么重要,而语义相似性的作用占主导地位。这一发现令他非常震惊,由此认为记忆应当分为独立的长时记忆和短时记忆两个成分。他与沃灵顿合作研究遗忘症病人,也发现在短时记忆任务中表现正常的病人在进行长时记忆任务时功能受损。[③]

巴德雷发表他这个记忆理论时,心理学家们普遍认为记忆可以一分为二,即由连锁却独立的系统组成。这时克雷克(F. Craik)也提出记忆加工水平理论,认为记忆是认知系统对刺激信息进行多种不同水平加工分析的产物,加工水平取决于刺激的特性:如果信息是在较浅层次(如外形)上得到加工,那么它就易变

[①] 学术休假(Sabbatical Leave),学术休假项目于1880年由哈佛大学首创。是欧美国家大学教师发展的一种重要制度形式,被证实在提升教师教学水平、促进科研创新能力、提高教师队伍士气、缓解教师职业倦怠等方面有明显功效。

[②] Baddeley, A. (1966). Short-term memory for word sequences as a function of acoustic, semantic and formal similarity. Quarterly Journal of Experimental Psychology, 18(4), 362—365.

[③] Baddeley, A. & Warrington, E. K. (1973). Memory coding and amnesia. Neuropsychologia. 11(2): 159—165.

且易消失;如果信息是在较深层次(如意义)上得到加工,那么人们对它的记忆就会比较持久。例如,较强烈的刺激或与个体自身的知识和经验关系较大的信息会在较深层次上得到加工,从而记得更牢。巴德雷认为这一方法对于重新概念化编码在记忆中的作用非常有用。他同意布罗德本特等人提出的单一短时记忆概念有局限,用他的研究方法对这一模型加以细化,直至后来提出了工作记忆的多因素模型。

1967年巴德雷来到苏克塞斯大学担任讲师。在这里,巴德雷继续研究记忆。他与皮特森合作,检测复述和编码在记忆中所起的作用,并比较初级记忆、次级记忆以及感觉记忆。[①] 在这里,巴德雷招收了第一批博士研究生,威尔金斯(A. Wilkins)和理查森(J. Richardson)后来都成为很有名的心理学家。在这里,赫奇参与了巴德雷研究长时记忆与短时记忆关系的工作[②]。1972年,巴德雷成为苏格兰斯特灵大学心理学系主任。在斯特灵大学期间,巴德雷的主要研究工作集中在阐述短时记忆概念,并将它纳入整个记忆系统之中。

<<< 专栏四

赫　奇

格拉海姆·赫奇(Graham Hitch),在剑桥大学获得物理学学士学位,在苏克塞斯大学获心理学硕士,在剑桥大学应用心理学研究室取得心理学博士学位(1971),在苏塞克斯大学与斯特灵大学做博士后研究(1972—1974),1974年回到应用心理学研究室。1979年赫奇曾在曼彻斯特大学任教,1991年开始在兰卡斯特大学大学担任心理学系主任,2000年转至约克大学工作至今,目前担任该校心理学系主任。赫奇是英国心理学学会、实验心理学学会、欧洲认知社会心理学会会员,并担任文献心理学和心理研究杂志的编委。

赫奇的研究领域主要是学习、工作记忆和认知心理学,特别是视空间工作记

---

① Baddeley, A. D. & Patterson, K. (1971). The Relation Between Long-term and Short-term Memory. British Medical Bulletin 27(3): 237—242.

② Award for Distinguished Scientific Contributions: Alan D. Baddeley. (2001). American Psychologist. 56(11), 849—864.

忆。1974年他与巴德雷一起提出了工作记忆多成分模型，此后继续关注这一模型及其演化。该模型最初用来解释成人的记忆表现，20世纪80年代后期，赫奇开始用它来探讨儿童的工作记忆及其在认知能力中的作用。从90年代初开始，赫奇和伯吉斯（N. Burgess）发展了工作记忆语音成分的神经网络模型，以解决经典的系列命令（serial order）和工作记忆与长时记忆的接口问题。他们继续发展这一模式并扩大其研究范围。目前，赫奇正与巴德雷进行工作记忆的新成分——情景缓冲器的相关研究。新词的学习和非言语领域的系列学习与记忆也是他感兴趣的研究领域。

http://www.york.ac.uk/res/wml/ghitch.html

http://www.york.ac.uk/depts/psych/www/people/biogs/gjh3.html

三、致精微——研究工作记忆

1. 工作记忆的概念

人们通常会把接受到的外界信息进行模式识别[①]、加工处理后放入长时记忆，以后就可以根据认知加工的需要从长时记忆中调出储存的某些信息。这些信息被调出后便处于活动状态，暂时使用，用过后再返回长时记忆中。处于这种活动状态的信息，就叫工作记忆。这种记忆易被抹去，也可随时更换。下面这个简单的例子，可以用来解释工作记忆。如果计算27×3＝？，不同的人可能会使用不同的方法。比如，先用7乘以3等于21，记住个位数1，十位数2；然后继续算，2乘以3等于6；6是十位数，各位对应的数相加，结果就出来了81[②]。这其中每一步计算的结果都成为下一步计算的基础，既需要记住，也需要不断更新。这

---

① 模式识别（Pattern Recognition）是指对表征事物或现象的各种形式的（数值的、文字的和逻辑关系的）信息进行处理和分析，以对事物或现象进行描述、辨认、分类和解释的过程，是信息科学和人工智能的重要组成部分。

② Baddeley, A. D., Eysenck, M. W., & Anderson, M. C. (2009). Memory. Hove: Psychological Press. 41.

就是工作记忆的两大核心特点。目前人们普遍认可的工作记忆定义来自巴德雷与赫奇:工作记忆是一种对信息进行暂时储存的系统。它与短时记忆的区别在于,短时记忆只是对信息进行短暂的储存,而工作记忆不但要短时储存信息,还要对它们进行短暂加工。

工作记忆一词,最早由米勒用于其《计划与行为结构》(1960)。此词源于短时记忆,因与心理加工方式相关,引起研究者们的兴趣。阿特金森(Atkinson)和谢夫林(Shiffrin)(1968)最早提出用短时记忆充当工作记忆,这一观点与当时盛行的其他理论有许多共同之处。这些相似的理论被并称为模态模型理论(Modal model)。该理论认为,来源于环境的信息在一系列并行的简单暂时感觉记忆存储器中得到符号和声音加工之后,便进入短时记忆存储器;短时记忆存储器负责把信息输入和输出长时记忆,还作为工作记忆负责选择、加工、使用复述等策略,是系统的关键组成部分。阿特金森和谢夫林建立了一个数学模拟模型,对有关项目的复述法以及复述在信息从短时记忆转换到长时记忆中的作用机制进行研究。模态模型似乎对信息的加工和存储提供了一个不错的答案,然而不久问题就随之而来。其一就是,按照这一模型预测,保存在短时记忆中的信息应该能够得到学习,但是事实并非如此。克雷克(F. Craik)和洛克哈特(Lockhart)(1972)提出了加工层次模型,认为学习主要是依靠材料加工的方式,而不是在短时记忆中存储的时间。[①] 巴德雷指出,模态模型理论还不能解释一些神经心理学现象。如果短时记忆在信息输入和输出长时记忆中起到如此重要的作用,那么短时记忆受损就应当引起长时记忆学习受损;如果短时记忆还具有工作记忆的作用,那么短时记忆受损的病人会存在推理和理解等认知功能的损伤。然而,事实并非如此。沃灵顿(1970)研究三个短时记忆损伤患者,发现他们都未表现出工作记忆受损的症状,一个秘书,另一个自己经营商店,还有一个是出租车司机,都生活得很好。这一现象引起了巴德雷的思考。虽然几年之中,短时记忆的概念搞得越来越复杂,也出现了一系列新的实验技术,但是它们都未能提供解决前述问题的简单直接的框架。很多研究者转而研究长时记忆,选择进展迅速的加

[①] Baddeley, A. D. (2010). Working Memory. Current Biology. 20(4): 136—140.

工水平研究和语义记忆研究。

此时,巴德雷和赫奇正在研究长时记忆与短时记忆之间的关系。他们退一步思考,提出了一个简单的问题,假设存在支持短时记忆系统的机制,那会是什么?如果像以前研究者假设的那样,它起到工作记忆的作用,那么如果阻碍它起作用是否就会影响到长时记忆、推理等复杂认知任务?没有找到短时记忆受损患者,他们就用心理学系本科生做被试。实验不需要被试做身体活动,只需要他们完成推理和理解任务。当时所有的理论都认同,如果言语短时记忆以单个任务为特征,那个任务就应当是数字广度,即较长的数字序列占用较多的短时记忆容量。因此,他们结合数字广度和瞬时认知任务(例如推理、学习和理解),以消耗容量有限的认知资源。实验先给被试呈现一系列数字,要求他们不断地大声复述数字,同时还要完成其他认知任务。通过改变呈现数字个数,以及改变认知系统的加工资源消耗控制。如果被试真的依赖对推理和其他认知任务负责的工作记忆,那么数字序列越长,加工负荷越大,则表现出干扰也会更强。巴德雷等人的实验,验证了这一假设。

2. 工作记忆三成分模型

1974年,巴德雷和赫奇在模拟短时记忆障碍的实验基础上,基于两种记忆存储中的短时记忆,提出了工作记忆(Working memory,WM)的概念,即工作记忆是一个对信息进行暂时储存和加工的记忆系统;[①]可分成三部分,中央执行系统(Central executive)、语音环路(Phonological loop)和视空间模板(Visuo-spatial sketch pad)。其中视空间模板负责视觉信息的保持和控制,语音环路负责操作以语音为基础的信息,中央执行系统负责协调各子系统之间的活动,且与长时记忆保持联系。它们有各自的结构与功能,在知觉、长时记忆及其活动之间提供了一个分界点,从而支持人类的思维活动。

---

① Baddeley, A.D., & Hitch, G.J.L (1974). Working Memory, In G. A. Bower (Ed.), The psychology of learning and motivation: advances in research and theory, New York: Academic Press. 47—89.

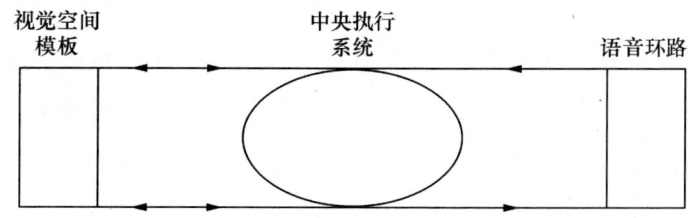

工作记忆早期模型

资料来源：Baddeley, A. D. Eysenck, M. W. & Anderson, M. C. (2009). Memory. Hove:Psychological Press, 44

（1）中央执行系统

中央执行系统是工作记忆模型的核心，其能量有限，负责各子系统之间及其与长时记忆的联系，也负责注意资源的分配和策略的选择与计划。研究者已把信息保存功能、特定领域的信息加工功能分离出来，将中央执行系统看作纯粹的执行结构。

巴德雷采用"双重任务法"探索中央执行系统。实验要求正常的老年被试、青年被试与阿尔茨海默病病人完成两项记忆任务，一是视觉跟踪任务，一是言语记忆任务。实验前调整每项任务的难度，以尽量使阿尔茨海默病病人的错误率与控制组一样。结果发现，当要求被试同时操作两项任务时，老年组与青年组无显著差异，但阿尔茨海默病病人则表现出明显的缺陷。随着病人病情的发展，他们的单独跟踪与记忆任务成绩仍属正常，但同时进行的双任务操作却迅速恶化，其原因可能在于病人的中央执行系统的功能损坏得更严重。这个实验从一个侧面反映了中央执行系统的协调整合功能。有研究表明，大脑前额叶损伤的病人表现出中央执行功能的损伤，此类患者通常表现出控制和组织行为方面的问题。

<<< 专栏五

双重任务法

双重任务法（Dual tasks）是巴德雷经常使用的实验方法。实验中，被试同时完成两类任务，一是推理任务，一是干扰工作记忆各成分的任务，即所谓次级任务（Secondary task）。实验通常设两组被试，一组完成推理任务和次级任务，另一组只做推理任务；比较两组被试成绩，即可确认工作记忆中的哪些次级成分参加了推理任务。两个任务同时竞争同一有限的资源，所有的次级任务都要保证一定的速率和正确率，并且与推理任务同时进行。例如，对语音环路的干扰使得推理任务和次级任务同时占用工作记忆子系统——语音环路的有限资源；在这种条件下如果推理的正确率下降、时间延长，则可以确定语音环路参与了推理过程。

许多研究表明，次级任务的确干扰了工作记忆各成分的加工。干扰中央执行系统的活动是要求被试随机产生字母或数字，或利用声音吸引被试的注意并做出相应行动；干扰语音环路采取的方法是要求被试不断地发音，例如"the，the……"或者按一定顺序数数，比如按1、3、6、8顺序数数等；对视觉空间模板干扰任务是持续的空间活动，比如让被试不看键盘，按一定顺序盲打。

http://en.wikipedia.org/wiki/Dual-task_paradigm

>>>

巴德雷还使用"随机生成任务"探索中央执行系统功能[①]。实验要求被试尽量以随机的顺序生成字母、数字或者动作序列。利用该任务研究的结果均表明，随机生成依赖一个能量有限系统，生成的速度越快，随机程度越小；备择集合越大，生成的速度越慢。当随机生成任务与卡片排序任务相结合时，备择反应越多，产生的字母随机程度越低，被试越倾向于原型反应。据此，巴德雷认为该系统还可以进一步分离为协调双重任务、抑制无关信息的干扰、策略转换以及保持和操纵长时记忆信息的这四种功能。

（2）语音环路

语音环路负责声音信息的储存与控制，使得语音信息能被中央执行系统获得。巴德雷认为语音环路包含语音储存和发音控制两部分。语音储存能保持语音信息1至2秒，其项目由语音结构来表征；发音控制类似于内部语言，能通过默读重新激活正在消退的语音表征防止衰退，而且发音控制加工还可以将书面

---

① 随机生成任务：实验要求被试将所有的字母或数字都放在一个容器中，然后从中一次取出一个字母或数字；说出名称，再将其放回容器，摇均后再取；这样就可以产生一个完全随机的序列。通常，被试者被要求生成字母的速率低，所产生的序列随机化程序就高；而要求生成的速率加快，随机程度降低。被试倾向于生成那些符合字母顺序表或习惯用语的字母顺序。

语言转换为语音代码存在"语音储存"中。如果要求你大声读出这段话,你自然要读出声音来;然而,如果仅要求你默读,那么你就会感受到一种"无声"的读声。通常,人们可能意识不到这一点,但它的确存在。① 语音环路可用语音相似效应和词长效应来证明,是记忆广度的基础;其中保留的项目数是记忆痕迹消退速率和默读复述重新激活速率的联合函数;还能够解释下面几种经典的实验室研究结果。

语音相似性效应(acoustic similarity effect):完成自由回忆任务时,语音相似任务的回忆率更低。因此,听完序列单词后复述发音不相似的单词序列要比复述发音相似的单词序列更容易。这是由于信息存储基本是语音编码;相比发音不相似的单词,发音相似的单词具有较少的区别线索,故更容易被遗忘。意义相似则没有这一效应,说明语音环路系统不涉及语义加工。

答非所问效应(irrelevant effect):呈现不相关的语音材料,导致视觉材料的自由回忆率下降。所用材料是一种被试不熟悉但是干扰效果与被试的母语一样的语言,或是与有意义词汇干扰效果一样的无意义音节;材料的语义特征并不重要。由于突然的大声噪音对被试几乎没有影响,说明这个效应不是由于简单的分心,而是因为具有干扰的语音材料获得了语音记忆储存的必要通道。

词长效应(word length effect):单词的记忆广度与口头保持具有相反的关系,被试可以记住他们2秒钟以内记住的单词。这种现象说明,拥有更长的元音或字节较多的语种(比如英语相对于汉语)需要较长时间来复述,从而导致记忆广度更短。这一模型可以解释为什么随着年龄的增加,儿童的数字广度会增加;长大后,他们能够更快地复述。

语音抑制效应(articulatory suppression effect):实验要求被试不断出声复述一些不相关的词如"the",以阻断自动的默读复述。由于阻止了被试试图复述那些他们想复述的材料,从而消除了词长效应,被称为语音抑制效应。语音抑制也阻止了被试将视觉呈现的材料登记入语音存储器中。视觉呈现材料的回忆率下降,消除了语音相似性效应。

---

① Styles, E. A. (2005). Attention, perception and memory: an integrated introduction. Hove: Psychology Press. 153.

(3) 视觉空间模板

巴德雷认为视觉空间模板主要处理视觉空间信息。视觉信息通常具有视觉和空间特性,可以直接或间接地进入视觉空间模板。视觉空间模板子系统对计划空间任务和定向地理环境具有重要的意义。近年来,对视空间模板的研究多焦中于测量空间运动记忆视觉缓存和视觉记忆内部抄写器的分化问题。巴德雷等人通过双任务研究发现,连续运动会破坏空间模式的保持,不相关的、变化的视觉材料也会破坏视觉信息的保持;视觉空间模板可能包含两个元素,一个是与颜色形状有关的视觉元素,一个是与位置有关的空间元素。这两个子系统记忆容量的发展速度不同。视觉客体信息和空间信息的工作记忆涉及不同脑区,已被脑成像研究证实。

巴德雷设计了一个视觉追踪任务,要求被试用光笔追随显示屏幕上一个移动的光点。调整光点的移动速度,确保所有被试拥有相同的操作水平(70%的跟踪率);然后要被试将这项任务结合发音抑制、声音反应时、数字广度等三项任务中的任一项,进行双任务操作。根据每个被试的数字记忆广度调整数字系列的长度,确保只操作记忆任务时所有被试的错误率一样。结果表明,发音抑制对三组被试的任务操作均没有显著影响。

(4) 情景缓冲器

工作记忆模型提出后,巴德雷等人不断通过研究完善语音环路、视空间模板和中央执行系统,许多他人的研究也证明它的确是一个相当成功的模型。尽管中央执行系统是这个模型的最重要部分,但它也是最难研究的。巴德雷尝试把注意控制机制分成几个部分,并假定存在两个同时发生的集中注意(转换开关)和分散注意之间的分离。有关阿尔茨海默病病人的研究表明,病人在双任务操作中表现较差,这一点与巴德雷的预期一致。也有证据不支持这一模型。有一名严重遗忘症患者,能打桥牌,还能记住之前在手里玩过的牌。这个例子启示可能存在某种存储机制,这种存储与当时表征的短暂激活有关,从而能生成和保持新的认知结构——某些类似于长时记忆的东西。

当然,也有研究指出这一模型不能解释某些实验结果。问题主要集中在三方面,一是各个子系统与长时记忆分离,二是中央执行系统没有存储能力,三是语音环路与视觉空间模板分离。① 对此,巴德雷认为由于工作记忆需要对不同信息进行加工、保存加工信息的结果以及注意分配,所以的确需要一个保存不同信息加工结果的次级记忆,而语音环路和视觉空间模板信息的结合也需要一个这样的系统。于是,2000 年,巴德雷修改了工作记忆模型,在原来基础上增加了一个子系统——情景缓冲器(Episodic buffer),②这也是工作记忆模型近年的最大进展。

巴德雷假定情景缓冲器也是容量有限的系统,由中央执行系统有意识地进行控制,并可进入意识领域。它能用多维代码储存信息,在语音环路、视觉空间模板和长时记忆之间提供了一个暂时信息整合的平台。情景缓冲器可以把来自子系统的信息联结起来形成整合情景,并且能将来自长时记忆的信息重新表征成整体的情景表征。自觉意识被假定为情景缓冲器检索的主要模式,从情景缓冲器中提取信息需要有意识的努力。修订后的模型与早期模型的不同之处主要在于,它更关注整合信息的加工理解过程,使用不同编码并在亚系统之间提供有限容量,可以保存完整的事件或情境,为解决工作记忆的中央控制问题提供了更好的基础。

巴德雷和他的同事用限定性句子广度测验证实的确存在情景缓冲器。③ 预实验给被试呈现主谓宾结构句子,长度不一,有简单句也有复杂句;结果被试的记忆广度一般相差 5—10 个词,这一差异在系列实验中基本稳定。正式测验要求被试回忆限定长度的句子或单词表,并同时进行三类干扰任务。第一类干扰任务旨在破坏其语音环路功能,第二类是破坏其视觉空间模板,第三类则破坏其中央执行系统。结果表明,限定性句子长度对视觉空间模板,特别是对中央执行系统敏感;而无关词表回忆则受到发音抑制的影响,受执行过程影响不大。这说明,情景缓冲器起到了短暂存储多种信息并将其进行整合的功能。

情境缓冲器这一新的成分的加入,更好地解释了工作记忆与长时记忆的关

---

① 鲁忠义,杜建政,刘学华(2008).工作记忆模型的第四个组成部分——情景缓冲器.心理科学,31(1):239—241.
② Baddeley, A. (2000). The episodic buffer: a new component of working memory? Trends in Cognitive Sciences 4(11):417—423.
③ Baddeley, A. (2001) Is working memory still working? American Psychologists, 56(11):851—864.

系,再次引起了人们对工作记忆加工机制的关注,指出了研究工作记忆与智力(晶体智力与流体智力)之间的关系的新方向。然而,情境缓冲器仍然无法解释某些实验结果,且未获得认知实验证据或神经科学证据的支持。目前关于情景缓冲器的研究主要集中在它是如何整合来自各个子系统的信息以及它在语言学习方面的作用。①

巴德雷和赫奇的工作记忆模型充满活力,硕果累累,应用广泛,从成人阅读到失语症病人的记忆损伤,从儿童记忆的发展到老年痴呆患者的记忆问题。情景缓冲器的加入,说明这个模型在基于实验研究的基础上不断获得理论进展,并且将这些理论应用到一系列与优化这个模型的相关真实情境。巴德雷总结道"20年后提出这个新成分,虽然并不能从根本上解决深层次的问题,但它确实将注意力集中到了工作记忆模型能够整合多源信息这一需要上。"

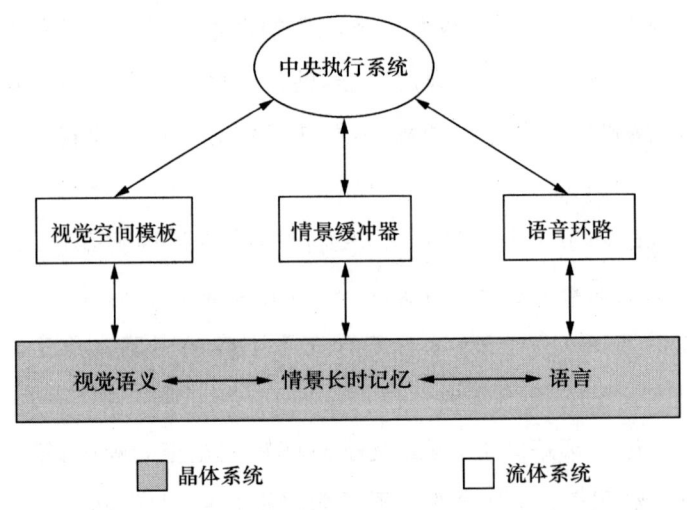

工作记忆晚期模型

资料来源:Baddeley, A. D. Eysenck, M. W. & Anderson, M. C. (2009). Memory. Hove:Psychological Press, 58

3. 工作记忆与语言

巴德雷刚到应用心理学实验室就研究邮政编码,开始关注香农(Shannon)

---

① 罗叶,段丹东.(2008).情景缓冲器的提出及其研究现状.重庆教育学院学报.21(5).

与韦弗(Weaver)的信息理论及其在语言领域的应用。他看了很多相关文献,使用英语单词的系列来产生词序,变换其可记忆性和可复制性。当时唯一的统计信息源是二战前的一本书《秘密与紧急》,书中报告了单词和图表的频率。经康拉德介绍,巴德雷使用邮局的计算机来获得大量的单词序列,原材料则源于分析《泰晤士报》主要栏目文字和肥皂广播剧《戴尔夫人的日记》(Mrs. Dale's Diary)的剧本。

巴德雷研究无意义音节,并且使用一个方法,他称之为"可预测性",因为它比当时使用的意义联系规则能更有效地预测学习。在他准备发表这个发现时,有人劝他"在完成博士学位之前还是不宜发表"。等他终于完成了这篇文章,已经有人发表了类似文章,而且其样本量更大;二是安德伍德(Underwood)和舒尔茨(Schulz)在《意义和语言学习》(1960)书中讨论了语言习惯的重要性。因此,巴德雷从此无法发表他自己的这篇文章了。

后来研究工作记忆,巴德雷也关注它与语言的联系。巴德雷与加塞科尔通过非词重复测验和词汇测验的研究发现,儿童4岁时的非词测验成绩能很好地预测其5岁时的词汇量,但用词汇测验来预测儿童在非词测验上的表现却没有前项预测理想。这似乎意味着在这个年龄阶段,非词重复的能力可能是言语发展的动力。从更广的意义上说,语音环路参与了基本听觉与言语产生机制的发展,而听觉和言语产生机制正是言语获得的工具,所以语音环路功能缺失对牙牙学语儿童的影响比对成人的影响更大。[①]

1993年,巴德雷与加塞科尔出版了《工作记忆与语言》一书。该书汇聚了五类主要的语言处理研究工作,即词汇习得、言语产生、阅读发展、熟练阅读和理解。借鉴实验心理学、神经心理学和发展心理学的证据,他们介绍了工作记忆模型在正常的成年人、神经精神病人和儿童中的应用。普通读者也能看出工作记忆在参与语言处理方面的重要作用。

另外,语音环路对言语理解、词汇获得和语言学习还具有辅助作用,语音环路的容量大小能很好地预示儿童和成人习得第二语言能力的高低。

---

① Gathercole, S. E., Baddeley, A. D. (1993). Working memory and language. New York: Psychology Press. 131—133.

四、窥玄奥——研究神经心理学

1. 关注认知障碍群体

除了工作记忆外,巴德雷还就认知障碍群体开展系列研究,如阿尔茨海默病、遗忘症、失语症患者的记忆研究,记忆的老化研究等。实验要求正常的老年被试、青年被试与阿尔茨海默症病人操作两项记忆任务视觉跟踪任务和言语记忆任务。实验结果显示,在双任务协调方面,阿尔茨海默症病人明显衰退,而正常老年人则正常,可能是由于病人中央执行系统不能协调两个子系统的加工。

<<< 专栏六

阿尔茨海默病

阿尔茨海默病(Alzheimer's Disease,AD)又称老年痴呆症,因由德国医生阿尔茨海默(Alois Alzheimer)发现而得名,主要表现为大脑渐进性损害逐步引起记忆力获得性丧失、语言能力和思维能力障碍,继而表现为日常生活行为失常。阿尔茨海默病随着时间的推移加重,但加重的程度因人而异。阿尔茨海默病多发生于中年后期或老年早期。某些患者在发病初期就丧失了正常活动的能力,但另一些患者在发病中期甚至晚期仍然行动自如。

阿尔茨海默病是神经系统变性疾病之一,通常分为家族性早发型、家族性晚发型和散发性晚发型。临床表现为隐袭起病、不可逆行性发展的记忆减退,认知、语言功能障碍及人格的改变等,其特征性病理学改变为大脑皮质神经细胞内神经原纤维缠结(neurofibrillary tangle,NFT)、细胞外大量老年斑(senile plaque,SP)形成、大脑皮质细胞减少以及累及皮质动脉和小动脉的血管淀粉样变性。

http://en.wikipedia.org/wiki/Alzheimer%27s_disease

>>>

人们的记忆力随着年龄的增长开始下降,而且阿尔茨海默病患者最初表现也是记忆力下降,因此,记忆老化研究与老年痴呆研究是相辅相成的。巴德雷夫人希拉里是老年心理学家,夫妇携手做了许多关于正常老年人和阿尔茨海默病患者工作记忆老化研究工作。他们在"工作记忆与老化"一文中描述关于记忆老化研究方法的思考以及相关实验研究。

2. 编写神经心理学测验

神经心理测验(Neuropsychological test)用来测量与特定的大脑结构相关的心理功能,有明确的施测程序,通常由单人在安静、不分心的环境中施测。神经心理学测验可以估计出一个人的认知能力最高水平,是临床认知能力评估的核心组成部分。

目前使用的大多数神经心理测验都是以传统的心理测量理论为基础。在这种模式下,一个人测试的原始分数一般是与常模进行比较。规范性研究通常提供年龄,教育程度或种族等这些已知会影响测验表现的人口学因素的数据。这样个人的表现就可以与合适的对照组进行比较,从而对他们目前的认知功能提供公正的评价。经过与沃灵顿在伦敦女王区国家医院合作,巴德雷逐渐认识到神经心理学测验的重要性,从此以后他也开始在这一领域的工作。巴德雷参与了部分神经心理学测验的编写,包括门和人民测验、儿童非词重复测验、里弗米德行为记忆测试、自传记忆面试、视觉模式测试和语言加工的速度与能力测验,并积极地将这些测验应用在工作记忆研究之中。

五、研而优则"仕"

1974年,巴德雷接任布罗德本特成为应用心理学研究室主任。巴德雷谦称,布罗德本特成就卓著,自己望尘莫及。巴德雷与布罗德本特的领导风格有所不同。作为室主任,巴德雷成就不凡。他不仅延续了理论与应用研究协同共进的传统,还积极开拓研究,使得研究室在英国心理学界保持领先;而他个人成为工作记忆研究方面的领衔人物,取得了骄人的学术成果。

巴德雷上任伊始,就招揽了一批在知觉、认知和行动控制领域的心理学理论和应用研究专家。研究室的工作超越传统的信息处理方向,转向认知加工理论研究。巴德雷带领各个理论和应用研究项目蓬勃发展,涉及信息设计、驾驶行为、人机交互、潜水、阅读和心算、听觉警告信号、手写识别、测试开发、精细动作控制以及对测谎技术评价多个领域，甚至有个项目专门研究英国人痴迷的板球运动中的手眼协调。[1]

巴德雷推出一系列创新举措。首先大力发展神经心理学，以与医学研究理事会的整体发展保持一致。应用心理学研究室推动认知发展的机能障碍研究，涉及盲视、诵读困难症、健忘症、短期记忆障碍、中央执行功能障碍、运动失调、身体形象障碍等。其次主攻"认知和情感"方向，联合认知心理学基础研究与临床心理学应用研究，探究人类的核心认知功能（如注意、知觉和记忆）在认知失调（如抑郁、焦虑、失眠）中的作用。第三，以早期神经心理学研究为跳板，将认知研究拓展到康复领域，使"注意和记忆缺陷"成为连接医学研究理事会与临床基础研究的焦点。

巴德雷表现出非凡的领导智慧和旺盛的生产力。他参与了研究室开展的大多数的研究项目，在任主任期间发表了250余篇论文，写作和编辑了11本书籍。巴德雷熟练地指导着研究室的科学研究和日常管理工作，他每个月还要提交研究室学术著作发表与出版概述，其工作的繁忙程度可想而知。他经常动用职权，把研究室获得的研究经费分配给室内的同事。

这就是巴德雷的领导风格，身先士卒。他把这一原则看做是团队负责人的特权，用于提高所率团队的士气。巴德雷担任主任期间，世界上很多优秀的顶尖科学家慕名而来，在应用心理学研究室贡献自己的才智；并在学成后带领世界最前沿的研究团体继续研究。从已发表的科学出版物以及研究室和前研究室的科研人员在英国、欧洲和北美所获得的荣誉，都可以看出巴德雷任职期间的巨大影响。巴德雷总是站在最前面，迈尔斯讲演、布罗德本特讲演、巴特利特讲演，入选欧洲科学院，还有当选为皇家学会院士。

有人把应用心理学研究室描述为英国心理学"皇冠上的宝石"，这是对巴德雷持续这么长时间的领导工作的良好品质的明确支持[2]。领导像应用心理学研究室这样的大规模团队，难处之一就是有时某个研究方案不得不被迫结束，以便

---

[1] http://www.mrc-cbu.cam.ac.uk/annualreports/41/.
[2] http://www.mrc-cbu.cam.ac.uk/annualreports/41/.

使其他方案更好地进行下去。巴德雷领导了多个科学方案的审查,很多强调环境、技术和经典的"人为因素"的项目方案不得不让位给具有更大临床意义的方案。巴德雷的三项举措是成功的,它们不仅实现了具体目标,并且符合当前认知神经科学的方向,有重大前景,这些核心资源很可能使应用心理学研究室成为英国心理学研究的领军机构。

2009 年巴西圣保罗工作记忆会议
资料来源:http://www.unifesp.br/dpsicobio/eventos/wm/wm2009/pictures2009.htm

1995 年底,巴德雷离开应用心理学研究室前往布里斯托大学追求更适合他个人兴趣的研究时间与空间。巴德雷留下的应用心理学研究室,塑造并带领着激动人心的认知科学进一步走向神经科学领域。

六、尾声

在心理学界,甚至是在普通大众心里,巴德雷这个名字自然是与记忆研究联系在一起的,尤其是工作记忆。由于他在工作记忆领域的开拓性研究,学界同行戏称其为工作记忆先生("Mr. Working Memory")。[1] 巴德雷天赋神奇,能把复杂的思想以通俗易懂的方式展现给大众读者,在言语发展与障碍、发展失调以及康复认知领域都做出了卓越的贡献。

巴德雷既幽默又思维活跃,从心理学研究中获得了很多乐趣,也善于从生活中寻找素材,所作的记忆研究更是与常人日常生活息息相关。巴德雷在接受英国博物馆达纳中心的电视访谈时,讲了一个亲身经历的小故事。他喜欢看橄榄球比赛,也喜欢听音乐。有一次开车时,他将收音机广播调到播放橄榄球的台,结果车开始走 s 型;于是连忙将节目调到音乐频道,这下他又能集中精力了。他

---

[1] 韩布新.(2002).七位当代欧美认知心理学家履历分析.心理科学,25(5):598—600.

巴德雷与小孙子
资料来源：巴德雷提供

把这件事解释为开车需要占用视觉空间资源，而收听橄榄球的节目干扰了开车任务；因为对于比赛的想象同样占用视觉空间资源，而收听音乐则不存在这个问题。这个简单有趣的例子，反映了巴德雷对日常生活的理论思考。

兴趣广泛、精力充沛的巴德雷一直围绕他的记忆研究开展工作。作为一位多产的心理学家，巴德雷文笔清晰，言简意赅，善于用浅显易懂的文字表述研究成果；已有600多篇学术论文和几十本专著，其中很多专著是他独自完成的。其中包括《记忆心理学》（1976）、《你的记忆：用户手册》（1982）、《工作记忆》（1987）、《人类记忆：理论与实践》（1997）、《人类记忆要点》（1999）等。

退休后，巴德雷依然如年轻时，活跃在心理学界，在布里斯托大学任教，后又转战约克大学，不断完善他所提出的工作记忆模型，并进行与之相关的基础与应用研究。作为英国心理学界一棵常青树，巴德雷在2007年73岁高龄时又出版了《工作记忆：思想与行动》，总结工作记忆的研究及其进展。2009年巴德雷与艾森克（Michael W. Eysenck）以及安德森（Michael C. Anderson）合著的新作《记忆》（Memory），由英国的心理学出版社出版。该书集记忆心理学研究之大成，介绍了记忆研究各个领域的工作进展，整合了过去研究与当代研究，为心理学研究者提供了一个全面了解记忆心理学的视角。

《记忆》一书封面
资料来源：Baddeley, A. D. Eysenck, M. W. & Anderson, M. C. (2009). Memory. Hove: Psychological Press, 44

阿摩司·特沃斯基

阿摩司·特沃斯基年表图

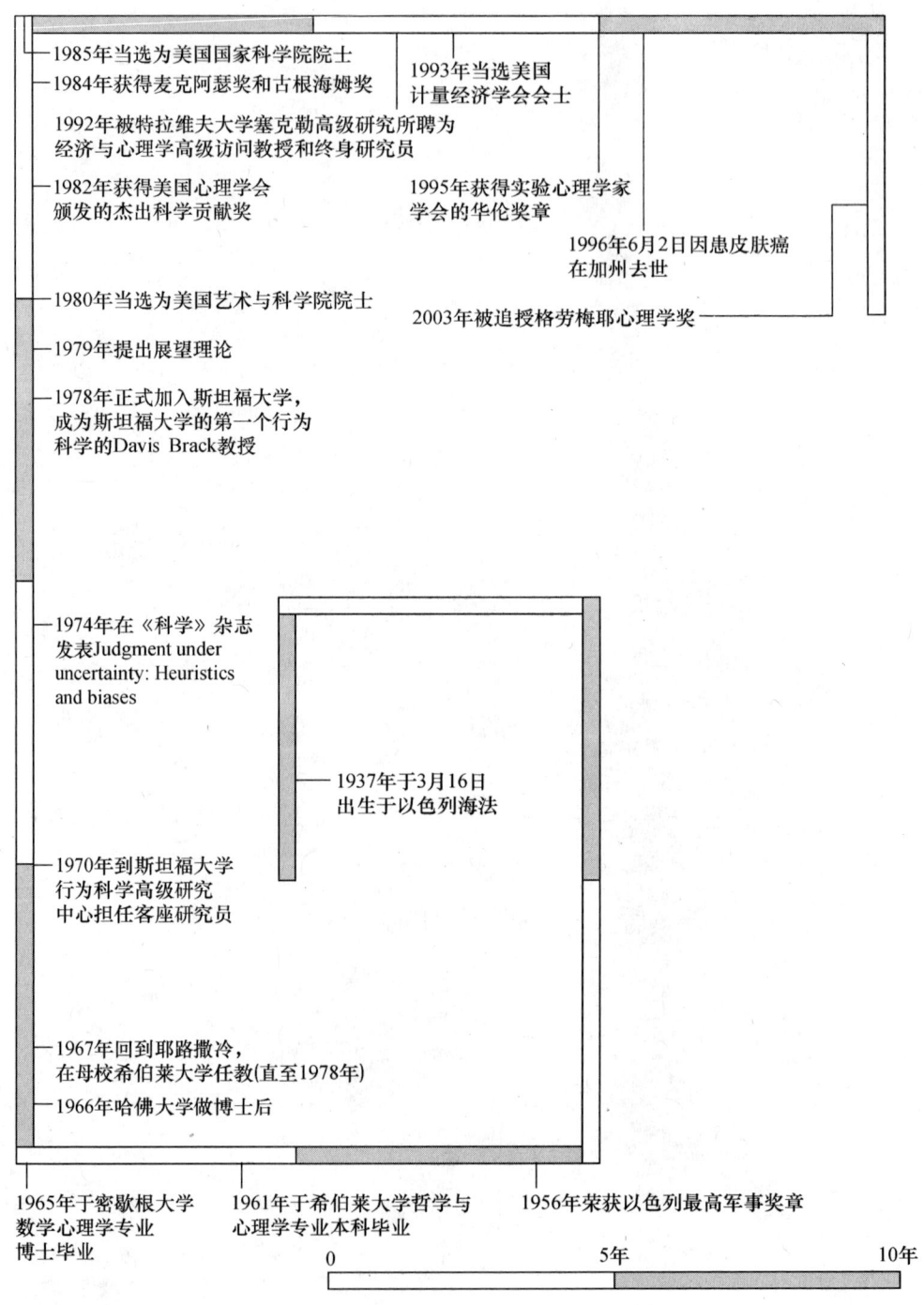

阿摩司·特沃斯基(Amos Nathan Tversky，1937—1996)，国际著名的认知心理学家，行为决策研究的领军人物。特沃斯基以系统地研究人们的非理性决策而举世闻名，其研究发现彻底动摇了传统经济学的理论基础。传统经济学理论假设人是理性的，人们所作的选择都旨在使自己的利益最大化。特沃斯基的研究却表明，人们在决策时往往并不是理性地追求自己的利益最大化，而是寻求满意的解决方案。特沃斯基和卡尼曼合作，提出了展望理论(Prospect Theory)，阐述了人们在面临风险的不确定选择情境中的决策过程以及影响因素。特沃斯基系统地研究了决策启发式和偏差(heuristics and biases)，阐释了人们的风险评价机制。特沃斯基一生成就斐然，获得了诸多荣誉：1980年当选为美国艺术与科学院院士，1982年获得美国心理学会颁发的杰出科学贡献奖，1984年获得麦克阿瑟奖和古根海姆奖，1985年当选为美国国家科学院院士。

一、生平经历

1. 成长之旅

1937年3月16日,特沃斯基出生于以色列的港口城市海法(Haifa)。特沃斯基祖籍波兰,其父母从波兰先移民到俄国。第一次世界大战后,欧洲各地的犹太人掀起了第三和第四次回归以色列的浪潮,特沃斯基的父母也于1923年回归以色列定居。特沃斯基的父亲约瑟夫(特沃斯基(Yosef Tversky)虽然在大学学习的是欧洲文学,但他受过医学训练,成为了当地的一名兽医。特沃斯基的母亲吉妮娅(特沃斯基(Genia Tversky)毕生从事社会工作,曾就读于柏林社会工作学校(Social Work School in Berlin)。自1948年以色列国会成立那天起,直到1964年她去世,她一直是以色列国会(Knesset)成员[1]。在母亲的影响下,少年特沃斯基对政治抱有极大的兴趣,但也许遗传了父亲的文学细胞,随着年龄的增长,他发现文学和心理学远比政治有趣。这促使他后来选择心理学作为大学的主修专业,并且一生酷爱希伯来文学。

以色列这个国家可谓是全民皆兵。以色列国防部规定凡年满18岁的以色列公民,男性和女性分别须义务服兵役3年与2年;服役期满,男性还须继续每年从事几个星期的军队服务,直至40周岁。特沃斯基青年时代即在以色列国防军服役,获得的最高军衔是以色列精锐部队某伞兵部队上尉。他曾参与过以色列和周边阿拉伯国家的三次大型边界冲突,分别是1956年的苏伊士运河战争、1967年的六日战争和1973年的赎罪日战争。1985年,有人曾问特沃斯基,为什么他可以给他的所有理论和所有数学模型都能提供现实生活中的鲜活生动的例子,他不无感触地回答:"如果你也成长在一个需要为生存而战斗的国家里,你也更可能在理论研究的同时想到应用问题。"[2]

1956年,特沃斯基曾负过一次伤,但他并不是在战争中负的伤,而是在一次

---

[1] 吉妮娅的简介请见:http://www.knesset.gov.il/mk/eng/mk_print_eng.asp?mk_individual_id_t=429

[2] 原话为:"... growing up in a country that's fighting for survival, you're perhaps more likely to think simultaneously about applied and theoretical problems."

以色列总参谋部组织的军事演习中十分戏剧化地负了伤。那次演习,他担任一个排的指挥官,任务是将敌军的军事围栏炸开一个洞,从而使队伍能顺利地穿越围栏。他派一个士兵去安放炸药包。这位士兵放好了炸药包,点燃了导火索,一切似乎都进行得很顺利,但此时这个士兵却由于过度紧张而僵立在原地,并没有跑开。身为指挥官的特沃斯基从作为掩蔽的岩石后面一跃而出,把这个吓呆了的士兵猛地从炸药旁推开,自己却被炸伤。虽然特沃斯基伤得并不很重,但浑身也被炸成了"刺猬",布满了炸弹的金属碎片。因为这个英勇的行为,年仅19岁的特沃斯基荣获了一枚专为作战勇敢者设立的以色列最高军事奖章。自此以后,特沃斯基就成了该部队的"传奇人物"。人们常说性格决定命运,特沃斯基的勇敢冒险特质也许注定了他日后将成为风险评价和决策研究领域的风云人物。

1957年,特沃斯基和他最重要的合作伙伴卡尼曼(Daniel Kahneman)[①]生平第一次碰面。据卡尼曼回忆,他当时见到的特沃斯基脸色苍白,因为特沃斯基自上次演习负伤后尚未完全康复,而且又刚参加完难度极大的希伯来大学[②]入学考试。考试的结果公布了,特沃斯基以优异的成绩被录取,进入位于耶路撒冷的希伯来大学学习哲学与心理学。当时希伯来大学心理学系刚刚成立,师资、硬件等条件都还不完善,所以特沃斯基希望同时主修数学,但当时系里的一位哲学老师建议他别这么做,因为"心理学和数学并没有很好地结合在一起"。但这并没有打消特沃斯基用数学来阐释心理过程的热情。在大学期间,特沃斯基为今后的学习和工作打下了良好的知识基础。他认真学习了逻辑学、科学哲学、生理心理学和心理测量等,也阅读了大量的古典哲学著作,尤其是休谟(Hume)和帕斯卡(Pascal)的经典著作。两位哲学家关于相似、归纳以及理性的哲学思考深深吸引了他,对他后来的研究也有重要的影响。

1961年,特沃斯基本科毕业,获得艺术学士学位。随后特沃斯基前往美国,进入密歇根大学(University of Michigan),抱着将数学和心理学结合的初衷,师从著名学者库姆斯(Clyde Coombs),学习数学心理学,并于1965年获得哲学博士学位。在密歇根大学攻读博士学位期间,特沃斯基在库姆斯的数学心理学课

[①] 卡尼曼(Daniel Kahneman,1934—),普林斯顿大学教授,2002年诺贝尔经济学奖获得者。
[②] 希伯来大学(Hebrew University)是以色列的第一所大学,1923年爱因斯坦曾在该校讲授他的相对论,这也是该校有史以来的第一门课。

堂里认识了他未来的妻子——芭芭拉（Barbara Gans）①。在特沃斯基获得博士学位的时候，芭芭拉也在密歇根大学获得了心理学硕士学位。芭芭拉于1969年在密歇根大学获得博士学位，现在是斯坦福大学心理学名誉教授，也是哥伦比亚大学教师学院的教育和心理学教授。特沃斯基和芭芭拉结婚后育有二子一女，长子奥伦·特沃斯基（OrenTversky），次子拓·特沃斯基（Tal Tversky）以及女儿朵拉·特沃斯基（Dona Tversky），家庭生活美满幸福。

特沃斯基的妻子芭芭拉

博士毕业后，特沃斯基在密歇根大学和哈佛大学认知研究中心（Center for Cognitive Studies at Harvard University）相继担任了一段时间的教职，于1966年携妻子芭芭拉回到耶路撒冷，在母校希伯来大学任教直至1978年。随他而来的芭芭拉于1968年也开始在希伯来大学心理学系担任讲师。特沃斯基在希伯来大学开始了和当时的同事卡尼曼的合作。但他们的合作却不被看好，一位同事曾预言他们的合作关系不会持续太久，因为两人"脾气和行事风格的极大差异"。但事实却出乎人们意料，两人的合作持续了二十余年，并取得了丰硕成果。

1970年，特沃斯基到斯坦福大学行为科学高级研究中心担任为期一年的研究员，妻子芭芭拉又随同他到斯坦福大学心理学系做博士后。1971年他和卡尼曼一起到俄勒冈研究所（Oregon Research Institute in Eugene）作了一年的研究助理。1972年他们回国，开始合作研究风险选择的问题。1978年，特沃斯基正式加入斯坦福大学，成为斯坦福大学第一个行为科学的Davis-Brack教授，同时兼任斯坦福冲突与谈判研究中心（Stanford Center on Conflict and Negotiation）的首席研究员（Principal Investigator）。妻子芭芭拉于是再次夫唱妇随，

---

① 芭芭拉在斯坦福大学和哥伦比亚大学的简介见网址：https://www.stanford.edu/dept/psychology/btversky. 和http://www.tc.columbia.edu/faculty/index.htm? facid=bt2158. 提取日期：2009-10-29.

也加入斯坦福大学心理学系,被聘为资深讲师(Senior Lecturer)。

2. 斐然成就

特沃斯基的一生获得了相当多的荣誉。1980年,特沃斯基当选为美国艺术与科学院院士(American Academy of Arts and Sciences)。1982年,他获得了美国心理学会(American Psychological Association)颁发的杰出科学贡献奖。1984年,他获得了麦克阿瑟奖(MacArthur Fellowship)和古根海姆奖(Guggenheim fellowship)两项大奖[1]。麦克阿瑟奖也被称为天才奖,专门奖励那些极具创造力的人;而古根海姆奖的获得者中不乏诺贝尔奖获得者。1985年,特沃斯基当选为美国国家科学院院士。

虽然特沃斯基力图回避参与管理工作,但在1990年至1996年期间,他还是负责了斯坦福大学职工代表大会的工作,并且是斯坦福大学学术委员会中校长顾问团的主要成员(Academic Council's advisory board to the president and provost)。1996年6月2日,特沃斯基因患皮肤癌在加利福尼亚州的家中安详去世,享年59岁。英才早逝,令人扼腕!

特沃斯基在决策和判断领域的研究贡献影响深远,成就卓著。自1968年,到他逝世,28年里,他在理论心理学界顶级期刊《心理学评论》[2]上发表文章19篇,平均一年半就发表1篇,创下《心理学评论》历史上个人文章发表的最高纪录,真可谓前无古人,且不知有无后来超越者。

特沃斯基与卡尼曼长期合作,共同奠定了启发式和偏差、行为决策理论以及不确定情况下的决策等新兴研究领域的基础。在特沃斯基逝世6年后,卡尼曼获得了2002年度的诺贝尔经济学奖[3]。卡尼曼在获奖感言里特别指出,他获奖

---

[1] 麦克阿瑟奖奖励"那些具有卓异能力品质并且有望不断取得创造性成果者(... show exceptional merit and promise for continued and enhanced creative work)",关于该奖的介绍详见 http://en.wikipedia.org/wiki/MacArthur_Fellows_Program。古根海姆奖奖励那些"在学术研究中表现出超凡能力者或者在艺术创作中表现出卓越创造能力者(... have demonstrated exceptional capacity for productive scholarship or exceptional creative ability in the arts)",该奖的详细介绍见:http://en.wikipedia.org/wiki/Guggenheim_Fellowship,上述两个网页内容提取日期:2009-12-18。

[2] 《心理学评论》(Psychological Review),美国心理学会(American Psychological Association)旗下老牌刊物,1894年创刊。ISI影响因子9.082,在所有ISI收录的111种心理学刊物中位列第三。

[3] 和实验经济学家弗农·史密斯(Vernon Smith,1927.1—)共享。

的工作是和特沃斯基一起完成的，因为特沃斯基在几年前已经逝世，所以很遗憾无法分享这个荣誉①。特沃斯基与卡尼曼的工作激发了众多研究者的热情，纷纷投身于决策和判断领域的研究，进而促使一个新的研究领域——行为经济学——问世。

特沃斯基的工作除了在决策和判断研究领域产生深远影响外，在心理学的其他各个领域也都有重要的影响。实际上，对那些需要决策者权衡成本与效益的学科领域，如统计学、法学、医学、商学等，特沃斯基的工作也都产生了非常深刻的影响。

二、初露锋芒

1. 测量学基础与可传递性研究

特沃斯基早期致力于研究个体的选择行为和心理测量基础。在导师库姆斯教授的指导下，他的博士学位论文将两者有机地结合在一起：他不仅对满足某个心理测量要求的充分必要条件进行了数学分析，而且还对期望效用理论（expected utility theory）进行了实验检验。期望效用理论是传统决策理论的基础。根据该理论，决策者会选择那些期望效用②最大的选择项。正是由于其博士学位论文中的出色工作，特沃斯基获得了密歇根大学马魁斯奖③。

（1）测量学基础：联合测量理论

1964年，刚刚博士毕业的心理学家克朗兹④（David H. Krantz）来到密歇根大学工作，担任助理教授，并开始指导特沃斯基的博士学位论文工作。两人在数学心理学的一些方向上进行了卓有成效的合作，包括联合测量理论（conjoint

---

① 自1974年起，诺贝尔基金会规定，该奖只颁发给在世的人。参考其授予奖励的具体规定条文（详见 http://nobelprize.org/nobelfoundation/statutes.html#par4）中第四段内容。提取日期：2009-12-18。
② 想得到某个事物或结果的程度的主观测度，越希望得到某个事物或出现某种结果，该事物或结果的期望效用值越大，关于期望效用理论，见后文专栏论述。
③ 1960年，为了纪念多拉德·马魁斯（Donald G. Marquis, 1908—1973）而设立了马魁斯奖。该奖一年颁发一次，用来奖励心理学领域中的最佳博士论文撰写者。更多该奖的详细信息，可以参考：http://www.lsa.umich.edu/psych/grad/funding/fellowships/info/?id=37。
④ 更多关于克朗兹的信息请见：http://www.cred.columbia.edu/pdfs/people/CREDPI_KrantzDavid_050303.pdf

measurement theory)和多维度测量①。

联合测量理论最早是由卢斯（Duncan Luce）和图克（John W. Tukey）于 1964 年提出的。卢斯和图克旨在提供一种数学方法,进而构建一个量尺,以测量具有多个属性的对象。对于像房子、申请工作者等具有多重属性的对象（如房子具有价格、地理位置、房间数等属性,申请表展示了申请者在各个方面的长处和缺点),究竟应该怎样进行评价打分,从而依据最后分数做出最佳选择呢？联合测量理论通过构建一个恰当的函数,解决了这个问题。在这个函数中,包括了对象的各个属性变量,我们只要将每个对象在各个维度的数量值代入函数之中,就能根据计算得到的函数值进行权衡,从而在各个对象中加以取舍②。

1981 年特沃斯基在斯坦福和他人合讲测量学基础
资料来源：http://suppes-corpus.stanford.edu/measurement.html

1965 年,卢斯邀请特沃斯基、克朗兹和休勃斯（Patrick Suppes）加盟,共同完成《测量学基础》（*The Foundations of Measurement*）一书的写作。该书共分三卷,分别于 1971 年、1989 年和 1990 年出版。

与其他类似著作相比,他们的工作给联合测量提供了非常成熟而完备的方法,这些方法对研究行为现象的人而言都是必须了解和掌握的基础知识。在测量和解释多属性选择项时,他们提供的方法是必不可少的。他们的著作在市场经济理论研究中也显得非常重要,并且在市场营销等有关商业应用领域中也有重要的影响。

（2）可传递性

期望效用理论和其他常见的选择理论都要求理论中的参数需要满足一些基

---

① 多维度测量（Multidimensional scaling, MDS）指为检验数据集是否相似而使用的一些统计方法。可以替代因素分析寻求事物之间的共同影响因素,资料来源：http://www.statsoft.com/TEXTBOOK/stmulsca.html。

② 用数学形式表示,既为 y = f(属性 1,属性 2,属性 3,……),如房子 A 的函数值为 y(A) = f(A 的价格, A 的位置, A 的房间数)。

本原理。其中一个最基本的原理就是可传递性(transitivity)。例如,某决策者在 a 和 b 中她/他喜欢 a,在 b 和 c 中喜欢 b,那么根据通常的理论解释,在 a 和 c 中她/他会喜欢 a,而不会喜欢 c 胜过喜欢 a。这即是喜好顺序的可传递性。但在现实生活中,我们却常常可以见到许多违反可传递性的现象。如某人在茶和咖啡中喜欢茶,在咖啡和可乐中喜欢咖啡,那么根据可传递性,在茶和可乐二者中,该人应该是选茶而不是选可乐。但事实上,该人也很可能会在茶和可乐中选择可乐而不是茶。

上述可传递性违反的例子与我们日常所说的"一物降一物"的道理是一样的,大家只要想想平日里玩的游戏"棒子、老虎、鸡"或"锤子、剪子、布"等,就很容易明白这个道理了。但是,这种生活中常见的现象却违反了可传递性原理。

在那篇被广为引用的早期文章"偏好的不可传递性"[①]中,特沃斯基对人们违犯可传递性原理的解释是:人们在作决策时常常使用近似的方法。虽然人们这样做在大多数情况下并没有任何问题,但有时却会产生可预测的错误。而正是通过研究这些错误,可以帮助我们了解在现实生活中人们究竟是如何决策的。

2. 对相似性的研究

1977 年,特沃斯基在"相似性的特征"[②]一文中提出了相似性理论(Theory of Similarity,也被称为对比模型);1978 年,他和盖提(Itamar Gati)在"相似性研究"[③]一文中对该理论进行了详细阐述。当时,一些研究者发现了很多人们在做判断时出现的违反一般原理的现象。例如,我们通常会说儿子像爸爸,而几乎不会说爸爸像儿子;或者通常会说某个县城像是省城,而不会说某个省城像是县城。若对这种"相似的不对称"现象进行抽象概括,就是我们判断 a 更像 b,却不会反过来说 b 更像 a。

特沃斯基的相似性理论为此现象提供了一个合理的解释。特沃斯基指出,

---

① Tversky, A. (1969). Intransitivity of preferences. Psychological Review, 76(1), 31—48.
② Tversky, A. (1977). Features of similarity. Psychological Review, 84(2), 327—352.
③ Tversky, A., & Gati, I. (1978). Studies of similarity. Cognition and Categorization, 1, 79—98.

我们对外部刺激的表征①是丰富而复杂的,包括诸如外观、功能、与其他对象的关系以及从常识出发推论得到的更深层次的属性。他认为,外部客体或刺激可由一些特征的集合来代表,根据任务要求的不同,某些特征必定要比其他特征得到人们更多的关注。比如任务是判断两者是否相似,那么相似特征会得到更多关注,即被赋予更大的权重;反之,如果任务是判断两者是否不同,则区分彼此的特征就会得到更多的关注。

在相似性理论中,每个客体都可以由特征(或属性)集合来表示;客体 a 和客体 b 的相似性用函数表示为 $s(a,b)$,该函数是两个参数的加权线性函数;a、b 两者的共同特征,用集合概念 $A \cap B$ 表示;a 区别于 b 的特征,用集合概念 $A-B$ 表示;b 区别于 a 的特征,用集合概念 $B-A$ 表示。很显然,两个客体的相似性程度随共同特征增多而增加,随区别特征增多而减少。相似性理论中还包括一个量尺因素,这个因素通过给各个特征赋以不同的权重来反映它们的相对重要性。

根据相似性理论,相似性的不对称现象源于一个客体或刺激比另一个客体或刺激有更多的区别性特征(例如,相对于县城,省城具有更多的区别性特征),或者是由于人们更多地关注其中某个对象或刺激,导致对该对象或刺激的区别性特征被赋予了更大的权重。这里我们再举一个例子,我们说玩具火车十分像一个真火车,因为真火车具有玩具火车的大多数特征;但我们不说真火车像一个玩具火车,因为玩具火车并不具有真实火车的很多特征。也就是说,相对于玩具火车而言,真实火车具有更多的区别性特征。

除了上述列举的一些比较直观的例子,特沃斯基还从数学上证明了:如果相对于一个对象(假设为 a),另一个对象(假设为 b)的区别性特征被赋予更大的权重(即 b 比 a 更重要),那么当且仅当 b 的区别性特征比 a 的区别性特征更明显(salient)时,则看起来是 a 更像 b,而不是 b 像 a。如果用函数式来表示就是:如果 $f(B-A) > f(A-B)$,那么 $s(a,b) > s(b,a)$。

3. 方面消除

特沃斯基另一个极具影响的贡献是他于 1972 年提出的方面消除理论

---

① 所谓表征,可以理解为外部客观事物在人脑当中对应的代表物。

(Elimination by Aspects, EBA)[①]。该理论是关于多属性决策的一个新理论。

根据标准的价值最大化模型,决策者在选择具有多个属性的对象时,会根据备择项的各个属性按照其所认为的重要程度不同而赋予不同的权重,然后对每个备择项的各个属性值进行加权平均,最后选择具有最高加权平均值的那个候选项。例如,我们购房时若有三套房子可供选择,我们或许首先考虑的是房子离我们上班地点的远近,其次考虑的是房子的价格,最后才考虑房屋的房间布局结构的合理性。假设我们暂且不考虑房子的其他属性,那么根据上述三个属性的重要性,我们可以赋予远近、价格、结构合理性三个属性的权重依次是 0.5、0.3 和 0.2。假设三套房子在远近、价格、结构合理性上的分值分别是 100、60、80,90、80、85 和 100、80、70,那么我们对三套房子按属性权重分别进行加权平均,结果是 84、86 和 84。因为第 2 套房子的分数最高,因此我们最明智的选择应该是:购买第 2 套房子。

然而,考虑到决策者在面临复杂选择时只具有有限的理性,而且有自己的偏好或关注点,学者们有理由怀疑决策者不是按照价值最大化模型所描述的那样行事的。例如,在上述购房的例子中,购房者也许最看重房子离上班地点的远近,一开始只考虑这一个因素,那么就只可能在房子 1、3 中进行选择,而根本就不会考虑房子 2 了(三套房子在房屋远近属性上的加权分值分别是 50,45,50)。

这里我们再举个特沃斯基用过的例子。假设你必须在两个旅行社 a_1 和 a_2 中进行选择,a_1 只能提供到希腊(用 d_1 表示)的线路,a_2 除了提供到希腊的线路外,还提供到南非(用 d_2 表示)的线路,那么只有三种旅行社和目的地组合,即 a_1d_1, a_2d_1, a_2d_2。如果你对南非和希腊的喜欢程度一样,并且对两个旅行社的态度也没有偏向(去哪都无所谓,跟哪个旅行社去也无所谓),那么根据标准的价值最大化模型,这三个组合被选择到的可能性应该是一样的,因为它们有相同的权重和相同的属性值。但是,我们按照常识会直觉地认为,大多数人会首先考虑目的地,在确定好目的地之后再考虑旅行社,因为旅行目的地的重要性远比旅行社要更高一些。

---

① Aspect 有意为"a particular part or feature of a situation, an idea, a problem, etc; a way in which it may be considered"(Oxford Advanced Learner's Dictionary, 8th Edition),因此 EBA 译为"成分消除"或"特征消除"似乎更为通俗,但中科院心理所孙彦博士建议译为"方面消除",因此依其建议。

特沃斯基的方面消除理论可以很好地说明我们的直觉想法。根据该理论，我们通过不断地进行方面（属性或特征）消除，最终达到只剩一个备择项的状况，从而做出选择。在每一次方面消除过程中，决策者根据其所认为的重要性选择某个方面（属性），然后把所有不具有该方面（属性）的备择项统统都去掉（消除掉）；然后选择下一个次重要的方面（属性），再把剩下的备择项中不具有该方面（属性）的备择项统统去掉；如此继续，直到最后只剩下一个备择项，即为所要的最终选项。

特沃斯基在上述方面（属性）消除过程中引进了主观概率。相对于决策者认为不那么重要的属性，那些决策者认为重要的属性得到优先消除的可能性更大。决策者首先比较的是他认为最重要的属性，然后比较的是那些次重要的属性，如此继续，直到最终只剩一个备择项。

在"偏好树"[①]一文中，特沃斯基和萨塔斯（Shmuel Sattath）给出方面消除理论的一个修订版本——偏好树（Pretree），后者比方面消除理论更简约，参数更少。本质上，偏好树是方面消除理论的不完全版本。该理论假定对象的所有属性具有树形结构，每个备择项都可用一个属性集来表示。在决策的每个阶段，决策者选择一个属性（对应于属性树的一个分支），把其他不具有该属性分支的备择项都去掉，如此继续，直到最后只剩一个备择项。这有点类似于我们平日里查英文字典，我们要查某个单词，先根据其第一个字母，翻到具有该词第一个字母的页，然后再根据其第二个字母，不断地缩小查找范围，如此继续，直到查到该词。虽然从理论上讲，这种决策方式并不一定能保证我们得到一个最好的决策，但是实验研究结果表明，在进行多属性决策时，人们的实际决策过程的确就像方面消除理论所描述的那样。

三、开创新域

1. 启发式和偏差

谈到特沃斯基，就不能不说到卡尼曼。从1969年到20世纪80年代早期，

---

① Tversky, A., & Sattath, S. (1979). Preference trees. Psychological Review, 86(6), 542—573.

特沃斯基和卡尼曼(Daniel Kahneman)进行了极富成果的合作,不仅比其他人的合作更具特色,而且也更有成效。特沃斯基是个夜猫子,经常工作到很晚;而卡尼曼却相反,是个闻鸡起舞的人。所以他俩的合作方式主要是,一起吃午饭,下午一起工作;合作的主要内容主要是一起谈话,毫无私心、无任何保留的推心置腹的交谈。正是在这样无数的谈话、精诚的合作中,他们完成了启发式[1]和偏差(Heuristics and Biases)、展望理论以及框架效应等非常有影响力的研究,开创了全新的研究领域。

1971年,特沃斯基和卡尼曼发表了他们第一篇合著文章"小数定律上的信条"[2]。他们发现,人们倾向于认为大数定律[3]也能很好地应用到小数目上,或者换句话说,人们期望小样本能很好地代表那个从中抽出该样本的总体,也即认为局部特征和总体特征大致一样。举个例子,若抛六次硬币,得到结果1:正反正反反反,和结果2:正正正反反反,结果1和2哪个出现可能性大呢?人们多半会选2,因为总体上正反各半,结果2比较好的代表了这个总体结果。但实际上,在小样本时,出现结果2的概率比结果1小,小样本更有可能出现异常值(注:也可参照下文身高的例子来理解)。甚至训练有素的研究人员也表现出总体上高估小样本的代表性的现象,并且会据此做出不恰当的推论。这些研究发现修正了当时人们广泛接受的一个观点——人是相当好的直觉统计学家。

在1972年发表的(现在已成为经典文献)"主观概率:代表性的判断"[4]一文中,卡尼曼和特沃斯基对类似上面提到的小数定律现象提供了一个很好的理论解释,同时也奠定了启发式和偏差研究的基础。比如,现在问你,10个人的平均身高超过6英尺(1英尺=0.3048米,6英尺约等于1.83米)的概率是多少?换成100个人呢?再多点,1000人呢?比较一下你对三组人身高超过6英尺的概率估计值,它们差不多是吧?卡尼曼和特沃斯基的研究结果是人们对三组概率

---

[1] 启发式(Heuristics)是指"差不多"这么一种判断过程或者根据经验法则做决策,依据它们做出的判断虽然快速和有用,但都会产生系统的偏差和错误。

[2] Tversky, A., & Kahneman, D. (1971). Belief in the law of small numbers. Psychological Bulletin, 76(2), 105—110.

[3] 大数定律为一统计学定律,可以理解为:当事情重复很多次(大数)后,其出现某个现象的频率接近于它的概率,如抛无数次硬币,其字面上的频率接近于其理论上的概率,即一半的次数字朝上。

[4] Kahneman, D., & Tversky, A. (1972). Subjective probability: A judgment of representativeness. Cognitive psychology, 3(3), 430—454.

的估计值几乎一样。而现实情况是,对小样本而言,它的平均值高于总体平均的概率要大于大样本平均值高于总体平均的概率。

  1974年,特沃斯基和卡尼曼在著名杂志《科学》上发表了另一篇经典论文"不确定情境下的判断:启发式和偏差"[①]。该文总结了一些基本的结论,把启发式和偏差的研究结果介绍给非心理学领域的广大读者,使他们的观点广为人知。他们在这篇文章中总结了3种启发式:代表性启发式、可获得性启发式以及从锚定点进行调整。

  上文所述的"小样本谬误"可以用代表性启发式来解释。所谓代表性启发式,是指人们在估计对象或客体属于或源于某一特定类别事物的概率时,通常根据它能代表该类事物的程度来做判断。代表性也可以理解为相似性。若小样本跟某一总体越相似,人们越有可能判断其来源于那个总体。特沃斯基和卡尼曼给我们举了一个有趣的例子:史蒂夫是一个很害羞与不愿社交的人,乐于助人,但却对人和现实事物缺乏兴趣,顺从,做事有条理,对细节感兴趣。问题是:这么一个人可能是什么职业呢?有五个选项:农民,推销员,飞行员,图书管理员,医生。大多数人认为史蒂夫最可能是个图书管理员,因为他的表现似乎最像是图书管理员。这种做判断的经验法则很容易出错,因为事件的代表性(相似性)对基础率(固有的比例)和样本大小不敏感。即使在中国,若给出上述这样一个人的描述,让你判断他可能是什么职业,估计你得出的结论也一样:他最可能是图书管理员。但实际上,中国农民是占多数的(基础率是很大的),假如我们在街上碰到一个人,他具有和史提夫完全一样的特点,根据人口中职业的比例,我们说他是农民猜对的可能性更高,因为农民更多,任意碰到一个人说他为农民正确的可能性更大。全部人口中农民所占的比例就是所谓的先验概率或者基础概率。

  另一个启发式是可得性启发式,人们在判断一个事件出现的概率或者频率的时候,通常根据该事件的一些例子在脑海中出现的容易程度来做判断,越容易想起来的被认为越有可能发生,导致高估容易想起来的事情的概率。比如,让人们评估中年人心脏病发作的可能性,人们通常会通过想起某个熟人患过此病来

---

  ① Tversky, A., & Kahneman, D. (1974). Judgment under uncertainty: Heuristics and biases. Science, 185(4157), 1124.

做判断。可获得性启发式提供了评估事件出现概率或频率的有用线索,因为相对那些不太常见的事物,经常出现的事物类别其个体更容易被想起来,容易被想起来和经常出现具有正相关关系。

事物的可获得性除了受其发生频率和概率的影响外,还受其他因素的影响。因此,可获得性启发式也会导致偏差或不正确的判断,比如在特沃斯基和卡尼曼的一个研究中,问人们英语中第一个字母是 r(或 k)的单词多,还是第三个字母是 r(或 k)的单词多。大多数人更容易想起第一个字母是 r(或 k)的单词,所以认为第一个字母是 r(或 k)的单词更多,实际上,在一篇常见的长文章中,第三个字母是 r(或 k)的单词数比第一个字母是 r(或 k)的单词数大致多出两倍。

第三个启发式是从锚定点进行调整,人们会根据某个起点对随后的估计做一个调整,但这个调整往往并不充分。比如特沃斯基和卡尼曼让被试估计在联合国中非洲国家的个数,在估计前,通过旋转一个轮盘得到一个 0—100 之间的数,然后让他们说出估计的非洲国家个数是高于还是低于这个得到的数。转轮盘得到的数被操纵成为只有两个,一个为 10,一个为 65,这样把被试就分成了两组,得到的数为 10 的那一组估计联合国中非洲国家数量的中数为 25,而得到的数为 65 的那一组的对应的估计值却为 45 个。起点的差异极大地影响了随后的估计! 这也许可以部分地解释为什么房价不断升高的问题,比如某个地区的其中一个楼盘的价格高了,其他周边的楼盘尤其二手房的价格也会跟着高,因为锚定点高了。所谓的"水涨船高",船并没有变高,作为锚定参考点的水涨高了而已。

1982 的时候,卡尼曼、特沃斯基还有斯洛维克(Paul Slovic)共同编撰了一本名叫《不确定情境下的判断:启发式和偏差》(*Judgment under Uncertainty: Heuristics and Biases*)的书。该书收录了大量关于启发式和偏差的相关论文,把启发式和偏差的研究结果更广泛地介绍给更多的读者。

2. 框架效应

1977 至 1978 学术年度,特沃斯基在斯坦福大学心理学系访学,而卡尼曼当时也在斯坦福高级研究中心担任研究员。就在那一年,他们完成了展望理论的研究,并于 1979 年发表了展望理论的论文。随后,他们开始进行另一个研究项目——框架效应（Framing Effects）。

所谓框架效应是指当改变问题选项的陈述方式、给出不同表述形式但并不变化选项的实际内容时，人们通常会做出不同的选择。按常理，同一事物，即使用不同的说法来描述它，它依然还是它，只不过是换了一种说法而已，人们对它的判断按说不应该受说法不同的影响。但事实上，对同一事物的不同说法却使人们对该事物做出了截然不同的选择和判断。

在1981年发表在《科学》杂志上的"决策框架和选择的心理学"[①]一文中，特沃斯基和卡尼曼提供了一个框架效应的经典例子——"生死问题"（lives saved, lives lost）。他们让一组被试选择两个抗击某种疾病的方案，该疾病可能导致600人死亡，采取方案A可以救活200人；采取方案B有1/3的可能救活600人，2/3的可能一个也没救活。在这种以"得"为框架的陈述中，72%的人选A。他们让另一组被试从另外两种方案C和D中进行选择：采取C方案400人将死去；采取方案D的话1/3的可能无一死去，2/3的可能600人无一幸免，都将死去。结果在这个以"失"为框架的陈述中，78%的人选了D。而实际上，A和C、B和D所包含的意思是完全一样的，仅仅只是陈述方式不一样，但选择结果却大相径庭。这就是框架效应，即内容相同而叙述形式不同的两个选项产生了差异巨大的偏好模式。事实上，即便是同一个人，让他在不同场合分别对A、B以及C、D做选择，也常常得到不一致的答案，他们对自己的不一致选择也深感困惑。如展望理论（详见下文）预测的那样，大多数被试在"得"的情况下是风险厌恶的，而在"失"的情况下是风险寻求的。在写作展望理论的同时，特沃斯基和卡尼曼也编制了很多诸如此类的问题，都得到了类似的结果，这也说明人们在决策时并不总是依据最终的结果。

关于"框架"（Frame）一词的由来，卡尼曼说他们当时为了使概念和术语简单明了，就取了这么一个名字。但后来卡尼曼自己也承认，使用"框架"这个名字导致了概念表述上的混淆，因为它实际上包含了两种非常不同的含义，一个意思是指实验操纵，另一个意思是指决策过程中的一种心理活动成分。这么一个简

[①] Tversky, A., & Kahneman, D. (1981). The framing of decisions and the psychology of choice. Science, 211(4481), 453.

单的概念的确容易使人记住和接受,但却模糊了决策者做的事情和影响决策者的因素之间的区别。

框架效应在一定程度上表明,人们对外部事物的心理表征是一个建构的过程,并不简单地对应于事物的客观物理属性,人们对事物的偏好和判断是这种建构的结果。因此要找到与较为复杂的客观物理现象对应的心理活动规律(或者说认知模型)并不是件容易的事情。实际上,中国古代的知识分子早就已经认识到了框架现象,比如断案将"情有可原,罪无可赦"的判词调整为"罪无可赦,情有可原",生死便已有异!再如曾国藩的"屡败屡战"和"屡战屡败",完全相同的客观状况,但人的主观感受却迥然不同。

3. 手气现象[①]

1985年,特沃斯基与同事发表了一篇令人拍案叫绝的文章"篮球比赛中的手气(hot hand)现象:关于随机序列的错误看法"[②]。在篮球比赛中,选手有时候会连连投篮得分,比他的平均投篮得分率高很多,导致选手自己和球迷都认为他手气"旺"起来了。

他们对"费城76人"球队的访谈表明,球员们都非常相信手气,通常他们会把球传给那些连续进球的队友,相信他会继续再次进球。费城76人队的得分后卫安得鲁·托尼(Andrew Toney)就被球迷认为是连续得分投球手的典型。但特沃斯基却给这些人泼了一盆冷水。

特沃斯基等仔细研究了费城76人队1980年到1981年这一年时间内每个球员(包括托尼)主场作战的进球记录,却并没有得到手气现象存在的统计证据。他们还对波士顿凯尔特人队(Boston Celtics)在1980—1981和1981—1982赛季中的罚球投篮命中率进行了分析,发现包括拉里·博得(Larry Bird)、罗伯特·帕莱士(Robert Parrish)和凯文·麦克赫(Kevin McHale)等著名球员在内的所有球员,没有一个人的投球得分记录表明:第一个球得分后会影响到随后的

---

① 国内学者也直译为热手,为通俗易懂起见,作者译为手气。因为日常赌博游戏中,常讲手气好,手气否(与否极泰来的否同音)。

② GilovichRobert, T., & Tversky, A. (1985). The hot hand in basketball: On the misperception of random sequences. Cognitive Psychology, 17(3), 295—314.

投球得分——并不存在这样的统计趋势。

特沃斯基告诉人们,球迷们(包括球员)所谓的手气现象,其实就是一个概率的问题,仅此而已。只不过人们用自己并不完善的认知能力来观察这个概率问题,才产生了这么一种错觉。

特沃斯基指出,人们之所以有此错觉,是因为他们把一个随机过程中事件发生的总体概率(比如在抛一个硬币这样一个随机过程中,硬币是字或花朝上的总体概率各为 50%)应用到该过程的一个小样本中,即前文提到的"小数定律"。若以抛硬币为例,如果抛 20 次硬币,把其中 4 次单独拿来分析,人们基本上会认为 2 次出现字、2 次出现花是比较正常的,只有这样才符合抛硬币的总体概率;若是出现 4 次都是字(或者花),人们就会认为出现了手气现象,抛硬币的人手气旺(如果抛出的是赢的那一面)或者手气背(如果抛出的是输的那一面)。而从统计上来讲,则恰恰相反:如果我们每次都只拿出 4 次来分析,看到的都是 2 次字 2 次花,这倒是比较奇怪的,几乎不太可能会出现;而出现 4 次花(或字)反倒是比较正常的,因为小样本的均值更常偏离总体的平均值。

特沃斯基和卡尼曼还告诉人们,人们熟悉的"赌徒谬误"也一样。比如在轮盘赌(roulette wheel)①中,在看到连续许多次指针(或滚珠)都停在红色区后,赌徒们就会非常自信地认为:下一次该停到黑色区域了! 但实际上,停在黑色区域的概率仍旧为 50% 左右(对于每一次转动而言,指针停在红或黑上的概率总是 50% 左右)。赌徒的错误就在于把一个过程的总体概率应用到一小段过程上。但赌徒们认为,已有较多次数都是红色,下面应

轮盘赌

---

① 一种赌博游戏,Roulette 在法语中意为小圆轮。美式圆轮上 38 个数,欧式的圆轮上 37 个数,1—36 号数要么是红色要么是黑色,另外的数字为绿色。玩的时候庄家转动轮盘,然后向轮盘转动的反方向丢一个滚珠,滚珠最后停在的数字即为赢的号码。玩家下注方式有多种,如买红或黑,关于轮盘赌的详细情况,可以参考中文维基:http://zh.wikipedia.org/wiki/%E8%BC%AA%E7%9B%A4,和英文维基:http://en.Wikipedia.org/wiki/Roulette

该出现黑色了,这样才能保持红、黑出现次数一样这种总体概率。虽然总体上来讲这并没有错,但具体到某一次而言,指针停在红区或黑区上的概率依旧还是一半对一半,与前面出现的红黑次数没有关系,因为每次转动都是独立的。

虽然这种"赌徒"式的推理是错误的,但特沃斯基和卡尼曼还是特别强调,在多数情况下,这也不失为一种很好的经验法则。通常两个大小不同但来自同一总体的集合(如轮盘赌中转5次和转500次)还是会有很多共同的特征的,按照这种"赌徒"的经验做出判断当然也有对的时候。

一些哲学家和持进化论观点的研究者认为,我们之所以进化出这种看起来似乎有点奇怪的认知加工特点,是因为这种推理方式在生存适应中可以相当好地发挥作用,虽不够精确但比较高效。不管这种推理倾向是否与生俱来,可以肯定的是几乎所有人都有这种倾向,跟教育、职业等等均无关,即便是受过良好科学训练的心理学研究者也不例外。特沃斯基和卡尼曼曾在数学心理学会议和美国心理学会的会议上,把轮盘赌问题换了个提问方式设计成问卷发给与会者,调查结果表明,许多与会者的回答其实跟赌徒的推理差不多![1]

4. 行为经济学

特沃斯基和卡尼曼早年的关系可谓是"焦不离孟,孟不离焦"。1978年,特沃斯基离开希伯来大学正式加盟斯坦福大学,卡尼曼也离开希伯来大学前往加拿大不列颠哥伦比亚大学(University of British Columbia)任教,同时也在斯坦福行为科学高级研究中心担任研究员。卡尼曼回忆说,那一年既是他们合作的巅峰时期,也是合作的转折点。当时他们两家人都在斯坦福,他们基本上每周日都会待在一起,其他时间也会打很多电话交流,有些通话甚至长达几个小时。框架效应的研究就是在这样的合作中完成的。

在斯坦福大学,他们碰到了当时年轻的经济学家理查德·塞勒(Richard Thaler,美国总统奥巴马的高级经济顾问),后者当年正好在国家经济研究署斯坦福分局(Stanford branch of the National Bureau of Economic Research)作

---

[1] 关于特沃斯基和卡尼曼改编的具体问题因为涉及比较多的专业知识,在此不作详细阐述,感兴趣的读者可以查阅 Tversky A., Kahneman D., (1971). Belief in the Law of Small Numbers. Psychological Bulletin, 76(2): 105—110.

访问教授。三位聪明的脑袋碰撞出行为经济学(Behavioral economics)的火花,且星星之火,渐成燎原。从此以后,特沃斯基等在行为经济学领域发表了众多的文章,如1979年的开山力作"展望理论:风险条件下的决策分析"[1]。

1982年,时任斯隆基金会(Sloan Foundation)副总裁的艾里可·华纳(Eric Wanner)提议对行为心理学和经济学的整合研究进行资助,这使这一群聪明人有了稳定的经费支持。一年后,华纳担任拉塞尔·塞奇基金会(the Russell Sage Foundation)的总裁,继续对心理学和经济学的结合研究进行资助。而心理学和经济学的结合使他们的工作成为卡尼曼获得诺贝尔经济学奖的主要原因之一。

特沃斯基和卡尼曼在行为经济学领域投入了相当多的精力,跟包括塞勒在内的其他众多经济学家进行了诸多的合作研究。初期有苛林·卡默乐(Colin Camerer),乔治·罗温斯坦(George Loewenstein),后来有马修·拉宾(Matthew Rabin),大卫·莱伯森(David Laibson),特莱·欧登(Terry Odean),以及森德海·缪莱纳桑(Sendhil Mullainathan)等人。这导致两人原来的合作研究受到一定程度的影响,很多先前的合作研究被暂时搁置下来。虽然两人还在继续合作,但多年的"两人世界"也不复存在了。

行为经济学自问世以来,取得了飞速的发展,但仍然是经济学中的非主流研究取向。正如卡尼曼说的,很多经济学家认为行为经济学只是赶时髦而已,不会持续长久。但许多的年轻学者正积极投身到这一领域的研究中。

<<< 专栏一

特沃斯基、卡尼曼与艾里可·华纳和理查德·塞勒

1982年,特沃斯基和卡尼曼在罗彻斯特参加认知科学学会(Cognitive Science Society)举办的一个会议。期间认识了心理学家艾里可·华纳,华纳跟他们说自己对心理学和经济学的结合研究感兴趣,并征求他们对这一研究计划的意见。当时特沃斯基和卡尼曼的回答是"无法把一大笔钱诚实地花在这样的研

---

[1] Kahneman, D., & Tversky, A. (1979). Prospect theory: An analysis of decision under risk. Econometrica: Journal of the Econometric Society, 263—291.

究上"(... there was no way to "spend a lot of money honestly" on such a project...),因为当时他们对跨学科的研究的兴趣并不浓,并且认为让心理学家去从事跟经济学相关的研究没有意义,但也许可以让对心理学感兴趣的经济学家作一些与心理学相关的研究。诺贝尔奖差点就失之交臂!然而幸运的是,华纳对结合心理学和经济学的兴趣并没有丝毫减弱,并且听从了特沃斯基和卡尼曼的建议,在那次会谈后不久,他就资助经济学家理查德·塞勒前往大不列颠哥伦比亚大学卡尼曼的实验室访学一年(1984—1985)。

拉塞尔·塞奇基金会选择资助的对象是那些旨在帮助穷人的社会科学研究。华纳本人早年是一个认知心理学家,他发现基于理性人假设的经济学在解释贫穷从哪里来,国家的经济政策该如何解决贫穷等问题上显得非常苍白无力。所以华纳希望把行为的因素引进到传统经济学中,以更好的解释贫穷问题。就这样,在他的主导下,拉塞尔·塞奇基金会资助了大量的行为经济学研究,其中包括始于1994年的一系列双年的行为经济学教学夏令营,营员包括经济学和其他社会科学的研究生。这一举措为行为经济学的研究培养了大量后备人才。

1995年,理查德·塞勒继任为拉塞尔·塞奇基金会执行总裁,并到芝加哥大学任教。在芝加哥,塞勒成为法学教授卡司·孙思台(Cass Sunstein)的助理,而孙思台当时和奥巴马是同事兼朋友关系(当时奥巴马也是芝加哥大学法学院法学教授,住在芝加哥大学)。2004年,孙思台把塞勒引荐给了奥巴马,奥巴马当选总统后塞勒成为其高级经济顾问。

>>>

四、充实发展

1. 展望理论

在1974年的《科学》文章"不确定状态下的判断:启发式和偏差"发表后,特沃斯基建议卡尼曼进行决策研究。特沃斯基当时在决策研究领域已小有名气,而当时的卡尼曼却对决策研究知之甚少,所以特沃斯基建议卡尼曼阅读他和其导师库姆斯等主编的《数学心理学》教科书。正是由于卡尼曼对该领域不甚了解，在阅读《数学心理学》一书时，卡尼曼发现了书中所有的选择问题都依据得和失(gain, lost)——更多的是得——来描述的，但是用来解释人们为什么那样选择的效用函数的横轴(x-轴)却是财富(wealth)值而非得失。这使他觉得有些奇怪。于是他们立即采用财富的变化值与差异值而非财富最终值作为效用的度量。这只是简单地把单位变了一下，表面上并没有多少创新。他们自己一开始也并没有意识到这么简单的一个变化会有多么重要，压根就没有想到只是简单地变化一下度量单位就会开启一条通往行为经济学的康庄大道。事实上，作这样的一个变化也不能算是卡尼曼首创的。早在 1952 年，哈利·马可威兹(Harry Markowitz)(1990 年诺贝尔经济学奖获得者)就建议用财富值的变化作为效用的度量单位，但可惜的是他并没有就这一想法进行深入研究。用财富值的变化或者差异量作为效用的度量跟他们后来提出的"损失厌恶"概念(详见下文)有密切联系。人们对损失比对等量的得益更加敏感。举例来说，你丢失 100 元钱的痛苦程度的数量绝对值比捡到 100 元钱的快乐对应的数量绝对值要大。

特沃斯基和卡尼曼发现众多与传统经济学的期望效用理论(见后面专栏介绍)相违背的事实。在对广为人知的 Allais 悖论[①]进行扩展的基础上，他们发现了许多类似的现象。比如给了这么一个例子，让被试在下列两个选项中选择其一：

A. 0.33 的概率得到 2500 元[②]，0.66 的概率得到 2400 元，0.01 的概率一无所获，为 0。

B. 肯定得 2400 元。

你如何选呢？相信多数情况下你是选 B，对吧？下面再看一下另外两个选项：

C. 0.33 的概率得 2500 元，0.67 的概率一无所获，为 0；

D. 0.34 的概率得 2400 元，0.66 的概率一无所获，为 0。

---

① 注：Allais 悖论是法国经济学家 Maurice Allais 于 1953 年发现的一个违反期望效用理论的例子，更多详细介绍请参见网址：http://baike.baidu.com/view/1163902.html?fromTaglist 或英文维基：http://en.wikipedia.org/wiki/Allais_paradox。

② 此处为以色列货币，当时以色列一个家庭一个月的纯收入的中数是 3000 以色列元。

那么在 C 和 D 中你选哪个呢？可能大多选 C，既然概率只差一点点，就选得钱得的多的那个。特沃斯基和卡尼曼所调查的对象的选择也大抵如此，72 人中 82% 的人选 B，83% 的人选 C。这样的话，根据期望效用理论，在选择 A、B 时，可以得到如下不等式：

$$u(2400) > 0.33u(2500) + 0.66u(2400)^{①}, \qquad (1)$$

稍作变换即为：

$$0.34u(2400) > 0.33u(2500). \qquad (2)$$

在选择 C、D 时，有不等式：

$$0.33u(2500) + 0.67u(0) > 0.34u(2400) + 0.66u(0), \qquad (3)$$

考虑到 $u(0) = 0$，得到不等式：

$$0.34u(2400) < 0.33u(2500). \qquad (4)$$

这样，不等式 (2)、(4) 就互相矛盾了。传统的期望效用理论无法解释这个现象。这是从"得到"的角度来描述人们的选择偏好，若把"得到"换成"失去"选择结果会怎样？

特沃斯基建议把选择结果得失的描述反转一下。就这么简单而完美的操作，使他们发现了一个非常有意思的选择行为模式，他们称之为"映射"（reflection）——在赌博任务中，若改变结果的正负描述，则必定会导致偏好方向的改变，即从风险规避变为风险寻求，或者反过来。举个例子，先从得到角度假设有两个选项：A 将 100% 得到 900 元；B 将 90% 的可能性得到 1000 元，10% 一无所获。聪明的你会选哪个呢？人们大多喜欢选 A。但如果把结果的得失反转一下，从得的角度换到失的角度，还是两个选项：C 是 90% 的可能性损失 1000 元，10% 的可能无任何损失；D 是 100% 损失 900 元。二者必选其一，你选哪个呢？这时大多数人选 C 了。若依据期望效用理论，那么 A、B 选项各自的效用是相同的，都是 +900；而 C、D 选项的效用也完全一样，都是 -900。因此，期望效用理论根本无法解释这种现象。有趣的是，这种选择行为模式其实也不是特沃斯基和卡尼曼首创的。早在十余年前，莱法（Raiffa, 1968）和威廉姆斯（Williams, 1966）就已经发现在选择得到负面结果的时候人们倾向于风险寻求，但却没有更

---

① 对公式的理解请参考下面专栏：期望效用理论。

深入地去研究这个问题。

特沃斯基和卡尼曼为了寻求支持他们设想的证据,当年在耶路撒冷的时候就费尽心思构想了许多类似于上面内容的选择题来检验人们的选择偏好。他们每天下午碰面,谈几个小时,构造出题目,然后看他们自己的直觉反应。如果两人都选同一个选项,那么就保留这样的题目。由己及人,他们假定其他人也会做出类似的选择。得到一个两人一致选择的题目后,他们并没有急着对其理论意义进行探究,而是继续想题目。这种合作研究方式使他们的研究进展得非常迅速。1975年,特沃斯基和卡尼曼提出了一个他们当时称作"价值理论"(value theory)的风险选择理论,并于当年春天在一个会议上作了宣读。他们随后花了三年时间对该理论进行完善,认真仔细地考虑了能想到的各种可能不支持他们理论的反例。特沃斯基是一个特别有趣的人,他希望自己做的研究也能有趣一些,因此那三年他们的一个任务就是寻找"价值理论"的有趣意义。更为有趣的是,为了自娱,也为了尽可能地减少对其研究的反对意见,他们特意找了一个很有抱负的研究生来挑刺、找错,并且十分苛刻地对待这位学生的工作,要求他非常认真地工作却基本不给他任何回报。希望他能愤恨地指出他们研究中的所有可能错误,最好是批驳得一无是处! 就这样,他们发现了一些非常新异的观点。

<<< 专栏二

期望效用理论

最早的期望效用理论是由尼古拉斯·贝努利于1713年提出来的,于1738年由其堂弟丹尼尔·贝努利加以完善并正式发表,20世纪50年代,冯·诺伊曼和摩根斯坦(Von Neumann and Morgenstern)把期望效用理论用到了他们的博弈理论(game theory)中。

期望效用理论是一个探讨关于在不确定条件下理性人(rational agent)是如何决策的理论。该理论主导了如何分析风险条件下(多个选择的条件下)的决策行为研究。

在理解期望效用理论前,需明确两个概念。一是效用,什么是效用呢? 可以简单理解为事物对人的有用程度,经济学里是指消费各种商品或服务中得到的相对满意度,或者想要得到某种商品或服务的程度的度量值。用了某个东西后越满意,或者越想要一个东西,这个东西对你的效用就越大。但效用并不是高兴、满意等心理状态,也就是说在经济学里它是一个客观的数量值。另一个概念是理性,按照效用最大化的原则行事即为理性。可以理解为不感情用事,使自己的利益最大化即为理性。

期望效用理论的一个重要组成成分是期望效用函数,该函数表述为"如果某个随机变量 X 以概率 P_i 取值 X_i($i=1,2,\cdots,n$),而某人在 X 取值 X_i 时得到的效用值为 $u(X_i)$,那么,该随机变量对他而言的总效用值为所有可选项的效用值乘以对应的概率值的总和,用公式表示为:

$$U(X) = E[u(X)] = P_1 * u(X_1) + P_2 * u(X_2) + \ldots + P_n * u(X_n)$$

其中,$E[u(X)]$ 表示随机变量 X 的期望效用。函数 $U(X)$ 称为期望效用函数,又叫做冯·诺依曼-摩根斯坦效用函数(VNM 函数)。

这里的概率可以理解为事物发生的可能性。随机变量可以这么理解,一件事情(比如抛硬币),它的结果具有不确定性(你抛了之后可能得到一个花在上面的结果,也可能得到一个字在上面的结果,得到什么样的结果事先是无法确定的),也就是说具有随机性。若用一个数量来表示这样的一个结果的话,其结果的表示称之为变量(因为其值是不确定的,确定的值称为常量)。

>>>

1979 年,卡尼曼和特沃斯基在前期工作基础上提出了"展望理论"(Prospect Theory)①。据卡尼曼的回忆,在准备提交论文前,他们故意为自己的理论观点取了这么一个很有特色但其实没什么学术意义的名字——"展望理论"。当时他们只是想,如果这个理论将来广为人知,那么一个很有特色的名字会使这个理论更容易被人记住。

发表科研论文时选择刊物很重要。卡尼曼和特沃斯基的文章"展望理论:风险决策分析"并没有发表在心理学刊物上,而是发表在了经济学权威杂志《计量经济学》(Econometrica)上。他们当时考虑的倒不是希望藉此去影响经济学,而

---

① prospect 和 vista 为同义词。这里的"展望"也许和 Windows 操作系统的名字 vista 一样,寓意一个美好的未来。国内有专家、学者将 Prospect Theory 也译为预期理论。但早期介绍多译为展望理论。

仅仅只是因为《计量经济学》是发表决策研究的最佳选择，很多高质量的决策研究当时都发表在该刊上。没想到的是，这篇文章却深刻影响了经济学，当然也影响了其他众多的学术领域。该文从发表到现在被引用超过一万次，其影响可见一斑。展望理论不但在学术界有重大影响，对日常生活也产生了非常大的影响，其研究被媒体广为报道，为大众所认识和了解。

展望理论主要有两个关键组成部分，其一是价值函数（具体内容见下面的叙述）；其二是对决策权重（或概率）的非线性表征，即高估小概率事件而低估中或大概率事件。在 2000 年出版的《选择、价值与框架》(Choices, Values, and Frames)一书中，卡尼曼把框架效应也纳入到了展望理论的范畴，而且还把经验效用(Experienced utility)和决策效用(Decision utility)的区别也纳入其中。

根据展望理论，概率的表征（主观概率）是非线性的。正如卡尼曼所说，虽然概率的差别同样是 0.01，但概率值 0.10 和 0.11 之间的差异与 0 和 0.01 或者 0.99 和 1.00 之间的差异是不一样的[①]。举个例子，假设两种情况，第一种情况下你得到 1 万块的可能性由 10% 升高到 11%；第二种情况下你得到 1 万块的可能性从 99% 升高到 100%。你认为哪种情形下可能性的变化（1% 的差别）对做出选择的影响会更大呢？估计大多数人选第二种。另外，展望理论认为人们倾向于根据当前的参照点或当前状态(status quo)来评价结果的得与失，而不是按照期望效应理论预测的那样按照最终财富来做评判（期望效用理论认为人们评价结果得失是以其最终财富状态为标准，而不管是通过"得"还是通过"失"得到该结果）[②]。

这些表面上看起来似乎矛盾或者说非理性的选择，其实只是在那些坚持期望效用理论的人眼里才是这样。对于心理学家来说，完全可以抛开所谓的理性而只关注于人们实际是怎样作决策的，从而构建一个纯粹描述的理论。换句话说，期望效用理论在告诉人们在决策时应该怎么做，而展望理论则在告诉人们在决策时实际上是怎么做的。

回首当年的研究情景，卡尼曼不无感慨地说，实际上他们许多核心的研究设

---

① 这种现象也被称为非线性偏好(Nonlinear preferences)。
② 可以理解为期望效用理论不看过程，只重结果，而展望理论则相反。

想早在文章成型前就形成了,但通常在正式发表前,他们都会付出大量的时间和精力对这些研究设想进行总结、归纳和提炼,可谓精雕细琢,字斟句酌。比如1974年的那篇《科学》杂志上的文章,花了他们整整一年的时间,而且每天他们都要花上4到6个小时来讨论这篇文章,即使这样还常常没有任何进展,好的时候一天也就只能完成一两句话。同样的,在研究展望理论时,在半年时间里他们检验了30个版本的研究设想,却只完成了一篇会议论文。这篇论文包含了展望理论90%的内容,但当时这篇文章并没有引起太大的反响。随后的四年,他们花费了大量时间对这篇文章进行修改,力图排除对文章论断的每一个可能的反对意见和替代解释。大师就是这样炼成的!

他们之所以能够如此潜心学问,厚积薄发,得益于特沃斯基的无限耐心和经常挂在嘴边的一句座右铭"把事情作好"("Let's get it right")。还因为特沃斯基认为,这个工作很重要(如果特沃斯基说某件事情重要,那一定要相信他——卡尼曼语)。在这样的指导思想下,他们从未为了赶进度而牺牲研究质量,而是把这样一个漫长的研究过程当成一种享受。正是在这样从容不迫的精工细作下,他们的很多文章成为了决策研究的经典,众多文章的引用次数超过5000次。1994年《科学新闻》杂志的一篇总结有关推理的研究历史的文章中,评价特沃斯基和卡尼曼1974的那篇文章时,作了一个非常形象的比喻:"(这篇文章)像流水一样引发了大量的后续研究"[1]。

展望理论也许是特沃斯基和卡尼曼最重要、最具影响力的研究。该理论是一个风险决策的描述性理论,它建立在众多基本的原理上,这些原理成为替代期望效用理论用来解释日常决策行为的理论基础。展望理论同时还指出了一些违反期望效用理论的选择偏好模式,并且告诉人们在作选择时所依据的不是事物的客观状态,而是事物在头脑中的心理表征。看似唯心,实则真正反映了客观实际。展望理论对后来框架效应的提出起了关键的作用,并最终引发了对理性人假设的批判。

---

[1] 具体内容参见:Bruce Bower. (1994). Roots of reason. Science News, 145, (5), 72—75.

2. 损失厌恶与风险寻求

展望理论的核心内容可以用一条S形价值函数曲线来描述,该函数对得和失分别赋予一个相应的主观值,用财富的变化(得和失)作为效用的度量。如右图所示:函数的右上半部分,代表得,是个凹函数;左下半部分代表失,是个凸函数[①];这个价值函数的斜率在损失部分比相对应的得益部分的斜率要陡,也就是说人们对同样数量值的损失的反应比对同样大小的得益的反应更强烈[②]。这就是所谓的"损失厌恶"(Loss aversion)。

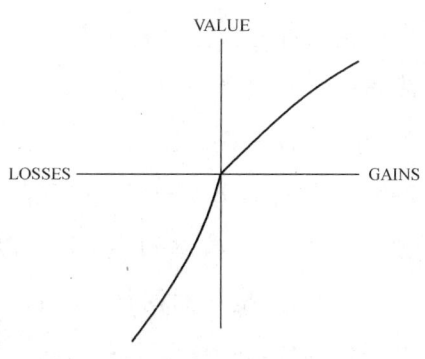

价值函数曲线

资料来源:Kahneman, D., & Tversky, A. (1979). Prospect theory: An analysis of decision under risk. *Econometrica*, 47(2), 263—291

价值函数很好地描述了矛盾的风险态度,即在面对得益时厌恶风险,但在面临损失时追求风险。比如,现在有两个选择,a为100%得到100块,b为50%的可能性得到200,50%的可能所得为0。你选a还是b?大多人选a,表现为面对得益时的风险厌恶;若还有另外两个选择c、d,c为100%损失100块,d为50%的可能损失200,50%的可能损失为0,你选哪个?大多数人会选d,在面临损失时,选择赌一把,表现为风险寻求(risk taking)。

在上面的选择中,无论a、b选项还是c、d选项,前两个选项(a、b)和后两个选项(c、d)各自最终的财富状态都是一样的(如果选择许多次的话),根据传统的期望效用理论根据最终财富状态来选择,a、b(或c、d)应该具有同等的被选择可能性。但事实却并非如此,因此特沃斯基和卡尼曼认为,效用应该用财富的变化——得、失,而不是财富的最终状态来度量。

价值函数图形在损失部分比得益部分要陡,反映了所谓的"损失厌恶",或者说人们把损失看得更重。比如,特沃斯基发现大多数人都不愿意玩一个输赢可

---

① 简单的理解图形下凹的是凸函数,图形上凸的是凹函数。
② 比如你的工资是1000块,现在扣掉你1000块,跟年终时多发1000块,扣钱的痛苦和得钱的喜悦前者对人的影响程度更大。

能性对半的赌博,若输钱是20元的话,人们通常要在能赢40元的情况下才愿意玩。也即是说,损失20元的主观感觉量和得到40元的主观感觉量差不多。

前面在框架效应部分曾提到的特沃斯基和卡尼曼于1981年《科学》杂志上发表的那篇"决策框架与选择的心理学"文章中,也给读者展示了一些关于得失研究的有趣发现。比如其中一个研究,假设有两种选择:选项A为100%能得到240美圆,选项B为25%的可能得到1000美圆,75%的可能一无所获。结果在他们的被试(一群本科生)中,84%的人选择A,表现为在得益情况下的风险厌恶。但是,若提供另两种选择:C为75%的可能性损失1000美圆,25%的可能没有任何损失,D为100%的损失750美圆。结果87%的被试选C,表现为面临损失时的风险寻求。这些在前面都曾提到过,但他们还做了进一步的探讨,把得和失的结果混合起来,即结果中有得有失。提供两种得失组合:E为25%的可能赢得240美圆和75%的可能失去760美圆,F为25%的可能赢得250美圆和75%的可能失去750美圆。结果100%的被试(共86人)选择后者(同样的概率F多得10美圆,但少失去10美圆)。

损失厌恶可以解释两个基本事实:第一,人们不会选择输赢等概率的赌博(玩下去却没有输赢,人们会觉得没意思);第二,损失厌恶会随着赌注的增大而增大。损失避免概念的提出,在卡尼曼看来是他们对决策领域做出的最重要贡献。在2003年的一篇"合作研究的经验"[①]的文章中,卡尼曼表达了这样的观点:损失避免是他和特沃斯基对决策研究做出的最有用的贡献。但最初他们并没有意识到这个概念有多重要,并且他们最初仅仅是为了要解释一些传统经济理论无法解释的赌博现象时,不情愿的引入了损失厌恶的概念。直到一个年轻经济学家——理查德·塞勒(Richard Thaler)的出现才使他们开始意识到损失厌恶概念的重要性。

理查德·塞勒发现了一个叫做拥有效应(endowment effect)[②]的现象,并认为可以通过扩展损失厌恶的概念来解释这个现象。用下面的例子来说明该效

---

① Kahneman, D. (2003). Experiences of collaborative research. American Psychologist, 58(9), 723—730.

② endowment 的含义其一为捐赠,其二为禀赋,所以有学者翻译为捐赠效应,也有翻译成禀赋效应,笔者以为,其实际意义为拥有某事物,因此译为拥有效应。

应,某人有一瓶陈年好酒,如果让他以200美圆的价格卖掉,他不会卖;但如果问,这么一瓶酒你愿意出多高的价格来买,他出价不超过100美圆。同样的一个事物买卖价格却差别如此之大,传统经济学理论对此完全无法解释,因为传统经济学认为一件商品的买卖价格仅跟交易成本和收入有关。

拥有效应可以用展望理论的两个原理来解释[①]:第一,具有效用的不是状态(拥有或未拥有那瓶酒),而是得或失;第二,损失厌恶,失去一个东西的主观痛苦强度数量值要大于得到该东西的主观快乐程度的数量值。

损失厌恶的发现对于选择、谈判甚至世界政治格局(power of the status quo)都具有深远的意义。在2000年出版的《选择、价值与框架》[②]一书中,收录了众多用"损失厌恶"来解释的现象,如司法赔偿原则、商业公平的规则,甚至纽约出租车司机工作时间等。对这些内容的阐述已经超出了本章的范围,感兴趣的读者可以阅读特沃斯基和卡尼曼共同主编的《选择,价值,以及框架》这本书。

3. 累进性展望理论

1992年特沃斯基和卡尼曼发表了"展望理论进展:不确定的累加表征"[③]一文,提出了展望理论的改进版本,即累进性展望理论(cumulative prospect Theory)。累进性展望理论与早先的展望理论版本具有相同的特点,但却可以应用到更广泛的情境中。

在展望理论的早期版本中,决策依据的是对选项赋予的主观决策权重,这替代了期望效用理论中的概率,是一个进步。但随后发现早期版本的展望理论无法满足随机占优原则(stochastic dominance)[④],同时,早期展望理论无法推广

---

① 具体解释请见专栏:理查德·塞勒与特沃斯基和卡尼曼。
② Kahneman, D., & Tversky, A. (2000). Choices, values, and frames. New York: Cambridge University Press.
③ Tversky, A., & Kahneman, D. (1992). Advances in prospect theory: Cumulative representation of uncertainty. Journal of Risk and uncertainty, 5(4), 297—323.
④ 随机占优是一个决策理论术语,指在决策时,根据选项带来的结果,某一个选项X总是会优于其他选择项。如果决策者是理性的,并且不会满足,那么决策者总是偏好选择X而不是其他选项。关于随机占优原则的较详细介绍,见:http://wapedia.mobi/en/Stochastic_dominance,或者英文维基:http://en.wikipedia.org/wiki/Stochastic_dominance。提取日期:2010-06-18。

到具有很多可选项的情形。为了解决这两个问题,特沃斯基和卡尼曼发展了累进展望理论。与早期版本的区别和不同点在于,累进展望理论用累加概率函数作为选项的加权值;价值函数中把现状作为参考点,赋值为 0,损失为负值,得益为正值,并且对得和失分别应用不同的累加函数进行加权。

由于该理论涉及较多的数学公式,在此不再详加叙述,感兴趣的读者可以参考特沃斯基和卡尼曼 1992 年发表于《风险与不确定研究杂志》上的论文"展望理论进展:对不确定的累加表征"。

对于"累进展望理论"这个名字,还有一个小插曲。曾经有人建议特沃斯基用"扩展展望理论"(extended prospect theory)来命名展望理论的新版本,但他却执意要用"累进展望理论"。好友卡尼曼认为这是他性格使然,倒不是说"累进展望理论"这个名字能更好地阐述这个理论。

<<< 专栏三

理查德·塞勒与特沃斯基和卡尼曼

当经济学家理查德·塞勒还是一个研究生的时候,就热衷于收集一些有趣的关于消费决策行为违背传统经济学假设的事例。1976 年,年轻的理查德·塞勒读到了特沃斯基和卡尼曼在 1975 写的"展望理论"手稿,他马上就意识到虽然拥有效应对传统经济学而言是一个无法解释的谜,但却很容易被展望理论所解释。首先,展望理论认为效应的度量不是最终状态而是财富的变化。就陈年老酒的例子而言,效应的度量不是拥有或者未拥有酒(财富最终状态),而是得到酒还是失去酒(财富的变化);其次,等量的失比得显得更重要,人们对失赋予的权重更大,即损失避免。买到酒是得,而卖酒出去是失,失更重要,自然对失要价更高些。同样的道理也许可以解释为什么人们常说"拥有的不会去珍惜,失去的才最珍贵"。

当理查德·塞勒得知特沃斯基和卡尼曼在 1977—1978 学术年度期间都在斯坦福时,他马上给自己找了个去国家经济研究署斯坦福分局访问的机会,该机构和斯坦福高级研究中心坐落在同一座山上。就这样他们很快成为朋友并且对各自的研究产生了重大的影响。

理查德·塞勒现为 Fuller & Thaler 资产管理公司（1998年由 Russell Fuller 和 Richard Thaler 共同创立）股东，商学院全球排名居第5的芝加哥大学布斯商学院（University of Chicago Booth School of Business）院长。更多关于他的信息感兴趣的读者可以查询其在芝加哥大学个人主页：http://faculty.chicagobooth.edu/richard.thaler/index.html．

展望理论（包括累进展望理论）自提出以来，虽然备受人们的关注，得到不少学者的支持，但同时也被一些学者质疑。面对质疑和批评，卡尼曼在他的诺贝尔奖得主自传中，专辟一段，算是做了一个总的答复。在他看来，这些批评中有通常的学术辩论，也不乏轻率和粗暴的批评（比如他所例举的有学者轻率地评价他们的研究就是一些人为编造的专门忽悠愚弄本科生的谜语的集合）。面对批评，他们最终做出一个决定：不批评针对他们研究的批评（"not criticizing the critiques of our work"）！

4. 自我欺骗和投票者错觉

人们有时会把相关①当成因果。本来某一行为和发生在此行为之后的结果之间只是一种相关关系，但人们却往往会认为是前面的行为导致了后面的结果（即因果关系）。当然，在大多数情况下，人们这么假设或者认为并没有什么问题；但在少数情况下，这么的想当然却是错误的，就像我们下面要讲到的投票者错觉（Voter's Illusion）那样。

特沃斯基和其学生在1984年发表的文章"因果随机事件与相关随机事件：关于自我欺骗与投票者错觉"②中介绍了一个实验，探讨了人们如何误把相关当成因果的现象。他们告诉被试，目前进行的是一个研究"运动员心理与医学特征"关系的实验，人有Ⅰ型和Ⅱ型两种类型的心脏，Ⅰ型心脏常跟较差的健康状况

---

① 相关为统计学概念，可以理解为两个事物的同时变化，如果随着一个事物的量增加，另一个事物的量也增加，称为正相关。反之，如果一个增一个减，则称为负相关。如果一个事物的量增加，另一事物的量时增时减，则两者相关很小甚至为零，即两者没有关联。

② Quattrone, G. A., & Tversky, A. (1984). Causal versus diagnostic contingencies: On self-deception and on the voter's illusion. Journal of Personality and Social Psychology, 46(2), 237—248.

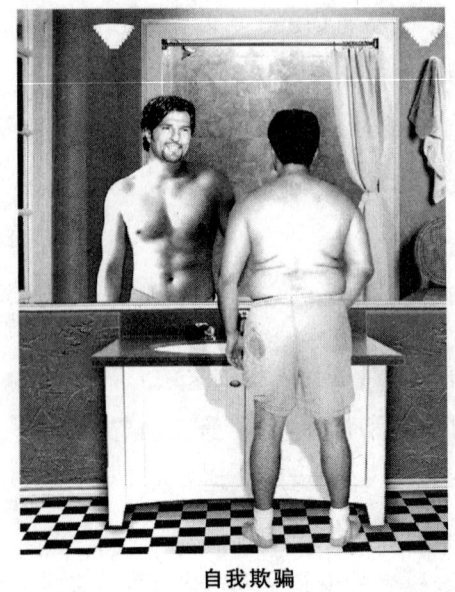

自我欺骗

和较短的预期寿命相关联,而Ⅱ型心脏则相反,跟较好的健康状态和较长的预期寿命相关联。他们又告诉其中一半被试,Ⅱ型心脏的人在锻炼后可以增加对冷水的耐受程度;而告诉另一半被试,Ⅱ型心脏的人在锻炼后反而会降低对冷水的耐受程度。

然后他们让被试进行第一次实验,令其把整个手的前臂浸入到35华氏度(1.66摄氏度)的水中,直到不能忍受了就拿出来;然后再进行1分钟的锻炼;在休息一段时间后,进行第二次实验,重复前面第一次实验的过程。

在第二次实验中,出现了很富有戏剧性的结果。那些被告知Ⅱ型心脏的人锻炼后可以增加对冷水耐受度的被试,在第二次实验中保持手臂在冷水中的时间要比第一次长,而被告知Ⅱ型心脏的人在锻炼后反而降低了对冷水的耐受程度的人,在第二次实验中保持手臂在冷水中的时间要比第一次短。虽然在冷水中的保持时间和具备良好心脏仅仅是相关关系,手在冷水中的保持时间并不能导致心脏类型的改变,但被试的表现却好像他们能够改变自己的心脏类型。也就是说,被试把相关混为了因果!但人们却常常并没意识到这一点,并自认为这是对的。特沃斯基认为,这就是所谓的自我欺骗(self-deception),即把虚假的当成真实的,或者说把不利于自己观点的证据合理化或者从根本上否定存在这样的证据。

学者古(Gur)和瑟克海姆(Sackheim)(1979)[①]总结了自我欺骗的三个特点:首先是个体同时持有两个相互矛盾的看法;其次是个体并没有意识到其中的一个看法存在;最后,因为在某种原因的推动下个体才没有意识到其中一个看法存

---

① Gur, R. & Sackheim, H. (1979). Self-deception: A concept in search of a phenomenon. Journal of Personality and Social Psychology, 37: 147—169.

在。在进化心理学家如崔弗斯(Robert Trivers)[①]等看来,自我欺骗对人类具有适应自然选择的好处。因为如果某个人对自己说的"谎言"(比如,自己是大公无私的)自己都信的话,他们就可以更好地说服别人相信他所说的所谓"事实"。

人们误把相关当因果的思维逻辑可以用来解释选举当中的投票者错觉。所谓投票者错觉是指人们会把自己对某个党派候选人的投票或弃权的选择投射到其他支持该党派的人身上,认为他们也会和自己一样做出相同的选择。

实际上,一个选民对某个候选人的投票或弃权,与该候选人的当选或落选只具有相关关系,并无必然的因果关系。也就是说,一个选民的投票,并没有决定候选人当选与否。但选民往往会认为,其他跟自己一样支持某个党派的人都会和自己做出一样的选择(投票者错觉)。因此,如果你告诉他,他的投票与否与某候选人的当选与否只存在相关时,他们会振振有词地回答:"要是你认为我的投票在决定这个候选人当选与否上没有用,那你假设一下要是每个跟我一样的人都这么认为呢?"确实,总体而言,选民的投票决定了某个候选人的当选与否,但就单个选民的投票而言,却无法左右选举的结果(也就是说不存在因果)。

5. 决策理论在医疗、司法等领域的实践

普通人的一个选择或决策影响的对象可能主要是自己,即便决策错误其影响也不至于有多严重。但在一些专业领域,如医疗、司法,医生、法官们的决策却对当事人有着非常重要的影响,甚至"一言可以生,一言可以死"。那么是否具有较多专业知识的人由于其受过专业训练而在决策上跟普通人有所不同呢?特沃斯基就曾研究过医生和法官的决策问题。我们来看看医生和法官这两种受过高度专业训练同时其决策又会深远地影响他人的群体,在各自的专业领域里的决策有什么特点吧。首先我们来看看特沃斯基对医生决策的研究。

在面对特定病情的某个人时,和在面对由许多病情一样的个体所组成的群体时,医生的决策是否有差别?特沃斯基假定有如下两种情形:

一、具体个案的情形:H. B. 是一位年轻的女性,没有任何严重疾病史,其家

[①] 美国著名进化心理学家,生于1943年2月19日。互惠利他概念的提出者。其在为著名进化心理学著作《自私的基因》作序时,首次提出了自我欺骗的适用观点。关于其更详细的介绍,感兴趣的读者可以参考英文维基:http://en.wikipedia.org/wiki/Robert_Trivers#Books. 提取日期:2011年2月24日。

庭医生对她的健康状况非常了解。但最近她跟家庭医生打电话说发了五天烧，没有其他症状。家庭医生初步诊断为病毒感染，让她继续监控自己的症状，随时保持联系。36小时后，H. B.打电话说还是老样子，没有好转也没有恶化，也没出现新的症状。那么，是让H. B.继续保持电话联系再观察一段时间还是马上建议她上医院作个检查呢？

二、相似病情个体组成的群体情形：年轻女性群体，没有任何严重疾病史，家庭医生们对她们的健康状况非常了解。她们跟家庭医生打电话说发了五天烧，没有其他症状。家庭医生初步诊断为病毒感染，让她们继续监控自己的症状，随时保持联系。36小时后，她们打电话都说还是老样子，没有好转也没有恶化，也没出现新的症状。那么，是让她们继续保持电话联系再观察一段时间还是马上建议她们上医院作个检查呢？

这第二种情形仅仅是把第一种情形下的个人称谓换成了群体称谓。当然这个例子是特沃斯基虚构出来的。他让医生们回答类似这样两个版本的问题（一般与个别的区别），结果发现，两种情形下医生们的回答是不一致的。如上述例子，在第一种情形下，更多的医生说让患者马上去医院检查，而在第二种情况下，更多的医生说让患者在家继续观察，保持联系。通过类似的例子，特沃斯基发现许多时候医生在面对个人和群体时决策存在差异，如针对的是个人，医生更可能要求患者作额外的检查。这也许可以解释为什么医生总是让患者作过多的检查，即过度医疗。

特沃斯基用的另一个例子对现实更具有参考价值。例子如下：某种药物治疗一种血液疾病，有85%的可能延长患者两年的寿命，而15%的可能缩短患者两年的生命。当问医生该药物用还是不用时，在面对第一种情形（个人称谓条件）时，大多数医生选择用药；而在第二种情形（群体称谓条件）下却相反，大多数医生选择不用药。特沃斯基认为，这是医生们在面对具体的个人时或者说仅仅一个特例时，会低估小概率，显得更加冒险。

医生们对于一般原理肯定是知道的，但在面对具体的个人时，其决策却常违背一般原理。这对我们了解医生的过度医疗决策也许有一定的启发。实际上，普通人在面对一般与个别时也有类似的倾向，特沃斯基用大学生做被试时也得到了相似的反应模式。

特沃斯基发现,人们在做决策时会出现两种效应:折中效应(compromise effects)和对比效应(contrast effects)。折中效应是指同一个备选项,当它和其他选项比较时,相对于它处于极端状态,它处在中等程度时被选择的次数更多。换句话说,人们倾向于中庸。很多时候人们可能都不愿意做极端的选择,而客观上事物的量的分布也以正态分布居多(极端值较少)。

对比效应是指在做决策过程中,同一个备选项,当它有一个和它类似但明显比它差的选项存在时,相比没有这个比它差的选项存在的情形,它会被更多地选择。举个例子,比如一个各方面条件都一般的同学去面试,得到的可能是很一般的评价。但若和一个比他差的人一起去面试,那么该同学得到的评价可能就比他单独去得到的评价要高一些。俗话说的,"不怕不识货,就怕货比货"。

这种决策效应在司法情境中是否也存在呢?特沃斯基作了许多模拟实验。例如,给两组不同的被试下面的案情:

1993年1月1日早上9:00,女被告给她现任丈夫一杯放了20片安眠药的咖啡,她丈夫喝完咖啡,几个小时后死亡。女被告承认是她给现任丈夫掺了安眠药的咖啡,并且在他的电脑上写了一封自杀遗书,企图让警方认为他是自杀。公诉人同时也提到了早上8:05,被告无意中听到她和前夫所生现年17岁的女儿向朋友哭诉其继父(死者)昨晚一再地试图对她性骚扰。另外,公诉人指出,被告承认她试图从死者那里继承一大笔财产,并且半年前被告就和其他男人有染。

然后让一组被试在过失杀人和二级谋杀中进行选择,让另一组被试在过失杀人、二级谋杀和一级谋杀间进行选择。在两个选项的情况下,近一半的人选过失杀人,然而在有三个选项时,选过失杀人的只有19%(选择极端情况的变少了)。这提示我们,在一个量刑弹性较大的法律体系下,如果对一个罪犯的量罪定刑中有较多的可能,那么很可能罪犯实际得到的刑罚在所有可能的刑罚中会以中等程度的刑罚居多。从两个极端到中间程度刑罚的这种偏差也许是半年,也许是几个月,但不论是对罪犯还是受害者,这都是很重要的。

20世纪90年代早期,特沃斯基和学生萨福(Eldar Shafir)研究了基于理由的选择(reason-based choice)。他们认为,人们在没有明显规则可循时,通常倾向于找一个令人信服的理由来指导他们做决策。他们假设这可能是司法情境下人们做决策的标准方法。

在1992年的一篇论文"不确定情境下做选择的分离效应"[①]里,特沃斯基和萨福给举了一个例子。在他们做的一个实验中,要求被试假设自己刚参加完一个很难的资格考试,然后把他们分成三组,其中一组被告知他们通过了该考试,而另一组被告知没有通过该考试,对第三组则告诉他们说第二天才能知道通过与否。然后,请被试从三个选项中做选择,第一个是立即付钱购买去夏威夷度假,第二个是不购买,第三个是花五美圆来保留优惠价购买此假期的权利到第二天。结果发现,那些被告知通过考试或没通过考试的人中大部分人都选择了花钱去度假,而那些尚不知道结果的人中却有更多人选择了保留购买权利。特沃斯基认为,之所以这样是因为这部分人尚不知道结果,所以还没有一个理由去购买这个假期。需要一个理由来做一个决定,也许是人们决策时普遍遵循的原则。医生也好,法官也好,都会如此。

特沃斯基的这些研究提示人们,在作决策,尤其是重大决策时应慎重考虑,尽可能地避免决策当中可能出现的偏差。

五、日臻完善

1. 支持理论及其进展

特沃斯基最后一个主要贡献是支持理论(support theory)。该理论是他和克勒(Derek Koehler)一起合作发展形成的,其主要思想出现在1994年发表的"支持理论"一文中。1997年,罗藤斯垂池(Yuval Rottenstreich)和特沃斯基在"拆分、重组以及锚定"[②]一文中详细阐述了支持理论。

支持理论的灵感来源于对一个日常现象的观察:判断一个事件出现的概率和它的补集出现的概率两者之和应为1[③],但是把一个事件各组成成分出现的主观概率相加的话,其和会超出判断整个事件出现的概率。特沃斯基和克勒发现只要事件可拆分成组成部分,那么该事件出现的主观概率就会小于其拆分后各

[①] Tversky, A., & Shafir, E. (1992). The disjunction effect in choice under uncertainty. Psychological Science, 3(5), 305.

[②] Rottenstreich, Y., & Tversky, A. (1997). Unpacking, repacking, and anchoring: Advances in support theory. Psychological Review, 104(2), 406—415. 文章发表时特沃斯基已经去世。

[③] 用集合的概念,事件A的概率$P(A)$和它的补集(除A之外事件)的概率$P(\bar{A})$之和为1。

组成成分出现的主观概率之和。举个例子,当我们判断任意一个人非正常死亡的概率时,我们对此概率的判断常小于判断人们死于各种非正常死亡原因的概率之和,换句话说,判断人们死于交通事故、飞机失事、火灾、溺水等各种不同原因(构成非正常死亡概念的组成部分,这称之为类别拆分,categorical unpacking[①])的主观概率之和,会比判断人们非正常死亡这一事件的概率大。

支持理论的基本元素是对事件的描述,特沃斯基称之为假设。把事件的描述呈现给被试,让他们对发生这些事件的可能性做出概率判断。支持理论假定,被试做出的概率估计值是依据一个"支持函数"——S 得到的,对一特定事件的描述 α 的函数值为支持值 $S(α)$。支持理论还假设,对同一事件的不同描述,通常会得到对应的不同的主观概率估计值。对事件描述的支持值的估计过程包含标准的启发式,因此也会受到我们熟悉的那些决策偏差(如代表性偏差等)的影响。支持理论因此可以解释联合谬误(即两个或多个属性联合出现的可能性被判断为高于其中任何一个属性单独出现的可能性)。举一个联合谬误的例子,比如判断下述两种情况哪个发生的可能性更大:一是洪灾导致超过 1000 人淹死;二是地震引发的洪灾导致超过 1000 人淹死。可能大多数人都会选第二个选项。如果我猜对了,那么你跟参加特沃斯基实验的大多数人一样。但这很明显是一个谬误,两个事件同时发生(地震、洪灾)的概率不可能超过单一事件(洪灾)发生的概率。支持理论可以解释这个现象,认为事件 A(上述例子中的洪灾)可以拆分成 $AB \cup A\bar{B}$(地震引发洪灾 ∪ 非地震(大雨、溃堤)引发洪灾,这称之为联合拆分,conjunctive unpacking),但地震引发洪灾容易被想起,进而导致我们估计选项二出现的主观概率会大于选项一出现的主观概率(受可得性启发式的影响)。诸如此类的例子,符合人们的直觉判断,但特沃斯基却能深刻地对其进行分析并找到可能的原因。这种特色在特沃斯基的文章中处处可见,让你不能不佩服,并认为他是个天才。

2. 关节痛和天气的关联错觉

您是否曾听家中长辈有时说起:"变天了,我的关节炎又痛起来了"。这关节

---

① 参见 A. Tversky, & D. J. Koehler. (1994). Support theory: A nonextensional representation of subjective probability. *Psychological Review*, 101: 547—567.

痛和天气变化存在关联,似乎古今中外都这么认为。早在公元前 400 年的希泼克拉底在他的《气,水,土》(Air, Water, and Places)一书中就谈到过风、雨与慢性疾病的关系。

特沃斯基曾对 18 名关节炎病人做了 15 个月的追踪调查,同时记录了这段时间内的气候变化数据,如气压、温度、空气湿度等,却发现关节疼痛和天气的相关基本上为零。后来他又让 97 个大学生判断两列数据间的相关性,结果发现在没有相关的两列数据中,大学生们判断为有相关。这在很多研究中都得到证实,外行(即便专家也一样)会发现一些根本不存在的规律模式。

这是为什么呢?特沃斯基给了我们几个原因。第一个原因是选择性匹配,即只看到那些符合预期的事实或巧合,而忽略了那些不一致的证据。具体到关节痛和天气上,人们选择性的关注到天气变化之后(或之前)出现了关节疼痛,但却没有在意那些天气变化了却没有出现关节疼痛的事实,形成了关节疼痛和天气变化有关联的错觉。第二个原因是,人们往往想知道事物的原因,为什么关节会痛起来了呢?寻求对疼痛原因的解释促使人们出现证实性偏差(即倾向于证真一个命题而不是试图去证伪它),也即人们会寻找那些符合天气变化导致关节痛的看法的证据。另外,从记忆的角度看,人们倾向于选择记忆那些符合自身看法的事实或巧合,而把跟自己看法不一致的事实有意无意地淡忘掉。①

当然,并不是所有的关节疼痛和天气变化都没有关联,对有些人来讲,这可能是对的,但特沃斯基的研究告诉人们,关节疼痛和天气变化之间的关系除了可以有生理学上的解释外,也存在心理方面的原因。

3. 幸福感(well-being)的研究

幸福感的研究是行为科学领域的热门主题,不光心理学家,还有经济学家、社会学家以及政策制定者都希望能够找到测量幸福感进而影响人们幸福感的途径。甚至诺贝尔经济学奖获得者卡尼曼在这个主题上也投入了很多的精力,也许是受了早期特沃斯基在该主题上研究的影响。特沃斯基和他的学生格瑞芬

---

① 这些原因也可以用来解释为什么一些所谓的预言会应验。风水、算命、手相、星相等迷信活动都可以从这些原因里得到解释。

(Dale Griffin)于 1991 年曾写过一篇文章"幸福感判断中的拥有和对比"[1],对幸福感作了较为深入的研究。

如何对幸福感进行测量是一个尚未解决的问题。特沃斯基认为记忆是一个重要的因素,仅靠当前的状态,并不足以判断或感受到幸福与否。他举了一个失忆病人的例子。该病人可以很流利地描述日常活动,但却不记得过去的任何事情,当问他有多幸福时,该病人沉思了一会,回答:"不知道"。关于记忆对生活的作用,特沃斯基和卡尼曼有着不同的看法,特沃斯基认为记忆对生活的作用非常重要,而卡尼曼却认为记忆对生活而言并没有特沃斯基所认为的那么重要。卡尼曼对此半开玩笑半认真地认为是特沃斯基的记忆太美好所致[2]。特沃斯基和卡尼曼对记忆做了很多的探讨,甚至起了个名字叫"经验效用(Experience Utility),"但却没有更深入细致地研究这个问题。

特沃斯基认为记忆对幸福感的影响通过拥有效应(endowment effect)和对比效应(contrast effect)起作用。即拥有美好的回忆使我们感到幸福,而那些艰难的时光和痛苦的回忆使我们体会不到幸福。先苦后甜的对比使我们感到幸福,忆苦思甜可以增加幸福感。《红楼梦》中贾府先前的风光无限与后来的家道中落使贾宝玉倍感凄凉,自然不会有幸福可言。

另外,在测量幸福感时,特沃斯基认为期望值(expectation)也是一个很重要的因素,同样的一件事,期望值不一样,幸福感也就有不同。一个人想年终奖可能是 1000 块,结果发了 3000,感到很高兴。另一个人希望年终奖是 5000 块,结果发了 3000,会感到很失望。因此我们是幸福还是痛苦不仅仅是由现在所遇到的事情的好坏(正负)决定,还由我们过去的记忆以及对未来的期望所决定。

幸福与否跟绝对的物质财富有时也不是一一对应的。特沃斯基给我们举了个例子,假设你毕业后可以到两家杂志社 A 和 B 工作,薪酬情况如下:

(A) 杂志社 A 给你的年薪是 35000 元。但其他跟你一样的人年薪是 38000。

---

[1] Tversky, A., & Griffin, D. (1991). Endowment and contrast in judgments of well-being. In F. Strack, M. Argyle, & N. Schwarz (Eds.), Subjective well-being: An interdisciplinary perspective (pp. 101—118). Oxford, England: Pergamon Press.

[2] 卡尼曼的人生经历相对比较苦难,幼年经历过纳粹对犹太人的迫害。读者可以参考其自传(见:http://nobelprize.org/nobel_prizes/economics/laureates/2002/kahneman-autobio.html)以及《A history of Psychology in Autobiography》一书第九卷第五章 Daniel Kahneman 一章。

(B) 杂志社 B 给你的年薪是 33000 元。但其他各方面和你一样的人却拿 30000 元一年。

你会选哪家杂志社工作呢？当然理性的决策是选 A 杂志社。但如果问你，做哪一份工作你会更开心？相信你以及大多数人都会选 B，尽管总的薪资水平 B 比 A 要低。对比效应在幸福感的评估上起着如此重要的作用！看来"不患寡而患不均"，古今中外，概莫能外。和他人的对比很大程度上决定了人们的幸福感，大量的研究都证实了这一点。也符合我们日常经验，"人比人，气死人"，就是这个道理。人们的满意与否，在很大程度上跟其在社会中的相对位置有关，而跟其所处的绝对位置关系并不是太大。

特沃斯基关于幸福感的研究，对我们政策的制定，和谐社会的建设都具有很重要的指导价值，这也体现了特沃斯基的研究特色：所有的研究总能找到应用的领域！

<<< 专栏四

卡尼曼获得诺贝尔经济学奖

2002 年 10 月 9 日，瑞典皇家科学院宣布将 2002 年诺贝尔经济学奖授予丹尼尔·卡尼曼和弗农·史密斯(Vernon L. Smith)，以表彰他们在心理学和实证经济学研究领域的开拓性工作。

瑞典皇家科学院授予卡尼曼诺贝尔经济学奖其理由是："将心理学研究中的洞见整合进了经济学中，特别是关注了人们在不确定情境下的决策和判断"。(原文为："... for having integrated insights from psychological research into economic science, especially concerning human judgment and decision-making under uncertainty。)

这是卡尼曼的荣誉，也是心理学界的荣誉，当然这其中有特沃斯基的重大贡献，可惜的是，特沃斯基英年早逝，无缘诺奖。

六、结束语

1996年新年伊始,特沃斯基就被告知他只有几个月的寿命了。对普通人而言,这个消息绝对是个晴天霹雳。但特沃斯基却很平淡,他和卡尼曼开始着手编撰一本关于决策的书,准备系统地总结他们20多年来在决策领域的合作研究成果,这本书就是《选择、价值与框架》,于2000年也就是特沃斯基逝世后的第4年正式出版。这也算是为两人的合作画上了一个圆满的句号。

特沃斯基直到逝世前几周都还在工作,直到病魔使他无法再继续。在最后的那段日子里,他一如既往地写作,认真履行他作为校务咨询委员会主要成员的职责。业余时间也和平常一样,看NBA比赛,研究他毕生都作为副业的物理学,欣赏诗歌、散文,听希伯来音乐。知道自己来日无多,他把更多的时间花在和家人相处上。

1996年6月2日,一代英才,与世长辞。

特沃斯基不长的一生,却给后人留下了无数的宝贵精神财富。特沃斯基在世时发表了111篇文章,另有9篇文章在逝世后发表,还有4篇未发表文章。作为编者或作者出了10本专著,其中一本是用母语希伯来文写的[1]。特沃斯基的学生同时也是特沃斯基晚年的主要合作者萨福为了纪念老师,在特沃斯基生命的最后几个月里,和老师一起整理编撰了《特沃斯基论文选集——偏好、观念以及相似性》[2]一书(图6为该文集封面),于2004年出版发行。他的众多文章,到现在还在被学者们所引用,许多的思想被进一步地发扬光大。同时也影响了众多的其他学科领域。

特沃斯基的文章归纳起来有4个很重要的特点:首先是"新",他的每篇文章都有一个新的观察或新的想法;其次是"严谨",在他的文章中,几乎任何想法都能用严谨的数学公式、严格的数学推导来阐述;第三是"体系化",他的每一篇文

---

[1] 参见 Laibson, D. and R. Zeckhauser (1998). "Amos Tversky and the ascent of behavioral economics." *Journal of Risk and Uncertainty* 16(1): 7—47. 以及 *Preference, Belief, and Similarity: The Selected Writings of Amos Tversky* 一书。

[2] Tversky, A., & Shafir, E. (2004). Preference, belief, and similarity: selected writings. Cambridge, MA: The MIT Press.

特沃斯基论文选集的封面

章内容都尽量和其他工作紧密联系,特别是和展望理论联系紧密,自成体系;最后是"紧扣实践",几乎他所有的理论观点都能在实际生活中加以应用,都有具体的实际例子可以对应。而这四个特点同时出现在他几乎所有的文章中,殊为不易。这跟他的精益求精是分不开的。几乎所有和特沃斯基工作过的人都认为,特沃斯基是一个典型的完美主义者。特沃斯基对自己的要求很严格,对几乎所有事物都会用一种很高的标准来衡量。

尽管特沃斯基的工作非常完美,但他却非常谦虚。在 1982 年获得美国心理学会的杰出科学贡献奖时,他回顾自己前 20 年的研究时说道,自己其实只是从心理学的视角来审视哲学家帕斯卡和休谟的老哲学问题而已:相似和分类的基础,证明归纳推理的正确以及理性选择和理性看法的本质。曾经有一次他在向别人说明他所做的工作时说道:"人们通常用近似的思考方式去理解这个不确定的世界,结果是,人们在做判断时会犯一些确定的错误。"他还说,他自己研究了这么多年的决策,有些时候还是照样会犯些和普通大众一样的决策错误。1984 年,特沃斯基获得了为期五年的麦克阿瑟基金资助(MacArthur Foundation fellowship),在他的获奖感言中,他说实际上那些广告商和二手车推销员早就知道他所做的大部分工作了。何其谦虚乃尔!

特沃斯基给同事们的印象是友善,谦虚,幽默,同时还乐于助人。卡尼曼回忆道,跟特沃斯基在一起工作,自始至终都处在一个愉悦的氛围中。特沃斯基甚至还把卡尼曼从一个不苟言笑的人变成了一个也爱开玩笑的人。卡尼曼说他人生中所经历的幽默有一半是拜特沃斯基所赐。

哈佛大学的数学教授戴科尼(Persi Diaconis)是这么评价特沃斯基的:"你在有他的地方就会很快乐,他是一个魅力四射的人"。在特沃斯基的好友,斯坦福心理学系教授罗斯(Lee Ross)的印象中,特沃斯基是一个"谦虚,好脾气"的人。

特沃斯基的聪明在他的同事朋友中也是出了名的。所有和特沃斯基打过交道的人对他的评价都是："他是所有我遇见过的人中最聪明的"。就这么一个风趣而睿智的人，上天却偏偏没有给他足够的时间。

多罗拉多大学的医生雷德米尔(Donald Redelmeier)和特沃斯基共过事。他是这么评价特沃斯基的："他改变了我的生活，我会在生活中应用那些他提出的概念如人们的推理不完善，容易犯错等"。对框架的研究结果已经使医生们意识到在让病人签署知情同意书时不同的说法会产生不同的结果。随着循证医学(evidence-based medicine)的发展，越来越多的医疗决策需要考虑病人的选择，框架效应的研究对病人的选择具有很重要的意义。告诉一个病人手术的失败率是1%，告诉另一个病人手术的成功率是99%，尽管表达的是同样的意思，两人对手术的态度可能会有很大的差别，一个更悲观，一个更乐观。

在斯坦福大学心理学系，同事们对特沃斯基充满了发自内心的尊敬，都喜欢跟特沃斯基说话。同事们见面经常说的一句话是："跟阿摩司(对特沃斯基的昵称)说话了吗？"。系主任马克曼(Ellen Markman)对特沃斯基的去世造成的影响是这么评价的："(因为少了特沃斯基)今后系里的决策不得不以一种新的方式进行，没有他在这里提供咨询和给出建议会让我们碰到很多问题，有他在，你能感到平和、公平。"前斯坦福大学的校长卡斯鹏(Gerhard Casper，1992—2000年期间担任斯坦福大学第9任校长)给予了特沃斯基非常高的评价："在我40余年的职业生涯中，他是我所见到的最理想的员工。他是一位非常杰出的教师和学者，在学术道德上保持着最高标准。他对斯坦福的贡献是我们的榜样……"。

经济学家艾娄(Kenneth Arrow)认为特沃斯基的工作对经济学影响极其深远，因为特沃斯基所针对的所谓"完全理性行为"是经济学的核心假设。尽管这一假设在特沃斯基以前也有心理学家提出过质疑，但总是被经济学家以他们不懂经济学为由而未加重视。直到特沃斯基那些完美而无可挑剔的工作的出现，使得经济学家们不得不认同人们在理性问题上是"有限理性"的。

而在妻子芭芭拉眼里，特沃斯基是一个十分热爱祖国的人。在美国定居后，特沃斯基还经常回到他的祖国以色列。从1992年开始，他被特拉维夫大学塞克勒高级研究所(Sackler Institute of Advanced Studies)聘为经济与心理学高级访问教授和终身研究员。他每年都会去特拉维夫大学(Tel Aviv University)以及希伯来大学作讲座，与那里的老师保持着密切联系，并进行学术合作，同时还在那里指导学生。妻子眼中的他还"是一个魅力四射的说故事的人，用英语和希伯来语都能够牢牢抓住听众的心。"①

儿女心目中的特沃斯基，是一个绝对的慈父。正如特沃斯基的小儿子拓·特沃斯基在其2008年的博士毕业论文②中写到的："谢谢父亲阿摩司，在我很小的时候，晚上他总会教我解有趣的数学题，当我长大成人时，他还总会陪着我看尽管很烂的电视节目直到夜深。"

特沃斯基一生获得了大量的荣誉。1980年，他当选为美国艺术与科学院院士(American Academy of Arts and Sciences)。1982年，他获得了美国心理学会(American Psychological Association)颁发的杰出科学贡献奖。1984年，他获得了两项大奖：麦克阿瑟奖(MacArthur Fellowship)和古根海姆奖(Guggenheim fellowship)，其中麦克阿瑟奖被称为是天才奖，专门奖励那些极具创造力的人，古根海姆奖的获得者中不乏诺贝尔奖获得者。1985年，他当选为美国科学院院士。1993年，他入选美国计量经济学会(Econometric Society)。1995年，他获得了实验心理学家学会的华伦奖章(Warren Medal of the Society of Experimental Psychologists)。在逝世后的1997年，他还获得了威廉·欧戴尔奖(WILLIAM F. O'DELL AWARD)③。2003年，也就是在卡尼曼获得诺贝尔奖不到二个月后，他被追授格劳梅耶心理学奖(Grawemeyer Award for Psychology)(和卡尼曼共同分享)。该奖的评定委员会是这么说的："在人类科学中很难找到一个比卡尼曼和特沃斯基的理论更有影响力的理论了。"

斯人已逝，掩卷长叹。特沃斯基给后人留下了无数的精神财富。其治学、为人可以为我辈青年学人之楷模！

---

① 芭芭拉的原话为："He was a great storyteller and kept audiences on the edges of their chairs in English and Hebrew."

② Tversky, T. (2008). *Motion perception and the scene statistics of motion* (Ph. D. thesis), The University Of Texas At Austin, Austin. Availble from ProQuest Dissertations & Theses database. (UMI No. 3319943).

③ 关于该奖，感兴趣的读者可以参考如下网页内容：http://www.marketingpower.com/AboutAMA/Pages/AMA%20Publications/AMA%20Journals/Journal%20of%20Marketing%20Research/WilliamFO%27DellAward.aspx. 提取日期：2011年2月21日。

潘菽

潘菽年表图

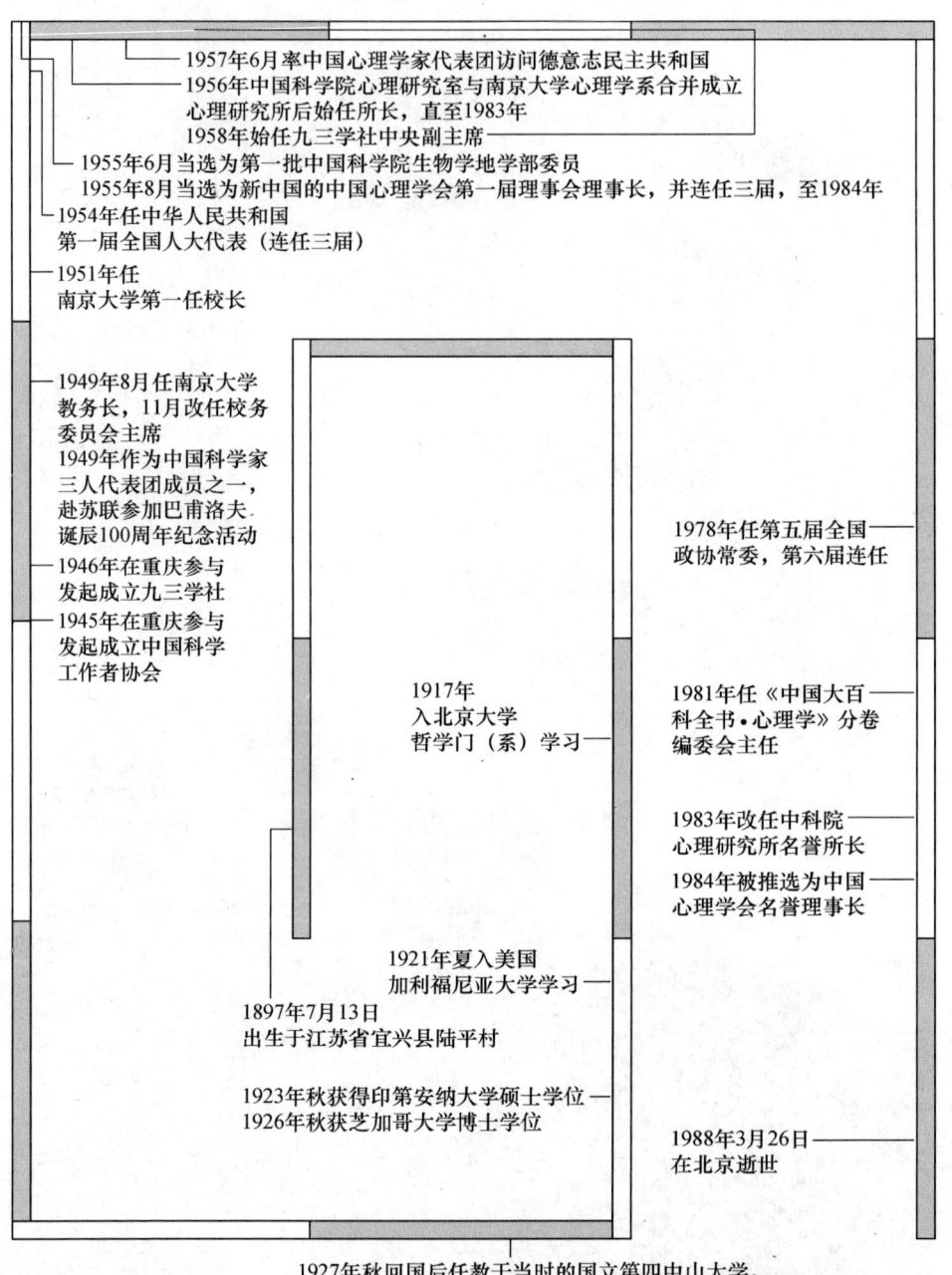

潘菽（Pan Shuh，1897—1988），原名淑，字水叔，号有年。中国著名心理学家、教育家和社会活动家，中国科学院资深院士。早年就学于北京大学哲学门，1921年留美主修心理学，从此开始了他艰难曲折的心理学历程。1927年回国后，从任中央大学理学院心理学系教授到当南京大学第一任校长，杏坛授业30年，为中国教育事业作出了重要贡献。从20世纪50年代中期到80年代中期，长期担任中国心理学会理事长和中国科学院心理研究所所长，是新中国心理学工作和心理学专业队伍的主要组织者、领导者，也是中国现代心理学的奠基人之一和理论心理学的开拓者。他一向最关注的是心理学的发展方向和道路问题，晚年提出建立具有中国特色心理学的战略目标和实现这一目标的主要途径，被认为是发展中国心理学的纲领。为了从根本上提高心理学的科学性，他主要致力于心理学基本理论的研究，提出了许多深刻以至独到的科学见解，基本形成了自己的理论体系，在我国心理学界有广泛而深刻的影响。

潘菽还是九三学社和中国科学工作者协会的主要创始人和领导人之一。曾任第一、二、三届全国人大代表，第五、六届全国政协常委和第七届全国政协一次会议主席团成员，为新中国的多党合作事业做出了积极的贡献。

一、家世与成长

1. 芸窗苦读

　　1897年7月13日,潘菽出生于江苏省宜兴县(现为市)陆平村一户书香门第。其祖训是"耕读传家,不入仕途"。潘菽的曾祖父和祖父都是清朝举人,两个伯父均为光绪年间的秀才,父亲潘莱华在村上开设蒙馆,兼务农事。潘菽兄弟姐妹九人,五男四女,他排行老二。五岁时的潘菽看到他的哥哥、姐姐和邻居家的孩子们在蒙馆里像唱歌一样的高声朗读,感到非常有趣又十分好奇,便悄悄地挤进屋里,乖乖地坐在一边听。这么小的年纪,对老师讲的内容自然难于听懂,却能默默地记住。当别的学生被老师叫起来考问而答不出时,他却能一字不差地背出来。这使当老师的父亲大为吃惊。次年,潘菽便作为一名正式的学生开始在父亲的私塾里接受启蒙教育。清末民初,废科举兴学堂,他也进了新式学校。起初先后去苏州、无锡两地考师范学校,因没学过英语,无法通过英语考试,未能录取,只好退而求其次,考取了本县的高小。因所学太浅,感到"吃不饱"。又先后考入一家私立中学和杭州蚕桑学校,但都只读了不长一段时间。后来,省里在常州市开办了第五中学,他考取了三年级插班生,终于在一个较好的学习环境里稳定下来。潘菽天资聪颖又勤奋好学,是全校品学兼优的学生。在每学期末公布的红榜上,他的名字总是在甲等前两名。他的兴趣广泛,不仅文章写得好,而且喜欢书法、绘画和篆刻。在《江苏省立第五中学校杂志》上经常刊登他的文章和其他作品。当时,五中校长童伯章和知名教师史贤夫都十分欣赏他的好学与多才,曾分别为他书写对联、条幅以资鼓励。少年时期的潘菽已阅读了许多先秦诸子及宋明理学著作,并为先哲们深邃的思想所吸引。他尤其崇拜宋代思想家朱熹。在《中学同学录》的末页上,他题诗言志,希望将来做一个像朱熹一样的大学问家。

　　潘菽中学毕业后很希望考大学继续深造,但父亲不同意,主要原因是经济困难。潘菽的姑姑和已参加工作的胞兄潘梓年[①]都极力支持他报考大学,并表示可以负担部分学费。既然经济问题可以解决了,潘父便欣然答应了儿子考大学的要求。哥哥潘梓年建议弟弟考北京大学,因北大很有名气,学费也不算高。尤其是新任校长蔡元培[②]很开明,讲究修养,又很有学问。当时的北大分预科和本科两级,一般都是先考预科,学两年后才能进本科。潘菽很争气,竟以优异的成绩直接考取了哲学系本科,终于圆了他的大学梦。

2. 大学生活

潘菽 1917 年秋季进入北京大学,也正是蔡元培先生从欧洲回来做北大校长的第一个学期。从管理十分严格的中学来到北大,潘菽感到"如太空,如大海,一无拘束,十分自由"。不但没有学监或训导长之类的人,就连排班、点名、吃饭时排队、晚上按时熄灯等等规定也都没有了。学生来不来上课,学习努力不努力,完全由自己。选什么课,是否在校内用餐和住宿也没有人过问。在蔡元培校长"兼容并包"的开明办学方针主导下,各种学术思想可以自由宣传,各种学术团体也可以自由组织,学术空气十分活跃。学校开设的课程并不多,却极具多样性。哲学系的主要课程有胡适[③]的中国哲学史,陈大齐[④]的西洋哲学和心理学,还有庄子哲学、宗教哲学、逻辑学、印度哲学、人类学和生物学等。潘菽以为讲得最好,他最有兴趣的课就是胡适的中国哲学史课。这门课主要讲了从古代到春秋

[①] 潘梓年(1893—1972),1927 年参加中国共产党,早期是上海左翼文化运动的领导人之一,抗战期间任驻国民党政府所在地重庆的共产党机关报《新华日报》社社长。新中国成立后任中国科学院哲学社会科学部副主任,兼哲学研究所所长,是中国科学院哲学社会科学学部委员,一级研究员,曾任第一、二、三届全国人民代表大会代表。

[②] 蔡元培(1868—1940),字鹤卿,号孑民,中国著名教育家,浙江绍兴人。曾任民国时期的教育总长,积极推行教育改革。1917 年就任北京大学校长,任内"循思想自由原则,取兼容并包主义",推行近代科学文明,为新文化运动的发展创造了有利条件。他是心理学的积极提倡者。1907—1913 年曾两度留学德国,在莱比锡大学亲聆 W.冯特讲授心理学课程。在北大任校长期间,于 1917 年设立了中国第一个心理学实验室,1926 年成立了心理学系。在他出任中央研究院院长期间,于 1929 年成立了心理研究所,成为心理科学在中国发展的始原。

[③] 胡适(1891—1962),原名胡洪(马辛),字适之,安徽绩溪人。中国著名学者、文学家、哲学家。因提倡文学革命而成为"五四"时期新文化运动的领袖之一。1910 年留美,师从杜威,1917 年获哲学博士。曾任北京大学教授、校长,国民政府驻美大使,台湾"中央研究院"院长。著有《中国哲学史》(上)、《五十年来之中国文学》等。

[④] 陈大齐(1886—1983),字百年,浙江海盐人,中国现代心理学的先驱。曾任北京大学教授、哲学系主任、教务长、代校长,台湾大学教授,台湾政治大学教授、校长。1917 年在北京大学创建了中国第一个心理学实验室,1918 年出版了中国第一本大学心理学教科书——《心理学大纲》,还著有《哲学大纲》、《荀子学说》等。

战国这一时期思想家的哲学思想。胡适曾布置一个作业,让学生写一篇关于惠施①和公孙龙②的文章,潘菽围绕惠施的"天与地卑,山与泽平"和公孙龙的"白马非马"等主要命题中的辩证思想及某些片面性,评述得头头是道,文章写得很漂亮,又颇有见解,胡适给了他"甲上"的最高评定。胡适还请他的美国老师、哲学家、教育家杜威来北大讲学。杜威用实用主义的观点,结合欧美的现实宣传他的资产阶级民主主义教育思想,强调教育是重建人类社会、政治和道德最健全的工具。杜威的演讲对潘菽很有吸引力,他每次都去听。欧美的科学与文化给他留下了深刻的印象,这对他早年的思想和后来专业方向以及就业选择都颇有影响,尤其使他对教育加深了认识,并产生了浓厚的兴趣。

北京大学毕业时的潘菽(当时名淑)
资料来源:北京大学毕业同学录

潘菽在北大读书的三年,正是五四运动酝酿、爆发并向纵深发展的重要历史时期,北大无疑是新文化运动的中心。蔡元培校长本着"兼容并包"的办学方针和"学术思想自由"的指导思想,聘请了不少有新思想的著名教授来校任教。这些人充分利用北大的讲坛和学术阵地,积极宣传进步思想和新文化。潘菽很喜欢陈独秀主办的《新青年》杂志,每期必读。他还仔细阅读了李大钊主编的"马克思研究"专号以及许多介绍马克思主义的文章,并从中受到了马克思主义的启蒙教育。

潘菽最喜欢的就是北大学校的自由和宽松的环境。正是这样的环境,培养了他主动求索,独立思考的好习惯。多年后他在追念北大生活时写道:"在北大学生的心中是没有权威的",师生之间也很平等,"学生在教室里质问老师,互相辩难,弄得面红耳赤"。当忆及在北大几年的收获时,

---

① 惠施(约公元前 370—318 年),战国中期宋国人,仕魏,曾任魏相,是著名的政治家、思想家。
② 公孙龙(约公元前 325—250 年),战国中期赵国人,曾做过平原君的门客,著名思想家。

他又写道:"回想起来,所得到的益处还是从耳濡目染而来的多,从教室里听来的少"。"北大所给我的最重要的教育是见解上的廓清和解放。我觉得这是我过去所受的教育中最可珍贵的一项。我宁可不要我现在所有的一些零七八碎的知识,我不愿意抛弃五四时代的北大所给我的那一份礼物。"①

1920 年潘菽以优异的成绩由北大毕业。正巧,当年江苏省要招官费留学生,名额极少,这是一个难得的机会。他顺利地通过了南京的初试和北京的复试后被正式录取。1921 年春,他同几位中国同学一道登上了一艘叫"南京号"的中国客轮离开上海,在大洋上度过了二十八个昼夜,抵达彼岸的美国城市旧金山,开始了六年之久的留学生活。

3. 异国深造

在"教育救国"思想的驱使下,加之受杜威讲学的影响,潘菽决定到美国学教育。到美国后,最初是在加利福尼亚大学学习。过了一段时间,他思想上产生了一个变化,感到美国的教育不一定适合中国的国情,用美国式的教育也未必能解决中国的问题,因此想改学别的。在当时所学的课程中有心理学的课程,并且还巧遇先期来这里主修心理学的蔡翘②还有郭任远③等。郭

潘菽(后排中)在芝加哥大学求学时与中国同学杨武之(杨振宁之父)(后排右)、吴有训(前排右)、蔡翘(前排中)等合影
资料来源:潘菽子、媳潘宁堡、陈绍英提供

当时已是高年级的学生,毕业前就已在美国的心理学刊物上发表研究报告。这

---

① 潘菽(1945). 追念中的五四时代. 潘菽全集,第七卷. 北京:人民教育出版社,23—24. 原载《青年知识》1945 年第 1 卷第 1 期.

② 蔡翘(1897—1990),生理学家,医学教育家,中国科学院院士。早年就读于北京大学中文系,后留美主修心理学和生理学,获芝加哥大学博士学位。解放后历任南京大学医学院院长、第五军医大学校长、军事医学科学院副院长、中国生理科学学会理事长等职。

③ 郭任远(1898—1970),中国行为主义心理学家。1918 年赴美国加利福尼亚大学伯克利分校深造,1921 年发表第一篇论文《取消心理学上的本能论》,激起"本能"论战。1924 年任复旦大学代理校长,1929 年出任浙江大学生物系主任,1933—1936 年任浙江大学校长,1940 年曾一度创建中国心理、生理研究所并任所长。

也使潘菽对心理学产生好感和兴趣。潘菽与蔡翘的住处很近,常与其讨论心理学方面的问题。这种讨论更使他增进了对心理学的认识。他觉得心理学作为研究人的科学有非同寻常的重要意义。因为世界上的事情都是要人去做的,对人有了一个科学的了解之后,一切事情也就比较好办了。他感到心理学比教育学具有更根本的性质,是一门重要的基础科学。因此,学教育不如学心理学。基于这种认识,他决定改学心理学。由此,也开始了他的心理学历程。

潘菽在美国先后进了四所大学。先是到加利福尼亚大学。为了节省开支,一学期后与蔡翘一起转入生活费较低一些的印第安纳大学。在此期间,他补学了所有基础课程,并作了关于汉字问题的心理学研究,取得了硕士学位。有一个暑假,他还去了俄亥俄州立大学读了一个季度。1923年秋,又转入芝加哥大学继续深造,主科仍为心理学,副科是动物学。在哈微·卡尔[①]教授的指导下,完成了题为"背景对学习和记忆的影响"(The Influence of context upon learning and Recall)的论文,于1926年秋取得博士学位。

潘菽在美国留学期间,选读了几所大学所开设的与心理学和动物学有关的全部课程,还学了部分理化方面的课程。在所学的课程中,他最喜欢、最受益的是实验心理学。所有的实验他都认真地去做,并认真地写实验报告。对实验报告中的"讨论"部分,他更是特别下功夫,不但用心地写出对实验结果的解释,还常发表自己的一些见解。因此,他的实验报告经常得到"优"的最高评分。潘菽学习非常刻苦,生活也十分艰苦。他性格内向,不爱交际,更舍不得花时间和经费去旅游,也不喜欢文娱体育活动。六年之中从未休过假期,一年年,一月月,他总是在图书馆或实验室学习或从事实验研究。取得博士学位后,本可以回国了,但他还想再多学一些东西。经费花完了,就到餐馆当杂工,半工半读。每天下午五点上班,到快天亮时才返校。为尽量节约开支,他在印第安纳大学学习期间,与蔡翘合租一间房,共睡一张床,同盖一床被。到了芝加哥大学,他又一度与五、六位中国同学合伙轮流做饭吃。就这样,他又留在芝加哥大学继续学习一年,于

[①] 卡尔(Harvey A. Carr, 1873—1954),美国心理学家,1919—1938年任芝加哥大学心理学系主任,1926年当选美国心理学会主席。

1927年秋回国。从读私塾到取得洋博士学位,潘菽在求学路上奋斗了整24个春秋。

二、杏坛授业,广植桃李

1. 执教经历

潘菽回国后本希望在高校做一名助教,以便有较多的时间学习,继续充实和提高自己。不料一回国就被当时刚组建的国立第四中山大学聘为副教授,不到半年又提升为教授兼心理系主任。这所学校是1927年由原东南大学、江南工程大学等多所专科以上学校合并组建,不久改称江苏大学,后来又定名为国立中央大学(以下简称"中央大学"或"中大")。解放前,潘菽一直在该校理学院心理学系任教授并两度任系主任。南京解放后,潘菽受命参与了南京及华东地区大学的接收和院系调整工作。中央大学经调整后,改称南京大学(简称"南大")。1949年8月,南大成立校务委员会,潘菽任常委、教务长,同年11月接替调任新中国林垦部长的梁希,任校务委员会主席。1951年改为校长制,他被任命为南京大学第一任校长,直至1957年正式调离①。

从任教授到当大学校长,潘菽于杏坛授业30年,为国家培养了大批人才,尤其是心理学方面的专门人才。他的从事心理学专业工作的学生后来都成了我国心理学队伍的骨干力量,或成为知名的专家、教授。在他担任南大主要领导职务的8年中,

潘菽(前排中)在中央大学礼堂前留影
资料来源:潘菽子、媳潘宁堡、陈绍英提供

---

① 实际上,1956年9月潘菽即离开南大到北京,开始主持中国科学院心理研究所的工作。此前8月18日,国务院批准成立中国科学院心理研究所,12月22日,中国科学院心理研究所在北京正式成立,潘菽正式上任。——作者注

学校由接管到正式开学上课,以至逐步走上正轨,经历了接管、院系调整、课程改革及其他一系列改革、改造和政治运动。潘菽在党的领导下,废寝忘食,夜以继日地工作,为改造旧大学,建立人民的新大学,"做出了不可磨灭的历史性贡献"①。

2. 良师益友

潘菽的知识渊博又扎实。在心理学系他曾讲授过普通心理学、实验心理学、社会心理学、理论心理学、生理心理学、比较心理学、应用心理学等十来门主要课程。他讲课从不用现成的教材照本宣科,而是自编讲义。他编的讲义或写的书有一个最突出的特点,就是有自己的独立见解,并自成体系,而不是照搬别人的东西。他不善言辞,但他认真负责的态度,朴实无华的言辞,丰富深刻又新鲜的内容和深入浅出的讲解却引人入胜。他的文笔极好,写的文章不仅很有见地,观点鲜明,而且十分幽默风趣。他的讲话,虽然口才不那么流利,但思想深刻,逻辑性很强,思路十分清晰,一字不差地记录下来,就是一篇很好的文章。他晚期刊出的文章,有不少就是根据他讲话的记录整理而成的。

潘菽的教学态度一向极为认真负责,一丝不苟,在学生中有口皆碑。心理学系的学生很少,有时有的班级只有一两个学生。即使这样,他也从不敷衍,照样认真备课,站在黑板前面对着一两个学生讲课,像对着满堂的学生讲课一样。一次,一个学生缺了一堂课,也没有做实验,事后抄了同学的一份实验报告交差。潘菽发现后立即找来那个学生,严肃地批评了他,并单独给这个学生补了课,还指导他重做了实验,重写了自己的实验报告。几十年之后,年逾花甲且已成了大学教授的这个学生,每忆起此事,都对他的老师潘菽先生钦佩不已。

潘菽还非常讲究教学方法。他反对灌输式的教学,注重启发,鼓励独立思考,善于调动学生的积极性、主动性。有时,他事先给学生指定参考书,拟好思考题,让学生在独立自学的基础上上讲台谈学习心得,通过交流,互相启发,最后他再做总结。在考试时,他有时只出一道较大的思考题,让学生自由发挥。这样,

---

① 引自南京大学党委书记、经济学家洪银兴教授 2007 年 5 月 23 日在纪念潘菽先生诞辰 100 周年暨潘菽先生塑像揭幕仪式上的讲话。(未发表)——作者注

不仅可使学生牢固地掌握知识,而且也学会了如何学习、如何研究,培养了学生的自学能力和独立研究问题、解决问题的能力。

潘菽既教书又育人,身教重于言教。他平时言语不多,但处处以身作则,为人表率,影响学生于潜移默化之中。他的一个学生深有感触地说:"我说不出他是怎样教育我的,但我却感到他确是在时刻教育着我。一个赞许的微笑,一个不以为然的表情,都给人以如何明辨是非,如何做人的启示"。[①]

潘菽对学生十分关心爱护,态度和蔼可亲,作风平易近人。平时总喜欢穿一件半旧的蓝布长衫,没有一点架子,很有忠厚长者的风度。正因为这样,学生有困难有问题,都爱找他倾诉,平时也喜欢到他宿舍谈心,甚至结婚时的证婚人也乐于请他来当。在学生心目中,潘菽既是良师,又是益友。

3. 教育主张

潘菽在多年的教育实践中,不仅积累了丰富的教育教学经验,而且十分重视我国教育理论的研究。他常在报刊上发表文章,对当时我国教育方面存在的问题表明自己的看法,对发展我国的教育提出过许多有价值的主张,并在自己力所能及的范围内努力付诸实践。

有这样一件事:1945年日寇投降时,中央大学心理学系的一群学生来到潘菽的住处,与他一起庆祝胜利。一个学生问潘菽:"今后我们中国是走苏联的路呢还是走美国的路?"他十分干脆地回答:"走我们自己的路。"

"走自己的路",不仅是潘菽的政治主张,也是他对发展我国科学和教育的一个根本的主张。

1937年他在一篇文章中写道:"中国自前清废科举、兴学堂以来,所谓新教育,虽然在制度和方法上曾经过许多次的改革,但每一次的改革差不多都是模仿别人的。"他认为借鉴是必要的,但一味模仿,机械地照搬是没有出路的。因为"一种制度或一种方法,决不是凭空生出来的,他们都是针对着实际情形以解决实际问题的。……他国的社会情形和我国的社会情形并不相同,因此他们所有实际上的教育问题,和我们所要解决的实际教育问题未必一致。"潘菽明确指出:

---

① 引自苏州大学教授黄乃松写给本文作者的信。——作者注

"中国的教育必须密切地适合于中国的实际社会和国情以及民族复兴的需要。"①当时,有的爱国教育家搞了一些适合我国国情的探索,如小先生制度、流动学校等。有的人对这些探索指手画脚,认为它们太简单,简直算不得是教育。而潘菽则为之辩护,为之叫好,对这些探索寄予希望,说它们都是完全破除了模仿的途径而想把教育密切适合中国社会的实际情形和急切需要的。他还亲自到陶行知先生在重庆创办的社会大学去讲课,用自己的行动来支持爱国教育家的探索和创新。

潘菽在南京大学任校长时作报告
资料来源:潘菽子、媳潘宁堡、陈绍英提供

新中国成立后,我国在各方面都学习苏联。潘菽认为,学习苏联的先进经验和先进科学是十分必要的,他的态度也是积极的。但是,他很不赞成盲目地一切照搬苏联模式的做法。在南京大学做校长时,他对苏联专家过多的干预和我们的有些领导对苏联专家的意见不考虑是否适合我国国情而言听计从的态度很有看法。但在当时的情况下,顾虑颇多,自做寒蝉,却又心有不甘。于是,到1957年7月,在第一届全国人民代表大会第四次会议上,他以人大代表的身份递交了一篇"对两个教育部的几点批评"②的书面发言。在书面发言中,他尖锐地批评了两个教育部机械地盲目地学习苏联,把南京大学心理学系撤销,使心理学教育工作以及新中国心理学的发展遭受不应有的挫折。他还进一步直截了当地指出,两个教育部的有的领导人不适于领导科学和高等教育工作,需要改正。

潘菽对大学教育有独到的见解。他在"大学教育之我见"③一文中提出:"大

---

① 潘菽(1937).中国教育的新阶段.潘菽全集,第八卷.北京:人民教育出版社,32—35.原载《教与学》1937年第3卷第1期.

② 潘菽(1957).对两个教育部的几点批评.潘菽全集,第八卷.北京:人民教育出版社,504—508.原载《人民日报》1957年7月5日。"两个教育部"指当时的教育部和高等教育部.

③ 潘菽(1929).大学教育之我见.潘菽全集,第八卷.北京:人民教育出版社,18—25.原载《国立中央大学半月刊》1929年第1卷第5期.

学应该是陶冶社会文化的洪炉。但所谓文化不仅包括学问和知识,并且包括生活的理想和态度。"因此,大学除传授知识,还应给学生以"生活的训练和陶养",培养学生的民族感情和生活理想,使学生养成良好的社会习惯,获得自由主动的能力。潘菽还十分重视大学中的科学研究工作和人才的培养问题。他认为,大学不应成为一个单纯的知识传习所,而必须兼是一个科研机构。大学教师也不应只是一个教书匠,必须兼是一个科学研究工作者或科学家。有位大学校长说:"大学者,大学者之所在也"。潘菽认为,这句话虽然寓意深刻,文字也颇有趣,但说得还不够全面,还漏了大学者的培养这个大学应承担的重要责任,应改为"大学者,大学者之所趋,大学者之所出也。"[1]

潘菽特别重视职业教育。他在"中国职业教育理论的建立"[2]和"私拟中国职业教育原则"[3]等文章中,对职业教育的意义和范围,职业教育与自由教育的区别,为什么中国需要职业教育,中国需要怎样的职业教育以及如何实施等,都做了系统而充分的论述。他特别强调指出,中国教育应实现"一元化",即要"把中国整个教育系统都职业化"。针对社会上轻视职业教育的偏见和危险倾向,他尖锐地指出,职业教育的地位,"仿佛只是侍婢而不是夫人。它好像只是为了不能'上进'的贫寒青年而设的,如要'上进',则最好由小学而普通中学而大学那条'正途'"。潘菽关于职业教育的见解,在今天看来,仍然有许多可取之处。他所批评的偏见和倾向,在当今社会上也仍未根除。潘菽对职业教育的重视也体现在行动上。抗战期间,他被黄炎培所创办的中华职业教育社聘为研究主任兼中华职业学校教务主任,为我国早期职业教育的发展做出了实实在在的贡献。

三、艰难曲折的心理学历程

心理学不同于其他科学,它研究的对象是极为复杂的人类自身的心理现象,是一门兼有自然科学和社会科学双重性质的边缘科学、中间科学。这门科学的

---

[1] 潘宁堡,陈绍英(2007).在时光隧道中钩沉——缅怀父亲潘菽.(未发表)
[2] 潘菽(1941).中国职业教育理论的建立.潘菽全集,第八卷.北京:人民教育出版社,125—135.原载《教育与职业》1941年第195期.
[3] 潘菽(1944).私拟中国职业教育原则.潘菽全集,第八卷.北京:人民教育出版社,175—191.原载《教育与职业》1944年第199期.

发展与经济社会的发展有着不同寻常的密切关系。由于我国以往种种社会条件的限制和心理学本身的原因，我国心理学注定要经历十分坎坷的道路。自然，潘菽作为中国早期为数寥寥的心理学拓荒者之一，所能走的道路，像他自己所说，"并不是现成的康庄大道，而仿佛是山间之蹊径，颇为崎岖曲折，有时还要披荆斩棘。"[①]晚年，他回顾自己的心理学历程，将其大概分为六个阶段，即十年立志、十年彷徨、十年探路、十年依傍、十年自强、十年播扬。潘菽是与中国现代心理学一起成长起来的心理学家。他在心理学上所走过的道路可谓是中国现代心理学历史发展的一个缩影。他为心理学的奋斗精神也堪称中国老一辈心理学家披荆前进的一个典范。

1. 十年立志

潘菽初识心理学是在北京大学求学时期。他的第一位心理学老师是陈大齐教授。由于当时所讲授的内容比较简单，这门课程并没有引起他特殊的兴趣。根据潘菽晚年对自己的心理学历程的回顾，他走上心理学的道路有些偶然的原因。1921年春潘菽于北大毕业后，正好遇到一个报考公费留学的偶然的机会，他被录取去美国留学，并决定去美国学教育。到美国后又巧遇先期来美专修心理学的中国同学蔡翘和郭任远，从与他们的交往中增进了对心理学的认识，并产生了兴趣。同时又感到美国的教育不一定符合中国的国情。于是，决定改修心理学。

19世纪20年代，当潘菽立志一生致力于心理学的时候，心理学正处于学派林立，众说纷纭的时期。通过逐步深入的学习，对心理学的情况有了更多的了解以后，他感到，心理学确实是一门很值得研究的重要学科，同时又感到心理学还不大像一门真正的科学，因为心理学家们对心理学中一些根本性的理论问题各说各的，存在很大分歧。然而，这种情况并没有动摇潘菽的志向，反而更加坚定了他对心理学的信心和学习心理学的决心。他认为，心理现象是客观存在的事实，而凡是客观存在的现象都能够对它们取得科学的认识。因此，心理学也必然

---

① 潘菽(1987). 我的心理学历程. 潘菽全集，第一卷. 北京：人民教育出版社，23—45. 原载《潘菽心理学文选》，南京：江苏教育出版社，1987，1—20.

能够成为一门科学。现时的心理学还不够科学,就需要有更多的人去加强研究,并且更重要的是要去找出它所以长期不够科学的原因。他下定决心,要付出一生的力量,为使心理学成为真正名实相符的科学而有所作为。他坚信,心理学作为研究人的一门重要科学是很有前途的,是值得为之奋斗一生的。潘菽在颇长一段时期内一直认为,心理学是研究"人类现象的基本原理的",因而应把心理学改称为人理学。

<<< 专栏一

一个名词的建议[①]

……心理学并不是研究什么心或心的生活(mental life)的。心固然没有这种东西,心的生活也很费解。又一般人的误解也大半都从心理学这个名词而起,所以心理学这个名号实在是颇有问题的。照作者看起来,心理学最好称为人理学,这和它的内容最相适合。因为心理学所研究的是人类现象的基本原理。人理学和生理学及物理学并峙为三种基本的科学,研究三种不同的自然现象的基本原理。这样一来,我们的科学也有了一个完整的系统。

……

来源:节选自潘菽(1929).心理学概论.北新书局1929年7月初版,1932年9月再版.见《潘菽全集》第一卷.北京:人民教育出版社,147—224.

>>>

2. 十年彷徨

1927年秋,潘菽学成回国。当时,中国现代心理学正处于创建时期,一些大学纷纷成立心理学系,一片兴旺景象。他被最早成立心理学系的第四中山大学聘为副教授,半年后升为教授,兼心理学系主任。他本来以为此后可以专心致志

[①] 潘菽直到1945年为中央大学心理学系开设的《理论心理学》课中仍坚持这样的观点,认为"心理学应称为人理学","心理学并不是研究心,而是研究人","心理学的对象是人类生活的一般法则或原理"。——作者注

地从事心理学工作了。但好景不长,20世纪30年代初,由于日本帝国主义大举侵入,加之国民党消极抗日、积极剿共,我国陷入内忧外患的状态。在当时的情况下,很难再开展心理学的研究。同时,潘菽对心理学存在的根本问题和应该走一条什么样的道路也看不清楚,这使他一度陷入彷徨。他本来设想,可以通过实验研究,以消除心理学中的歧见,求得在科学道路上的发展。但在当时的社会情况下,根本没有条件开展实验研究。同时,经过几年的探索,他意识到,即使有条件照他的想法去做,也未必就能取得所期望的结果。

1933年,潘菽的胞兄潘梓年建议他读读列宁的《唯物论与经验批判论》。这是他最早看到的马列主义经典著作,虽然读得不仔细,也未能真正看懂,但他感到书中的一些论点对心理学很有启发意义,并"隐隐约约地看到心理学的出路所在"。但这却更增加了他的彷徨。因为对心理学的前途似乎看到了一线新的曙光,但又很不清晰,而原来的想法却受到了更大的冲击,以致产生"两头无着落"之感。但他对心理学的信心却丝毫没有动摇,并使他在思想上产生了一个重要转变,开始认识到,"此后的问题是要对自己的心理学工作做较大的方向调整,到马列主义方面找寻心理学的科学出路。"[1]

3. 十年探路

20世纪30年代后期,抗战形势日趋严峻,社会更加动荡不安,经济和科学发展自然也面临严重困难,心理学更是遭受到重大挫折。一些大学纷纷取消心理学系,心理学者普遍感到学了心理学很"倒霉"。一些很有才能的心理学者被迫改行。面对十分幼弱的我国心理学可能夭折的厄运,潘菽接连在报刊上发表文章,争取社会各方面对心理学的了解、重视和支持,坚定同行们的信心。他在"替心理学辩护"[2]一文中写道:"无论从哪一方面看,我们都不能否认心理学的价值和重要。它所有的唯一罪过是年龄太幼,它在中国所有的唯一罪过是中国现在这种社会还不适宜于它的生长和繁荣。……心理学必须等社会进步到某一阶

---

[1] 潘菽(1987). 我的心理学历程. 潘菽全集,第一卷. 北京:人民教育出版社,23—45. 原载《潘菽心理学文选》,南京:江苏教育出版社,1987,1—20.

[2] 潘菽(1939). 替心理学辩护. 潘菽全集,第二卷. 北京:人民教育出版社,190—198. 原载《新民报》1939年,第2卷第14期.

段……才能得到充分的发展,并充分显示出它的价值。"他还向一些意欲改行的同行们大声呼吁:"科学上探求真理……要百折不回。……我们最多不过受到社会上的一点误会而已,我们毫没有因此就要沮丧或去而之它的理由。"他的这种坚定态度,在当时的社会上,尤其是心理学界产生了积极的影响。

抗日战争期间,潘菽随中央大学内迁重庆。在重庆的八、九年,他以很多精力积极投入抗日民主爱国斗争,虽无条件开展学术研究,但仍一直坚守着心理学这块科学阵地。在此期间,他与中央大学、重庆大学的十几位进步教授自动组织起来,自觉地学习马列和毛泽东的著作。潘菽因为带着心理学的问题,怀着为心理学探路的目的而学,学习更加努力,从中受到很大教益。尤其是重读列宁的《唯物论与经验批判论》,温故而知新,他深受启发。他在后来回顾中写道:"就我的心理学而论,在八年抗战阶段里虽然谈不上有所长进,但我的学术观点开始有了转变,对马列主义理论有了最初步的认识。这对我的心理学研究是有相当重要意义的。"[①]他以自己学习、研究所得,为中央大学心理学系的学生开设了一门新课——理论心理学,试图用刚接触到的新的哲学思想来解释心理学中的基本理论问题,为心理学探索新的发展道路。

4. 十年依傍

新中国成立后的十来年中,一切都学习和依傍苏联,心理学自然也不例外,从学科设置到理论观点,全部照搬苏联。潘菽早就对苏联心理学在新的方向上的发展颇为向往,此时,也是积极地学习和取法于苏联心理学。这种学习在当时确实是必要的,也是有积极意义的,但从长远看,这种盲目照搬式的学习,却也限制了我国心理学的发展。

在此期间,我国高等学校经院系调整,全国只有潘菽所在的南京大学保留了心理学系。除此之外,北京大学按照苏联的模式,在哲学系内设了一个心理学专业。但主管领导部门仍嫌太多,要把两处合并。由于潘菽坚持认为不妥,才一时未作决定。1955年,南京大学遵从高等教育部的意图,以便于领导为由,决定将心理学系并入生物学系,变为心理学专业。继而又决定南大停办心理学专业,将

[①] 潘菽(1987). 我的心理学历程. 潘菽全集,第一卷. 北京:人民教育出版社,23—45.

其划归中国科学院。这样,偌大一个中国也就只有北京大学一个心理学专业了,这对新中国心理科学的发展显然是十分不利的。潘菽对这种种缺乏远见的错误决定很有意见,但虽身为校长,却无能为力。此时,1951年就在北京成立的中国科学院心理研究所(简称"中科院心理所"),因条件欠缺于1953年改为心理研究室,正积极创造条件恢复研究所建制,并已得知南京大学的调整方案,很希望将南京大学心理学系并入。在此情况下,潘菽着眼于我国心理学发展的大局,明确表示不愿再当脱离专业的南京大学校长,而要同心理学系在一起。于是,中国科学院与南大便达成将南大原心理学系与中科院心理研究室合并的协议。潘菽毅然离开工作和居住30年的古都南京,于1956年携原心理学系全体人员,连同全部图书、仪器,举家迁到北京,与中国科学院心理研究室合并,扩建为心理研究所,并被任命为所长。潘菽此举促成了中国科学院心理研究所的重生,从而为心理学在我国的生存和发展开辟了后来一直是我国心理学研究中心的新基地,同时,也找到了自己的归宿。

5. 十年自强

在"文化大革命"中,心理学被诬判为"伪科学",全国唯一的中国科学院心理研究所被撤销,潘菽自己也被打成"资产阶级反动学术权威"。那时,他已是古稀老人,而且是正在全休的心肌梗死病患者,但抄家、批斗、劳改等均未能幸免。在一次砸烂心理所、批斗"资产阶级反动学术权威"的会上,心理所的大牌子被扯下砸碎并与一堆心理学的图书一起烧成灰烬。他为心理所和心理学所蒙受的灾难而伤心到了极点,回到家中,一串串热泪夺眶而出。但这丝毫也没有动摇他对我国心理学事业的信心。他十分坚定地对夫人庄炳松说:"心理所被砸烂了,撤消了,但心理学作为一门科学是砸不烂,也是取消不了的,前途是光明的,大有希望的"[①]他怀着为我国心理学尽自己可能是最后一份贡献的特殊心情,置个人安危于度外,在批斗、劳改之余,以写"检查"和"交待"材料作掩护,抱病著书立说。在一张张小活页纸上,竟偷偷地写下了50多万字的《心理学简札》的大部分初稿。"文化大革命"后期,一部分稿子油印了出来,在较小范围内流传。有幸读到书稿的人无不为潘菽在逆境中为心理学的生存和今后的发展而忘我拼搏的精神所感动。后

---

① 李令节(1997). 为建立具有中国特色的心理学而奋斗的一生.《心理学动态》,2007(5—3).

来,潘菽在回顾这段经历时写道:"通过写《心理学简札》这项工作,我自以为明确了不少心理学中的问题,较明确地认识了心理学的过去和现在以及未来的趋向,也比较明确了我国心理学的研究和发展基本上应该怎么办。我更加坚信我国的心理学必须自力更生,自强自立,绝不能再一味仰望于任何国家。"①

6. 十年播扬

粉碎"四人帮"后,结束了十年动乱。在中国大地上驱走了寒冬,迎来了美好的春天,中国心理学也获得了新生。为了百废待兴的中国心理学,年已八旬的潘菽当仁不让,勇敢而义无反顾地重新挑起了中国科学院心理研究所所长和中国心理学会理事长这两副重担。在他有效地组织领导下,中国心理学较快地得到了恢复并取得了前所未有的发展。

潘菽一方面不辞辛苦地为中国心理学的恢复和发展运筹帷幄,日夜操劳,同时身先士卒带头从事研究和著述,奋力播扬。就在他生命的最后十来年,总共发表论文和学术会议报告、讲话等60多篇,为各种心理学出版物写序言、发刊词等50多篇。在此期间,还主持修订并正式出版了他主编的高等院校教材《教育心理学》和高级科普著作《人类的智能》。这两部著作分别获全国高等学校优秀教材奖和全国科技图书一等奖。同时,他还花费了很大精力修改并与1984年出版了60多万字的专著《心理学简札》。这部著作是潘菽的代表作,1991年获得《光明日报》的"光明杯"优秀哲学社会科学学术著作荣誉奖,1992年又获国家教委首届高等学校出版社优秀学术专著特等奖。此外,还出版了《潘菽心理学文选》,与高觉敷教授共同主编、出版了《中国古代心理学思想研究》。去世前,他正在主持中国科学院院长基金课题《关于意识的研究》。同时,还担任《中国大百科全书·心理学》分卷编委会主任,主持了该卷的编撰工作。十年间,他还在其他导师的协助下,先后带了三名硕士生和四名博士生,为心理学人才培养付出了大量心血。

晚年的潘菽更是"老骥伏枥,志在千里"。他一方面为中国飞速发展的社会主义事业给心理学提供的大好发展机遇和近些年来所取得的前所未有的进展感

---

① 潘菽(1987). 我的心理学历程. 潘菽全集,第一卷. 北京:人民教育出版社,23—45.

到无比喜悦,同时又为中国心理学工作中仍存在的很多问题以致不能够很好地满足社会各方面的迫切需要这样一种绠短汲深的状况深感不安。他利用中国心理学会的学术会议或工作会议等各种场合和机会,极力呼吁通过改革开创中国心理学的新局面。他认为,自己所以要这样去做,"是一种不能回避的责任"。他在"我的心理学历程"一文中写道:"为了服务于我国社会主义建设,为了我国的心理学的科学发展,我们从事于心理学工作的人,如不能乘我国社会主义建设的强劲东风把我国心理学好好地搞上去,将大大有负于这个伟大的历史时代,也将大大有负于我们自己。"[1]基于对心理学重要性和发展前景的深刻认识,怀着对发展我国心理科学的这种高度的事业心和责任感,潘菽六十年[2]如一日,一心扑在心理学上,锲而不舍,百折不回,无私地奉献了自己的一生。

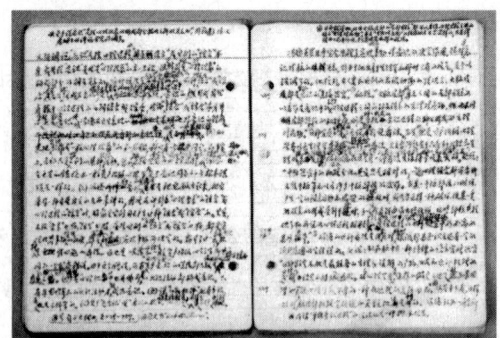 

潘菽的代表作《心理学简札》获奖证书及初稿手迹

资料来源:《潘菽全集》第五卷图 6.7

四、新中国心理学工作的组织者和领军人

1. 身兼两重任,为新中国心理学绘制发展蓝图

潘菽自 20 世纪 50 年代中期到 80 年代中期,除十年动乱期间被非正常"罢官"外,一直担任中国心理学会理事长和中国科学院心理研究所所长这两个中国

---

[1] 潘菽(1939). 我的心理学历程. 潘菽全集,第一卷. 北京:人民教育出版社,23—45 原载《潘菽心理学文选》,南京:江苏教育出版社,1—20.

[2] 指从 1927 年由美国留学回国至 1988 年逝世。如从 1921 年去美国留学主修心理学并立志从事心理学工作计起,应是为心理学奋斗了近 70 年. ——作者注

心理学界最重要的职务,在中科院心理所和中国心理学经历的各个时期、各个阶段,都发挥着极为重要的作用。他是新中国心理学工作和心理学专业队伍名副其实的组织者和领军人,也是中国现代心理学的奠基人之一。

新中国成立之初,潘菽作为中科院心理所筹备处的重要成员和中国心理学会筹备委员会主任,为新中国的这两个最重要的心理学机构的成立发挥了积极的推动作用。1955年8月,新中国心理学会正式成立并召开第一届会员代表大会。会上,潘菽被选为理事长(后连任三届)。面对新的时代和新的要求,他在长篇开幕词中就如何发挥集体力量发展我国的科学心理学,提出了学习马列主义理论和苏联心理学先进经验,密切联系社会主义建设实际开展创造性的研究,加快培养心理学专业人才等十项任务,为新中国心理学的发展指出了方向。

1956年,中国科学院心理研究室与南京大学心理学系合并,扩建为中科院心理所,潘菽被任命为所长。他上任后亲自制订了心理所的发展规划和年度研究工作计划。规划明确提出了三个五年计划期间的基本任务和八个主要研究方向,并提出争取在三个五年计划期间达到

潘菽(右一)率中国科学院心理学考察团在民主德国参观
资料来源:潘菽子、媳潘宁堡、陈绍英提供

或接近世界先进水平。同时对1956至1957年度的研究工作做出了具体安排,对研究课题和人员也都作了相应的调整。接着又亲手制定了研究所的各项规章制度,如所务会议和学术讨论会规程,各级研究人员服务条例,研究生条例,以及文印、人民来信处理和来宾接待办法等等,计十多种。从而使心理所的各项工作很快走上正轨,并为以后研究所的研究和管理工作打下了良好的基础。

2. 排除干扰,坚持心理学发展的正确方向

新中国成立后,我国心理学前进的道路也并非平坦的康庄大道,而是相当坎坷曲折的。由于人们,包括有关主管部门以及某些高层领导人对心理学的重要

性缺乏了解，加之极"左"路线的干扰，尤其是"四人帮"的破坏，使我国心理学屡屡陷入困境，以至在"文化大革命"中遭到灭顶之灾。作为我国心理学的领军人，潘菽为了带领广大心理学工作者尽快把我国心理学搞上去，以适应国家社会主义事业各方面的需求，就不得不尽心竭力顽强地抗争，不断排除错误思想路线的干扰和破坏，以求得我国心理学的生存和健康发展。

1958年，正当广大心理学者遵循"理论联系实际"的原则，分赴工厂、医院、学校、部队开展研究的时候，在时任中央文教小组副组长康生的一手策划下，借"教育革命"之机，通过北京师范大学发动了一场"批判心理学的资产阶级方向"的运动。[1][2] 这场来势汹汹的批判运动很快扩及中科院心理所以及全国心理学界。批判者按康生定的"心理学是党性的阶级分析的社会科学"的调子，武断地认为人只有阶级心理而没有共同的心理活动规律。因而阶级分析是心理学研究的唯一方法。心理学的任务就是研究"工人阶级的心理"和"共产主义的精神面貌"。运动中点名批判了多名知名心理学家，并将他们当作"白旗"拔掉。这场运动严重破坏了心理学正常的教学和科研秩序，搅乱了人们特别是青年心理学工作者的思想，极大地挫伤了学者们的积极性，使方兴未艾的新中国心理学濒临夭折。潘菽与曹日昌等中科院心理所和中国心理学会的领导在中宣部的支持下，通过多次组织心理学界的讨论、辩论，厘清了被批判运动搞乱了的心理学基本理论问题，明确了心理学的研究对象、任务、方法和途径，也明确了心理所要担负的研究任务，从而使心理所和中国心理学的工作重新回到正轨上来。

1965年10月，"四人帮"的重要成员姚文元，借批判陈立、汪安圣在《心理学报》发表的一篇"色、形爱好的差异"实验报告为名再次向心理学发难，给心理学研究扣上了"形而上学"、"唯心主义"、"反科学"的大帽子。在紧接着开展的"文化大革命"中，中国心理学被推到了灭绝的边缘。在这样的逆境中，潘菽在批斗、劳改之余，以写检查作掩护坚持著书立说。同时，他还时刻关注着心理所的动向。1969年8月，心理所全体人员下放五七干校前，由当时掌权的"工宣队"和"军宣队"主持制定了一份心理所"体改"方案。潘菽看到这一方案后自然会有意

---

[1] 薛攀皋口述，熊卫民整理(2006). 自主与干预：心理科学在中国(1949—1976). 科学文化评论，2006 (4)，111—121.

[2] 赵莉如(1996). 中国科学院心理研究所发展史. 中科院心理所印，18—22.

见,但作为被批判的对象又无发言权,于是连夜写了"关于'体改'方案的几点意见"[①]直陈己见。意见书中特别坚持心理学兼有自然科学和社会科学的双重性质。他还强调指出:"我最怀疑把心理学一分为二的意见。心理学有两方面的性质是心理学的一个本质特点,这两方面是不能分割开来互相孤立起来的。"意见书还对心理所应开展的主要研究工作提出了自己的意见。在书面意见中还特别对心理所的图书和仪器设备提出了一条"附带"意见:"现在心理所的图书仪器设备要慎重处理。仪器等过一个时候可能就变为陈旧了,并且还可以买到或自制。图书则有很多是很难或者不可能再买到的,如有失散,真是无法补偿。为了批判就用得着这些图书。"

潘菽的书面意见,当时被造反派斥之为"贼心不死",而广大有良知的正直的心理学者则对潘菽身处逆境仍一心想着心理学,在力所能及的范围内尽力维护心理学的执着精神从内心感到钦佩。他提出的妥善保存图书的"附带"意见尤其可贵,他的保存图书的理由——"为了批判"——更提得非常合理,非常巧妙。也多亏心理所图书馆馆长汪兴安是个有心人,在潘菽的特别提醒下,将全部四万余册书刊整理造册封存,交中科院图书馆代为保管,使所有书刊在十年动乱中得以完好无缺地保存下来。

3. 老当益壮,为中国心理学再立新功

(1) 运筹帷幄,谋划中国心理学的恢复与发展

十年动乱结束后,中国进入新的历史发展时期,心理学也重获新生。1977年6月,中科院心理所正式恢复,潘菽也恢复了所长职务。而此时,心理所原副所长曹日昌、丁瓒和党委书记兼副所长尚山羽已在十年动乱中在各种折磨下病故。年已八旬的潘菽勇敢而义无反顾地挑起了重建心理所并尽快恢复和发展中国心理学的千斤重担。

1977年8月,即"四人帮"垮台后的第二年,当极"左"的余毒尚在,人们还心有余悸之际,潘菽果断地决定在北京平谷召开全国心理学学科规划座谈会。在他的亲自主持下,拟定了规划的初稿。规划对所列研究项目均按三年计划、八年

---

① 潘菽(1969). 关于"体改"方案的几点意见. 潘菽全集,第三卷. 北京:人民教育出版社,226—227.

潘菽在中国心理学会第二届全国
心理学学术年会上致开幕词
资料来源：心理所赵莉如提供

规划和二十三年（1977—2000）设想三阶段安排。这是一个十分详细和全面的规划。它不仅有力地促进了我国心理学事业的恢复和发展，而且对我国广大心理学工作者起了极大的鼓舞作用，被认为是中国心理学发展史上的一个重要的转折点和里程碑。无疑，潘菽在其中起了十分关键的作用。同年11月，潘菽又主持召开了中国心理学会在京常务理事扩大会议，讨论谋划总会恢复工作和各地分会恢复活动问题。会后全国心理学界便开始复苏起来。

1978年12月，中国心理学会举办粉碎"四人帮"之后的第一次全国心理学学术年会。会上，潘菽作了题为"面临着新时期的我国心理学"的长篇报告，提出了使我国心理学现代化的目标和为了实现这一目标而必须切实做好的11个方面的工作，为新时期我国心理学工作指出了方向。此后，他不顾这些年来被折磨得十分虚弱的身体，在家人的陪护下，提着氧气袋去杭州、保定、天津、南京等地出席一个又一个的全国性心理学会议，为我国心理学运筹谋划、日夜操劳。在他的有效组织领导下，中科院心理所和中国心理学得到了迅速的恢复和发展。

一次，他因连续参加心理学会议在外地出差了35天。在正行驶中的长江一客轮上，他由于疲劳过度心脏病突然发作，随行人员一时非常紧张。他虽已无力气说话，但依然显得十分镇静，待服下随身携带的药物后才慢慢恢复过来。随行人员建议改变行程，不再参加接下来的活动而直接返京，他执意不肯，最后还是依了他，按原计划到南京参加了生理心理学的学术年会，还在会上发表了讲话。

(2) 发挥集体力量，开展全国性协作研究

潘菽身兼中科院心理所所长和中国心理学会理事长，负担的确很重。但这也为他把全国心理学工作当作一盘棋、统一谋划提供了方便的条件。潘菽很善于利用这一方便条件，发挥集体力量，开展全国性协作。在1959年和1960年，潘菽就曾把心理所和全国17个省、市、自治区的20所高等学校几十名心理学者

组织起来,以"全日制中小学学制改革问题"为中心,开展了教育心理学研究大协作,取得了对教学改革有积极作用的可喜成果。接着又将这种协作扩展到劳动心理、医学心理等方面。通过这样的全国性协作,不仅取得了对相关领域有实际帮助的成果,而且锻炼了队伍,提高了心理学的科研水平,推动了我国心理学的发展。

十年动乱结束后,为了尽快把我国心理学恢复和发展起来,潘菽更是将这种组织领导艺术发挥到了极致,并大大推动了我国心理学工作的发展。

潘菽(前排左一)陪国务院副总理兼中科院院长方毅(前排右五)接见美国心理学家代表团
资料来源:心理所赵莉如提供

1980年,国际心理科学联合会(简称"国际心联")要在德国莱比锡举办第22届国际心理学大会,并在会议期间举办纪念冯特创建世界上第一个心理学实验室一百周年的活动。为了参与国际心联的这一重要活动并借此开展心理学百年历史经验的总结,潘菽决定在我国心理学界开展评论冯特的学术活动。他亲自挂帅,于1977年10月先在心理所成立了评论冯特专题组,开始准备资料。接着1978年又成立了北京市冯特心理学评论工作组。同年5月在杭州举行中国心理学会全国心理学专业学术会议期间又对这项工作进行了专门研究,并成立了全国评论冯特工作组,对冯特心理学进行了系统深入的研究。在此基础上,在潘菽亲自参与和指导下,撰写了题为"冯特与中国心理学"①的论文。潘菽于1980年在北京由中国心理学会和北京市心理学会联合举行的"冯特创建世界第一个心理学实验室100周年纪念会"上做了三年评冯工作总结②。1980年7月,在德国的莱比锡举行第22届国际心理学大会时,中国心理学会派以陈立③为团长的中国心理学家代表团前往参加,并由陈立在大会上做了"冯特与中国心理学"的报告。报告阐述了冯特对中国心理学的影响以及我国心理学者对冯特的评价,获得与会各国心理学家的好评。这次评冯工作,作为深入总结和交流百年来心理学经验的良好开端,从而把我国心理学理论研究工作推向了一个新的水平,也大大推动了我国心理学的恢复和发展。

潘菽十分重视全国心理学教材建设工作,并善于发挥集体力量,采取协作方式编写教材。他主编的新中国第一部《教育心理学》④就是由心理所和高等学校合作编写的,用潘菽的话说,是"社会主义协作的产物"。在教材编写和修订过程中,他充分发扬学术民主,并在体系和内容以至常用的学术术语上均有所创新。例如,为了与遗传决定论和行为论划清界限,提高学术概念的科学性,他用"智能"和"行动"分别代替以往习以为常的术语"智力"和"行为",以表示人类的智慧是和后天环境的影响以及知识经验获得难以分离的,而人的外部活动是和人的意识密切联系且由意识支配行动。《教育心理学》1980年由人民教育出版社正式出版,荣获全国高等学校优秀教材奖。

(3) 善抓典型和苗头,积极支持有重要意义的心理学研究和著述

潘菽对他认为有重要意义的研究,尤其是联系实际的创造性研究,一向给予积极支持。

1965年,心理研究所的研究人员卢仲衡鉴于美国"程序教学"在理论基础方面的问题和在教学实践中不便推广的缺点,并针对我国传统课堂教学的弊端,首

---

① 潘菽,陈立等(1980). 威廉·冯特与中国心理学. 潘菽全集,第四卷. 北京:人民教育出版社,426—446. 原载《心理学报》1959年第4期.

② 潘菽(1980). 评论冯特,开展心理学百年经验总结. 潘菽全集,第七卷. 北京:人民教育出版社,418—421.

③ 陈立(1902—2004),中国著名心理学家、教育家,曾任浙江省教育厅副厅长、浙江师范学院院长、杭州大学校长和中国心理学会副理事长,荣获中国心理学会终身成就奖.

④ 潘菽主编(1980). 教育心理学. 北京:人民教育出版社. 1963年先作为"讨论稿"在内部发行,1980年正式出版.

次提出班集体与个别化相结合的教学思想,自编教材,开展了中学数学自学教学的研究。经初步实验,取得了较好的效果,并引起了教育部有关领导的重视。因"文化大革命"这项研究中断。1970年下半年卢仲衡因病从五七干校提前回京。潘菽当时仍戴着"资产阶级反动学术权威"的帽子,他主动向卢仲衡问起实验的情况,当得知经初步实验取得较好结果时,当即表示肯定,并鼓励卢仲衡继续编写自学教材,以便作更深入的研究。

1972年,学校"复课闹革命",心理所的同志也从五七干校回京。卢仲衡又开始继续实验研究。潘菽带病徒步到人大附中去看教学实验并参加有关会议。他当时虽尚未恢复所长职务,在参观之后仍鼓励卢仲衡要"坚定地搞下去"。因"文化大革命"仍在继续,研究工作阻力很大,有人提出要取消这一研究。潘菽重新走上领导岗位后果断决定这项研究一定要继续下去。为排除阻力,更有效地支持这项研究,他亲自兼任课题组长,并将该项研究从原来的第一研究室调到他直接领导的第四研究室,还把这一研究定名为"自学辅导教学"。就是这样,在潘菽的极力支持和亲自指导下,这项具有创新意义的研究终于克服了重重困难,冲破种种障碍,取得了重要成果,1985年荣获中国科学院科技成果二等奖。

潘菽不仅对心理学专业工作者的重要研究工作给予大力支持,而且对在基层从事实际工作的非心理学专业人员有价值的研究也给予积极鼓励和扶植。1987年湖南省凤凰县教研室语文教研员给潘菽来信,汇报他们开展"童话引路"教学实验的情况,并希望给予指导。潘菽很快亲自回信,充分肯定这项研究的重要意义和价值,并给予了具体指导和热情鼓励[①]。

潘菽一向很注重心理学研究的创新。在他的倡议下,1980年中国心理学会基本理论专业委员会创办了一个刊物,潘菽将这个刊物定名为《心理学探新》。他在发刊词中开宗明义,明确指出:"这个刊物取名为《心理学探新》,就是要在我国心理学的研究上提倡探索新的方向、新的观点、新的途径、新的领域、新的方法、新的理论、新的前景以至新的突破。"他认为,"由探新而达到创新是科学发展最基本的一条规律,一切科学都要如此。……心理科学无疑也应该如此,并且更

---

① 潘菽(1987).复滕建斌同志并转"童话引路"实验研究小组的信.见《潘菽全集》第九卷.北京:人民教育出版社,372—374.原载《湖南教育》1988年第1期.

需要如此。"[1]他在整个学术生涯中一直在为心理科学探新、创新、破旧立新,他对有创新意义的研究也一向给予大力支持。

(4) 培养干部,提携新人

潘菽对培养干部、提携新人,鼓励心理学者著书立说方面也倾注了极大的热情。在每次全国性的心理学会议上,他都要把培养干部作为一项重要任务提出来。他不但要求心理学的教学和科研机构以及同行这样做,自己更是身体力行。十年动乱结束后,面对心理学人才青黄不接的状况,在恢复招收研究生之后的第一年(1978),他一个人一次就要招6个研究生。心理所党委怕影响他的健康,只给他上报了两名,他还显得不太高兴。他招收研究生不只看其考试成绩,更注重独立思考和创造性思维能力。就在头一年的招生中,有一位考生在面试时并未完全照试题回答,而是结合试题充分利用自己的专业特长,大谈人类智能的计算机模拟问题和对心理学一些基本理论的看法。面试后,有的同志认为,这位考生心理学基础较差,又没按试题回答问题,不大同意录取。而潘菽却很欣赏这位青年的抱负和独立思考的能力,认为很有培养前途,当即决定录取。后来这位学生在心理所毕业后去美国留学,并取得博士学位。

1986年他的一位博士生在论文答辩和评议中未被通过,这件事对他触动极大。他考虑的主要不是个人面子,而是从根本上要改革不利于优秀人才选拔的研究生培养制度。为此,他不仅直接写信给中国科学院领导同志及国务院有关主管部门坦陈己见,而且于1986年4月在中国人民政治协商会议第六届全国委员会第四次会议上联合杭州大学前任校长陈立教授共同提交了一份"建议改善研究生论文答辩办法的提案"。提案列举了现行办法的诸多弊端,建议进行改善、改革。

<<< **专栏二**

建议改善研究生论文答辩办法的提案

现在规定的研究生论文答辩办法是经过一定人数的同行评议,然后投票决

---

[1] 潘菽(1980).《心理学探新》发刊词.潘菽全集,第三卷.北京:人民教育出版社,376—379.原载《心理学探新》1980年第1期(创刊号).

定通过与否。这一办法看似严密合理,但也有大的弊端。一是导师没有发言权。照理,倒是对他所培养的研究生的成绩如何了解的最深,最有发言权。故一个临毕业的研究生在业务上的造诣如何不仅要从他的论文上看,还要从他平日的工作表现和学术思想情况看,而往往后者更重要。而导师是最有条件对此作出估价的。二是既然承认一个人有培养研究生的资格,就应对他有相应的信任和尊重。由他花了不少以至大量的精神劳动所取得的人才产品却要其他一些不一定有足够条件的人来评定,而他自己却完全处于被审查的地位。这种不合理的做法会大大有损于导师培养研究生的积极性而顾虑重重,而研究生则会成为严重的受害者。实际情况就是如此。所以那种办法实在害多而利少。三是不利于百家争鸣。我们所需要的研究生最重要的是要在学术上有独立的见解,有创新的精神。我们也最需要从这方面来评价一个研究生。而这种研究生的论文总不免有一些或不少见解和传统的或流行的观点相冲突。而现在的做法却很容易以一己的偏见或传统、流行的见解来进行评论。这就很不利于优秀研究生的成长,很不利于学术的发展。故研究生论文答辩的最后决定应特别尊重导师的意见,以避免现行办法中可能产生的某些不合理的偏差和对创新的学术见解的忽视或蔑视。为此,特建议国务院有关部门对此加以考虑、改善。

潘菽　陈立
1986 年 4 月 11 日

来源:潘菽,陈立(1986).建议改善研究生论文答辩办法的提案.中国人民政治协商会议第六届全国委员会第四次会议第 1647 号提案.见《潘菽全集》第七卷.北京:人民教育出版社,146—147.

"文化大革命"结束后,随着我国心理学的迅速恢复和发展,新的心理学著作和刊物不断问世。十年之中,他应邀为这些新著作和新刊物作序或发刊词、题词等 50 余篇,足见其对我国心理学工作者的成果给予热情鼓励和扶植的良苦用心。这也是他发现和提携新人的一种方式。南京大学图书馆一位年轻管理人员

陈远焕花了几年的业余时间编了一部《中国心理学文献索引》[①],潘菽不仅欣然命笔为该书作序,称赞本书填补了我国迄今为止尚无心理学文献检索工具书这个空白,"为中国心理学文献库的建立做出了有益的贡献",而且还以中国心理学会名誉理事长和中科院心理所名誉所长的名义给南京大学图书馆和出版社分别写信致谢,并希望他们对陈远焕的工作继续给予大力支持。

4. 走自己的道路,倡导建立具有中国特色的辩证唯物论心理学

潘菽在60多年的学术生涯中,一向最为关注的是心理学的发展方向、道路和提高心理学的科学性这类根本性问题,并且毕生一直在探索改革近代传统心理学和建立辩证唯物论心理学的途径。

早在20世纪30年代,他针对我国学术上的"买办制度"和"全盘西化"的论调,曾连续发表文章,阐述自己关于学术中国化的主张,呼吁学术独立。在心理学上则一贯反对不加分析地照搬外国的心理学,极力倡导开展切合我国实际,能够解决我们自己的问题的研究。

晚年,基于对西方近代心理学发展历史的深刻认识和自己亲身经历的我国近现代心理学发展的曲折道路和经验教训,他多次明确提出,我国心理学必须走自己的道路,不能走传统心理学的任何老路或新路。要坚持改革,努力创新,建立具有我国鲜明特色的辩证唯物论心理学,以便能更好地为我国的社会主义事业服务,并为国际心理科学的发展做出我们应有的贡献。[②]

潘菽还进一步明确提出了改革旧心理学,建立有中国特色的辩证唯物论心理学的四条途径,即:必须以马克思列宁主义哲学的立场、观点即辩证唯物论和历史唯物论作为指导思想;必须密切结合我国社会主义事业的实际和心理学发展的实际创造性地开展研究;要有辨别地继承和发扬我国古代思想家可贵的心理学思想,发扬国光,古为今用;要批判地吸收外国心理学中一切有价值的东西,

---

① 陈远焕(1986). 中国心理学文献索引. 南京:南京大学出版社. 该书收录了1949年10月至1984年12月间的心理学文献题录与书目25000条,是一本大型的心理学专科文献检索工具书。

② 潘菽在多种场合和多篇著作中提出改革、改造旧心理学,建立有中国特色的辩证唯物论心理学的战略目标及实现这一目标的四条途径问题。主要有:加紧改造心理学,为全面开创社会主义现代化建设的新局面服务。潘菽全集,第四卷,314—323;建立有中国特色的心理学,潘菽全集,第四卷,213—216;《中国古代心理学思想研究》序言,《潘菽全集》第四卷,220—223;心理学简札,分卷七,第五十二条,《潘菽全集》第五卷,462—463;通过改革力求开创我国心理学的新局面,潘菽全集,第七卷,117—144。——作者注

博采众长,洋为中用。① 他的这些正确主张被视为发展我国心理学的纲领和战略方针,对我国心理学的发展具有深远的影响,这也是潘菽对我国心理学有根本意义的贡献。

为了贯彻这些正确主张,他在担任中国科学院心理研究所所长和中国心理学会理事长的 30 年中,做了大量切实有效的组织领导工作。从制定长期发展规划到组织全国协作研究,从国内协作到国际交流,从科研到教学,从心理学基本理论探讨到实验研究,从干部培养到教材建设,从学术著作和刊物的出版到心理学科普工作的开展……总之,在心理学工作的各个方面都凝聚着他的心血。中国心理学者普遍认为,中国心理学在历经坎坷和饱受磨难中能得以生存并取得前所未有的繁荣发展,是与潘菽的远见卓识和呕心沥血的操劳分不开的。他在我国心理学界,尤其是新中国心理学界的地位和作用,也是无人可以取代的。我国著名心理学史专家高觉敷教授在几篇文章中都写道:"毫无疑义,潘菽是当代中国心理学的带路人……是我国心理学界的泰斗",②"是中国心理学的一位重要奠基者"。③

5. 关于我国心理学体制改革的倡议和建议

随着我国四化建设的蓬勃发展和改革工作的深入推行,社会各有关方面对心理学的需求越来越迫切,心理学的研究领域日益扩大。在这样的形势下,我国心理学研究机构和教学机构的设置已经很难适应客观的要求。作为中国心理学领军人的潘菽,基于对心理学学科性质的正确认识,针对中国心理学迅速发展的现状和体制上的弊端,从中国心理学的全局出发,以高度的责任感,并着眼于为中国心理学的发展创设更有利的条件,在中国心理学会心理学基本理论专业委员会 1985 年学术年会上郑重地提出他的一个有战略眼光的设想。他说:"我国现在的一个专职心理学研究所显得太少,在目前至少应增设为两个所。一个所的任务以研究心理学偏于自然方面的问题为主,另一个所的任务以研究心理学

---

① 同上。
② 高觉敷(1989). 我国心理学界的泰斗. 见《宜兴文史资料》第十六辑. 宜兴:政协宜兴市文史资料研究委员会编印.
③ 高觉敷(1994). 唐自杰等著:理论心理学问题探新——潘菽心理学思想研究,序. 重庆:重庆出版社.

偏于社会方面的问题为主。前者就是中国科学院现有的心理研究所,后者则可以在中国社会科学院内创建。心理学的领域广阔,分支研究日益增加,一个研究所是照顾不了的,由两个研究所分工比较合适,也比较便于领导。"①无疑,潘菽的这一提议是非常适时的,也代表了广大中国心理学者的共同愿望,因而得到与会代表的一致赞同。遂决定以中国心理学会心理学基本理论专业委员会的名义正式发出倡议,并呈报国家有关领导机构。潘菽为此还专门写信给中宣部领导同志。令他遗憾的是,这样的合理倡议并未得到领导机关的积极回应,并且至今也未能实现。

潘菽还对高等学校心理学教育机构的设置提出了建设性的意见。他在前文所引的同一个报告中提出:"心理学有自然科学的性质,又有社会科学的性质。因此,大学中的心理学系可以分为两种,一种是理科的性质,一种是文科的性质。在系科设置完备,理科较强的大学里的心理学系都应作为理科的系来办。在文科较强的大学里的心理学系则可以作为文科的系来办。两种系在训练上可以各有所偏重。此外,在医科和工科院校中如有条件并认为有必要,也可以考虑设立心理学系或专业。"②应该说,这一建议同样是很合理的,是大大有利于心理学人才的培养,因而是大大有利于我国心理学的可持续发展的③。

五、中国理论心理学的开拓者

1. 关于提高心理学的科学性的思考与实践

潘菽在学术上的毕生追求就是提高心理学的科学性,使心理学成为一门真正名副其实的科学。但通过怎样的途径达到这一目标,他经历了一个曲折的探索过程和心路历程。

---

① 潘菽(1986).通过改革力求开创我国心理学的新局面.潘菽全集,第七卷.北京:人民教育出版社,117—144.原载《心理学探新》,1986年第1期.

② 同上.

③ 据互联网上的资料,现今在我国的高等院校中,不仅综合大学、师范大学普遍设置了心理学系,而且有些医科院校、理工大学以至林业大学(如第四军医大学、南京中医药大学、浙江理工大学、北京林业大学等等)也纷纷设立了心理学系。据有人统计,我国设有心理学系的高等院校已有200多所。心理学在我国已呈现一派繁荣景象。——作者注

早期,潘菽曾寄希望于心理学的实验研究。他设想,"通过实验的方法,好好把心理学的主要问题进行认真完善的实验研究,取得可靠的结果,并根据各方面有关的科学知识来予以恰当的解释。这样,也许可使持有不同意见的人在科学事实面前得到共同的认识并逐步趋于一致。"①他甚至断言:"科学的心理学将建立在这许多实验室的工作者的结果之上,而各派的主义无与焉。"②

基于这样的认识,潘菽在美国求学时,就很重视也很喜欢实验心理学课,自以为是所有心理学课程中最受益的一门课。回国之后他在中央大学多年中所授的一门主要课程也是实验心理学。除指导学生做实验外,他自己曾做过汉字心理、学习与记忆、审美判断和错觉等方面的实验研究。在这一时期,潘菽真可谓是一个心理学的"实验派"。

经过多年的观察思考和实践,他逐渐感到按照他原来的设想去做,未必能得到所期望的结果。因为对同样的心理现象,对同样的实验结果,不同的心理学者仍然会有不同的认识和看法以致有很大分歧,而不一定就会趋于一致。他对各派心理学做了进一步研究后,认识到,心理学各派分歧的实质不在于各自所依据的实证材料不足或不同,而是在于看问题的根本观点和方法不同,没有一个正确的哲学做理论指导。在此期间他读到列宁的《唯物论与经验批判论》,很受启发,从中隐约看到心理学的出路和一线曙光。他进而认识到,此后必须对自己的心理学工作做较大的方向性调整。为了提高心理学的科学性,不能再一味地靠实验,必须同时加强心理学的理论研究,而且,"必须有健全的哲学基础"。1940年他在一篇文章中写道:"一切科学都跳不出哲学的手掌。科学所能选择的并不是要不要哲学而是好坏之间的辨别。假如选择了一种坏的哲学,就像在沙滩上建造起房子。一切科学都是如此,而心理学似乎为最。"③他认定这个好的正确的哲学正是马克思主义哲学,即辩证唯物论和历史唯物论。

基于这种新的认识,20世纪40年代潘菽更自觉地学习了马克思主义的哲

---

① 潘菽(1987). 我的心理学历程. 潘菽全集,第一卷. 北京:人民教育出版社,23—45. 原载《潘菽心理学文选》. 南京:江苏教育出版社,1987,1—20.
② 潘菽(1933). 最近心理学的趋势. 潘菽全集,第一卷. 北京:人民教育出版社,411—423. 原载《中央时事周报》1933年第2卷第21,22期.
③ 潘菽(1940). 心理学人才的教育方针. 潘菽全集,第二卷. 北京:人民教育出版社,373. 原载《建国教育》1940年第2卷第1期.

学著作,并特为中央大学心理系开设了"理论心理学"课,试图用辩证唯物论的观点分析说明心理学中一些长期争论不休的理论问题。新中国成立后,特别是十年动乱结束,中国的社会主义事业进入新的历史发展时期以后,潘菽更加注重心理学基本理论的研究和马克思主义哲学的指导作用。他明确地指出:"研究心理学基本理论的目的,就是要提高心理学的科学性,要走我国自己的道路,建立自己的体系。"[1]他认为,我国的心理学之所以发展缓慢,就是因为一直没有摆脱照搬或基本照搬外国的状况,没有或很少有自己的切合我国实际的创造性研究,没有自己的理论体系。要彻底改变这种状况,要建立适合于我国的社会主义事业要求的心理学,就非搞基本理论研究不可。他强调指出:"心理学基本理论问题的研究是我国心理学强健发展和加快提高的生命线。"[2]他把坚持马克思主义哲学的指导看成自己心理学的命根子。[3]

在潘菽的大力倡导和推动下,心理学基本理论问题的研究一直是新中国心理学研究的一个重要领域。在"文革"后,中科院心理所成立了心理学基本理论研究室,中国心理学会也增设了心理学基本理论专业委员会。潘菽直接带领和指导我国心理学理论队伍逐一研究心理学中一些有很大分歧的根本性理论问题。他自己更是率先开展研究,并提出许多有创新意义的理论见解。

2. 对心理学基本理论问题的主要观点[4]

(1)从新的角度和高度重新认识心理学的研究领域、地位和作用。潘菽认为,心理学是研究构成人类本质特征的心理活动的科学,是人类为了认识自己而研究自己的一门最重要的基础科学。科学心理学的发展前景是广阔远大的。它能起的不可忽视的重要作用在于积极有助于使人成为得到充分完善发展的人,使人类社会成为充分完善发展的人类社会。

---

[1] 潘菽(1980).论心理学基本理论问题的研究.潘菽全集,第三卷.北京:人民教育出版社,394,395.原载《心理学报》1980年第1期.
[2] 同上.
[3] 潘菽(1987).坚持马列主义是我的心理学的命根子.潘菽全集,第七卷.北京:人民教育出版社,300.据潘菽致李令节的信.
[4] 李令节(2008).潘菽心理学思想研究.中国哲学年鉴(2008).中国社会科学院哲学研究所编.北京:哲学研究杂志社,2008,134—142.

<<< 专栏三

关于心理学的预言[①]

……人类的认识总是由简入繁,由浅入深,由低级到高级循序渐进的。这种发展的程度又与社会的发展,与人类的生产活动紧密地联系着。……

在对较简单较低级的物理现象、生理现象、生物现象等的了解没有达到一定水平之前,要搞清楚在它们之上发展起来的高度复杂的心理现象是不大可能的。……但是,在物理科学和生物科学以及其他有关科学已有了高度发展的今天,心理科学的大发展应该是合乎规律的事。这不仅是人类认识和改造客观世界的必然发展趋势和结果,而且是进一步认识与改造客观世界的客观要求。因此,可以预言,今后的一个时期内,心理科学必然会得到一个飞跃式的发展。有人预言,21世纪一门带头科学将是心理学,这是有一定道理的。本文作者之一(潘菽)在20世纪20年代就曾提出过这类看法,认为在物理科学和生物科学之后,应该是心理科学发展的时期。这些年来更加坚信,这种设想是会得到实践证实的,虽然在时间上不能说的怎么准。

……

来源:节录于潘菽、李令节(1985).一门研究人类自己的重要科学——心理学。见《潘菽全集》第七卷,北京:人民教育出版社,3—22。原载《教育科学研究》1985年创刊号。

>>>

(2)首先明确提出,心理学既有自然科学的性质,又有社会科学的性质,是介于两大科学门类之间的一门独立的基础科学,或称中间科学。搞清心理学是一种什么性质的科学,不仅仅是如何理解心理的实质和认识这门科学所研究的整个领域问题,而且必将影响到如何对待它的问题,因而关系到这门科学的发展方向和前途。

[①] 标题为引者所加。在潘菽、李令节二人原来为《中国大百科全书·心理学》分卷合写的词条"心理学"中,作者也预言:"在不太长的时期内,心理学必然会有一个飞跃式的大发展而成为一门能起广泛作用并具有广泛重要性和足够科学性的大科学。"见《潘菽全集》第七卷,246—282。——引者注

<<< 专栏四

提请改正心理学在科学类属中的地位的提案

一门科学在科学类属中的地位的摆法表现我们对这门科学的整体理解和认识,因此也就会影响到他的发展方面和应受到的重视,非同小可。国务院有一个关于科学归类的国家文件把心理学隶属于"教育科学"之下,这是很欠恰当的,有损于一个国家文件的科学性和严肃性。心理学还是一门正在发展中的科学,对它的根本认识还有颇大的分歧。就它的隶属讲,现在有两种流行的看法。一种是把它隶属于生物科学,一种是把它隶属于社会科学。这两种看法都不确切,因而一直至今还没有定论。心理学和教育学很有关系,是教育学的一门重要的基础科学。把它隶属于"教育科学"之下,也有一定道理,然而所见未免太小,并且是闻所未闻,理由太不充分。心理学是一门联系十分广泛,有很大的发展前途的很重要的科学。把它仅看成一种教育科学,就会限制我们对它应有的重视,很不利于它应有的发展。为此提请国务院有关部门重行考虑,将心理学列为一门独立的基础科学。

潘菽　陈立
1986 年 4 月 11 日

来源:潘菽、陈立(1986).提请改正心理学在科学类属中的地位的提案。中国人民政治协商会议第六届全国委员会第四次会议 1648 号提案。见《潘菽全集》第七卷.北京:人民教育出版社,148—149。

>>>

(3) 提出了自己的心理活动的"二分法"。潘菽把心理活动分为认识活动和意向活动两大类,认为情和意是属于同一性质的心理活动。这种看法对传统心理学将心理活动分为知、情、意的三分法是一种革新,同时构成了潘菽心理学体系的基本框架。

(4) 全面阐述了心理学的方法论原则。明确提出,必须以辩证唯物论作为指导思想,要贯彻生活实践的观点,要遵循理论结合实际的原则,要对人在世界中的地位有一个恰当的理解,要对心理学的科学体系有一个正确的看法,要根据不同的研究课题采取适宜的具体方法等。

(5) 提出并系统地阐述了关于心身关系问题的唯物一元论观点。认为心理活动是人体,尤其是人脑的一种作用和机能。人体,尤其是人脑和人的感觉器官是心理活动的物质器官,并认为人脑具有生理和心理双重机能,它既是生理的器官,又是心理的器官。

(6) 提出对意识问题的独到见解。意识问题是心理学中带有根本性,而又一直未得到正确解决的老大难问题之一。弄清这个问题有助于心理学研究领域的界定和科学体系问题的解决。潘菽毕生一直密切关注并始终坚持研究这一科学难题,形成了自己的意识观。他认为:(1)意识是人在生活实践中对客观世界的综合的认识活动,思惟①是意识的核心成分;(2)意识并不包括心理活动的全部,而只代表"知"的一方面;(3)自我意识就是对自己的状况和活动(包括自己的心理活动)的认识;(4)无意识就是没有意识,即在某种情况下没有对特定对象产生认识作用;(5)人类的意识是物质世界长期演化的结果,意识的起源,其实质就是思惟的起源问题。

(7) 对个性问题的独到看法。潘菽认为,人的心理活动有动态和静态两种表现形态。心理活动的动态表现就是常说的心理过程,而心理活动的静态或较稳定的状态就是个性。他还继承并发展了我国古代"习与性成"的科学论断,进而提出人的性有生性(生成的性)和习性(习得的性)的新见解,从而为我国心理学的个性和人性理论充实了新的科学内容。

(8) 对人的实质及其在自然界中的位置作了精辟的论述,提出了"新三界说"。潘菽认为,人类区别于一般动物的根本特征就在于具有高度发展的心理、智能,从而使它成为"万物之灵",基于对人类本质的这种科学理解,他提出了超越旧三界说的"新三界说",即把整个世界(而不只是生物界)分成无生物界、生物界和人界。这是一种突破了以往纯生物学观点的新的科学见解。潘菽还进一步强调,人的实质包括自然和社会两种成分,但归根到底,人全部是属于自然、统一于自然的,他的社会性只是相对而言。那种认为人完全是一种社会的东西,而

---

① 作为一种心理活动,潘菽特别用"惟",而不用"维"。——作者注

心理学也完全是一种社会科学的看法是一种片面的看法,是有碍于心理学的发展的。

(9) 关于研究我国古代心理学思想的方法论原则及所取得的研究成果。潘菽非常重视对我国古代心理学思想的研究,将其视为建立具有我国特色的心理学的四条主要途径之一。他认为,要想把这一工作搞好,首先要明确,"我国古代心理学思想"的意思应该是"我国古代的科学心理学思想",即"不仅是指属于心理学的思想或看法,并且是属于科学的心理学的或符合于科学的心理学要求的思想或看法。而尤其要能为我们所要建立的具有我国特色的科学心理学所吸收采用的心理学思想或看法"。①② 本着这样的原则,潘菽多年来坚持对我国古代心理学思想进行了挖掘、鉴别、研究、整理,将其精华概括为七论,即人贵论、天人论、形神论、性习论、知行论、情二端论和主客论(唯物论的认识论),并加以继承和发扬,使其成为有中国特色心理学的血肉。他所提出的研究我国古代心理学思想的方法论,已成为我国心理学者研究我国心理学史的指导性原则。

(10) 对近代传统心理学的基本认识和所取的态度。潘菽认为,近代传统心理学经历了100多年的发展,取得了许多有价值的成果,形成十分繁荣的景象。但从本质上看,却仍存在着严重的问题,患有三种严重病症,即意识模糊、人兽不分,心生混淆(即将心理学与生理学或生物学混淆起来),并且显得"支蔓失本",甚至有解体的危险。因此,必须以辩证唯物论和历史唯物论为指导,对近代心理学进行彻底的清理与改造,取其精华,弃其糟粕,总结经验,吸取教训。他本人一生都在对近代传统心理学进行清理、改造、扬弃、创新。1971至1980年,为配合国际心理学联合会纪念冯特建立心理学实验室100周年的活动,潘菽亲自策划和领导的评论冯特工作,是如何对待近代传统心理学的范例性研究。其规模之大,成果之丰,堪称中国心理学史上的创举,也是国际心理学界所罕见。潘菽对近代传统心理学所采取的科学态度和做法,既同对心理学的历史虚无主义划清了界限,又实事求是地指出了近代传统心理学的问题所在,并为今后的发展指明了方向。

---

① 潘菽(1983). 组织起来,挖掘我国古代心理学思想的宝藏. 潘菽全集,第四卷. 北京:人民教育出版社,299—310. 原载《心理学报》1983年第2期.
② 重点号为潘菽本人在原文中所加。——作者注

(11) 关于心理学的前瞻。潘菽基于对人类认识发展规律的认识和对心理学历史发展的考察,在20世纪20年代末期就预言,在物理科学和生物科学得到相当程度的发展之后,应该是心理科学大发展的时期[1]。晚年,由于对心理科学的重要性和发展趋势以及心理学与经济社会发展的密切关系有了更深刻的认识,他更加坚信,"在不太长的时期内,心理学必然会有一个飞跃式发展而成为一门能起广泛作用并具有广泛重要性和足够科学性的大科学"。[2] 他认为现在的心理学正处于大转变大突破的前夜。在心理学领域内可能不要经太长的时间就会出现哥白尼、达尔文式的人,完成哥白尼在天文学方面和达尔文在生物学方面所完成的历史任务。[3] 他满怀信心地断言:"心理学肯定是会大有可为的,是有很广阔的前途的,尤其有利于使人成为充分发展的人,使人类社会成为充分发展的社会。"[4]

<<< **专栏五**

现在的心理学需要哥白尼或达尔文这样的人

……现在的心理学,包括中国的,就很需要有类似哥白尼或达尔文这样的人。要成为这样的人主要是要具备两个条件。一是要对有关的事物,着重从客观事物本身出发,进行广泛深入的全方面考察研究,从而得出对客观事物本身是关键性的正确的科学观点。二是坚持真理,敢于向不科学的传统框框挑战。……哥白尼和达尔文也不是什么神人,所以在心理学的领域内可能不要经太长时间就会出现哥白尼、达尔文这样的人,尤其在可以解除心理学的唯心论和形而上学束缚的社会条件下。

在心理学领域里将会出现哥白尼或达尔文,也可以不是单独的一个人,而是若干人或一群人,共同或先后相继来完成哥白尼在天文学方面和达尔文在生物

---

[1] 潘菽(1927).心理学的过去与未来.潘菽全集,第一卷.北京:人民教育出版社,72—96.原载《北新》1927年第2卷第1号.

[2] 潘菽、李令节(1987).《中国大百科全书·心理学》分卷原拟词条"心理学".同前书,第七卷,246—282.

[3] 潘菽(1986).通过改革力求开创我国心理学的新局面.同前书,第七卷,120—121.原载《心理学探新》1986年第2期.

[4] 潘菽、李令节(1987).《中国大百科全书·心理学》分卷原拟词条"心理学".同前书,第七卷,246—282.

学方面所完成的那样的历史任务的。这种情况的出现是更可能的。所以,心理学要成为一门成熟或很接近成熟的科学绝不要等到两百年之久[①],在不太长的时间以内就可能做到,或者从现在起就可以努力向这个方向起步。

……

资料来源:节录于潘菽(1986). 通过改革力求开创我国心理学新局面. 见《潘菽全集》第七卷. 北京:人民教育出版社,120—121,标题为引者所加. 原载《心理学探新》1986年第1期.

>>>

值得一提的是,潘菽认为,中国人是最适宜于研究心理学的。因为,自古以来中国的思想家就特别重视对人的研究,并提出在世界万物中以人最为可贵、作用最大的思想,即"人为贵"的思想。在当代中国更加看重人的因素,并在社会主义各项事业中注重发挥人的积极性和创造性。深入推进的改革和飞速发展的社会主义事业对心理学提出了日益迫切的需求。这为我国心理学的发展提供了千载难逢的大好机遇。潘菽认为,中国心理学者只要能坚持马克思主义哲学的理论指导,善于利用所拥有的优越条件,充分发挥我们的各种优势,积极开展社会所迫切需要的创造性研究,我们就一定会在不久的将来建立起具有自己鲜明特色的科学心理学,并担当起世界心理学领跑者的光荣角色。

<<< 专栏六

中国人最适宜于研究心理学

……我个人总觉得,中国人以所有的文化背景、民族传统以及聪明而论,是最适宜于研究心理学的。因为中国人是最了解人的重要的。中国的固有哲学差不多除了人以外就不谈(别的什么)。这当然是一种偏处和短处,以后必须改正之。但同时我们应该知道这也是一种长处,我们要把它适当地保存起来。所以

---

① 由于心理学在中国历经曲折磨难,加之心理学又确实是一门较难研究的科学,以致有的心理学者流露出消极悲观情绪,认为心理学要想发展成为一门成熟的科学,还需要二百年。潘菽在这篇文章中批评了这种看法。——作者注

中国在其他的科学上已落了后,但在心理学和相关联的科学上,假如能好好地去扶植和努力,我觉得是很有做世界上的领导者的资格的。这一点我们研究心理学的同仁应该知所奋勉,我们提倡科学的先进老大哥们也应该有所注意。

……

来源:节录于潘菽(1939). 替心理学辩护. 见《潘菽全集》第二卷. 北京:人民教育出版社,197. 标题为引者所加. 原载《新民族》1939年第2卷第14期.

>>>

潘菽的心理学思想已基本形成自己的理论体系,并且在我国心理学界乃至国际理论心理学界都产生了广泛深刻的影响。南开大学乐国安教授在国际权威的理论心理学杂志《理论与心理学》(Theory & Psychology)上发表了介绍潘菽心理学思想的文章[①],引起西方学者的注意。在日本出版的英文心理学刊物《心理学》(Psychologia)上发表的专门介绍和评价潘菽心理学思想的论文中,乐国安指出:"至今为止,在中国心理学界还没有任何人像潘菽那样对一系列心理学基本理论问题提出了自己独特的见解。"[②]美国著名心理学史专家斯密斯(Noel W. Smith)在《当代心理学体系》(Current Systems in Psychology)一书中多次介绍了潘菽的理论心理学思想。[③]

毋庸讳言,对潘菽的某些观点,我国的心理学界存在不同看法,这很正常,但并不影响其科学价值。南京师范大学叶浩生教授在潘菽去世20年后撰文指出:"理论贡献的极致可能就是经典的言述。这些几十年前的文字,仍然继续总领理论心理学的风骚,潘菽先生是中国心理学的一个不朽的象征。"[④]

3. 博学和高产的学者

潘菽一生著作甚丰,涉及的领域也极广。他的学术专著及主编或合编的著作有11部,发表论文数百篇。他的兴趣广泛,除本行心理学外,还涉及美学、美

---

① Guoan Yue (1994), Theoretical Psychology in China Today, THEORY & PSYCHOLOGY, Vol. 4, 277—280.
② Guoan Yue & Jie Shen (1995). Pan Shu—A Founder of Modern Chinese Psychology. PSYCHOLOGIA, 38, 220—228.
③ Noel W. Smith 著. (2005). 当代心理学体系. 郭本禹译. 西安:陕西师范大学出版社,133,143.
④ 叶浩生,宋晓东(2007). 潘菽心理学思想的后经验主义蕴含. 心理学探新,第2期.

育、考古、书画同源探讨、艺术评论、古文字学和中国古代书籍形制研究、汉字改革等许多领域。他善于独立思考,常能提出些独特的很内行的见解。例如,我国自宋代以来研究文字学的人大都把六书当作造字法。他却认为,这是文字学上的一个根本错误。他在进行了一番缜密的研究之后,坚定的认为,"六书不是造字法,而是中国古代用以教小孩子或学习者的识字方法。"①他对汉字的改革也有自己的见解,他不赞成有些学者提出的"拉丁化",主张汉字应保持自己的特点,"应当是顺着自己的发展趋势向表音的方向再大大地跨一步。"②潘菽的种种看法不一定都完全正确,但他的博学是一般学者所不易达到的,他的勤于探索,善于独立思考的精神也是值得人们学习的。

六、科学界的社会活动家

潘菽出生于清朝末年,一生经历了旧民主主义革命、新民主主义革命和社会主义革命与建设三个重要历史时期。在每个时代,他都紧紧的追逐着进步潮流,发挥着积极的作用。

潘菽的家乡江苏宜兴是共产党领导的民主革命运动开展较早的一个地区。他的胞兄潘梓年在大革命时期就加入了中国共产党。堂弟潘汉年是党的秘密工作战线上的主要领导人之一③。三个弟弟在哥哥的影响下都先后参加了革命,四弟、五弟在抗战时期为革命献出了年轻的生命。潘菽本人也通过自己的探索一步步走上了革命的道路。

1. 亲历五四运动

潘菽早在中学读书时,就是一个很有爱国心的青年,常在校刊上发表文章,抒发忧国忧民情怀。在北京大学求学期间,正值五四运动时期。帝国主义的肆

---

① 潘菽(1947). 说六书非造字法而是识字法. 潘菽全集,第十卷. 北京:人民教育出版社,213—225. 原载《学识》1947年第1卷第4第7期.
② 潘菽(1957). 外行人谈汉字改革. 潘菽全集,第七卷. 北京:人民教育出版社,237—242. 原载《文汇报》1957年5月6日.
③ 潘汉年(1906—1977),1925年加入中国共产党,是中国共产党隐蔽战线、文化战线和统一战线的卓越领导人之一。新中国成立后,任上海市常务副市长兼中共上海市人民政府党组书记。1955年因所谓"内奸"问题被捕入狱,1977年含冤病逝。1982年中共中央为其平反昭雪,对其历史功绩作出了高度评价。

意侵略和军阀政府的腐败无能,使潘菽的爱国主义思想一天天更加强烈。当巴黎和会上丧权辱国的消息传来后,身为北大文科二年级的学生,他怒火中烧,积极参加了五月四日北京青年学生的大游行,并且是32名被捕者之一。军阀政府迫于社会各界的巨大压力,几天之后将被捕学生全部释放。潘菽从亲历的这场反帝反封建的运动中受到了有生以来第一次真正的革命洗礼,使他进一步认清了帝国主义的狰狞面目和军阀政府的反动本质。同时,在五四新文化运动的影响下,他摆脱了封建主义的精神枷锁,使民主与科学的新思想开始在头脑中生根。

"五四"以后,一部分青年学生接受了马克思主义,逐步与工农结合,走上了新民主主义革命的道路;有一小部分人一步步走向反面;还有许多知识分子则走上了"科学救国"的道路。潘菽说,他属于后一种人。

潘菽在国外学习期间以至回国以后的几年里,曾一度只顾埋头读书,专心教书。他认为政治与学术应有不同的人分别去搞,从而变成一个"两耳不闻窗外事,一心只读圣贤书"的脱离政治的人。1931年"九·一八"事变后,日本帝国主义开始了对我国大规模的公开的侵略,由于国民党政府不抵抗日寇而积极剿共,致使日寇很快占领了整个东北。"国家兴亡,匹夫有责",埋头于书斋的潘菽再也坐不住了,"五四"运动的火种在他的胸中重新燃起。日本侵略者的炮声和国民党政府消极抗战积极剿共的反动政策使他翻然醒悟。1933年,潘菽的胞兄共产党员潘梓年因担任上海左翼文化运动领导工作而被国民党反动派逮捕并判无期徒刑。在营救哥哥的过程中,潘菽开始接触到共产党,对党的性质和艰苦奋斗情况有了更多的了解,认识到共产党才是真正代表了我们国家和民族的根本利益的,他开始同情并逐步靠拢共产党,进而积极支持共产党,并从此摆脱了纯学术的道路,积极投入到抗日救国的斗争中。

2. 发起成立九三学社和中国科学工作者协会

抗日战争爆发后,中央大学和潘菽的胞兄潘梓年任社长的中共机关报《新华日报》社先后西迁重庆。两兄弟志同道合,往来密切,并成为中共八路军办事处联系和团结后方高层广大爱国知识分子的有效渠道。潘菽坚定地站在中国共产党和人民大众的立场,衷心拥护中共的抗日民族统一战线主张,积极投入中共组织领导或推动的人民民主运动。起初,他按党的意图,把中央大学和重庆大学十多位进步教授团结在自己的周围,定期聚会,一起学习马列和毛泽东的著作,研讨时局,提高认识。为避免引起国民党当局的注意,取名为"自然科学座谈会"。在此基础上,潘菽与梁希、涂长望等人在中共大力支持下,联合了包括竺可桢、李四光等著名学者在内的一百多名科教工作者,发起组织了中国科学工作者协会(简称中国科协)。1945年7月1日中国科协在重庆正式成立,潘菽被选为常务理事,担任会刊《科学新闻》的主编,并兼管财务。中国科协通过在国内外的分会,把广大科技界知识分子团结在一起,从而扩大了党的爱国统一战线,壮大了民主运动的阵容。

1944年冬,潘菽与在五四运动中一起被捕的北大校友许德珩等人又发起组织了一个规模更大的进步组织。为继承和发扬五四精神,起初取名为"民主与科学座谈会",提出"民主团结,抗战到底"主张。1945年9月3日,日本政府正式签字投降。为纪念世界反法西斯战争胜利结束,同时为体现这个组织是一个学术性的政治组织,以便更广泛地团结科教界人士积极参加反内战、反独裁,争取和平与民主的斗争,"民主与科学座谈会"决定接受潘菽的建议,改名为"九三座谈会"。第二年,为了加强民主斗争,有必要把九三座谈会建成一个正式的民主政治团体。于是在1946年5月4日这个有特殊意义的日子举行大会,宣告"九三学社"正式成立,潘菽被选为中央理事。1958年以后,一直任九三学社中央副主席。在九三学社的宣言中明确提出,"要为民主与科学之实现而努力"。此后,在我国民主革命和社会主义革命与建设中,九三学社作为民主党派之一,在参政议政的多党合作中一直发挥着积极的作用。九三学社中央副主席邵鸿在一次讲话中特别指出,潘菽先生作为九三学社的主要创始人和领导人之一,"为九三学社的创建和组织特色的形成做出了特别的贡献","起了决定性的作用","为统一战线和多党合作事业做出了积极的贡献"[①]。

3. 毛泽东主席的接见

抗战期间,潘菽随中央大学在重庆九年。在国民党白色恐怖统治下,他不怕

---

① 邵鸿(2007). 2007年5月23日在南京大学举行的潘菽铜像落成揭幕仪式上的讲话.(未发表)

国民党特务的盯梢、监视,经常出入八路军办事处和虎头岩《新华日报》馆参加周恩来等领导同志召集的座谈会及各种庆祝会、联欢会。最使他难忘的是1945年9月的一天,正在重庆与蒋介石谈判的毛泽东主席在桂园张治中官邸亲切接见了他和梁希、金善宝等八位进步教授。当时,潘菽向毛主席提了一个问题:"共产党为什么把自己付出了很大代价才得来的解放区又让给了国民党呢?"毛主席讲,为了避免内战,达成全国统一,共产党人一向以民族大义为重。然后,主席站了起来,在椅子后背向墙壁退了两步后站定说:"我们的让步是有原则、有限度的,让一步两步是可以的,再让第三步就不可以了。"主席一边说一边还做了一个有力的还击的手势,大家都会意地笑了。毛主席还回答了其他同志就抗战胜利后的形势及前途的提问,使大家很受鼓舞。

4. 大力支持学生抗日救国运动

潘菽对学生的抗日救国运动深表同情,并给予了极大地支持。他不仅给学生的进步活动提供方便条件,而且在道义上大力支持,在活动经费上也常给予资助。当时共产党在学生中有一个外围组织"抗日救国工作团",他常拿自己的工资为该组织的宣传活动提供经费。1937年5月,心理学系的一个学生因主持中日问题研究会,并发起组织学生抗日救国会而被捕入狱。那时国民党对于不是涉共的案件比较宽松,对于一些被关押月余,要求抗日的进步学生,只要有学校的教授去保释就可以出狱。但当时由于南京的白色恐怖十分严重,中央大学理学院从院长、心理学系主任到教授竟无一人肯出来作保,至多是表示同情和惋惜,唯独潘菽出于他的正义感和抗日救国热情,不顾个人安危,亲自和心理学系同学会的一位代表一起,前往南京警备司令部,以他知名教授的身份和个人生命及家庭财产保释该同学出狱。出狱后,又受到学校当局的百般刁难,以该学生有两门选修课缺考试成绩,不准毕业。又是潘菽仗义执言,以任课教师的资格,让该同学通过了补考,从而取得毕业证书,并于出狱后毅然投奔陕北解放区,参加了八路军。这位学生就是解放后历任哈尔滨医科大学校长、中国中医研究院院长的季钟朴同志。

潘菽对中国共产党在中央大学的建党工作和党的活动也给予了大力支持,组建中大党支部的会议就是在他家里召开的,支部成立后也常在他家里秘密开会。中大新民主主义青年社（共产党外围进步组织）的一批进步书刊也是由潘菽帮助收藏。1946年中大迁回南京时，这批书刊装箱后贴上"潘菽书箱"的标签，瞒过当局的耳目妥善运回南京。1940年国民党发动第二次反共高潮，一些地下党员奉命撤退。有位党员一时筹不到路费，潘菽毫不犹豫的解囊帮助，使该同志及时安全转移。

潘菽一方面坚定地站在中国共产党和人民大众的立场上，大力支持并积极投入中共组织领导或推动的人民民主运动，另一方面坚决不为国民党反动派服务。1948年，解放战争的形势发生了根本性变化，国民党军队在我人民解放军的强大攻势下节节败退，士气日趋低落。蒋介石的谋士们无计可施，转而乞灵于心理学。政工局局长邓文仪与当时心理学界的头面人物勾结，成立了"官兵心理委员会"，并于年初在南京召集会议。邓文仪亲自到会，要心理学家来为反动军队"鼓舞士气"，妄图做垂死挣扎。京、沪、杭一带的心理学家大都出席了会议，在心理学界颇有影响的潘菽自然也在邀请之列，但他却以"外行"为由拒绝参加会议，也拒绝为《国防月刊》的《国防心理专辑》写文章。他的这一行动当时使许多同行感到惊讶，而后，人们对他所表现出来的高度政治觉悟、鲜明的态度和坚定的立场甚为钦佩。南京解放前夕，国民党反动派准备将中央大学迁往台湾。当时中大当局已派人去台湾选好了校址，并已着手装运设备。人们心急如焚，不知所措。紧要关头，潘菽与中大进步师生一起，在地下党的领导下，与当局进行了坚决的斗争。他利用自己的影响，在教授会中做了许多人的工作。最后，教授会以多数人反对迁校为由，使迁校的企图未能得逞，将这座有着较高水平的高等学府得以完整的保留了下来。

潘菽的种种活动早已引起国民党反动当局的注意，他自己对此也有所警觉，因而在行动上比较谨慎。公开的言行都尽量不离开科学活动的范围，用他自己的话说，就是"表面上涂上一层灰色的保护色"。但反动派并未因此而放过他，他的名字已被列入就要进行大逮捕的黑名单。地下党针对这一情况，及时采取了保护措施，于1949年4月初带他和梁希、涂长望秘密地离开南京，经由香港转移至已经解放了的北平，并准备参加筹备中的新政治协商会议。后因1949年9月他同季钟朴、冯德培三人作为我国科学工作者最早的代表团应邀去苏联出席巴甫洛夫诞辰一百周年纪念大会，未能参加新政协会议。

5. 积极参政、议政,促进多党合作

新中国成立后,潘菽历任第一、二、三届全国人大代表,第五、六届全国政协常委。在第七届全国政协一次会议期间去世,为主席团成员。1958年以后他一直为九三学社中央副主席。1956年他光荣地参加了中国共产党,成为一名信仰坚定的共产主义战士。长期以来,他一直在党的统战工作和多党合作事业中发挥着积极的作用,是一位有影响的社会活动家。

潘菽平时社会活动颇多,对于这样一些参政议政的社会活动,他从来都是认真对待的,没有特殊原因,他都要积极参加。就是在病中,他也以高度的责任感关注着国家的政治生活。1986年夏,他因脊柱压缩性骨折,医生让绝对卧床休息。当时党中央正在制定《关于社会主义精神文明的指导方针》这一重要文件,要召集各民主党派负责人征求对文件的意见。潘菽虽无法参加会议,但他仰卧在病床上,手持放大镜认真地阅读了这份很长的文件的征求意见稿。然后逐条口述让助手写下了好几千字的书面意见。就在他突发脑溢血导致病逝的前两天(1988年3月14、15日),他还在人民大会堂参加党中央总书记赵紫阳同志主持的征求关于七届人大和政协人事安排意见的民主协商会,并做了发言。他在昏迷前的弥留之际,还在惦记着手头未做完的工作。他为党为国家真正做到了鞠躬尽瘁,死而后已。

潘菽(前排右二)与九三学社第七届中央委员会主席、副主席、秘书长合影
资料来源:潘菽子、媳潘宁堡、陈绍英提供

七、"伏枥之心，云胡不奋"
——生命的最后岁月

1988年3月15日，潘菽突发脑溢血病，经十来天抢救无效，于3月26日去世，永远地离开了他辛勤耕耘六十多个春秋的心理学科学园地，时年91岁。

1987年，中国心理学会、中国科学院心理研究所和九三学社中央委员会联合举办了庆祝潘菽从事心理学科研与教学工作六十周年暨九十寿辰的活动。他在会上激动地表示，"要活到老，学到老，工作到老"。

潘菽这样说，更是这样的去做了。

潘菽九十高龄仍坚持伏案写作，笔耕不止
资料来源：潘菽子、媳潘宁堡、陈绍英提供

在前文"十年播扬"部分我们已概括地介绍了潘菽在动乱年代结束后的十年中在学术上所做出的主要成就。其中，出版的学术著作就有四部（获奖的有三部），还发表了研究论文和其他各种学术性的文章60多篇。此外，他还做了中国心理学会和中科院心理所大量的组织领导工作、培养研究生及其他社会工作。

这是一份多么高产的记录啊！

一位耄耋之年且多病的老人，是如何完成这么繁重的任务，创造出这样的高产纪录？动力何来？

潘菽在《八十书怀》中写了以下的诗句："堂堂岁月，忽八十春。往者可谏，来者方生。夕阳无限，灿若朝暾。蓬勃郁葱，旧邦命新。大同可望，寰宇沸腾。我生此际，我生逢辰。旋乾转坤，匹夫有份。伏枥之心，云胡不奋。"

他在《九十吟》中又写道："……人生贵有益，徒寿圣者讥。素餐无以报，耕者之所鄙。我益果如何？远未饱我饥，求索日夕勤，所产苦太低。思以勤补拙，孜孜不多憩。老骥伏枥中，尚志在千里。"

潘菽九十大寿时全家合影

资料来源:潘菽子、媳潘宁堡、陈绍英提供

  诗言志。面对粉碎"四人帮"以后的"蓬勃郁葱"的大好形势和"旋乾转坤"的四化伟业,潘菽激情满怀,干劲倍增,"日夜兼程"[①],志在千里。他每天6点之前准时起床,晚上一般是11点以后才睡觉。有时,老夫人半夜醒来,他还在埋头书案写作。当家人和知情的身边工作人员劝他注意身体,多保重身体时,他总是说:"我的时间不多了,要做的事还很多,不这样干不行啊!"

  一次,他的女儿代表全家郑重地以书面形式劝他夜里不要工作得太晚,要爱护自己的身体。他在劝言之下写道:"我专心致志,时间不够用,对自己生活也很马虎,注意不够是事实,实无办法。早睡不可能,除非放弃工作。"

  这种"求索日夕勤","孜孜不多憩",废寝忘食的工作态度和劳碌身影,谁能不为之感动?!

  就在潘菽发病的前几天,他的日程仍然是安排得紧紧满满的。

  潘菽是1988年3月15日中午发病的。

  1988年3月12日上午,心理所心理学基本理论研究室的同志在新落成的科研大楼开第一次会,他虽已不是所长,但得知后一定要去参加。会上,他激动地说,心理所的新楼盖好了,我们终于有了一个稳定的条件较好的工作环境,一个

---

 ① 潘菽1977年9月15日在写给他的一位老学生、重庆师范学院唐自杰教授的信中说:"到1963年大病之后,处于几乎全休状态,才得以较多时间考虑和探索心理学中的种种问题,想借此补课,但已有日暮之感。为此更增奋发之心,企图兼程前进,以有限的岁月为可爱的祖国,为革新中的时代,为无产阶级事业的胜利,作出自己能作的一份贡献。"——作者注

新的家,很不容易。现在心理学正处于一个转折时期,大家都要有使命感,要一起努力,使心理学向一个正确的方向发展,要把我国心理学尽快搞上去。12日晚上与13日下午都在同他的一位研究生谈话。上午阅读有关七届人大和全国政协的文件。

14日上午,他参加党中央总书记赵紫阳同志主持的征求关于七届全国人大和全国政协人事安排意见的民主协商会。下午为他的几个研究生讲了整整半天的课。晚上与以往一样工作到深夜。

15日上午,他继续参加党中央召集的民主协商会,并作了发言。会议结束后回到家里,拆阅了他在中央大学时的一位老学生、重庆师范学院唐自杰教授的来信。信中主要讲了潘菽心理学思想研究会的筹备情况,当得知研究会已有一百多人参加时,他显得很高兴。

中午一点多钟吃午饭时,面包突然从他的手中掉下。让他拿桌上的香蕉吃,他拿不到手里。然后,未能说一句话就仰在了椅子上。当天下午住进北京医科大学第一附属医院时,他很想说什么,但已不能说话。又示意要笔和纸,他仰卧在病床上,歪歪斜斜地写了"打开抽屉"几个字,手也握不住笔了,但他口里还叨念着什么。这时,了解他的家人,就一项一项地告诉他:评价马斯洛的文章马上送杂志社,重庆师院的回信立即寄出……

潘菽再也没能醒过来。他就这样无声无息地、匆匆地走了,永远地离开了他为之奋斗一生的心理科学。弥留之际,在场的人都突出地感到,他有许多话要说,他有许多工作要交待一下。昏迷前他还惦记着抽屉里未做完的工作。他真正是为党、为人民、为他热爱的心理科学工作到了生命的最后一息!

哲人已逝,精神永存,其所作的贡献也不会随时间的流逝而磨灭。潘菽诞辰110周年,逝世20周年之际,中国科学院心理研究所和中国心理学会组织编辑出版了《潘菽全集》[①],在潘菽执教30年的南京大学和他的家乡江苏省宜兴市均为他塑建了铜像以作为永久的纪念。人们以各种美名赞誉他:"中国心理学的一代宗师","中国心理学的一面旗帜","中国心理学的一个不朽的象征","当代中

---

① 《潘菽全集》共十卷,350万字。2007年7月由人民教育出版社出版。2008年12月获第二届中华优秀出版物提名奖。2010年12月获第二届中国出版政府奖图书奖。——作者注

国心理学的带路人"、"中国心理学的一位重要奠基者"等等。然而潘菽对自己的学术人生却作了这样的总结:"自己感到 60 多年的时间中只可算是摸索到了所要探寻的心理学的门路。也可以说是入了门而接近登堂了,而要入的室则还遥遥在望。……瞻望心理学的远大前程,不得不寄殷切厚望于来者!"[①]

为了心理学的美好未来,为使心理学更好地造福于社会,让我们这些背负着前人殷切厚望的来者们,努力吧!

[①] 潘菽(1987). 我的心理学历程. 潘菽全集,第一卷. 北京:人民教育出版社,45.

荆其诚

荆其诚年表图

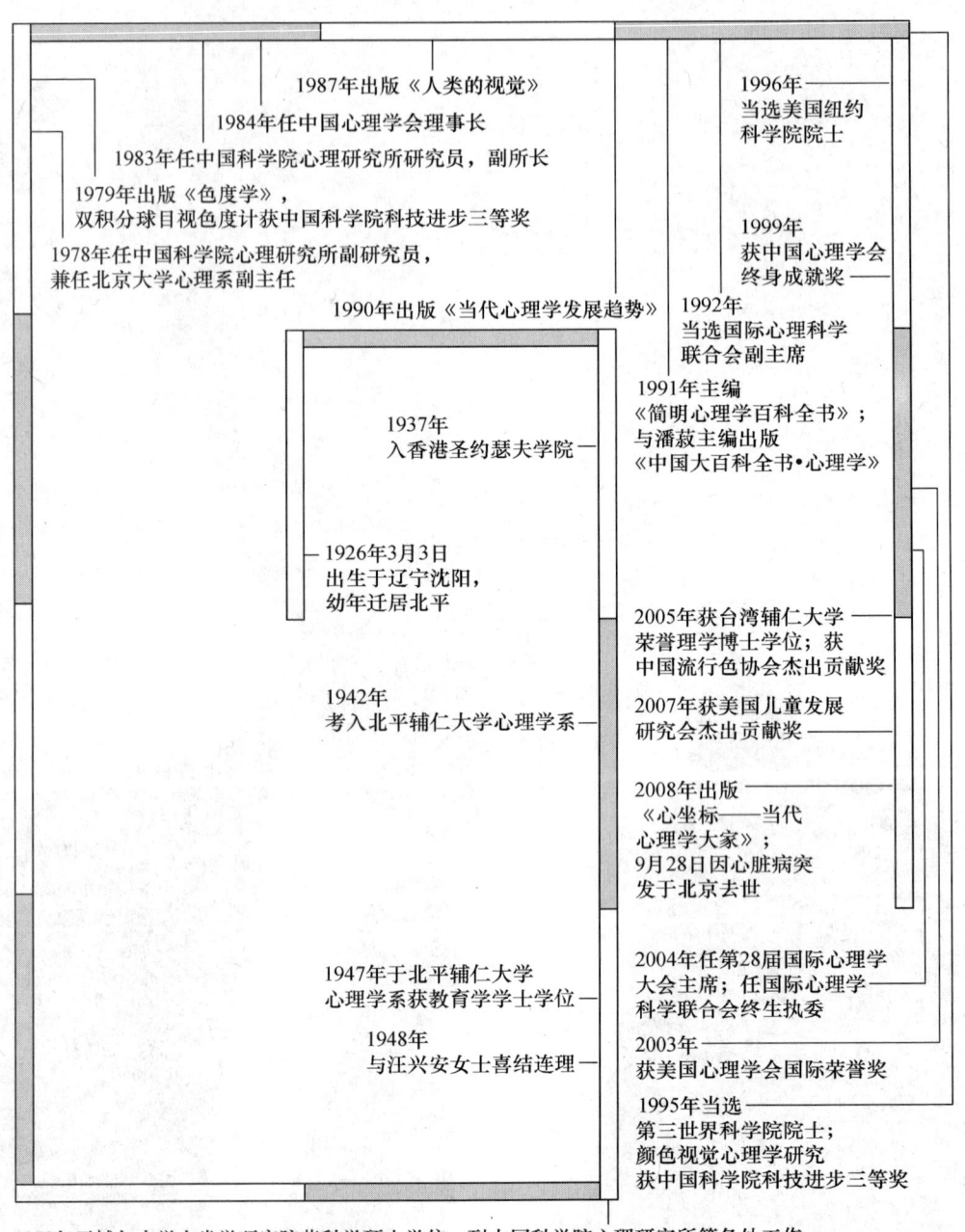

荆其诚(Jing Qicheng,曾用名 Ching C. C.,1926—2008),中国心理学家,20世纪80年代后推动中国心理学改革开放、走向世界的杰出代表人物。他曾任中国科学院心理研究所副所长、二级研究员,中国心理学会理事长、国际心理科学联合会(International Union of Psychological Science)副主席、终身荣誉执委。他开创的颜色视知觉研究,不仅在国际学术界产生了重要影响,也奠定了我国照明等相关行业发展的基础;他与诺贝尔奖获得者赫伯特·西蒙(Herbert A. Simon)合作,在中国最早开展人工智能、汉语短时记忆等认知心理学研究,培养了一代相关领域的研究者;他还开创了中国独生子女心理学研究。由于他的出色工作及重要影响,他获得了中国心理学会终身成就奖、中国流行色协会杰出贡献奖、美国儿童发展研究会杰出贡献奖等12项国内外学术奖项和荣誉,并成为第一位当选发展中国家科学院院士的心理学家。正如西蒙曾经赞誉的那样,荆其诚是"中国的学术交流大使,对中国和世界心理学的贡献远远超出了他所发表的论著"。

一、生平

1. 少之时

1926年3月3日,荆其诚出生于辽宁省沈阳市。他排行在二,有一个姐姐、两个妹妹和一个弟弟。荆其诚的祖父坚持自学,走出了东北山村。荆家一贯重视子女教育,祖父着力培养荆其诚的父亲荆有岩。荆有岩[①]早年曾入选东北军"东北留日将校委员会",后赴日本深造,学成回国后被张学良派往北京工作。全家人也随其迁居北京。

荆家家教极严,孩子如果不用功读书必定受罚。1930年秋,不到5岁的荆其诚与姐姐荆其慧一起进入北京汇文小学。年幼贪玩的荆其诚开始学业并不优秀,常被父亲责罚。一次荆其诚被罚得很重,有亲戚上前说情,母亲阻拦亲戚说,读书是大事,孩子小时候不管,长大更难以管教。随后几年,荆其诚姐弟虽因战乱被迫与家人辗转各地,但父亲却从未放松对他们学业的要求。1937年"卢沟桥事变"爆发后,荆其诚随家人迁往湖北汉口鸡公山,就读于东北中学[②]初中一年级。东北中学主课与普通学校类似,次课删略,但增加军训内容,要求学生们持枪训练以掌握军事技术。荆其诚很喜欢东北中学,每天沿山路步行上下学,并经常在学校参加体育运动。当年12月12日,南京失守,日本飞机开始轰炸武汉,荆其诚与家人被迫离开汉口,前往香港避难。

抵达香港后,荆其诚姐弟入读当地中学,父亲与其他家人随即返回内地。荆其诚就读于英国人开办的天主教学校——圣约瑟夫学院(St. Joseph College)。这是一所校风严肃的寄宿制男校,由神父负责管理,教学与生活完全使用英语,这为荆其诚掌握英语奠定了很好的基础。他刚入学时成绩并不突出,有一次还因听不懂同学说的"黑板擦"指何物而闹过笑话,这件事大大激发了他的好胜心。

---

① 荆有岩曾在张学良手下任长芦盐运使、财政厅长等职。抗战期间,荆有岩任职于重庆经营华侨兴业银行,抗战结束后回到北京,解放后曾任辽宁省政府参事室副主任。

② 东北中学是一所在张学良的资助下由爱国青年开办的学校。"九一八"事变后东北沦陷,张学良接收了大批涌入关内的爱国青年,1931年在北京组建了东北学院,翌年改为东北中学,张学良为名誉校长和董事长。学校办了十年,三易校址,其中在鸡公山的时间较长,共三年(1935年—1938年)。

被点燃的学习热情加之天生的聪颖使他迅速在圣约瑟夫学院崭露头角。该校按学生的英文程度分班,荆其诚很快便通过分级考试并跳至高年级。作为一所教会学校,圣约瑟夫学院不但重视课堂教学,也教授各种社交礼仪,且饮食起居均有严规,如学生每两周才允许自由外出一次。每次外出,荆其诚都会去找姐姐,两人一起在外面吃顿饭,再看场电影。姐姐的同学见到他身穿量身订制的西装,风度翩翩,都不禁夸他一表人才。

1941年12月8日,日本陆军进攻香港,空军轰炸配合,香港陷入战火。已有几年独自求学经历的荆其诚姐弟并未慌乱。12月9日晚,他们步行至九龙,投奔父亲的朋友王树常[①],并于1942年春随王树常一家乘船到了上海,这时离他中学毕业还有一年。当时的上海,日军肆意横行,常常到老百姓家里搜查勒索。一天,日军突然破门而入,手持武器索要钱物。少年荆其诚临危不乱,沉着地摘下腕上的手表交给日本兵,镇静地要求日本兵离开,有惊无险地躲过了一劫。

2. 北平辅仁

由上海回到北京后,年方16的荆其诚于1942年顺利考入了辅仁大学心理学系。战乱改变了他从香港去英国剑桥大学攻读工程专业的计划,用他自己的话说,机缘巧合之下进入了心理学系,从此踏上了心理学的征途。

<<< 专栏一

辅仁大学

辅仁大学全名天主教辅仁大学(Fu Jen Catholic University;拉丁语译名:Universitas Catholica Fu Jen),是一所由罗马公教会创办的天主教大学,直属梵蒂冈教廷教育部;创办于1925年,当时称辅仁社。1927年辅仁社升格为辅仁大学,曾与北京大学、清华大学、燕京大学并称北平四大名校。1937年卢沟桥事变爆发,日军攻占北平,北京大学、清华大学、南开大学等校先后南迁至云南另组西南联合大学。是年夏季,辅仁大学在炮声隆隆中继续招生,同时遵守行政独

[①] 王树常(1885—1960),字霆五,东北军将领,曾任国民政府河北省主席。新中国成立后,任国家水利部参事、全国政协委员、民革中央团结委员。

立、学术自由、不悬伪旗三项原则，以示不屈。至1943年秋，辅仁大学虽在日本压迫威胁之下，仍继续依循中华民国国民政府之学制、校历与假期规定，同时积极扩充学系。沦陷区青年莫不以考入辅仁大学为荣。加之校园环境优美，建筑错落有致，实是故都中的一片"净土"。

1949年新中国成立，辅仁大学转为国有，并于1952年分散、并入北京师范大学等五所高校。台湾地区1959年筹划复校，并于1960年重建台湾辅仁大学。

辅仁大学校景
资料来源：荆其诚先生纪念画册，科学出版社，第7页

荆其诚在辅仁大学心理学系（以下简称辅仁心理系）接受了正规的实验心理学训练。该系在学术上秉承心理学之父冯特（Wundt）的嫡传[①]，自建系之日起即十分重视培养学生实验操作能力。教学安排上，心理统计、测量、实验等课程占有很大比重，且"实验室设备齐全，大部分是德国制造的精密产品"[②]。教授们还要求学生阅读心理学原著，因而英文和德文也是必修课程。在这种既重视知识传授又不放松实践的氛围中，擅长动手的荆其诚迅速被心理学迷住了。除此之外，教授们不但学术造诣深，有真才实学，而且胸襟坦荡，倡导民主风气，鼓励学生独立思考。这些优良风气对荆其诚的大学生活乃至一生都产生了很深的影响。

自大学三年级起，荆其诚开始辅助系主任葛尔慈[③]备课，四年级时担任助教。辅仁心理系设有专业图书室，任助教须负责图书管理工作。荆其诚近水楼台，如饥似渴地阅读馆藏的很多欧美教科书。葛尔慈是德国人，授课时以英文讲授心

---

① 辅仁大学心理学系在学术上与冯特一脉相承。当时系主任葛尔慈教授出自德国实验心理学家林德渥斯基（Lindworsky）门下，林德渥斯基是屈尔佩（Külpe）的弟子，而屈尔佩师从冯特，是冯特的第二任助手。
② 张厚粲，孙昌龄（2009）．沉痛悼念荆其诚学长．辅仁校友通讯．第30期．50—51．
③ 约瑟夫·葛尔慈（Joseph Goertz），德籍，圣言会司铎；曾任辅仁大学心理学系主任、图书馆主任。其研究涉及意志生活及关系知识等问题。

理学概论、实验心理学、理论心理学等课
程。许多讲义由荆其诚负责由德文译为
英文,或是中英互译。靠着在香港圣约
瑟夫学院奠定的英文基础,荆其诚做这
些工作游刃有余,不但英文更为精通,而
且德文水平亦有所精进,整理资料时打
字机的使用也得心应手,深受葛尔慈的
赏识。做研究时,葛尔慈经常"亲手动用
刀锯作仪器,弄得浑身是汗为愉快"。荆
其诚也继承了恩师的"衣钵",在葛尔慈
的言传身教下养成了厌恶空谈、重实证、
重数据的治学作风。在辅仁大学接受的

北平辅仁大学心理学系毕业生合影
资料来源:荆其诚先生纪念画册,科学出版社,第5页

心理学理论和实验操作的良好训练,为他后来从事实验心理学研究,包括在专用仪器制作方面的创新,奠定了坚实的基础。①

表1 辅仁大学心理学系课程设置

年级	课程
一年级	国文、英文、中国通史、伦理学、哲学、生物学概论、心理学概论、心理学概论实验、读书指导
二年级	英文、德文、实验心理学、发展心理学、教育心理统计学、读书指导、教育心理、统计学、实验心理生理学、高等心理实验
三年级、四年级	德文、教育心理学、教育心理实验、社会心理学、自然哲学、心理问题、变态心理学、品格测验及实验、心理学史、研习指导、学科心理学

来源:1946年辅仁大学心理学系教务处资料。

在大学四年级时,荆其诚认识了进入辅仁心理系学习的一年级新生汪兴安。此后,荆其诚经常邀请汪兴安一起看话剧,散场后又走很远的路送她回家。随着交往的增多,两人的感情逐渐加深。1946年新年过后,荆其诚请人到汪家"说媒"。汪兴安的姐姐特意来到学校,当她看到荆其诚高高的个子,风度不凡,便欣然应允妹妹与他交往。两年后,荆其诚与汪兴安喜结连理。从此两人同甘共苦,

---

① 约瑟夫·葛尔慈(Joseph Goertz),德籍,圣言会司铎;曾任辅仁大学心理学系主任、图书馆主任。其研究涉及意志生活及关系知识等问题。

相伴一生。荆其诚喜欢游泳、滑冰,骑起自行车来也非同寻常。在当了父亲后,还常在院子里双手交叉骑车,给孩子们展示其出色的"车技"。出游时,总是他骑着自行车带上三个孩子,汪兴安骑车跟在后面,一家人其乐融融,非常开心。

1947年,荆其诚获得学士学位。根据《私立辅仁大学文理两科研究所暂行规程》,"凡是大学毕业生应具有至少一种外语的阅读、写作、对译等能力者,通过至少四门课程的考试合格者,得以录取为研究生,进入研究所攻读。入所后,由部主任确定指导教师(教授)。研究期限至少为两年"。[①] 由于当时辅仁心理系没有研究院,意在继续深造的荆其诚虽转入人类学研究院攻读硕士学位,但所学仍是心理学,继续跟随葛尔兹并担任助教[②]。为了在学业上共同成长,在研究院他与同学们创办了"心理学会",并当选为主席。在1947年返校节之际,学会主持编制了返校节专刊《到心理系来》,荆其诚在该刊上发表了题为"我们为什么会夜盲——视紫"的论文。从他的这篇心理学研究处女作来看,他对人类视觉研究的兴趣已初露端倪。

《到心理系来》封面
资料来源:荆其诚先生纪念画册,科学出版社,第42页

在辅仁大学,"理科研究生必须修满26学分者,著作论文(硕士论文)6学分,经过口试(由校组织委员会主持)和笔试(学位论文)合格者,经教务会议通过,报经教育部复核后,由本校授予硕士学位"[③]。1950年,荆其诚完成了学位论文《史前图画与儿童图画比较:对心理发展问题的作用》(Prehistoric painting and children's drawing compared: A contribution to the psychogenetic problem of development),并获得硕士学位。

2005年10月8日,在台湾辅仁大学80周年校庆之际,荆其诚获得了母校颁授的名誉理学博士学位。北京师范大学的张厚粲教授也同时被授

---

① 孙邦华(2004). 会友贝勒府——辅仁大学. 河北教育出版社.
② 荆其诚(2008). 从事心理学,我不后悔!——2005年2月16日台湾辅仁大学采访荆其诚先生报告节选. 纪念荆其诚先生专刊,2008年12月,总第160期.
③ 同①.

予名誉博士学位。辅仁大学董事长单国玺枢机主教在典礼上致辞:"辅仁大学这次有这样的机会,表扬二位享誉国际心理学界的学者,是值得感恩与庆祝的。荆教授与张教授,都是北平辅仁的校友,有这样的成就,实在是我们辅仁大学的荣耀。"① 辅仁大学为荆其诚感到自豪,而他也没有忘记母校的培育之恩,在他所写的答词中充满了对母校的感激之情。

于辅仁大学获教育学学士学位
资料来源:荆其诚先生纪念画册,科学出版社,第5页

于辅仁大学获人类学研究院硕士学位
资料来源:荆其诚先生纪念画册,科学出版社,第5页

<<< 专栏二

荆其诚接受台湾辅仁大学颁授名誉理学博士学位的答词节选

在辅仁的8年时间,对塑造我的后半生非常重要。辅仁大学的校训,以文会友、以友辅仁,不仅继承了中国的儒家传统,而且传授了为人之道。当时学校的校规严格,师长言传身教,要求学生全心全意致力于学习。正是这些教导使我成长成人,成为一个谦虚谨慎的人,做到了一个符合社会要求的公民。

如果说,我在心理学方面取得了少许成绩的话,那是因为在辅仁上学时打下了心理学的坚实基础。回想当时辅仁心理系的教授和老师都是名家,讲授高水

---

① 荆其诚因健康原因没有赴台湾出席颁授名誉博士学位仪式,由时任北京师范大学心理学院院长的车宏生教授代为宣读他接受名誉博士学位的答词。

平的课程。我们学到的是从德国传下来的正统心理学，强调实验技术，注意现代心理学的发展。正是这些坚实基础使我在从事60年的心理学工作中，做出了少许的成绩，在国内被选为中国心理学会的理事长，在国际上被选为国际心理科学联合会副主席，并且当选为第三世界科学院院士。对于这些，我时刻不忘我的母校对我的培养。

现在喜闻母校授予本人名誉博士学位，实不敢相信，因为名誉博士非一般博士学位，只授给对社会有突出贡献者，或学术上有重大成就者。本人距此尚有差距。自认为，现在接受的这一光荣头衔是母校对自己的鼓励与督促，要求我再接再厉，做出更大的成绩。我也只有这样才能不辜负这一光荣称号。

来源：荆其诚(2005)．名誉博士致答词．天主教辅仁大学荆其诚、张厚粲教授名誉理学博士学位礼册．20—21．

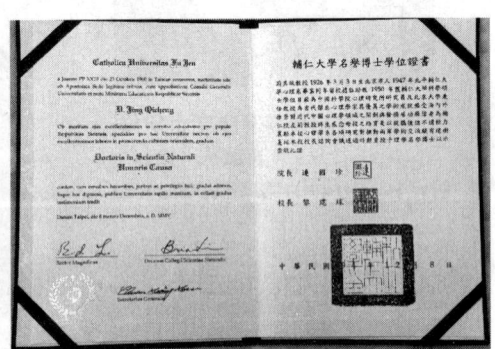

名誉博士学位照片、学位证书、礼册

资料来源：荆其诚先生纪念画册，科学出版社，第6页

3. 与心理所共成长

1950年9月，荆其诚被分配到刚建立3个月的中国科学院心理研究所筹备处工作，从此与心理所结下了长达58年的不解之缘。

<<< 专栏三

回忆中国科学院心理研究所筹备处

心理研究所筹备委员会主任是陆志韦[①],……曹日昌[②]……任筹备处主任,……。丁瓒任科学院领导职务,曾促成心理所的恢复,经常到筹备处来看望大家,处理事务。陆志韦有时来主持筹备委员会会议,……。曹日昌主持筹备处的日常工作,筹备处开会时我是工作人员。

刘静和1950年到所后急于开展儿童心理的研究工作。……心理研究所筹备处在北师大幼儿园借用两间房间,作为儿童实验室。刘静和每天在那里上班,我也随她在北师大工作。北师大教育系在二楼给我一间实验室休息用。这间实验室正好是1952年辅仁大学合并到北师大后,放置原辅仁心理系仪器的地方,包括实验台、仪器柜都是原辅仁心理实验室的设备。我在辅仁做学生及任助教时便为准备实验课管理过这些德国Zimmerman工厂制造的仪器,旧物如友,夏天中午在实验台上午睡,甚感舒适。

选自:荆其诚(2008). 回忆中国科学院心理研究所筹备处(1950—1955). 中国科学院心理研究所所史. 北京:科学出版社,199—203.

>>>

荆其诚分配到心理研究所筹备处后,定级为助理员,当时工资为"420斤小米(折合人民币106元)"。1951年5月,荆其诚被派往四川泸州参加为期半年的土改工作[③]。同年12月7日,中国科学院心理研究所正式成立。当时的大背景是全国向苏联学习,心理所也不例外。当时荆其诚负责的感知组根据巴甫洛夫的分析器学说进行知觉心理研究。他独自设计、制作实验仪器装置,进行运动知觉

---

① 陆志韦(1894—1970),美国芝加哥大学心理学博士,曾任南京高等师范和东南大学教授、燕京大学校长、中国科学院心理研究所筹备处主任委员、中国科学院语言所研究员,后被聘为中国科学院哲学社会科学部委员。后期研究涉及音韵学、现代汉语词汇等领域。
② 曹日昌(1911—1969),50年代中期起任中国科学院心理研究所副所长、中国心理学会副理事长等职,主要研究知觉、学习以及识记等问题。
③ 中国科学院从各所抽调干部参加由全国政协组成的西南土地改革工作团,该工作团目的是使党外人士了解土改工作。团长为民主建国会常委会召集人之一章乃器,副团长为民主同盟中央委员胡愈之和北京燕京大学校长陆志韦。

方面的实验,并给新分配到所的毕业生授课,手把手地教他们学习实验操作技术。

虽然1956年心理所迁至西城端王府新址后条件所有改善,但荆其诚主要做的感知觉实验仍然缺乏适用的仪器和设备①。在这种条件下,荆其诚仍旧完成了许多知觉实验,自1963年至1965年在《心理学报》等刊物上发表了知觉实验论文近10篇。此外,他还与第二研究室航空心理组的同事一起研究飞行员选拔和训练中的心理科学问题,为选拔飞行员制定了心理测量的项目,后经改进被中国空军部门正式采用。60年代,荆其诚又对刘家峡水电站主控制室信号进行了心理学研究,为控制室的设计提供了工程心理学依据。

1965年10月,姚文元化名"葛铭人"发文污蔑心理学,"葛陈论辩"拉开了心理学界十年浩劫的序幕。中国科学院心理研究所被撤销,大专院校心理学教研室被勒令停授一切课程,实验室被拆毁。1969年底,心理所多数研究人员被下放到湖北省潜江县"五七"干校劳动。荆其诚先被派到空军某部,几个月后也转到湖北潜江农场。虽然研究工作被迫中止,但荆其诚并未放弃自制"仪器设备"的爱好。他擅长木工活儿,在部队劳动时做过运送物资的牛车,在干校时做过开长会时坐的小马扎儿,因此还得了一个"荆木匠"雅号。"荆木匠"凡事好钻研,且一"钻"到底。他经常去观察木匠师傅们做活,然后自己钻研。他将在干校做的实木书柜,带回北京,并一直使用。有一次辅仁校友孙昌龄走访海淀中关村的荆家,得知这个做工精致的书柜竟然是荆其诚自己制作的,敬佩不已。1976年唐山大地震时,荆其诚动手搭建了一个尖顶地震棚。这个漂亮的尖顶棚子经过风吹雨打,伴随一家人度过了那段特殊岁月。文革结束后他首次走出国门时,带回来的不是当年很流行的彩电、冰箱等"几大件儿",而是电钻、电锯和电刨子。

"荆木匠"在"五七"干校时负责养猪,住的房子有里外间,里间住人,外间养猪,条件可谓恶劣。然而荆其诚并不在意,因为相对于其他人来说,负责养猪的人有更多的自由支配时间。养猪期间他曾为了抢救刚出生的病危猪仔而嘴对嘴地给它做人工呼吸。即便是在养猪时,荆其诚也没有忘记心理学。他细致观察母猪哺育幼仔的行为方式,20年后把这些观察结果作为实例之一,写入了《现代心理学发展趋势》(1990)有关"习性学"的内容中。

---

① 1964年心理所在端王府建成水平较高的实验室,配备了当时较为先进的仪器设备。

荆其诚在湖北"五七"干校时制作的木马、马扎
资料来源：荆其诚先生纪念画册，科学出版社，第12页，第33页

<<< 专栏四

"文化大革命期间在干校养猪时，曾观察到非常有趣的母猪哺育幼仔的行为模式。母猪先后分娩仔猪以后，每一仔猪立即找到母猪身上的一个合适的乳头，而且从此以后始终从这一乳头吃奶。因此每一乳头都有一固定的仔猪吃奶，以后不再改换位置。当人为地将仔猪更换位置时，仔猪拒绝吃奶，只有回到原来位置时才肯吃奶。若将仔猪移到其他母猪身边喂奶，小猪也拒绝吃奶。更有趣的是，在母猪喂奶时发出一种特殊的呼噜鼾声，一旦母猪喂奶中途入睡，停止发出呼噜声，乳腺也停止分泌乳汁。这时正在吃奶的小猪中必有一头仔猪从侧卧的母猪背后绕到母猪的头部，用鼻子拱动母猪的鼻子，似乎在通知母猪继续放奶，于是母猪醒过来继续发出呼噜声并分泌乳汁。这只仔猪则按原来路线返回自己的乳头继续吃奶。我们也试验过将一只死仔猪混在其他仔猪里，放在母猪身旁，则母猪必将死猪推出几米远的距离以外。这些行为模式在每一窝猪中都以完全相同的方式出现，就好像已有某种确定的安排，为了最终达到母猪哺育后代的目的，而仔猪则似乎按照一定的规定去做就能达到其生存的目的。"

选自：荆其诚（1990）．现代心理学发展趋势．北京：人民出版社，67—68

1976年10月"文化大革命"结束,中国心理学起死回生。次年7月,中国科学院心理研究所亦得以恢复。1978年9月,北京大学心理学系正式成立。荆其诚参与组建工作并担任该系的副主任,是建系功臣之一。他又先后在北京大学、北京师范大学讲授心理学。

4. 走向辉煌

1979年,荆其诚在自己的研究与收集国外研究成果的基础上,出版了他最有影响的代表作《色度学》。80年代初,在我国实施独生子女政策的大背景下,他开展独生子女的心理学研究。1983年,他积极推动认知心理学引进中国。1987年,他出版了《人类的视觉》。1991年,他与潘菽共同主编出版了《中国大百科全书·心理学》。同年,他受国际心理科学联合会的委托主编出版了《简明心理学百科全书》,该书反映了心理学的最新研究成果,在国际心理学界产生了积极影响。2009年,《中国大百科全书(第二版)》[1]出版,是我国第一套符合国际惯例的大型现代综合性百科全书。荆其诚担任该书心理学分支的主编。

荆其诚一贯注重向国外高水平期刊投稿,他和同事们的研究论文许多以英文写成并发表。他明确指出,这样做首先有助于逐步扩大中国心理学的影响力,其次鉴于改革开放初期中国相对闭塞的科研环境,必须要让国际心理学界了解中国心理学家在做什么研究。有了解才会有认可,只有认可才可能交流,有了交流才能更好地发展我们中国的心理学。

自1978年第一次出访澳大利亚以来,荆其诚作为改革开放后第一批踏出国门的中国心理学学者,凭借着他渊博的专业知识和纯熟的英语驾驭能力,赢得了世界对他的尊重,也使中国心理学赢得了世界的尊重。荆其诚先后出访了美英等十余个国家,先后6次受聘到美国芝加哥大学、斯坦福大学、密西根大学、澳大利亚拉筹伯(La Trobe)大学等西方大学从事科研与教学工作,出席了20余次国际会议,作过10余次特邀报告。1989年6月,国内出现政治风波,当时荆其诚正

---

[1] 《中国大百科全书》是中国第一部大型综合性百科全书。第一版历时15年,于1993年出版,共74卷;第二版历时14年,共32卷,于2009年出版。《中国大百科全书(第二版)》是第一版的修订重编版,在编排上遵循了当代世界各国编纂百科全书的通行做法,全书的条目标题全部按其汉语拼音顺序统编排列。《中国大百科全书》的作者选择始终坚持"让最合适的作者撰写其最擅长的条目"的原则,作者多由各学科的学界泰斗、国学大师、一流专家及资深学者担任。

在美国进行为期一年的学术访问,虽然有三所大学挽留聘任他,但他仍然于6月中旬如期回国,表现了一名中国知识分子的爱国情怀。

20世纪80年代后,善于组织、领导科学研究和学术活动的荆其诚陆续在一些重要心理学组织机构中担任领导职务,如中国心理学会副理事长(1981年)、理事长(1984年),心理研究所学术委员会副主任(1982年)、主任(1985年)、副所长(1983年),中国科学院——美国密西根大学心理学合作研究中心主任(1990年)。他还在国家标准局、中国光学理事会、中国儿童发展中心等组织机构中担任学术领导。他曾任第三、第四届中国科协全国委员会委员(1986年起)和第七、第八届全国政协科技委员会委员(1988年起),成为大家公认的心理学在中国科技界的代表人物。1995年,他当选第三世界科学院[①](TWAS)院士,成为当选该院院士的首位心理学家,为中国心理学界赢得了巨大荣誉。

荆其诚出席第三世界科学院第八次院士大会并接受院士证书(意大利,1996年11月)
资料来源:荆其诚先生纪念画册,科学出版社,第85页

年过古稀的荆其诚不再担任领导职务,但并未离开他钟爱的心理学事业。1996年他当选美国纽约科学院院士,1999年荣获中国心理学会终身成就奖,2001年成为美国心理学会国际会士,2004年获美国心理学会国际荣誉奖。面对

---

① 第三世界科学院(Third World Academy of Sciences,简称"TWAS")由巴基斯坦裔物理学家、诺贝尔奖获得者 Abdus Salam 倡议下于1983年11月10日创立的,Salam 任首任院长,华罗庚等人为创始院士,总部设在意大利底里雅斯特,是一个非政府、非政治和非盈利性的国际科学组织,是发展中国家的最高的学术组织。我国卢嘉锡、周光昭、路甬祥曾任前三届副院长。第三世界科学院后改名为发展中国家科学院(The Academy of Sciences for Developing World)。

纷至沓来的荣誉,荆其诚没有居功自傲,也没有停下为心理学事业奋斗的脚步。2004年,在他的领导和组织下,第28届国际心理学大会在北京顺利召开,这成为他在心理学学术生涯中谱写的最为华丽、辉煌的乐章。

2006年3月3日是荆其诚80岁寿辰,一向低调的他不愿意接受大场面、大规模的祝寿活动。在京的荆门弟子、与他长期共事的两位同事及他的夫人汪兴安等11人聚在一起,为他举办了一个气氛热烈而温馨的小型祝寿聚餐活动,大家回忆着跟随先生学习、与先生一起共事的快乐时光,期待着以后为他庆贺九十岁、甚至一百岁寿辰。

二、中国视知觉和色度学研究的开创者

荆其诚既是我国最早开展视知觉系统研究的心理学家,也是我国颜色视觉与测量研究的先驱。20世纪60年代以来,他一直从事视知觉的实验研究,系统探讨了观察距离、身体姿势、双眼辐合等因素对大小、距离知觉的影响及知觉恒常性等问题。在多年系统研究的基础上,荆其诚和同事焦书兰、纪桂萍等合作出版了专著《人类的视觉》(科学出版社,1987)。该书"在介绍视觉研究的著作中,就内容的丰富、全面、系统和学术水平的高度而言,在我国它还是第一本"。[①]而他在颜色视觉与测量的研究涉及心理学、物理学和计量学等跨学科领域,奠定了中国颜色科学发展的基础。1981年,荆其诚在接受美国密西根大学中国研究中心主任、美国国家安全委员会中国问题顾问迈克·奥克森伯格(Michael Oksenberg)访谈时曾谈及自己做科研的思路:重视理论,兼顾应用;由理论推及应用,由应用提炼理论。从最初的视知觉研究,到随后的照明研究,再到他影响最为深远的著作《色度学》,无不体现着这种思路。

1.率先开展国内视知觉的系统研究

荆其诚对视知觉领域的研究兴趣由来已久。在1957年创刊的《心理学报》(第1卷第2期)上,他发表了第一篇知觉实验研究论文"运动知觉阈限的实验研

[①] 张人骏,朱永新主编(1989).心理学著作辞典.天津:天津人民出版社,246.

究",文中引用文献11篇,皆为英文或德文文章。荆其诚与曹日昌等在《心理学报》同一期发表的另一篇论文"预测运动行程的初步研究"考察了反应方式、被试年龄等因素对于运动行程预测的影响。荆其诚为实验而设计的装置和仪器,比如在暗室中观看似动非动的光点闪现,令刚入所工作的新人感到非常神奇。[①]

20世纪60年代初期,荆其诚与同事一起设计并亲自动手制造实验仪器,完成了一系列出色的大小知觉和距离知觉实验研究。1958年心理学被当成"伪科学"遭到了大批判,直到1961年形势才有所好转。在当时我国与国外学界相对隔离的情况下,荆其诚探讨的课题却是国际上知觉研究的热点问题。在此期间,荆其诚共发表8篇实验研究论文,仅1963年就在《心理学报》发表了5篇。其中一篇论文研究观察距离、观察姿势对大小知觉的影响。荆其诚与同事在一个运动场内,将一个气象测量用的红色氢气球(直径38.2厘米)作为标准刺激物,悬挂在1.2米高的支架上,将一个固定在支架上的气球作为比较刺激物,与一个压缩空气泵相连。被试坐在一个靠背椅上观察,控制阀门充气、放气,根据远处气球(标准刺激物)的大小来调节身边气球的大小,使二者大小相等。实验表明,在正常状态下观察者对不同距离的对象的大小知觉恒常性会随距离的增加而出现递减的趋势,不同观察姿势(身体仰俯角度)在不同程度上影响大小知觉,都有使知觉大小缩小的倾向。荆其诚提出,知觉恒常性是人在正常状态下与环境相互作用中形成起来的,若身体与周围环境的正常关系被破坏,它就受到一定程度的破坏。[②]

双眼辐合在距离知觉(或深度知觉)中的作用如何呢?荆其诚设想,在同一平面上分别对两只眼睛呈现运动的刺激物,可能使两眼视轴处于运动状态,产生出单一的深度视觉现象;如果有规律地控制视轴辐合运动的角度关系,可能会产生不同轨迹的深度运动现象。他自己设计的实验仪器,可以在平面上呈现两个运动的刺激物。被试用双眼观察,通过偏光镜系统,每一只眼观察一个刺激物,当两个刺激物按一定的相互关系在一个平面上运动的时候,便引起双眼的辐合和分散运动,被试可以观察到各种轨迹的深度运动现象,有纵深运动、斜侧运动和椭圆运动等。实验证明,通过呈现两维空间图形,可以在没有视差的情况下产

[①] 赵莉如(2009).回忆中国科学院心理研究室.中国科学院心理研究所所史.北京:科学出版社.205.
[②] 荆其诚,彭瑞祥,方芸秋(1963).距离、观察姿势对大小知觉的影响.心理学报.第2期.158—163.

生深度知觉,表明眼睛的辐合运动在深度知觉中起着非常重要的作用。[1] 通过上述研究,荆其诚揭示了双眼视轴的辐合对知觉大小(perceptual size)和知觉恒常性(perceptual constancy)的调节规律。

1983年,荆其诚与美国学者欧本恩(M. Alpern)、日本学者北原(K. Kitahara)合作,在美国《生理学报》(Journal of Physiology)发表了论文"杆体细胞的方向感受性"(The directional sensitivity of retinal rods)。他们证明了人眼杆体细胞在单色光从不同方向照射时其感受性有方向差别。这项研究成果推翻了只有锥体细胞有方向感受性、杆体细胞无方向感受性的经典理论,影响深远。时至2009年,《现代光学杂志》(第20期)(Journal of Modern Optics)仍有2篇论文引用了该项研究。

1984年,澳大利亚心理学家欧维(R. Over)教授来访,荆其诚与同事焦书兰等旋即与他开展合作。这是1978年荆其诚访问澳大利亚后,双方开展的一项重要研究,欧维教授也是改革开放后第一位来华合作的心理学家。他们研究的问题是双眼视觉的心理物理学。韦伯通过生理学方法发现,人脑中存在着单眼觉察器和双眼觉察器;而荆其诚等人则试图通过心理物理学方法对麦科洛效应(McCollough effect)加以考察,从而证实是否单独存在着单眼觉察器和双眼觉察器,同时探讨双眼与单眼的觉察差异等问题。研究结果证实了神经生理学所发现的双眼感受野的存在,该项成果"单眼随附性与双眼随附性后效"(Monocular-contingent and binocular-contingent aftereffects)也在同年发表于《知觉与心理物理学报》(Perception & Psychophysics)。

2. 开拓国内色度学研究,建立"中国颜色体系"

1972年,荆其诚和心理所的其他研究人员一起从参加"五七干校"劳动的湖北潜江农场回到了北京。当时中国心理学依旧顶着"伪科学"的大帽子,研究工作难以进行。荆其诚开始积极寻找"切入点"以恢复心理学研究工作。为了探讨心理学如何为我国的经济建设作出贡献,荆其诚带领同事们到国家各部委调查了解情况。科研"触觉"敏锐的他发现,我国还没有照明标准。结合建立国家工

---

[1] 荆其诚(1965). 由眼睛辐合产生的深度运动现象. 心理学报. 第4期. 323—332.

业企业及民用照明标准的迫切需求,荆其诚很快就转向了照明条件对视觉功能影响及中国人视觉功能曲线等侧重应用的研究上。

1974年,荆其诚首先进行了光源显色性的研究。由于光源研制、印刷、颜料、灯光信号、照明等行业对光源显色性有严格的要求,为满足这些行业测量和控制颜色的需要,荆其诚与同事焦书兰、喻柏林等对当时国内常用的和新研制的光源的相关色温及一般显色指数、混光效果进行了测定和计算,他们发现显色性较差的高压钠灯与高压汞灯经过混光后不但提高了显色性,还保持了较高的光效。该研究成果有助于能源的合理利用,获得了国家建委的奖励与肯定。自1976年至1985年,荆其诚与同事合作发表了20余篇视觉研究论文,其中以英文撰写的论文5篇。这些研究主要涉及照明光源、照明强度对视敏度(视觉功能、视觉辨认)的影响[①]。随后荆其诚又开始中国人视觉功能的研究。他提出,国际照明委员会(Commission internationale de l'éclairage,简称 CIE)推荐的制定照度的标准方法是基于欧洲和美国青年或成年人参数提出的,因而在制定中国的标准时,应当对中国观察者的视觉功能进行测量。1980年,荆其诚与喻柏林等同事探讨了中国青年人视觉辨认中的照度、视角、对比度三个变量之间的关系,并将研究成果"中国青年观察者的视觉功能"(Visual performance of Young Chinese observers)发表在了《照明研究和技术》(Linghting Research & Technology)上。

1979年,在自己的实验研究与搜集国外资料的基础上,荆其诚、焦书兰、喻柏林与胡维生合作出版了中国颜色科学领域的第一部著作——《色度学》(科学出版社)。作为我国颜色科学领域的开山之作,《色度学》影响巨大,已成为工业、颜色测量和科研部门的颜色工作者的必备手册。这本著作迄今为止已印

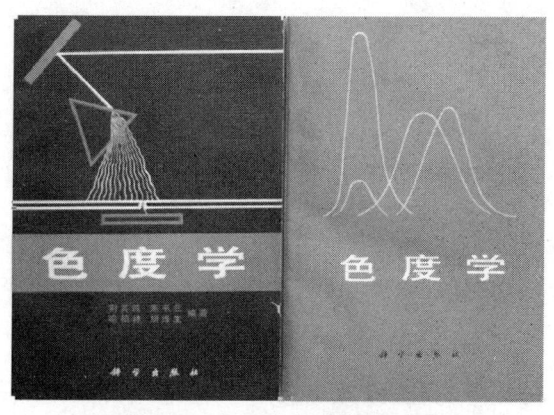

1979年、1991年两次印刷的《色度学》

---

① 喻柏林,焦书兰,荆其诚,陈永明(1979). 照度变化对视觉辨认的影响. 心理学报,3期,319—325.
喻柏林,焦书兰,荆其诚,张武田(1980). 不同光源对视觉辨认的影响. 心理学报,1期,45—56.
焦书兰,荆其诚,喻柏林(1979). 视场亮度变化对视觉对比感受性的影响. 心理学报,1期,47—54.

刷三次,EI、CSCD 等刊物引用 900 余次,美国与日本学界对它也给予了极高的评价。

王大珩对《色度学》的评论手稿(两页)(1991年)
资料来源:焦书兰提供

<<< 专栏五

《色度学》

色度学是一门研究人类颜色视觉规律、颜色测量的理论和技术的科学;它涉及物理光学、视觉生理、视觉心理和心理物理等学科领域,是一门综合性的科学。光源研制、印刷、染织、电影、电视、化工、灯光信号、照明、军事伪装等都需要对颜色进行测量和控制,因而色度学也是一门应用领域非常广泛的科学。在 20 世纪 70 年代,我国经济与科技发展对色度学知识的需求迫切,而当时色度学研究相对滞后。1979 年荆其诚与同事合作编著的《色度学》正是在这种大背景下出版的。

《色度学》全书 36 万字,共八章,系统地介绍了颜色视觉的基本规律和颜色测量的方法。前七章分别介绍了颜色视觉的生理学和心理学基本知识、国际照明委员会(CIE)正式推荐的色度学规定和测色方法、测色原理和测色的仪器、同色异谱颜色、孟塞尔颜色系统[①]、光源的色度学,最后一章介绍了色度学在彩色电视、颜色灯光信号、彩色印刷、涂料、摄影等领域中的应用。该书还附有色度学研究常用的9个数据表,书的正文介绍了如何运用数据表进行色度学计算。

可以说,《色度学》既是系统论述色度学基础知识的著作,又是一本可供查阅的实用手册。

>>>

荆其诚在主持照明和视觉功能研究的过程中发现,"颜色"(例如,光源的显色性)也是一个极有价值的问题。当时恰逢中国计划研发彩色电视机,面临电视机采用何种制式的问题。荆其诚从中看到了知觉心理学对颜色知觉的研究可以有所作为。于是他又带领科研团队开始了对颜色知觉的探索。70年代后期,为了考察颜色匹配、人眼的辨色能力、颜色的宽容度等问题,荆其诚与同事研发了一种利用人的视觉测量颜色的仪器——"双积分球目视色度计"。它利用两套带滤光片的投光器,分别将红(R)、绿(G)、蓝(B)三原色光射入标准和比较两个积分球进行混合而产生标准和比较颜色光,照亮两个半视场,从而既能在两个相邻视场上产生所要求的颜色,也能测量两视场的颜色。以往研究者设计出的目视色度计要么设计结构复杂(例如,Judd & Wyszecki,1975;Wyszecki,1965),要么只能产生一个比较色,不能提供待测色(例如,Burnham,1952)。而荆其诚的设计结构简单、设计巧妙,能方便地改变、呈现和测量两半视场内的颜色;只须通过简单的色度坐标转换,便可用CIE色度学系统的量值标定颜色,呈现和测量颜色的准确度和精度均比较高。

"双积分球目视色度计"为视觉心理学与物理学、光学的结合找到了切入点,利用这种自制的目视色度计,荆其诚与同事们考察了CIE色度学规定和颜色恒常性。1982年,他们获得四种标准照明体的颜色匹配和允许范围,为检验和标定光源、确定电视白场提供了基本参考数据。[②] 1984年,他们用色度学方法研究

[①] 一种对表面色进行分类和标定的方法。
[②] 荆其诚,张增慧,焦书兰,喻柏林(1982). CIE标准照明体A、D55、D65、D75色度点的颜色匹配和允许范围. 光学学报,2卷,1期,86—91.

了不同时相日光下颜色的恒常性,并用 CIE 色度学系统标定其变化,发现在两种不同时相日光下,单一颜色样品保持颜色的恒常性,但有意义样品颜色——花丛中小女孩的面部肤色的知觉恒常性受到一定程度的破坏。荆其诚等人提出,这可能与小女孩面部肤色周围颜色对比的变化和人们对面部肤色变化敏感有关[1]。对不同时相日光下颜色恒常性的探讨,有助于在复杂变化视场中寻求适当的评定物体颜色外貌的方法。这些研究成果均被国家照明标准采用。

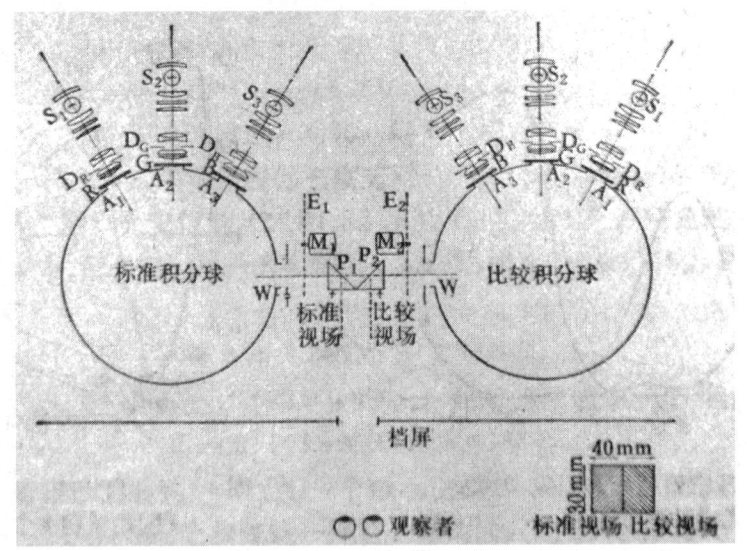

双积分球目视色度计示意图
资料来源:荆其诚等(1981),科学通报,25 卷,43—46[2]

荆其诚不但把自己的研究领域拓展到了颜色与色度学,而且他们的研究成果也获得了充分的肯定。1979 年,他与同事一起研发的"双积分球目视色度计"荣获中国科学院科技进步三等奖。1980 年,荆其诚和同事合作的"照明标准视觉心理学研究"获得中国科学院科技进步三等奖。同年,荆其诚当选国家标准局人类工效学技术委员会委员、国家标准局人类工效学技术委员会委员和颜色分委员会主任,1983 年当选中国光学会理事、颜色与视觉专业委员会副主任。

---

[1] 焦书兰,荆其诚,张武田(1984). 不同时相日光下颜色的恒常性. 心理学报,1 期,56—61.
[2] 荆其诚,张增慧,喻柏林,焦书兰,郑鸿祥(1980). 双计分球目视色度计. 科学通报,25 卷,43—46.

荆其诚在写作《色度学》的过程中，曾与王大珩①院士讨论过光学的相关问题，他认识到光学上有很多没有解决的心理学问题。从1988年起，荆其诚与王大珩共同主持国家重点资助项目"中国颜色体系问题研究"。这一项目最关键的科学问题是，如何使中国颜色体系与国际常用颜色体系衔接。当时国际主要的颜色体系都是基于高加索人种（白人）进行的人眼视觉特性评定实验，因而以此作为黄色人种的颜色标准显然是不合适的。通过分析美国的孟塞尔颜色体系、瑞典的自然颜色体系（NCS）以及德国的工业颜色标准（DIN）等体系，课题组确定了中国颜色体系的理论依据和编制原则，于1993年完成了《GB/T15608-1995中国颜色体系》国家标准的制订和《中国颜色体系》国家标样的制作。这一被誉为既有中国特色又能与国际其他颜色体系媲美的研究成果，在中国属于首创性研究。数十年来，该标准对进出口贸易、建筑与城市色彩、纺织与服装、印刷与传媒、动漫与多媒体影像、视频显示与彩色电视和计算机、工业设计与汽车制造等许多行业的发展产生重大影响。他们主持制定的《中国国旗》和《国旗颜色标准样品》两项标准已由国务院和国家质量技术监督检验局颁布为国家强制性标准。②

荆其诚曾在一次访谈中对自己做所的视知觉与色度学研究做出了总结，"……我从事的主要是基础研究，研究颜色视觉的心理物理方面。早期，特别是从1972年，我做了一些中国工业上使用的确定照明标准的应用研究。某些颜色视觉的研究同彩色电视及彩色照相有关"。在荆其诚看来，自己"不时地"在基础研究与应用研究之间进行变换"是一件好事"。

三、中国独生子女研究的先行者

1979年，中国开始推行独生子女政策。荆其诚又一次敏锐地认识到，独生子女和非独生子女并存的中国是一个独一无二的"大实验场"，心理学在其中可以大有作为！例如，独生子女与非独生子女的在智力、性格与行为上是否有差异？父母在独生子女和非独生子女家庭中起到的作用是否相同？不同家庭结构的差异会导致哪些影响？这些都是可以探讨也值得探索的课题。

---

① 王大珩，两院院士，中国光学事业的奠基人；曾获两弹一星功勋奖章；国旗和国旗颜色国家标准主要起草人之一。
② 王大珩，荆其诚，孙秀如，林志定，林仲贤(1992). 国旗国家标准的研制. 心理科学进展，第1期.

自80年代以来,荆其诚先后主持了儿童的认知与社会化、认知与年龄关系等重大课题的研究,先后争取到40余万美元的研究资助,其中包含美国格兰特(William T. Grand)基金18万美元、全美老龄化研究所(National Institute on Aging)15万美元以及密歇根大学16万美元。

1. 曼谷发言,呼吁开展独生子女研究

1980年11月,荆其诚应邀出席在泰国曼谷召开的人口讨论会,并作了题为"中国的独生子女家庭:心理社会学研究的对象"(The one-child family in China: The need for psychosocial research)的报告(Studies in Family Planning,1982)。在报告中,他不但介绍了中国的计划生育和独生子女政策及其对中国传统家庭结构的影响,认为独生子女计划是历史上未曾有过的重大社会实验,给社会学家、教育家和心理学家都提出了新的问题,应该开展更多的研究;同时也论述了独生子女在智力和人格发展上的特点。荆其诚还提出,中国家庭的规模和结构将有显著的变化,必须为老年人建立养老院,必须面对新的家庭关系和社会关系所引发的社会和心理后果。他提出研究这些问题不但源于基本的科学兴趣,而且源于对中国未来世代健康发展的关注。报告发表后引起了国际心理学、社会学等学界学者的关注,被引用达20多次。其中就包括了美国印第安纳-普度大学社会学教授蔡文辉(Wen-hui Tsai)在《亚洲研究》(Asian Survey,1986)(加州大学出版社)上所发表的"退休后的生活:中国老年人的福利"(Life after retirement: Elderly welfare in China)。

1987年,荆其诚、万传文与澳大利亚学者欧维在《国际心理学杂志》(International Journal of Psychology)发表了题为"中国独生子女家庭的心理学视角"(Single-child family in China: Psychological perspectives)的论文,再次呼吁大力开展对中国独生子女心理发展和社会化问题的研究。

2. 系统研究中国独生子女的心理特征

1983年,荆其诚参与了中国与联合国儿童基金会的合作项目——创建中国儿童发展中心(CDCC)的谈判与启动,并任该中心的第一任副主任。该项目获得了美国格兰特基金的资助,旨在于中国建立一个亚洲首屈一指的集儿童医疗、保

健、心理等方面于一体的研究及资讯中心。在项目合作谈判过程中,荆其诚担任中方首席谈判代表,期间曾发生过这样一段"插曲":尽管联合国儿童基金会的执行主席格兰特(James Grant)对中国很友好,但也有一些官员不是特别友好。曾有一位瑞典籍官员态度恶劣,当中方提出项目的费用时,她常常提出无理异议。每当这时,荆其诚总是耐心向她一一讲解。然而,有一次面对她连续的无理取闹,一向温文尔雅的荆其诚拍案而起,据理力争,最终那位官员不得不服。

荆其诚自己主持的"中国独生子女心理发展研究"项目也同时获得了中国儿童发展中心和联合国儿童基金会驻华办事处的部分资助。1986年荆其诚与同事焦书兰、纪桂萍在发展心理学权威期刊《儿童发展》发表论文"独生子女与非独生子女行为品质的比较研究"[1],对独生子女和非独生子女的行为特征进行了比较研究。研究发现,4~6岁年龄组独生子女和非独生子女之间存在明显的品质差异。农村和城市的非独生子女儿童比独生子女儿童,更具合作性和同伴威望等积极的社会行为品质。同时,独生子女比同龄非独生子女更加自我中心。这项研究发表后很快就引起了学术界的关注,迄今为止这项研究已被引用近90次。1988年美国Hoffman等出版的《当代发展心理学》(Developmental Psychology Today)一书对这项研究做了大篇幅介绍。1996年,荆其诚与同事焦书兰、纪桂萍又一次在《儿童发展》期刊上发表重要的研究成果"中国城市独生子女与非独生子女认知发展"[2]。在这项采用11项认知任务、测量了330名北京独生儿童与非独生儿童的研究中,他们发现中国独生儿童的认知发展存在着同层(cohort)效应,即虽然总体上独生儿童比非独生儿童在认知能力上占优势,但是一年级儿童中两者的差异大于五年级儿童的差异。他们认为主要原因是,五年级的独生儿童出生于1980年以前,那时独生子女政策尚未强制执行,父母抚养、教育独生子女的方式与非独生子女是相似的,而1980年以后独生子女政策强制执行后,"80后"的父母对于独生子女投入更多,即存在与时代有关的同层效应。这项研究成果也产生了很大的影响,迄今为止被美国的 The Cultural Nature of Human De-

---

[1] Jiao, S. L., Ji, G. P., & Jing, Q. C. (1986). Comparative study of behavioral qualities of only children and sibling children. Child Development, 57, 357—361.
[2] Jiao, S. L., Ji, G. P., & Jing, Q. C. (1996). Cognitive development of Chinese urban only children and children with siblings. Child Development, 67, 387—395.

velopment、Social and Personality Development 等书刊引用近20次。

荆其诚还从人口心理学的宏观角度审视中国独生子女家庭的问题。他敏锐地指出，独生子女政策的实施不仅会对独生子女的心理和教育产生影响，随之还会引起老年人的赡养等社会问题。当老年人数量多、儿童的数量少时，小家庭的发展趋势和人们对自己子女的大量投资都不利于孝敬老人，保持中国三代同堂家庭结构是解决中国可能面临的老龄化问题的有效措施之一。在1991年7月美国出席国际行为发展研究会[①]第十一届双年会上，荆其诚在题为"中国独生子女家庭计划与人口心理学"(The Chinese Single-Child Family Program and Population Psychology)的特邀报告[②]中陈述了以上观点。

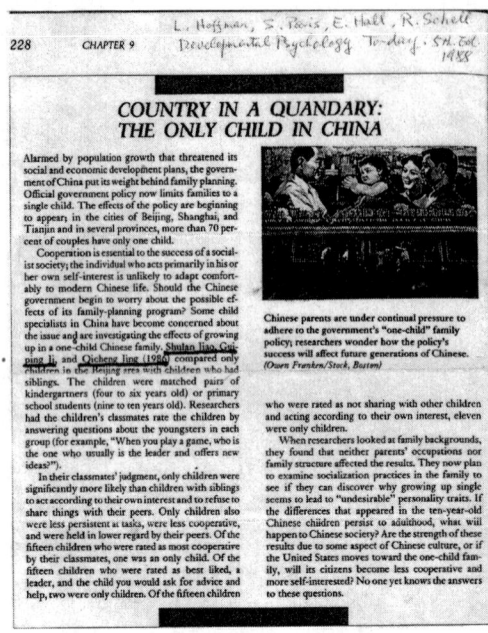

《当代发展心理学》相关章节

资料来源：Hoffman, L., Paris, S., Hall E., & Schell, R. (1988). Developmental Psychology Today. New York: Random House, 228

<<< 专栏六

认知老化的跨文化研究

由于荆其诚在中国独生子女心理学研究的出色工作以及以往合作中所建立的良好关系，1998年密西根大学选择以中科院心理所作为合作伙伴，共同开展认知老化的跨文化研究。

---

① 国际行为发展研究会(International Society for the Study of Behavioral Development, ISSBD)为国际上著名的多学科研究人类行为发展的学术团体，有来自心理学、教育学、社会学、生物学、医学等领域的近千名学者所组成，会员遍布48个国家、地区。荆其诚自1984年起任该研究会国际组织委员会委员。

② 该文于1994年正式发表在期刊《心理学与发展中社会》(Psychology and developing Society)第6卷第1期。

2002年，荆其诚与赫登（Trey Hedden）、帕克（Denise C. Park）、尼斯比特（Richard Nisbett）、焦书兰等在《神经心理学》(Neuropsychology)上合作发表了"毕生发展中言语和空间的神经心理功能的文化差异"(Cultural variation in verbal versus spatial neuropsychological function across the life span)。这项研究借由数字加工任务和视觉空间任务比较了青年人与老年人在加工速度和工作记忆方面的文化差异。研究结果不但证明了编制跨文化的神经心理学与认知测验的可能性，同时对测量基本认知功能的神经心理学任务与文化因素无关的观点提出了强烈质疑。另外，研究结果支持了帕克等人的文化趋同假设：认知功能生物学基础的衰退伴随老年化而来，它会减少高认知负荷条件下策略应用和知识结构的文化差异，从而导致晚年更大的跨文化相似性。换句话说，随着年龄的增加，生物学的差异开始显现，文化的差异开始减少。

这是认知老化研究领域的一项重要成果，迄今为止论文被引用达50次。

>>>

荆其诚不但从儿童发展心理学这一相对微观层面、人口及社会心理学这一相对宏观的层面探讨了独生子女政策对我国带来的影响，同时也开展了中外儿童比较研究。1997年，荆其诚在"中国儿童的社会化"(Socialization of Chinese children)一文[①]中，系统综述了西方与中国学者关于独生子女与非独生子女差异的研究，提出由于社会和文化的差异，西方学者相关研究结论尚需在中国检验。他认为，西方独生子女增多的原因，主要是越来越多的女性参加工作，养育子女的费用越来越高；而且独生子女更可能来自离婚家庭；美国独生子女家庭常常是由父母有意识决定所致。与此完全不同，中国大量的独生子女都是服从政策所致。他提出，一些西方研究者在短期访问中国时对中国独生子女与非独生子女进行的研究，由于对中国文化缺乏了解，套用西方的研究工具和方法，导致了这些西方研究者的发现与中国研究者的发现不一致，因此关于独生子女的人格发展是否不如非独生子女的问题，还没有得到明确的结论。

由于荆其诚在独生子女研究领域的卓越工作，2002年10月24日，时任中国

---

① 该文发表于：H. S. R. Kao & D. Sinha (Eds.), Asian Perspectives on Psychology (pp. 59—73). New Delhi: Sage.

关心下一代工作委员会专家委员会副主任的荆其诚荣获第三届"中国内藤国际育儿奖"①。2007年3月30日,美国儿童发展研究学会(Society for Research in Child Development, SRCD)在美国波斯顿召开的全体大会上,由 SRCD 奖励委员会主席帕克(Ross D. Parke)授予荆其诚2007年度儿童发展杰出科学贡献奖②,表彰他对国际心理学儿童发展的突出贡献。这是该荣誉首次授予中国心理学家。

四、心理学理论体系和发展方向的探索者

荆其诚在1981年接受密西根大学中国研究中心主任、政治科学系教授、美中学术交流委员会委员(CSCPRC)、美国国家安全委员会中国问题顾问迈克·奥克森伯格(Michael Oksenberg)访谈时说过:"我有两方面兴趣。一个是知觉,近来我一直研究颜色视觉,自1975年以来我一直在此领域工作。第二个兴趣是心理学体系,或心理学派,历史上心理学是如何发展的,心理学理论当今的趋势是什么。"

1. 在国内率先引介冯特

荆其诚是国内介绍与评价冯特的先行者。1958年,荆其诚的第一本著作《冯德③和铁钦纳的构造心理学派的理论基础——对于一个心理学派的历史评述》出版。他认为,冯特"使心理学成为一门实验科学,因而被公认为实验心理学的创始人;但这不等于说实验心理学的建立完全出自冯特一个人的力量,也不等于说冯特是第一个进行心理学实验的"。在荆其诚看来,构造派心理学是心理学发展过渡时期的产物。1962年,荆其诚在"自然科学与心理学理论"一文中总结

---

① 内藤寿七郎博士曾是日本天皇的儿科医生,现任日本小儿科医学会名誉会长、日中育儿研究会会长,长期致力于国际儿童发展事业;1997年创建"日本内藤寿七郎国际育儿奖",在世界各国颁发。印度的特雷莎修女、美国的南希·里根夫人、英国的玛格丽特·撒切尔夫人等先后获得该奖的特别奖。1997年中日邦交正常化25周年时,他创设"中国内藤国际育儿奖",每两年评选一次。其宗旨是表彰在妇幼保健、心理学、营养学、教育学、社会学等儿童发展领域里作出贡献的人。冰心、严仁英、于蓝、茅于燕等人曾先后获得此奖。
② 美国密西根大学 Kevin Miller 教授代表荆其诚出席颁奖大会接受奖牌,并于2007年6月4日代表 SRCD 亲自到心理所向荆其诚先生颁发奖牌。
③ 当时国内将冯特翻译为冯德。

了冯特的三点贡献:系统整理心理学的内容,使心理学成为了具有完整体系的科学;将生理学方法应用于心理学研究;创立实验心理学,规定了心理学的未来发展方向。同时也指出了他的三点局限:认为心理学的研究对象是经验,将心理活动看成静止的,认为实验法不能研究高级心理。

20世纪60年代末70年代初,行为主义对主流心理学的统治终结,研究心理过程的认知心理学兴起,由于冯特与铁钦纳对意识内容的重视,引发了许多心理学家对他们的重新解读。这时人们惊奇地发现,有些事并不像波林(Edwin G. Borling,1886—1968)在其经典著作《实验心理学史》(1929,1950)中所描述的那样。作为铁钦纳的忠实学生,波林刻意将自己的老师描述成冯特的忠实追随者与正统继承者,并用铁钦纳的思想去"规范"冯特。这样的歪曲不可避免地造成了后来的心理学家对冯特的误解。例如,很多人认为冯特的理论是元素主义的、使用了过分强调内省的实验法、与铁钦纳是忠实的师徒关系,等等。然而,由于荆其诚参考的是原著,他的著作并无这些误解[①]。

《冯德和铁钦纳的构造心理学派的理论基础》封面

1978年,中国心理学会为参加1980年第22届国际心理学大会(暨纪念冯特创建世界第一个心理学实验室100周年活动),组成了评论冯特工作小组,在中国开展了规模浩大的"评冯"运动。与这场"评冯"运动相比,荆其诚对冯特思想的介绍与评述不但早了20年,其阐明的观点也得到了学界的认同。

2. 介绍西方心理学流派与心理学发展趋势

20世纪50年代,中科院心理所的一项重要工作就是学习苏联的心理学、学习巴甫洛夫学说。在此期间,荆其诚发表了"巴甫洛夫的分析器学说"(1954),并

---

① 杨文登,叶浩生(2009). 荆其诚的国际心理学思想与实践. 心理学报,41(9),902—910.

与周先庚、李美格一起将巴甫洛夫所著的《条件反射演讲集：动物高级神经活动（行为）的二十五年客观研究》①（人民卫生出版社，1954年）的英译本②翻译成中文，成为当时人们学习巴甫洛夫学说的主要参考资料之一。该书于2010年1月由北京大学出版社以《条件反射：动物高级神经活动》为名再版。

60年代初，荆其诚开始陆续向国内介绍世界各国心理学发展概况，涉及的内容包括：各国有多少人从事心理学研究，有哪些代表人物，主要的心理学研究领域有哪些以及取得了哪些成果等。"日本心理学研究的概况"(1961)、"东南亚几个国家的心理学概况"(1961)、"西德心理学概况"(1962)等一系列文章，很好地满足了当时国内心理学界了解国外心理学的需求。随后，荆其诚评介了当时风头正劲的华生和他的行为主义理论，分别在1962年和1964年发表了"现代美国的行为主义心理学派"、"行为主义产生的历史背景"两篇介绍文章。他首先分析了行为主义的实证主义哲学基础，阐述了自然科学和技术进步对它的影响，并且将达尔文进化论、摩尔根定律、动物心理学和心理学的客观方向等纳入历史背景中加以讨论，清晰地展现了行为主义发展的历史脉络。③

"文革"过后，荆其诚出访欧美等多个国家，并撰写了"澳大利亚的心理学研究"(1979)、"英、法国心理学概况"(1981)等文章。他向国内同行指出："英法心理学重视应用研究，是与社会需要分不开的。心理学如不能解决实际问题，或不能为制定政策提供参考性意见，便难以得到经费。心理学对社会需要是很敏感的。当然他们也保证一定比例的基础研究。我国的科研经费来自政府，感不到社会需要的直接压力，虽然我们口头上说为四个现代化服务，而实际上对社会要求的反应可能是迟缓的。我们应该重视这一问题。"

荆其诚不仅熟知国际心理学流派，还将这些学派联系起来，以心理学整体为研究对象，勾勒心理学的历史、现状及发展趋势。1982年，荆其诚发表了"心理学发展的道路"一文，梳理了现代心理学的两大阵营：机械主义阵营与强调人的能动作用的（人本心理学）阵营。前者将人看成被动的机体，以研究心理的生理

---

① 当时这部译作出版时署名为"中国科学院心理研究室"。
② 英译本书名为"Lectures on Conditioned Reflexes: Twenty-five Years of Objective Study of the Higher Nervous Activity (Behaviour) of Animals."，英译者为 W. Horsley Grantt.，出版于1928年。
③ 杨文登，叶浩生(2009). 荆其诚的国际心理学思想与实践. 心理学报，41(9)，902—910.

机能为主要研究对象,沿袭行为主义的路线,以动物实验为探讨人的心理活动的途径,以实验方法作为普遍接受的方法,其根源可以追溯到更古老的联想主义哲学。后者"人本心理学集团"包括了社会、临床、咨询等领域心理学家,他们的工作都联系到人的社会性,用调查、观察以及实验来建立自己的理论。他认为,"我们很难说两大阵营谁是主流,谁是支流。二者并存,又相互补充。今天,一个心理学家往往要以双重面貌出现,既是机械主义者,又是人本主义者"。从这篇文章可以看到,荆其诚把握到了当时心理学界关于科学与人文两种文化的思想意蕴,预见了20世纪末关于心理学中两种文化的激烈碰撞。[①]

1986年,荆其诚应亨利·卢斯基金会(Henry Luce Foundation)的邀请赴芝加哥大学访学,担任卢斯研究员(Luce Fellow)。他充分利用芝加哥大学图书馆收集了大量有关心理学发展变化的资料。1988年至1989年,荆其诚获得行为科学高级研究中心(Center for Advanced Study in the Behavioral Sciences)和美国科学基金会(National Science Foundation)的支持和资助,赴斯坦福大学访学。他利用斯坦福大学图书馆继续收集心理学史资料,于1990年出版了《现代心理学发展趋势》一书。在这本书中,荆其诚详细介绍了不同学派的历史根源、具体观点、发展逻辑,并中肯地加以评价。"试图对某些变化进行一定的概括,找出变化的前因后果,并尝试把有关领域的主要内容连贯起来"。荆其诚在书中讨论的虽然是国际前沿的学术问题,但论述能结合大量实例深入浅出,如同科普文章一般通俗易懂,率先将当代进化心理学的重要理论基础——社会生物学——通俗而不失深刻地呈现在人们面前。

3. 引进认知心理学

(1) 翻译《人类的认知——思维的信息加工理论》

1983年春,此前一直与荆其诚保持着良好关系的认知心理学的创始人之一、诺贝尔经济学奖获得者西蒙(Herbert Simon),应中国科学院的邀请到心理所开展关于人类短期记忆的合作研究,同时还应邀在北京大学系统讲授认知心理学,历时三个月。西蒙从理论上讲述了认知心理学的基本观点,其内容不但非

[①] 杨文登,叶浩生(2009). 荆其诚的国际心理学思想与实践. 心理学报, 41(9), 902—910.

常有指导意义,而且很多是此前在别处没有发表过的。在西蒙演讲时,荆其诚与张厚粲一起担任口译,后来他们将西蒙这次讲课内容整理翻译成书正式出版,即《人类的认知——思维的信息加工理论》(科学出版社,1986)。这是国内第一本系统介绍西方认知心理学的书,为国内学者了解认知心理学的兴起、理论和方法打开了一扇窗户。荆其诚也因此成为最早向国内引进认知心理学的先驱之一[①]。该书出版后,"认知"、"认知心理学"、"信息加工过程"等术语为越来越多的人接受、熟悉,在心理学界内外得到迅速传播和广泛使用。

与西蒙夫妇、张厚粲合影(1982年)
资料来源:荆其诚先生纪念画册,科学出版社,第111页

(2) 发表"再认、思维和学习的信息过程"

20世纪50、60年代,认知科学和人工智能在美国刚刚兴起就遭到当时苏联科学界的反对,认为这一理论是机械唯物主义的。但是苏联学术界旋即认识到这一看法的片面性,并积极开展认知科学的研究。西蒙获得诺贝尔经济学奖后,苏联《心理学杂志》主编洛莫夫(Б. Ф. Ломов)请西蒙介绍认知心理学,他没有接受。后来苏美关系好转,西蒙与荆其诚在由重庆到武汉游三峡的旅途中商议苏联约稿一事,两人决定共同草拟论文提纲,最终合作撰写了"再认、思维和学习的

[①] 张厚粲在北京师范大学、王甦在北京大学最早在国内开设认知心理学课程。

信息过程"一文。该文论述了辩证唯物主义与信息加工心理学的关系,说明认知心理学是符合辩证唯物主义认识论的,认知科学与马列主义观点并不矛盾。文章于 1988 年用俄文(题目为 РАСПОЗНАВАНИЕ, МЫШЛЕНИЕ И ОБУЧЕНЕИЕ КАК ИНФОРМАЦИОННЫЕ ПРОЦЕССЫ)发表于苏联的《心理学杂志》(ПСИХОЛОГИЧЕСКИЙ ЖУРНАЛ)之后,又于 1989 年用英文(题目为Recognizing, thinking, and learning as information processes)发表在《个人和社会情境下的认知——第 24 届国际心理学大会论文集》(Cognition in Individual and Social Contexts: Proceedings of 24th International Congress of Psychology)上,用中文发表在《心理学科学通讯》上。

在荆其诚的积极推动下,心理所认知心理学研究室与西蒙在汉字的短时记忆、问题解决和学习问题上进行了合作研究。其中,喻柏林、张武田等先后与荆其诚、西蒙一起完成了一系列关于汉语和英语短时记忆规律的研究。正是西蒙的指导以及这一系列卓有成效的合作,奠定了心理所乃至全国认知心理学发展的基石。

(3) 指导博士生从事认知心理学研究

荆其诚早期指导研究生从事视觉研究。80 年代,在他的指导下,张一中、张华忠、房路江先后获得硕士学位,他们的学位论文题目分别是"光源显色性对视觉辨认的影响"(1982)、"视觉显示终端的视觉功能研究"(1986)、"明视觉下低频间断单色光光效率的研究"(1987)。

1987 年,荆其诚作为 20 世纪 80 年代心理所的 4 名博士生导师之一,开始指导博士生从事认知心理研究。1990 年夏,他指导的第一位博士生傅小兰以学位论文"奕棋问题解决元策略模型"申请答辩,荆其诚邀请西蒙来京参加答辩会,西蒙欣然应邀出席。

自 20 世纪 80 年代我国心理学界对心理过程的研究逐渐转向认知心理学方向后,对汉语信息加工的研究逐渐成为热点。1993 年,汉语信息加工国际研讨会在北京召开。荆其诚以国际心理联合会副主席的身份对会议给予了支持,他不但出席会议做主题发言,并且从国际心联争取到了经费支持,担任了论文集《汉语信息加工》(Information Processing of Chinese Language)的主编工作,并撰写了序言。1994 年,荆其诚与同事陈永明合作,获得汉语认知加工研究方面的第一个国家自然科学基金重点项目"汉语语言和文字认知过程的研究",他指导博士生以该项目为基础,选择汉语认知加工课题作为博士论文的方向。他先后指导毕业的博士生及其学位论文为:韩布新"汉字识别中部件和部件组合的频率效应"(1993)、杨玉芳"语句句法成分边界和韵律特征知觉"(1995)、宋合义"影响汉字手写体识别的静态特征与动态特征的研究"(1995)、江新"句法和语义在汉语简单句理解中的作用"(1996)。1996年,荆其诚以其出色的博士生培养工作荣获中国科学院优秀导师奖,2008年荣获"中国科学院研究生院杰出贡献教师"荣誉称号。

<<< **专栏七**

忆恩师荆其诚先生

1988年夏天,在经历恩师潘菽院士去世的巨大痛苦,惆怅茫然数月后,我终于得到了所里的正式通知,我将转入荆其诚先生门下继续攻读博士学位。

1988年盛夏,我按图索骥寻到黄庄812楼1102号,忐忑不安地敲响了荆先生的家门,首次登堂入室,拜师求学。第一次独自面对名声遐迩且我心中景仰已久的先生,我在围成半圆的沙发上正襟危坐,显得木讷紧张,而先生则慈祥和蔼,清秀睿智,亲切地询问我方方面面的情况。我慢慢地放松下来,渐入佳境,先生渊博的学识、儒雅的风度和谦逊的品格给我留下了极为深刻的印象。

我自知带有南方口音,不仅发不好清浊鼻音,也分不清卷舌和不卷舌音(摩擦和不磨擦音),因此讲起话来很有些不自信。先生便让我读了几个英文词(如 learning,lecture 等),然后十分宽容地对我说,我的发音并没有太大问题。这让我如释重负。尽管我的口音依旧,但我却得以放下包袱,自由随意地表达了。

选自:傅小兰(2008). 忆恩师荆其诚先生. 纪念荆其诚先生专刊,2008年12月,总第160期.

五、新中国心理学走向国际的引领者

中国心理学的春天在改革开放后到来,荆其诚在此后几年时间内创造了中国心理学界出国访问历史上的多个"第一":他是改革开放后第一批踏出国门参加学术会议的中国心理学家之一,他是新中国成立后第一位赴美出席学术会议并进行合作研究的中国心理学家,他组织了前往美国参观访问时间最长、规模最大的中国心理学家代表团①。几年间,荆其诚先后访问了澳大利亚、美国、英国、法国、苏联等十多个国家。每次出访,荆其诚不但设法加深相互了解与交流,而且积极寻求机会、力争选派送更多的年轻人到国外深造。1982年3月,在荆其诚的主持下,心理所与美国密歇根大学心理学系签订了人员交流五年计划。荆其诚所有的努力只有一个目标:使中国心理科学自立于国际学术之林。

荆其诚率团赴美出席中美心理学家认知研讨会(1983年)
资料来源:荆其诚先生纪念画册,科学出版社,第53页

无论是在国门之外,还是在国内,荆其诚在各类国际交流中为中国学者树立了一种良好的形象,即独立自主、求同存异、平等待人、实事求是、广交朋友、信守承诺。

1. 国门又开,锋芒初露

"文革"结束后不久,西方心理学界同仁向中国伸出的第一束橄榄枝,来自澳

---

① 中国科学院心理研究所所史编纂组(2009).中国科学院心理研究所所史.北京:科学出版社.

大利亚心理学会(Australian Psychological Society, APS)。1978年8月27日至9月1日,中科院心理所委派徐联仓、荆其诚和李心天三人组成代表团,参加APS第13届学术年会。对于三位中国心理学家来说,他们最大的心愿是通过此次破冰之旅,介绍中国心理学发展的情况和各自的研究成果,了解国外心理学教学、科研与应用的发展现状,评估国内心理学各方面的差距,尽可能多地把所见所闻带回国内与同行分享。除参会外,澳方还安排三人分别与几位澳大利亚心理学家拟定了合作研究计划,并参观了纽卡索尔、悉尼、布里斯班、堪培拉等四地九所大学的心理系、四个教育研究中心、五所医院及两个生物学研究单位。这些活动使他们初步了解澳大利亚同行的研究课题、方法和成果。澳大利亚各地的心理学同行不仅热情地接待了他们,还赠送了不少当时最新的书刊资料以及录音带、录像带、仪器等。①

1979年,美国心理学会(American Psychological Association, APA)邀请中国心理学会潘菽理事长参加其第87届学术年会。年逾八旬的潘老特别委托荆其诚代表他出席此次盛会并致辞。这是新中国成立后我国心理学家首次应邀出席在美国召开的学术会议,也是荆其诚在国际舞台上崭露头角的开端。美国心理学会年会于当年9月1日至5日在纽约举行。在理事会欢迎宴会上,当荆其诚说到"踏上美国国土就受到热情欢迎,这是对中华人民共和国心理学家的欢迎"时,全场响起了长时间的热烈掌声。会议期间,荆其诚专门把美国心理学会年会38个分会的概况、年会的组织形式、美国心理学家队伍的领域分布、与中国有关的几个专题报告会以及美国同行特别关心的心理学发展与社会应用问题等重要信息资料,录音并寄回国内与参加中国心理学会第三届年会的同仁分享。②会后,荆其诚随即访问了美国密歇根大学,与斯蒂文森(Harold Stevenson)教授③合作研究中国独生子女的心理发展问题,直到1980年5月回国。

在美期间,荆其诚还访问了美国科学院(National Academy of Sciences)、

---

① 徐联仓,荆其诚,李心天(1979). 澳大利亚的心理学研究. 心理学报, 1期, 126—136.
② 荆其诚同志的访美汇报. (1979). 中国心理学会第三届学术年会简报.
③ Harold W Stevenson(1924—2005), 密歇根大学心理系教授、人类成长与发展中心(Center for Human Growth and Development, CHGD)主任;因40多年在中小学(数学)方面的中、日、美跨文化教育与儿童学习领域的开拓性研究获得美国心理学会的 James McKeen Cattell Fellow Award (1994),并当选 William James Fellow(1995).

美国国家科学基金会(National Science Foundation)和美国心理学会。每到一处,他都要介绍中国近30年的心理学教学与科研工作,介绍中国相关心理学机构、组织与个人,并与美国心理学界的知名科学家广交朋友,为日后中美心理学家的交流与合作奠定了坚实的基础。关于荆其诚此行,斯蒂文森教授有一段非常到位的总结[①]:

> 荆其诚教授是30年来从中华人民共和国来到美国的第一位心理学家。自1979年9月以来,他虽然访问了美国十来所大学,但他在美的大部分时间是在密歇根大学度过的。他的访问缘起于1978年12月,哲学系唐纳德·孟罗(Donald Munro)教授参加了美国—中国学术交流委员会的会议后与我的一次谈话。我们认为,邀请一位中国心理学家访美的时机业已成熟。密歇根大学的人类成长与发展中心承诺提供资助,写了几封致中国有关当局的信函。我们得到中国科学院心理研究所所长潘菽教授和荆其诚教授的回信。荆教授于1979年8月抵美。他文雅脱俗的风度、灵敏的洞察力、机敏的感受力,以及极为娴熟的英语,立即给了我们十分深刻的印象。

回国前,荆其诚应密歇根大学副校长范瑞(B. Fyre)邀请,接受了该校中国研究中心主任、美国国家安全委员会中国问题顾问迈克·奥克森伯格的采访,采访记录刊登在1981年密歇根大学文理艺术学院(College of Literature, Science, and Arts)院刊上。谈话屡涉机锋,荆其诚应答敏捷自如,充分体现了他对中国心理学发展状况的全面了解和准确把握。

与斯蒂文森合作
资料来源:荆其诚先生纪念画册,科学出版社,第60页

[①] 傅小兰编(2000). 荆其诚心理学文选.北京:人民教育出版社,536—545.

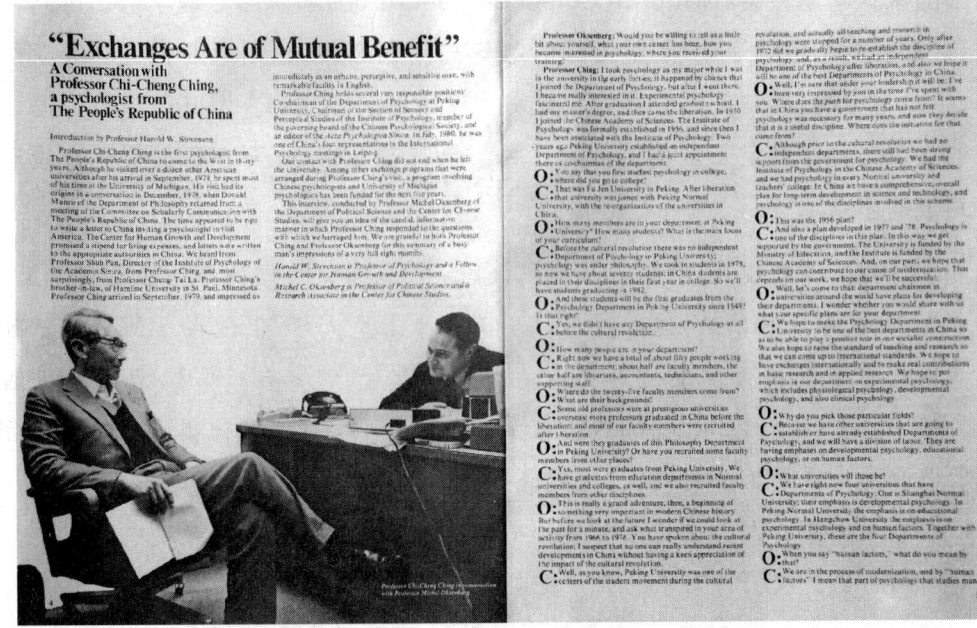

荆其诚接受奥克森伯格采访

资料来源：荆其诚先生纪念画册，科学出版社，第 81 页

<<< 专栏八

奥：1949年后中国的历史我们已经清楚了。你们的心理学有时能够得到发展，有时不能发展。人们是否愿意进入这个领域？或者它被看做是在某些方面能导致政治上麻烦的学科？

荆：心理研究所是在中国科学院而不在中国社会科学院。我们所的重点主要放在生理心理及实验心理方面。除在"文化大革命"时期之外，心理学研究并没有遇到多么大的问题。在将来，我看没有理由认为任何科学，无论是自然科学或社会科学，会有潜在的麻烦。不过大学生仍然愿意进入理科及工程学系，只是因为实用的缘故。

奥：心理学是起源于西方社会和文化的一门学科。把这类学科移入十分不同的文化之中是否困难？心理学的有些方面是一种科学，但也有一些方面和它渊源的文化密切相连。把心理学作为一门学科从西方转移到中国文化的背景上，容易吗？

荆：我们不能一般的谈论这个问题。我认为实验心理学和生理心理学可以像其他任何理工科一样直接转移过来。至于社会心理学,那就得看它是否符合我们的文化,以及对我们是否有用了,我认为确有文化的差别,我们也必须考虑这些差别。

奥:我认为还有教育心理学。

荆:这取决于是教育心理学的哪一部分。例如,我想在智力发展、认知心理方面,所有人类都有一致的规律。当你谈到道德发展时,那就可能有某些不同了。

中国人信奉礼尚往来。首次访美,荆其诚不但结识了许多美国心理学家,同时完成了美国心理学家代表团访华的筹划工作(后来荆其诚与这个代表团的几位成员成为了终生好友)。1980年10月,应中国心理学会理事长潘菽的邀请,美国心理协会派出以米勒[①](Neal E. Miller)为团长,包括西蒙在内的10名美国心理学家代表团赴中国进行为期三周的访问。其间,除了做学术报告,他们还参观了中国科学院心理研究所及有关心理学机构,并与中国心理学家座谈。西蒙自1972年作为美国计算机科学代表团成员访问过中国后,一向致力于中美友好和促进中美学术交流,此行更是开启了他与中国心理学家长达20余年的合作。在长期的合作中,荆其诚与西蒙结下了深厚的友谊。西蒙坦言,荆其诚是他在中国学术交流活动中最重要的良师益友和亲密的工作伙伴。他特别喜欢"老荆同志"给他起的中文名字"司马贺",还专门请人刻了枚印章。

2003年1月20日,福勒(Raymond D. Fowler)[②]教授代表美国心理学会在北京联想大厦向荆其诚颁发"国际荣誉奖状",以表彰他对国际心理学的突出贡献、对中国心理学发展开创的前瞻性业绩,以及与美国心理学界建立的长期友谊。

2. 代表中国,闻达于世界

1980年7月6至12日,中国心理学会代表团赴德国莱比锡参加第22届国

[①] 米勒(1909—2002),美国心理学家,生物反馈学说的创始人,1958年当选国家科学院院士,1959年获美国心理学会颁发的杰出科学贡献奖,1961年当选为美国心理学会主席。

[②] 福勒(1930—),美国心理学家,曾于1988年任美国心理学会主席,并在1989年2003年期间出任美国心理学会的执行副主席兼CEO,精通管理,使美国心理学会成功地摆脱上世纪80年代经济危机,走向兴旺发达;为此,美国心理学会设立了两项以他命名的奖项;现任IAAP主席,多次访问中国;是文革后首批美国心理学家访华团的主要组织者。

际心理学大会(22nd International Congress of Psychology,ICP1980)。代表团由陈立率领,成员有刘范、徐联仓和荆其诚。这次大会适逢国际心理学界纪念冯特在莱比锡大学建立第一个心理学实验室(1879年)100周年,来自世界50多个国家的2965名代表出席了这次盛会。7月9日,荆其诚与陈立列席国际心理科学联合会(International Union of Psychological Science,IUPsyS,简称国际心联)代表大会,见证了中国心理学会作为第44个成员国组织加入国际心联的历史时刻。国际心理学界看到了正在复兴的中国,也看到了中国心理学发展的无限前景。中国加入国际心联,标志着中国心理学家和组织正式被世界同行承认和接纳,这也与过去两年荆其诚在各国的奔走以及对中国心理学的介绍与宣传密不可分。

在此次国际心联代表大会上,荆其诚结识了时任国际心联副秘书长的鲍立克(Kurt Pawlik)教授[①],他们一见如故,后来成为至交。鲍立克以东道主的身份全程陪同中国代表团参会。此后,在荆其诚竞选国际心联执委(1984)、国际心联副主席(1992)、第三世界科学院院士(1995)乃至1996年中国心理学会申办第24届国际心理学大会(ICP2004)等重大事件中,鲍立克均多方予以支持,积极出谋划策,并利用自己的国际影响鼎力相助。

在马普发展所前的合影照片
资料来源:荆其诚先生纪念画册,科学出版社,第109页。

---

① 鲍立克(1934—),奥地利心理学家,德国汉堡大学教授、国际心联主席(1996—2000)、国际社科联主席(1996—2002),主要研究心理测量技术。

由于国门初开,国外心理学家对中国的心理学状况不了解,但又很好奇,荆其诚经常被问到这样的问题:"你们有悠久的文化传统,历史上有优秀的哲学家,那么你们的心理学吸收了哪些中国古代的和近代的哲学思想,诸如孔夫子和毛泽东的思想";"你们搞了30年心理学,你们的心理学有什么特点,与外国的心理学有什么不同";"你们有没有像皮亚杰、斯金纳那样能自成体系或学派的心理学家"①。面对此类问题,荆其诚开始积极主动地介绍中国的心理学家以及中国心理学发展现状、概况、影响因素及面临的挑战,外国学界对中国心理学的了解与认可由此而逐渐增加。1980年,荆其诚在《美国心理学家》(American Psychologists)上发表了"中华人民共和国的心理学",他按初期(1910~1948)、早期(1949~1957)、成长和发展期(1958~1965)、"文革"时期(1966~1975)以及复兴时期(1976年后)等五个阶段,向国际同行客观地介绍了中国心理学的发展历程。在文中,他特别强调中国心理学向国外学习的重要性,提出:"某些国外的理论或心理学派可能适合或不适合我们自己的文化,但是我们必须了解它们,任何对我们有益和有用的都可以借鉴,盲目的排外只会给我们自己带来损失。""我们需要艰苦奋斗、自力更生,但我们向国外同行学习先进的经验也同样至关重要。"②

1981年3月和4月,荆其诚再次代表潘菽参加英国心理学会、法国心理学会的学术会议。1982年7月,荆其诚出席在爱丁堡召开的国际心联执行委员会会议,并作了题为"心理学对第三世界发展的影响"的报告。1983年3月,苏联科学院心理研究所机关刊物《心理学杂志》以"中国心理学的现状"为题,译载了这篇文章。在国际会议上,该所所长洛莫夫经常介绍荆其诚与苏联代表见面,询问中国心理学的情况,在宴会上还一起为马列主义心理学、为心理学能够为人类服务而干杯。1984年,荆其诚在《国际心理学报》(International Journal of Psychology)发表了"中国心理学与四个现代化"一文,回顾了中国心理学在十年"文革"中遭受的劫难,认为中国心理学应该与四个现代化建设联系起来,应该积极走出国门。1987年10月,时任中国心理学会理事长的荆其诚赴日本出席在

---

① 荆其诚(1981). 英、法国心理学发展概况. 心理学报,第4期,454~458.
② 荆其诚(1980). 中华人民共和国的心理学. 美国心理学家,35(12),1084~1089. 后载于《荆其诚心理学文选》,人民教育出版社,85~86.

中国科学院

荆其诚教授：

由国际心理科学联盟（IUPsyS）主席 Prof. Kurt Pawlik处欣悉，由于您高度的领导才能、科学上的贡献以及国际交往的能力而被选上IUPsyS副主席。代表院，我向您表示热烈的祝贺，并期望您能为心理学的进一步发展，为今后的国际交流作出更多的贡献。

周光召
中国科学院院长
1992年11月28日

附Prof. Kurt Pawlik来信。

中科院院长周光召教授的贺信
资料来源：荆其诚先生纪念画册，科学出版社，第121页

东京大学举行的日本心理学第51届年会。在这次参加人数约为2000人的大会上，荆其诚作为5位特邀报告人之一，在大会上发表了题为"中国心理学的最新发展"（Recent development of psychology in China）的演讲。1989年，该演讲报告由日本的学术期刊《心理学研究》刊载。

荆其诚的努力与贡献，及其对外交往能力、战略眼光与管理经验获得了国际心理学界的一致认可。1984年9月，第23届国际心理学大会在墨西哥阿卡蒲哥（Acapulco）召开，荆其诚顺利当选国际心联执委，并于1988年成功连任。特别令中国心理学界欢欣鼓舞的是，1992年在布鲁塞尔，荆其诚于第25届国际心理学大会上成功当选国际心联副主席。中国科学院周光召院长为此专门发来贺信。

3. 言传身教，提掖后学

荆其诚不但致力于向国际同行介绍中国心理学，同时也非常关注中国心理学的发展与未来。他常说，我国学者的研究想法、理论并不比国外学者差，只是手段、经费有所欠缺。派年轻人去国外学习、掌握新技术，回来可以更好地促进我国心理学的发展。1979年至1980年，荆其诚在美国访学期间遇到了从北京师范大学到哥伦比亚大学访问的彭聃龄，遂将其引荐给哈佛大学行为主义心理学家斯金纳。哈佛大学邀请他们做一场题为"新中国的教育体制和教育质量"的演讲。为了让年轻人得到锻炼，荆其诚坚持让彭聃龄主讲，他来当翻译，那场演讲产生了相当好的反响。后来，荆其诚又将彭聃龄介绍给生理心理学的奠基人约翰·斯特恩（John Stern）。他们的合作研究成果发表后，彭聃龄说，"这是我

第一篇用英文发表的心理学研究报告。这篇报告是在荆先生的帮助下才得以产生的"。①

荆其诚素无门户之见,他关心的是整个中国心理学的发展。大约在 1986 年,美国伊利诺大学香槟分校(University of Illinois, Urbana-Champaign)与中国心理学会及荆其诚取得联系,希望由中方负责选派中国优秀青年赴该校攻读博士学位。1989 年到 1990 年期间,在全国范围内选拔出的 10 名学生陆续到了伊利诺大学,其中包括后来成为中国心理学会理事长、国际心联副主席的张侃。张侃在回忆起这段往事时说,"荆老师虽然是心理所的领导,但他不仅考虑心理所,而是全国的心理学界,这些人在美国都发展得很好,建立不少外联"。②

现任北京大学心理系主任周晓林教授也是当年入选的人员之一,但由于种种原因未能成行,后来去了英国剑桥大学。在 2000 年于斯德哥尔摩召开的国际心理学大会上,周晓林又见到了荆其诚。他说,"看到先生的身影……我备感亲切,好像一个掉队的战士找到了自己的队伍。先生不嫌我学术修养、学术地位的卑微,让我参加了一些重要活动,包括对 2004 年国际心理学大会举办权的竞争"。2003 年下半年,正当荆其诚作为组委会主席为即将于北京召开的国际心理学大会奔忙时,已经回国工作的周晓林又找到他,建议《心理学报》③出版英文专辑,大会期间发给各国与会代表,以扩大中国心理学在国际上的影响。荆其诚欣然应允,并最终促成了此事。

4. 运筹帷幄,聚首北京

2004 年 8 月 8 日是一个值得中国心理学界永远铭记的日子。这天下午,第 28 届国际心理学大会(ICP2004)在北京国际会议中心隆重开幕,来自世界 80 多个国家的 6000 余位心理学家出席了首次在发展中国家举办的这一空前盛会。当荆其诚携夫人汪兴安神采奕奕地步入北京国际会议中心,走上开幕式的红地

---

① 《纪念荆其诚先生专刊》,中国科学院心理研究所所刊,2008 年 12 月,总第 160 期,第 57 页。
② 同上,第 38 页。
③ 《心理学报》(Acta Psychologica Sinica),1956 年创刊,主要发表我国心理学家最新、最高水平的心理学科技论文。由中国心理学会和中国科学院心理研究所主办。

毯时,他外表平静,内心却无比激动。这次大会的顺利召开,不但是我国心理学界多年团结努力的成果,更是荆其诚率部十余年的筹划、八年筹备工作的结晶!他居功至伟,实至名归。

荆其诚与夫人汪兴安走向会场
资料来源:荆其诚先生纪念画册,科学出版社,第148页。

早在1992年,在布鲁塞尔第25届国际心理学大会上,荆其诚就已经向国际心联表达了近期在中国举办国际心理学大会的意向,希望通过高水平学术交流活动及相关组织工作,展示中国心理学家的科研水平、工作能力,同时增进与国际同行的交流与合作。回国后,荆其诚立即联络国内同仁,正式向国际心联提出在中国广州承办由国际心理科学联合会与国际应用心理协会联合举办的第一届地区国际心理学大会,并邀请国际心理科学联合会同时在此召开执委会。1995年8月27~30日,第一届亚太地区国际心理学大会在广州珠岛宾馆顺利召开,由中国心理学会承办,华南师范大学具体负责当地会务。中国的心理学家团队在大会联络、组织与协调工作上展现的能力获得了国际心联的积极评价,同时也为申办2004年国际心理学大会奠定了良好的基础,积累了宝贵的经验。

广州大会后,荆其诚与同事们立即行动起来,着手申办2004年国际心理学大会。首先,中国心理学会通过中国科协获得了政府对申办的支持。其次,中国心理学会与中国国际科技会议中心(CICCST)签定了合作备忘录。第三,由中国心理学会起草申办书(Bidbook)。第四,自1995年底,荆其诚三次派遣学生韩布新到斯德哥尔摩大学心理系主任尼尔森[①](Lars-Göran Nilsson)教授处访学,向尼尔森领衔的瑞典团队学习其成功申办2000年国际心理学大会(ICP2000)的经验。为了支持老朋友承办ICP2004,同为国际心联副主席的尼尔森还两度自费亲临北京。在荆其诚的主持下,申办工作紧锣密鼓地进行着。

1996年8月18至23日,第26届国际心理学大会在加拿大蒙特利尔召开。在会上,荆其诚面对来自60多个国家和地区的4700多位代表做了题为"中国的改革和心理学面临的挑战与机遇"的专题报告[②],这份报告后来被收录到阿代尔(John Adair)等主编的《心理科学进展》(Advances in Psychological Science)中。就在这次大会上,中国心理学会凭借其出色的准备工作以及打动人心的申请书[③],在首轮投票中就胜过哥伦比亚和埃及,如愿以偿地获得了2004年第28届国际心理学大会的承办权。荆其诚出任大会主席,这一年他正好70周岁。

此后八年,荆其诚成了ICP 2004大会唯一的专职义务工作人员。作为大会主席,在宏观层面上,荆其诚要考虑大会特邀报告人等决定会议的学术水平与吸引力的因素;在细节操作层面,荆其诚要考虑如何组建一支工作有效、能力匹配、组织结构合理的工作团队,将大会的各项筹划与构想逐一落实。为此,荆其诚自2000年始就广泛征求国际心联各国代表和同仁的意见,向在各个前沿领域取得突出成果的顶级心理学家发出邀请。其中,卡尼曼因在风险决策方面的杰出研究受到邀请,但2002年荣获诺贝尔经济学奖使其对各方邀请应接不暇,分身乏术,一直犹豫是否接受素未谋面的荆其诚的邀请。在以往召开的历届国际心理学大会还从来没有诺贝尔奖获得者出席,因而卡尼曼能否出席2004年大会具有重要意义。此时,荆其诚多年在国际心理学界同仁之间建立起的良好关

---

① 尼尔森(1946—),国际心联副主席(1992—2004)、瑞典皇家科学院院士、心理学部副主席,芬兰和德国科学院外籍院士、欧洲科学院院士,诺贝尔经济学奖评委,斯德哥尔摩大学心理系主任(1994—2006),主要研究记忆的毕生发展及其脑神经与遗传生物学机制;其主持的Betula(认知年老化)大型追踪研究项目自1985年延续至今,取得了丰硕的成果。

② Jing, Q. C., & Zhang, H. C. (1998). China's reform and challenges for psychology. In J. G. Adair, D. Belanger, & K. L. Dion (Eds.), Advances in Psychological Science, Vol. 1, Social, Personal and Cultural Aspects (pp. 271—291). East Sussex: Psychology Press.

③ Qicheng Jing, Kan Zhang, Buxin Han. (1996). Welcome to Beijing—Bid-book for hosting the 28th International Congress of Psychology.

系和口碑起了决定性的作用。他通过老朋友、美国科学院院士心理学家尼斯比特(Richard Nisbett)了解到,罗森茨韦格(Mark Rosenzweig)是卡尼曼的大学老师,而且他们都是犹太人。真是踏破铁鞋无觅处,得来全不费工夫!罗森茨韦格曾任国际心联主席(1988—1992),与荆其诚相识25年,交往密切。老朋友的事,罗森茨韦格向来鼎力相助,这一次仍然如此。他最终促成了卡尼曼2004年的北京之行。

荆其诚作为第 28 届国际心理学大会主席在开幕式上致辞

资料来源:荆其诚先生纪念画册,科学出版社,第 151 页

在筹办大会的八年中,荆其诚一方面与国际心联指定的联络人密切沟通,一方面亲自挂帅,积极物色并"招揽"有能力的年轻人,让他们承担工作任务、锻炼成长。这支由 34 个专门工作小组近 300 人组成的筹办队伍,分工明确、责任到人。每次现场检查,荆其诚必做三件事。首先与联络人敲定详细日程,明确事项、地点,时间精确到分钟;其次根据日程落实每项工作的负责人,并要求其拟定具体工作计划;第三则是要求相关工作人员事先演练,以确保外宾从走下飞机进入中国到登上飞机离开中国期间的每个细节不出问题。

举办第 28 届国际心理学大会的日子终于到了!回想八年来的筹备,看到同事们各就各位,再次见到世界各地的好友朋辈,荆其诚非常欣慰。在致欢迎辞时,他自豪地宣布,大会邀请到 74 位国际著名心理学家做重点报告,其中包括 20 多位来自各国科学院的院士,组织了 227 个邀请专题研讨会,308 个专题口头报告小组。这不仅意味着超额完成了中国心理学会对国际心联的承诺,而且创造了多项新的世界纪录:出席人数、收到或接受的摘要、安排交流最多;第一次有诺贝尔奖获得者出席并演讲;第一次在机场迎接所有参会外宾;第一次安排系列心理科学公众论坛活动;无签证问题;未发生安全事故。为了我国心理学的发展,荆其诚坚持中国心理学家在 ICP 2004 的发言权,确保 7 位中国心理学家做邀请报告。其中 4 位来自祖国大陆,2 位来自香港地区,1 位来自台湾地区。因而,此届心理学大会不但是我国迄今为止举办最大规模的学术会议,而且在国内举办的同类大型学科性国际学术会议中中国科学家的特邀报告最多,是我国心理学家在国际舞台首次大规模集体亮相。国内外媒体也首次集中报道,极大地提升了心理学在我国的公众影响力。

历时 6 天的大会获得巨大成功。在 8 月 13 日下午举行的大会闭幕式上,来自世界 80 多个国家的 6000 余位心理学同行,以经久不息的掌声,热烈祝贺荆其诚及其同事们所取得的巨大成功。刚刚离任的国际心联主席丹尼斯(Michael Denis)教授宣布荆其诚为国际心联终身执委,并向他颁发了杰出贡献奖状。新当选的国际心联主席欧文迈尔(Bruce Overmier)教授即兴演讲,认为 ICP 2004 的成功举办已成为 ICP 难以超越的新标准。221 名研究生志愿者训练有素、服务高效规范,展现了新一代中国心理学家的良好风貌,给各国代表留下了深刻印象。会上、会后国际友人对 ICP2004 的组织工作和学术水平好评如潮。美国心理协会的米勒(Kevin Miller)教授在给美国科学院心理学部(National Committee of Psychology, NAS)的报告中更是坦言,ICP2004 是国际心理学史上不可逾越的里程碑[①]。

荆其诚在第 28 届国际心理学大会期间与卡尼曼亲切交谈
资料来源:荆其诚先生纪念画册,科学出版社,第 150 页,第 159 页

会后,荆其诚主持了大会论文摘要集和 *Proceedings of the ICP 2004* 一书的编辑工作,并分别于 2004 年和 2006 年底由英国 Psychology Press 出版。他还将大会申办、筹办十余年期间各类代表性文件,细心地分门别类,装印成册,以供后学学习、参考。会议经费盈余部分除按协议上交国际心联 3 万美元外,一部分用于改善学会办公条件、购置房产作长期储备;一部分设立学术交流基金,每年资助 20 名青年心理学家参加国际学术会议。荆其诚带领队伍,不但出色地完成了对国际心联的承诺,而且有始有终,给中国心理学界留下了永远的精神和物质遗产。这次心理学大会对中国心理学的发展和国际心理学的发展都产生了深远的影响。

---

① 荆其诚主编.(2005). 第 28 届国际心理学大会信函、文件汇编.

六、尾声

2008年元旦,荆其诚为《心理所通讯》撰写完成了第一篇回忆文章。在文章中他对几十年前发生的事情,娓娓道来,如数家珍。他的思维依然那么敏捷、清晰,记忆力依然那么惊人。

2008年9月10日,心理所2008级入学新生聆听了荆其诚的所史讲座。9月11日,在中国心理学会常务理事会上,荆其诚给每位与会者送上他与学生傅小兰共同主编的《心·坐标——当代心理学大家》第一卷,并一一签名,亲切而从容。他特别提到,即将陆续出版的这套介绍心理学大家学术生涯、历程和成就的三卷书,对年轻人学习心理学会很有好处。

9月28日上午,荆其诚在北京师范大学英东楼学术会堂参加张厚粲从教60周年的庆典活动。中午11时许,当集体合影完毕、在返回二楼会场的楼梯上,荆其诚突发心脏病,经多番抢救无效,于12点45分不幸与世长辞,享年82岁。

当晚,荆其诚不幸去世的消息公布后,雪片似的唁电和慰问电从四面八方、世界各地飞来。2008年10月8日,中国科学院心理所在北京八宝山革命公墓为荆其诚举行了隆重的告别仪式。中国新闻网、《光明日报》等媒体先后刊登了这位新中国心理学事业的卓越开拓者逝世的消息。

参加"张厚粲先生从教60周年庆典"(2008年9月28日)
资料来源:荆其诚先生纪念画册,科学出版社,133页

荆其诚把自己的一生献给了心理学。从16岁进入北平辅仁大学心理系学习,到82岁在北京师范大学突然辞世,荆其诚进入心理学的起点,以及离开一生钟爱的心理学事业的终点,都在同一个校址。他为心理学工作到生命的最后一秒钟,倒在了母校的心理学殿堂,成为中国心理学永远的绝唱。老子说,"死而不亡者寿",这句话用在荆其诚身上是再贴切不过了。[①] 人们不会忘记,抗战时期活跃在辅仁心理系课堂上的那位天资聪颖、勤奋好学的翩翩少年;人们不会忘记,中国心理学事业低潮时期仍积极投身心理学实验研究的那位意气风发、心灵手巧的年轻学者;人们更不会忘记,在心理学重获新生后带领中国心理学家走出国门、迈向国际的那位谦逊幽默、风度翩翩的学术交流大使;人们永远不会忘记,为了中国心理学的发展,一生筚路蓝缕,足迹踏遍世界各地,但从未离开过心理学岗位,奋斗到生命的最后一刻的那位胸襟博大、可亲可敬的学术大师。

<<< 专栏九

相爱相伴,风雨相依60余载,仍拟携手明天,你却突然地走了,怎么突然地走了呢？走了呢？使我无尽地悲伤。

我明白必须学习你坚强的生活精神,克服困难,迎接希望。

追念你总不忘记前辈心理学家的辛勤和功绩。你总是以求实奋进的精神为了心理学和同事们一往直前。你总不忘记为青年心理学者,留下美好的心理学未来。

你自16岁进入心理学(辅仁大学心理系)至82岁,仍不停地、坚定地为心理学前进着;最终在同一个校址内悄悄地走了。你奉献了！

人生路短,情最长。你给我留下了永远的思念！

——汪兴安

荆其诚的妻子汪兴安出身于书香世家,自小家里便请了先生专门上课。她与荆其诚结识于辅仁大学,那一年荆其诚大四,汪兴安大一,两人同在心理学系读书。1948年,汪兴安与荆其诚喜结良缘,此后孩子荆锐昌(儿子)、荆燕(女儿)和荆伟昌(儿子)相继出世。

[①] 张侃.(2008).怀念荆老师.纪念荆其诚先生专刊,中国科学院心理研究所通讯,总第160期.

1952年，汪兴安到中国科学院心理研究所图书馆工作。她是辅仁大学心理学系本科毕业生，且专业对口，因此很受单位重视。所长曹日昌叮嘱她："图书是心理学的两翼"，图书馆的作用非常关键。初时，汪兴安对图书馆工作是一无所知，心理所图书馆也是"空空荡荡"的，只有一书架的报纸和两书架的图书而已。她白手起家，先是到科学院图书馆、国家图书馆参观学习，很快便熟悉了建立档案、目录等业务技术。随后她亲自购买国内外心理学书籍，定制书柜，安排图书馆布局。十几年间，心理所图书馆从最初的两架书发展到拥有四万余册藏书。为规范图书借阅管理，汪兴安还制定了严格的规范：不得在图书上私自图画；逾期不还要受到一定的经济处罚……潘菽对此举非常支持。他说，领导犯错也要罚，"我来带头"！

"文化大革命"时期，心理学被打成"伪科学"，心理学书籍遭到焚毁。当"焚书凶焰"蔓延至心理所时，汪兴安紧握图书馆大门钥匙决不放手，力保四万余册书籍丝毫未损。因为她坚信，"心理学不是坏东西"，即使有钱"可以买新仪器，但买不来旧书"！1969年心理所图书馆被科学院图书馆接收，汪兴安亲自到院图书馆一本本地清点书籍，因为她放心不下这一本本凝聚着自己心血的图书。院图书馆主任一句"心理学是好的，书要留着"才让她悬着的心稍稍安定了下来。1977年心理所恢复后，汪兴安也回到了她熟悉的岗位。她开始与院图书馆交涉，希望尽快取回心理所的图书。每周她几乎都要跑一趟院图书馆。"文革"浩劫刚过，心理所图书馆仅有三种外文期刊，然而由于外汇不多，购书受到限制。汪兴安只能尽力争取外汇，一点点增加期刊数量。她"心中有数，根据心理学的需要"制定购书单，之后提交给几位所长审阅。

当2008年9月28日荆其诚因心脏病突发去世的噩耗传来，人们悲痛之余最担心的是汪兴安承受不了这突然而来的变故。在第二炮兵医院，大家劝她是不是先回家休息。她沉默了片刻，说：是不是可以和老荆在一起呆一会？在家人簇拥下，她走入抢救间，抚摸着爱人的脸，低下头喃喃地对他说："你就这么就走了？装着一肚子的心理学就走了？"人们劝她要节哀、要保重，而她却抬起头，含着泪说："我没有什么，就是太可惜了！他脑子这么清楚，特别热心地帮助所有的人，就是太可惜了！"在场的人无不哭泣。

荆其诚、汪兴安相知相伴共同度过了六十个春夏秋冬。年轻时，他们是甜蜜的恋人;中年时,他们是相互扶持的爱人;年老时,他们是心灵相通、相濡以沫的伴侣。在漫漫人生路上,荆其诚与汪兴安走过阳关大道,也经历过独木小桥;路旁有深山大泽,也有平坡宜人;有杏花春雨,也有塞北秋风;有山重水复,也有柳暗花明。他们,诠释了执子之手、与子偕老的完美爱情。

荆其诚、汪兴安夫妇合照

资料来源:荆其诚先生纪念画册,科学出版社,第8页,第19页。

春回大地
万物复苏
你已乘风归去!
你的德智、情和爱,
永驻我心。
时刻伴我前进!

遇事多思考!思考!
欲语先微笑!微笑!
来年再来看你.
喜看你梦中的笑!!

岁月永远是前进的.
人生路上的风和雨,都随阳光风去.一切可亲可爱的人和事它却无情为你抓住.
今日清明时节无雨,路上汽车如流。儿室山内清凉的大道两旁佈满了各色鲜花.
小伙、白林、孙子和我清早就来看望亲人其诚。届时阳光正伴着他的笑脸. 我们为他重新摆上红艳的花. 我响亮的朗诵了为他写的撰文. 鞠躬向他鞠躬告别!

汪兴安纪念荆其诚手稿(2011年清明节)

资料来源:汪兴安提供

后　　记

> 博观而约取,厚积而薄发——苏轼《稼说》

　　荆其诚先生逝世三周年忌日来临之际,先生计划主编完成的三卷本《心·坐标——当代心理学大家》中的最后一卷即将出版。谨以此卷献给先生,凭吊先生的仁德允恭,告慰先生的在天之灵!

　　《心·坐标》倾注了先生的满腔心血,凝聚了先生的过人才识。先生深谙心理学体系,这部书的完整蓝图多年前就已然在他心中。2007年12月,第一卷八章陆续定稿提交给出版社之际,先生明确提出:

　　　　第二卷重点放在:1.基础心理学方面;2.某一方面的领军人物;3.更现代的人物。第三卷考虑CHOMSKY,LORENZ,GIBSON,BADDELEY,KAHNEMAN等人和两三位中国人(如潘菽)。

2008年3月11日,先生给我写邮件:

　　　　关于第二卷承担者,可以在所内略大范围征求作者,不只是学生,包括青年研究人员。JUNG可以暂时放一放,一些心理学开创者我们必须介绍,其他人我想写一些在某一领域影响大的,国内又不太熟悉的人,如CHOMSKY,LORENZ,LASHLSY,GIBSON等人。这些人可以放在第三卷。

2008年4月3日,《心·坐标》第二卷正式启动。同年9月28日,先生驾鹤飘然而去。我开始独自负责后续工作,丝毫不敢懈怠;2009年7月,第二卷十章陆续定稿,提交北京大学出版社陈小红编辑,进入出版程序;19日,将先生生前拟就的第三卷心理学家候选者名单发给陈编辑;22日,征询张厚粲教授和张侃研究员对已添加先生名字的候选者名单的意见,同时开始征集本卷作者;29日,确定了本卷的10位心理学大家（新选的9位加上第二卷延后的1位）。2009年9月28日，《心·坐标》第一、二、三卷的作者聚集心理所，隆重召开了"荆其诚先生逝世一周年纪念追思会暨《心·坐标》写作研讨会"，第三卷的撰写工作正式启动。

如今第三卷即将出版，这部书也将画上最后一个句号，我不禁感慨万千。每当翻开《心·坐标》，书中那些心理学大家们就会立刻浮现在眼前，形象清晰真切，神情生动自然。

我仿佛看到冯特站在莱比锡大学的讲台上，弗洛伊德坐在治疗室躺椅的后面，鲁利亚在医院救治脑外伤士兵，西蒙在国际象棋前沉思，皮亚杰给儿童摆放三山模型，巴德雷探究人类记忆迷宫，荣格描绘心灵的样貌，伯特测查双生子智力，莱士利手术损毁鼠脑特定区域，斯金纳训练鸽子弹曲玩球，巴甫洛夫对狗"假饲"，苛勒观察黑猩猩顿悟，洛伦兹与雁鹅共舞，而詹姆斯在涂画"食人恶魔"……

我还仿佛看到，陈大齐先生在燕园编写《心理学大纲》，潘菽先生"文革"中在病榻上偷偷书写《心理学简札》，陈立先生在学校和工厂奔波，而荆其诚先生在实验室暗房中调试他亲手研制的色度计……

我又仿佛听到特沃斯基与卡尼曼谈笑风生，罗杰斯宣讲人性之美，吉布森在各大学讲学，以及陆志韦先生诵吟白话诗……

我甚至还感受到华生被免去教职后的一时潦倒，马斯洛离开布兰代斯时的些许伤感，维果茨基手拿"安慰性"空白纸片宣讲时的热情洋溢，乔姆斯基挑战传统语言学与抨击国际霸权主义的犀利锋芒，以及张耀翔先生在主持中国首次民意测验时的认真严谨，郭任远先生在捍卫自己观点时的慷慨激昂……

先生常说，心理学能给人以知识，而心理学史则能给人以智慧。《心·坐标》对每一位心理学大家一生的展示都力争做到言之有物且言之有据，以实为证，不重褒贬。曾有学者在读过第一、二卷后表示，本书"立意高远、发人深思"。也有心理学爱好者说，《心·坐标》读来知趣相融，甚是愉快。而最令我欣慰的是，许多人感慨，以往读史只知西方有心理学大师，如今方晓中国也有如此令人称道的心理学大家！

"看似寻常最奇崛，成如容易却艰辛"。凭借先生前期奠定的坚实基础以及所有作者的不懈努力，第三卷得以付梓。在此，我缅怀先生，更感恩先生。同时，我感谢每一位作者付出的巨大努力及彼此间的热忱帮助,感谢陈小红编辑的耐心、专业和敬业,也感谢张厚粲教授和张侃研究员的建议,感谢汪兴安老师的热情鼓励,感谢潘宁堡、陈绍英、赵莉如、李沂、张侃、乐国安、时勘等老师审阅"潘菽"一章的书稿,感谢张厚粲、张侃、汪兴安、焦书兰、纪桂萍等老师审阅"荆其诚"一章的书稿,提出宝贵的修改意见和建议。第三卷难免存在诸多问题,恳请读者指正。

傅小兰
中国科学院心理研究所
2011年8月14日